Homeri Odyssea Latinis Versibus Expressa A Bernardo Zamagna Ragusino...

Homeros, Bernardus Zamagna

HOMERI ODYSSEA

LATINIS VERSIBUS EXPRESSA.

ODYSSEA

Homeros

HOMERI ODYSSEA

LATINIS VERSIBUS EXPRESSA

A BERNARDO ZAMAGNA

RAGUSINO

AD

OPTIMUM PRINCIPEM

PETRUM LEOPOLDUM

AUSTRIACUM

&c. &c. &c.

SENIS CIɔ·IɔCC. LXXVII.

EXCUDEBANT FRATRES PAZZINII CARLII.

PRAESIDUM PERMISSU.

PETRO LEOPOLDO

AUSTRIACO

FRANCISCI I. ET MARIAE THER.

AUGG. FILIO

IMP. AUG. JOSEPHI II. FRATRI

ARCH. AUSTR. PRINC. REG. HUNG. BOH. M. D. ETRURIAE
EXIMIO VIRTUTUM OMNIUM CULTORI
BONARUMQ. ARTIUM PATRONO MUNIFICENTISSIMO
SE SUAMQUE LATINAM ODYSSEAM

BERNARDUS ZAMAGNA

DEVOTUS NOMINI MAJESTATIQUE EJUS

O. D. Q.

Armina, non saevi memorant
quae praelia Martis,
Luctificamque iram Pelidae et nescia flecti
Pectora; sed nullo virtus queis fracta periclo,
Ingeniumque sagax magni celebratur Ulissei,

Qui

Qui varios hominum mores inspexit, et urbes
Jactatus pelago longisque erroribus actus,
Accipe jam Leopolde: tuo sunt carmina digna
Ingenio laudumque heic omnia plena tuarum.
Fortis erat belloque acer Laërtius heros
Ad virides Xanthi ripas, ubi Graecia quondam
Barbaricas evertit opes populata Pelasgis
Ignibus Hectoreo male Pergama robore tuta.
Non Tydei gnato, geminisque Ajacibus, ipsi
Aut valido Aeacidi subversae gloria Trojae
Debetur. fugiens denos infida per annos
Capta boni stetit arte Ithaci victoria Grajum,
Nec post firma pedum retulit vestigia retro.
Haud tamen hinc magnum fama super aethe-
    ra notus
Ille viget. cedunt aliis Mavortia bella
Laudibus, insignem quae caeli ad sidera tollunt.
Olli aderat semper custos Tritonia virgo,
Atque animi motus omnes sensusque regebat
Consiliis dea magna suis. non blanda voluptas
Edomitum vicit; non Circe, et vafra Calypso
Illectum potuere cavo retinere sub antro
Et patrias sedes optantem et conjugis ignes.
Non Cicones illi nocuere, aut turbidus armis
Antiphates, nec Scylla rapax, nec vasta Carybdis

Hor-

Horrifico refluos eructans gurgite fluctus.
Quin victae doluere, maris gens improba, blandae
Sirenes dulci frustra late omnia cantu
Litora complentes ; doluitque oppressus opaci
Rupe sub horrenda scopuli, Neptunia proles,
Ille Cyclops vivos artus depascere morsu
Suetus, et effuso fera spargere limina tabo.
Sic durum per iter luctando interritus ibat
In patriam caroque ferens solatia gnato,
Desertoque diu felicia tempora regno.
Jam rediit : periere proci, pulcherrima gaudet
Penelope, plaudunt laeta inter gaudia cives,
Aureaque aeternam promittunt saecula pacem
Per populos Ithacae. felix, cui numina tantam
Adnuerunt laudem, qui rerum vincere monstra
Tam varia, ac tantos potuit superare labores,
Non sibi, sed quaerens regnis, queis praesidet
    aequus
Commoda. fama illum nunquam defessa per ora
Fert hominum late volitans, atque inserit astris.
Tu quoque jam gaude Leopolde : haec scilicet una
Cura tibi residet vernanti in flore juventae
Imperiis subjecta tuis ut floreat usque
Thuscia dives opum variarum, et nescia fraudis.
Non tibi vis animi, non firmo in pectore robur,

                                              In-

Invictaeque manus deerunt, si Martia quando
Bella vocent, trepidasque acuat discordia gentes.
Sed melior te pacis amor tenet; hic tibi certa
Dona parat. quaerant alii sibi nomen ab armis,
Et referant partos devicto ex hoste triumphos;
Tu faciles aditus populis, tu mollia perge
Pectora supplicibus praebere, et fervidus insta
Tendere, quo virtus, quo te tuus advocat ardor.
Vera placent, falsisque obdis rumoribus aures,
Nil tibi adulantum cum turba, nec tua livor
Corda rapit transversa, animumque erroribus
    implet
Regifico assuetum luxu. jamque omnis abacta
Dira lues fugit vitiorum, atque abdita nigras
Eumenidum petiit latebras, amnemque severum.
At superis delapsa plagis illa aurea virgo
Aequato laeva geminas examine lances
Fulmineumque tenens dextra ensem pendet ab ore
Usque tuo. procul abde minas, procul abjice ferrum
Diva manu: quid tela juvant, ubi crimina nulla,
Nullae ubi sunt scelerum facies, quas aspera
    plectas?
Cana fides, pietasque, et merum candida regnat
Simplicitas, largaque manu sub principe tanto
Copia didit opes, et praemia laudibus aequat.

                   Non

Non gemitus resonant miserorum ; at gaudia
pennis
Purpureis risus inter volitantia ludunt.
Legibus id, dux magne, tuis Etruria debet,
Providus imperii queis mollia frena gubernas,
Damnaque sollicitus reparas, quae longa vetustas
Intulit illa hominum corrumpere sueta labores.
An memorem stratasque vias, molesque superbas
Arcibus impositas summis, et pontibus amnes
Marmoreis domitos, frustra indignantibus undis?
Anne lacus ripis clausos, lateque vagantes
Torrentum quondam in morem decurrere jussos
Agmine pacato fluvios, siccataque stagna,
Atque graves frugum versas in culta paludes,
Emulsa tellure, et apertis vomere glebis?
Jamque adeo agricolae et pastorum rustica turba,
Corpora ubi hibernum perflantibus aethera ven-
tis
Ponere vix poterant: sese tam pestifer aër
Perpetuas inter densae caliginis umbras
Vallibus ex udis supera ad convexa ferebat;
Nunc aestu in rabido mediisque caloribus audent
Ducere securos per amica silentia somnos
Sub platano strati aut umbrosae tegmine fagi,
Quin metuant nebulas, et noxia flamina membris.
* *

Ergo

Ergo molle pecus circum balatibus auras
Implet, et in pratis attondet mollibus herbas,
Dum Dryadas inter gracili Pan ludit avena.
At formosa Ceres laeto sociata Lyaeo
Ruricolisque diis, quoquo vestigia portas
Visurus tua dona, parant tibi debita serta,
Atque iterant laudes, tolluntque ad sidera nomen.
Tu vero, collesque altos camposque patentes
Arboribusque satisque vides dum sponte virere,
Quae tacitum sentis tentantia gaudia pectus?
Scilicet his quondam fortes crevere Sabini
Artibus, his caelo Romana potentia vires
Extulit, his etiam sub te nunc Thuscia surgit.
Cuncta vigent jam laeta: gemunt sub pondere
    plaustra
Pressa gravi, fructusque ferunt dum ruris amici
Quo libitum domino, tuto praeit aurea calle
Libertas longo post tempore cognita terris.
Hanc sequitur Maja genitus dator ille bonorum,
Atque acuens hominum corda auri ardentis
    amore.
En hujus cuncti auspiciis felicibus acti
Incumbunt operi, variis atque artibus instant
Noctes atque dies, certantque ingentibus orsis
Pro se quisque viri turpem depellere longe
                                              Paupe-

Pauperiem, fecat ille falum, mercesque petitas.
Finibus ex aliis fecum vehit, atque morantes
Increpitat zephyros: ille altam exfcindere filvam
Antiquas volucrum latebras fedemque ferarum
Gaudet, et impreſſo cogit mollefcere ferro
Pinguia telluris non tactae vifcera, ut almos
Vivacis truncos oleae malosque feraces
Ponat, ubi fteriles furgebant frondibus alni.
Hic vivos aera in vultus fpirantiaque ora
Mutat, hic effingit varias in marmore formas,
• Atque novos tabulis inducit ab arte colores
Vincere naturam certans. hic ferica pingit
Stamina, vel tenuem texens imitatur Ara-
     chnem,
Ornatusque parat molles curamque puellis.
Jamque alius propior fcandens fulgentibus aftris
Ventorumque vias fuperans, et nubila celfa,
Omnia per magnum late radiantia mundum
Sidera metitur radio, virefque trahentis
Solis, et implexos aftrorum difpicit orbes,
Defectufque ortufque docet variofque meatus.
Quot lux fe fcindat fila in diverfa? quis illam
Impetus in terram folis detrudat ab axe
Tam celeri lapfu? quae vis inducere cogat
Omnigenos rebus forma variante colores.

                                        Nec

Nec minus et Triviae imperium super aequoris
   undas,
Qua fluit Oceanus refluitque immensus, et aestu
Alterno fervet, certus notat, omniaque alto
Quae caelo terrisque videt miracula rerum,
Ingenio subdit, numerisque atque arte revincit.
Ast alius leges, aeternaque munera clarat
Justitiae, queis alma Themis, queis candida
   gaudet
Illa hominum custos Astraea. hic Paeonis artes,
Hic colit Aonidas Phoebumque, et tempora myrto
Cinctus hyanteo perfundi flumine gestit
Invidiamque premens et inania murmura vulgi.
Fervet ubique labor: ceu sudo vere per agros
Quum pictae glomerantur apes, et florea libant
Germina, pars ceras condit, pars dulcia stipat
Mella cadis, reparatque hyemis durissima damna.
Nec mora, nec requies ulla est: late omnia circum
Prata sonant fontesque ultro citroque meantum
Agmine. stat medius rex ipse, et limine ab alto
Observans damnatque moras, laudatque laborem.
Talis et ipse, licet si res componere parvas
Grandibus, insinuans populorum in corda tuorum
Vimque animosque novos, eadem torpere veterno
Haud sinis, at pulcro famae succendis amore.
O Flo-

O *Flora*, o *Thuscae caput ipsa et gloria gentis*,
Nunc licet aetherias tibi frontem attollere in
  auras,
Tyrrhenasque urbes inter contendere primum
Et decus et laudis nomen. tu scilicet una
Ante alias sentis benefacta ingentia. tanti
Principis. ecquis honos, ecqua est laus omnibus oris
Per terras late, quam non pulcherrima jactes?
Dic age, sic vitreo laeteris flumine semper,
Naturaque soli, caelique tepentibus auris,
Industrique hominum cultu, dic unde profecta
Haec adeo secura quies, cui commoda vitae
Debes tanta tuae? num te Jovis inclita proles
Illa omnes inter divas sapientior una
Pallas amica regens tranquilla per otia servat?
Quid loquor? ah valeant nunc vana insomnia
  vatum.
Falsaque pierii celebrata in vertice Pindi
Nomina. non Pallas, non quidquid Graecia divum
Extudit hinc ullam laudis decerpere partem
Audeat, aut comitem tantis sese addere rebus.
Austriacae hoc virtutis opus, quae maxima sese
Extulit augustis nutrita in sedibus olim,
Vindobonam qua lambit aquis argenteus Ister.
Illic caesarea (a) *regina e sanguine creta*

***

Seu

(a) Maria Therefia P. F. A. Caroli VI. Imp. Filia, & Francifci I. uxor &c.

Seu dea, seu mulier, dis certe aequanda vel ore
Vel magnis animi virtutibus inclita floret,
Cui non ulla parem viderunt secla, neque ulla
Creda equidem seris quondam volventibus annis,
Tempora Saturni redeant si laeta, videbunt.
Illa opibus dives fortunae ac ditior alto
Ingenio omnigenis excellere laudibus omnes
Optavit gnatos, sceptrisque hanc provida avitis
Praeposuit semper curam: nec maxima bella
Armorumque vices potuere avertere mentem
Progenie a dulci, quin pulcrae femina laudis
Cum prima insereret natorum in pectora lacte.
Et nunc illa quidem, qualis Berecynthia mater
Quum vehitur curru magnum turrita per orbem
Felix prole deum caeli supera alta tenentum,
Gaudet ovans, natisque videt late undique laetam
Europam florere suis, et tollere ad alta
Sidera laetitiae tanto pro munere voces.
Aspice, Lutetiae qua magnae Sequana magnus
Moenia tranquillis labens interfluit undis,
Inter plaudentum populorum vota corusco
Reginam (b) *invectam curru, quae gratia vultu*
Majestasque sedet; matris quantum instar in
    illa est!

Cir-

(b) Maria Antonia Arch. Auft. Ludovici XVI. Galliarum Regis conjux.

Circumstant Charites, et pubes Gallica sese
Fundit in occursum, nec lilia spargere cessat
Mixta rosis, quacumque oculos pulcherrima
   vertit.

Quando erit, et gnatis ut gaudeat? à bona caeli
Numina, queis ingens Gallorum gloria curae;
Hoc quoque muneribus tantis super addite munus,
Parvulus augusta ludat Delphinus in aula.
Aspice et Euboico pulcram qua litore tollit
Parthenope frontem. viget illic candida (c)
   nympha
Austriaca de stirpe, atque educat aurea regi
Illustres gnatos, qui quondam ingentibus orsis
Implebunt Italas annis felicibus urbes
Magnanimo genitore armis nec pace minores.
Illam Nereides, illam admirantur euntem
Najades effusae Sebethi e gurgite, et illam
Ipsa etiam Siren, ipsa et colit umbra Ma-
   ronis.

Quo me Parma vocat? quo me rapit avia longe
Pannonia? Austriadis magnae illic altera (d)
   proles
Borbonio juncta est juveni; juncta (e) altera forti
                  Saxo-

(c) Maria Carolina Ludovica Arch. Austr. uxor Ferdinandi IV.
utriusque Siciliae regis. (d) Maria Amalia Arch. Aust. nupta Hisp. Inf.
Ferdinando I. Duci Parmae, Placentiae &c. (e) Maria Christina Arch.
Aust. uxor Princ. Reg. Sax. Alberti Casimiri Ducis Tesch. &c.

Saxonidum de gente viro, maternaque late
Per populos dat jura, viamque affectat olympo
Utraque. quid fratres? quid te jam maxime (f)
    Caesar
Praetereo indictum, sacras cui laurea cingunt
Serta comas, subditque suas Germania vires?
Hic vir hic est, nullus quo dextra fortior olim,
Clarior aut virtute ultra Garamantas et Indos
Proferet imperii nomen, celebrataque vincet
Facta patrum, dignus cui tellus serviat, et se
Julia gens tanto victam fateatur alumno;
Viderit Augustum quondam licet, et sua longe
Signa per immensum ferri victricia mundum,
Qua sol exoritur, quaque idem mergitur undis.
Theutonicos (g) equites alter regit aemulus ar-
    mis,
Aemulus et claris (h) patrui virtutibus, ingens
Et dites cujus Belgarum fama per urbes.
Belligeros alter (i) populos, quos flumine magno
Eridanus, quos et placidis perlabitur undis
Mincius argutos pascens in gurgite Cycnos,
Imperio frenat facili, servatque potenti

Justi-

(f) Imp. Caes. Josephus II. P. F. semper Aug. (g) Maximilianus
Arch. Auftr. Coad. M. Magistri Ord. Theut. (h) Carolus Alex. Loth. &
B. Dux, Gubern. Belgii Austriaci &c. (i) Ferdinandus Carolus Arch.
Auftr. Guber. Mediolani, totiusque Insubriae Austriacae &c. Maria Bea-
trix Estensis Arch. Auft. ejus uxor.

Justitia: Estensis tollit quo vindice sese
Gens antiqua, potens, Italas celebrata per oras.
Di, quibus imperium terrarum est, vota precantis
Jam faciles audite, et vestro munere tellus
Ut sit laeta diu, tantam servate parentem
Incolumem: seros videat longaeva nepotes
Assimiles gnatis, magnumque in nomen ituros.
Servate et diae sobolem genitricis in annos
Nestoreos, longumque ipsam succurrere terris
Ne prohibete boni: nondum sensere sat omnes
Auxilium praesens et amicae munera dextrae;
Multa licet tulerint jam praemia, plura super-
   sunt.

Interea Leopolde (tibi sic aurea (k) conjux
Illa deum cura, et claro satu sanguine regum,
Penelope melior, quam casto pectore vincit;
Omnigenisque bonae studiis exculta Minervae;
Sic vigeant cari, soboles pulcherrima, gnati;
Quos ubi muscoso florentes Arnus ab antro
Aspicit, ingenti plenus dulcedine mentem
Vix sese capit ipse, nova et sibi gaudia sperat:)
Adsis o, facilisque juves, dum carmina Graji
Moeonidae Latias jam nunc vulgare per urbes
Aggredior. sine te vastum nec vela per aequor

a

Ten-

(k) Maria Ludovica Hisp. Inf. Arch. Auft. Caroli III. Hisp. Regis Filia &c. quam D. O. M. cum viro optimaque prole incolumen diu servet Etruriae.

Tendere, nec fyrtes tentare horrentiaque ausim
Monstra sali ventorum inter caelique fragorem.
At tecum placidas Zephyris ludentibus aequor
Sternet aquas, proramque manu Portumnus e-
    untem
Subtrahet a scopalis et acutis cautibus urgens
Ipse citam, qua tuta silent maria alta, nec ulla
Saxa vagos turpi nautas formidine terrent.
Tu mollem et Phoebum facies et mollia corda
Pegasidum, lauroque dabis circumdare frontem
Aonia inspirans vires ingentibus ausis,
Desuetamque acuens stimulis ad grandia mentem.
Jam mihi Moeonides referat sua munera, et oras
Ferre per Ausonias Grajum jubet orgya; jam me
Virgilius thiaso nympharum septus ovantum
In secreta vocans Pindi loca, flumina monstrat,
Condidit aeternam queis olim Aeneida potus.
Ipse mihi dulces numeros, artemque ministrat,
Et varias ostentat opes, queis cultus Ulisses,
Auspiciis dux magne tuis dum surgit in auras,
Nil timeat socium pulcro sese addere Achilli
Per Latium incedens patriasque oblitus Athenas.

RATIO OPERIS

LECTORI AB INTERPRETE REDDITA

Etus eſt, amice lector idemque erudite, opinio jam uſque ab Ennii Terentiique ducta temporibus, eaque & Italorum deinceps, & omnium cultarum gentium firmata conſenſu, eos litteris praeſertim humanioribus prodeſſe plurimum, qui, quae praeclare aliena lingua fuere ſcripta, in aliam aeque recte transferunt, id eſt, res pulcherrimas paucis cognitas & exploratas intellectui plurimorum atque uſui accommodant. Nam quum omne humanitatis ſtudium duabus rebus maxime conſtet, exercitatione nimirum, & imitatione, fieri nequit, quominus ſit perutilis ille labor, quo & neceſſario ſtili elegantiam diligenter exercemus, & optimum exemplar, cujus tamquam formam ſcribendo exprimere conamur, aliis ad imitandum lingua converſum uſitatiore proponimus. Sed quoniam pleroſque viros ſummos vel ipſius rei difficultas, quae certe magna eſt; vel ipſa moleſtia, gravis profecto, in alienis ſemper inſiſtendi veſtigiis, decurſu temporis ab hoc ſcriptionis genere avocavit, factum eſt, ut homines nec ingenio florentes nec ſatis litteris perpoliti hanc ſibi arrogarint provinciam, eamque laudem, quae hinc olim a doctis tantum viris ingenioque abundantibus petebatur, male vertendo corruperint omnem atque foedaverint. Quicumque enim poterat quidpiam a ſe ipſo excogitatum proferre, malebat auctor, quam interpres haberi; qui vero per ſe ipſe nihil valebat, aliena potius corrumpere amabat, quam omnino quieſcere. Quamobrem etiam inter ſapientes exorta eſt diſſenſio magna de toto hoc genere interpretandi. Etenim alii putant, exſtingui omnem in ſcribendo ardorem in iis oportere, qui libere nequeunt excurrere, quo eoſdem mentis impetus ingeniique vis trahit quodammodo ac proripit: alii autem, affirmant, ſervari omnino non poſſe, ſi elegans velit eſſe interpres, ſententias eaſdem verborumque proprietatem, quibus auctor uſus eſt. Itaque conſequi neceſſario, ut omnia aut enervia ſint, aut multum ab exemplari diſcrepent. Latine vero qui id faciat, eum non hominibus, quibuſcum vivit, ſed mortuis nihilque jam ſentientibus ſcribere vociferantur. Quid quod etiam inventi ſunt, qui vetera vertentes, ne verbum credo pro verbo non redderent, proſa oratione poëtas non verſibus interpretati ſunt, rerum vi-

delicet

delicet solliciti magis, quam vocum numerique suavitatis? Quod quidem quam recte fecerint, ipsi videant; mihi certe summopere displicet. Cur enim conari non debemus, si efficere possimus, ut & eodem igne mentisque calore, quibus auctor aestuabat, correpti videamur; & eadem versuum elegantia, qua graece scriptae sunt, latine (ea nimirum lingua, quae adhuc & florentissima est, & in tanta linguarum diversitate habetur una tamquam communis hominum conciliatrix, ac veluti quoddam doctrinae vinculum) res interpretatas exhibeamus? Cur unam tantum rerum utilitatem, non etiam verborum venustatem persequamur, solumque animi, non aurium quoque voluptati serviamus? Id quidem cum alii multi litterati homines egregie praestiterunt, tum praeclarissime Raymundus Cunichius vir doctissimus mihique familiarissimus. Et quoniam tu, amice lector, anno proxime elapso latinam ab eo Homeri Iliadem habuisti editam, tantaque felicitate perfectam, ut nata in Latio, non inserta, videatur; Odysseam nunc habe latinis itidem versibus a me expressam, eaque, qua potui tanti viri & exemplo & aemulatione incensus, diligentia perpolitam. Utrumque certe dignum est opus, quod multorum cura & explicetur & convertatur. Ac si in Iliade singularem quamdam magniloquentiam & divinam granditatem es admiratus; magnam atque incredibilem prope rerum varietatem in Odyssea mireris necesse est. Equidem illam, quum sit fere tota in describendis Graecos inter Trojanosque atrocissimis praeliis, si immenso cuidam flumini saxa inter rupesque maximo cum fragore decurrenti comparavero, nihil alienum ab ejus natura me dixisse arbitrabor. Hanc vero, quae in varia Ulyssis itinerum errorumque per tot annos narratione versatur tota, fluvio aeque magno, sed tranquillo pacatoque cursu labenti similem dicere non dubitabo: ut mihi in utrumque poëma intuenti summus ille Graecorum poëtarum princeps Homerus videatur voluisse nobis duo genera epici carminis ad imitandum proponere, alterum sublime ac magnificum, aequabile alterum ac temperatum. Quod & vidisse prius videtur & probasse Virgilius, qui cum semper ante oculos inter scribendum habuit Homeri carmina, tum suam ita partitus est Aeneidem, ut priores sex libri ex duodecim, quibus tota continetur, Odysseam referrent, posteriores Iliadem. Neque vero timuit vir divino ingenio praeditus atque arte maxima, ne cuiquam in mentem veniret, priores Aeneidis libros propterea languidiores ac prope senium redolentes judicare, quod non obstreperent tubarum armorumque sono. Noverat enim omnem poëtae vim atque adeo laudem in eo sitam esse, ut quamque rem convenienter tractet

ctet: id qui fuerit a principio ad finem ufque affequutus, illum egregie muneri officioque fuo fatisfeciffe. Quamobrem dicant per me licet cum Longino faftidiofiores quidam ac morofiores poëtarum judices, quidquid ipfis collibuerit: nullius erit apud me auctoritas tanta, ut quod ego videam poëma omni femper antiquitati fummopere placuiffe, mihi quoque ceterifque recte mecum fentientibus non probetur, praefertim etiam quum & Ariftoteles & Q. Horatius Flaccus poëticae facultatis difceptatores acerrimi ex utroque Homeri carmine & inveniendi & difponendi & ornandi exempla promifcue defumant, aliifque imitanda proponant. At Ilias magis quodammodo tragica eft, Odyffea pacatior. Sit ita fane, & Achilles furiofior, quam Ulyffes. Illic caelum ac tellus, mare & fidera, dii atque homines, omnis tandem rerum natura ardere interdum & conflagrare videtur: heic vero fedata omnia, crebrae narrationes, fictionefque rerum perfonarumque, quae nec fuerunt ufquam terrarum nec fortaffe effe potuerunt. Atqui ita effe conveniebat; iique omnes, quos laudes bellicae magis delectant, quam quae in pace prudenter fapienterque gefta aut audimus aut legimus, Ulyffi Achillem praeponere non dubitabunt. Quibus vero mira quaedam providentia in periculis praevidendis, fumma in vitandis fugiendifque dexteritas, ac maxima in rebus omnibus aggrediendis conficiendifque alacritas placet, nae illi Odyffeam adamabunt magnoque habebunt in pretio, eamque ut delicium exofculabuntur fuum. Sit igitur nobis fixum hoc atque certum, nec ea, quae in Iliade continentur, neque ea, quae Odyffea complectitur, aliter debuiffe tractari, quam funt ab Homero defcripta atque exornata. Si enim alterius laudes alteri fuiffent eaedem datae, non duo quidem generis diverfi, fed ex duobus unum atque idem ferme poëma diverfi nominis coaluiffet. Et fane Horatius, poftquam Lollio familiari fuo graecifque litteris erudito affirmaffet, Homerum quid fit pulcrum, quid turpe honeftumque docuiffe plenius ac melius philofophis & Stoicis & Academicis, inquit:

> *Fabula, qua Paridis propter narratur amorem*
> *Graecia Barbariae lento collifa duello,*
> *Stultorum regum & populorum continet aeftus.*
> *Antenor cenfet belli praecidere cauffam.*
> *Quid Paris? ut falvus regnet, vivatque beatus,*
> *Cogi poffe negat. Neftor componere lites*
> *Inter Peliden feftinat & inter Atriden:*

Hunc

Hunc amor, ira quidem communiter urit utrumque.
Quidquid delirant reges, plectuntur Achivi:
Seditione dolis scelere atque libidine & ira
Iliacos intra muros peccatur & extra &c.

Haec quidem de Iliade vir ille acerrimus in judicando; clarissimeque patet cuique haec carmina legenti, eum voluisse nobis significare totam Iliadis fabulam, quum inter fortissimos reges agatur res, maxime ad concitandos inflammandosque animorum motus valere. Quid vero de Odyssea dicat, audiamus:

Rursus quid virtus & quid sapientia possit,
Utile proposuit nobis exemplar Ulyssem:
Qui domitor Trojae multorum providus urbes
Et mores hominum inspexit, latumque per aequor,
Dum sibi dum sociis reditum parat, aspera multa
Pertulit, adversis rerum immersabilis undis.
Sirenum voces, & Circes pocula nosti,
Quae si cum sociis stultus cupidusque bibisset,
Sub domina meretrice fuisset turpis & excors.
Vixisset canis immundus, & amica luto sus;

& cetera, quae nosti opinor. Videsne igitur rem heic aliter omnem procedere: nullas esse potentissimorum regum inimicitias, populorumque dissensiones, nullos armorum strepitus praeliorumque aestus, nullas heic denique caussas, quibus aut concitati sedantur, aut incenduntur pacati legentium animi? In eo totus poëta est, ut absolutissimum cuivis hominum generi variae cujusdam admirandaeque virtutis ac sapientiae specimen exhibeat; atque idcirco Ulyssem ille suum per omnes fere acerbissimae fortunae calamitates gravissimas salvum tandem atque incolumem deducit in patriam multis atque magnis obsessam periculis, ut nullam esse ostendat rerum adversarum vim tantam, quae ab homine sapiente atque industrio vinci superarique non possit. Itaque & Ilias grandiori stilo, quum magis sit, ut graece dicam, παθητική; & temperatiore, quum sit magis ἠθική, describenda erat Odyssea. Vitia enim ut fugiamus, praecipitesque animi motus, omni verborum copia ac sententiarum gravitate eorumdem deformitas est demonstranda: contra ut virtutem sequamur, quae ipsa per sese valet plurimum, sufficit ejus pulcritudinem nativis quibusdam coloribus delinealineatam ponere ob oculos, eumque qui fit ufus eadem, felicem confequi debuiffe finem, multarum rerum ad id facientium apta dilucidaque narratione oftendere. Atque ego quidem, an hoc non multo fit difficilius recte facere, quam primum illud, vehementer dubito. Illic enim, quum mens furore illo poëtico aut potius igne incaluit, plena etiam virium ac nervorum quodammodo oratio ipfa feratur neceffe eft: heic vero, quum pacatior fit ac tranquillior animus, ut funt remiffiores commiferationis quam iracundiae motus, ne langueat oratio atque concidat, maxima cavendum eft providentia. Quod etfi Homero feliciter contigiffe omnes harum rerum periti aeftimatores ultro fatentur; tamen ne mihi ejufdem carmina latinis verbis interpretanti non aeque feliciter contingat, magnopere formido. Cujus enim ingenii tanta vis effe poffit, ut in hoc ipfo, in quo ille totius antiquitatis confenfu incredibili excelluit, fe cum illo conferre & quafi certare non dubitet? Atqui ita profecto eft: qui aut orationem interpretatur aut poëma, in quibus non tantum fententiae explicandae fufcipiuntur, fed virtus omnis atque forma exprimenda eft, ille id pollicetur, fibique proponit, ut, fi fieri poffit, eadem femper cum dignitate atque elegantia tum verborum tum figurarum, qua funt ab oratore vel poëta dicta, interpres efferat. Ac proinde nemo non videt fumma illi effe opus, praeter omne artificium ejus rei, qua de agitur, utriufque linguae & facultate & copia: quo inftructus praefidio poffit optime pervidere, quam vim quaeque habeat vox; fententiafque fingulas, tamquam fi auctor illa ipfa, quam tu ad fcribendum felegeris, utatur lingua, liberaliter ac generofe enunciare. Nihil in ulla parte fervile, nihil hiulcum, nihil abfonum, nihil per vim intrufum; omnia effe debent libera, omnia plena, omnia fuavia, ac fuo loco fuoque in lumine collocata: color denique, ut ita dicam, atque habitus & verborum & fententiarum tamquam fuccus quidam atque fanguis per totum operis corpus ille idem transfufus appareat. Hoc illud nimirum eft, in quo dicebam hujus fermonis initio nobis effe elaborandum, fi placere velimus; neque aliam effe cauffam duco, cur in tanta interpretum copia pauciffimi fint dignique habeantur, quorum res fcriptae cum utilitate ac voluptate legantur, nifi quod aut laboris impatientia aut virium inopia id efficere vel neglexerunt, vel non potuerunt. Imo fit faepe, ut quem auctorem fua lingua difertiffime loquentem fueris paullo ante admiratus, ejufdem te mifereat foediffime balbutientis ignavia interpretis aut potius focordia, vel quod fingulas voculas atque adeo apices putidius confectatur, vel contra effrenata quadam libidine multa detrahit,

multa

multa addit, fus deque vertit omnia. Itaque volo in interprete judicium acre, atque eximiam in ea facultate fcientiam; volo maximam & ejus linguae, qua ufus eft auctor, & ejus, in qua ipfe fcribit, peritiam; volo denique non feftinationem in illo, fed obftinati quamdam animi perfeverantiam: potiffimum vero haec duo generatim caveat, nihil ut addat, nifi quod lucem aliquam afferre poffit; nihil ut praetermittat, nifi quod fatis jam dictum fit. Haec opinor qui adjumenta attulerit, & in poëtarum lectione fuerit exercitatus, nae ille ad hunc laborem paratus accedet, optimamque litteris navabit operam, ac tandem illud Euripideum apud Ciceronem fibi crebro repetet:

Suavis laborum eft praeteritorum memoria.

Ain vero? Pergin tu tantum ftudii, tantum diligentiae, tantum facultatis in interprete requirere? Ego vero omnia haec debere illi ineffe, & multo etiam plura cenfeo, ob eamque cauffam jam me ipfum ferme imprudentiae ac temeritatis condemno. Age vero, ipfum Odyffeae initium contemplare: facilene tibi effe negotium videtur, primos illos graecos verfus latinis aeque elegantibus exprimere? At fi ftilum ad fcribendum advertas, profecto longe majorem, quam fufpicaris, difficultatem experiere. Herculi clavam facilius extorqueas, quam Homero verfum, ajunt folitum fuiffe dicere fuis Virgilium obtrectatoribus: quod quam verum fit, tute ipfe per te videas, volo. En primos Odyffeae verfus:

Ἄνδρα μοι ἔννεπε μοῦσα πολύτροπον, ὃς μάλα πολλὰ
Πλάγχθη, ἐπεὶ Τροίης ἱερὸν πτολίεθρον ἔπερσε.

Virum mihi dic mufa verfutum, qui admodum multum
Jactatus eft, poftquam Trojae facram urbem evertit.

Heic graeca verba latinis fingula refpondent: quid dubitas? manum admove atque experire. Ego vero, inquit, me & facile expediam & fine vitio: ita enim dicam cum Horatio.

Dic mihi mufa virum, captae poft tempora Trojae
Qui mores hominum multorum vidit & urbes.

Praeclare vero dixeris ita, fi ad id, quod eo loci Horatius facere inftituerat, animum advertas; fi autem Homeri verba acutius introfpicias, fortaffe non recte. Dii boni! tantamne etiam feremus arrogantiam? arrogantiamne dicam an impudentiam fingularem? Tu ut Horatium illum Flaccum, quem et quantum poëtam, fancte Juppiter ac Minerva! non probes; tu ut illius

verfus

verſus reprehendas, tu ut reſpuas? At ego nihil iſtorum; et quī hoſce verſus ex libro XII. de Sirenarum cantu a M. Tullio ita converſos:

> . . . *Nemo haec tranſvectus caerula navi eſt,*
> *Quin prius adſtiterit vocum dulcedine captus;*
> *Poſt variis avido ſatiatus pectore muſis*
> *Doctior ad patrias lapſus pervenerit oras.*
> *Nos grave certamen belli cladem que tenemus,*
> *Graecia quam Trojae divino numine vexit,*
> *Omniaque e latis rerum veſtigia terris &c.*

ex ejus libro V. De Finibus vel furari vel rapere non dubitavi, ut me alienis, tamquam illa vetus cornicula, coloribus ornarem; multo minus duos verſiculos a tanto poëta mutuos accipere dubitaſſem. Dicam clarius: illos ego verſus & vehementer probo, & omni laude ac commendatione dignos exiſtimo; tamen juſta cauſſa eſt, cur illorum mihi uſum interdixerim. Quid enim, rogo, tum agebat Horatius? Objurgabat nempe ineptum quemdam ſcriptorem Cyclicum, qui quum turgidius eſſet poëma ita auſpicatus:

> *Fortunam Priami cantabo & nobile bellum &c.*

ingens neſcio quid ac magnificum, quum meras ageret nugas, ſibi dixiſſe videbatur: illi proinde ſic Horatius ſubjungit:

> *Quid dignum tanto feret hic promiſſor hiatu?*
> *Parturient montes, naſcetur ridiculus mus.*

deinde ait continuo:

> *Quanto rectius hic, qui nil molitur inepte:*
> *Dic mihi muſa virum, captae poſt tempora Trojae*
> *Qui mores hominum multorum vidit & urbes.*
> *Non fumum ex fulgore, ſed ex fumo dare lucem*
> *Cogitat, ut ſpecioſa dehinc miracula promat*
> *Antiphatem Scyllamque & cum Cyclope Carybdim.*

Videſne hunc optimum ac ſapientiſſimum & effectorem artis poëticae & magiſtrum hoc loco non Homeri Odyſſeam ea, qua par erat, diligentia interpretari, ſed ampullas & ſeſquipedalia verba fundentem illum Cyclicum coarguere exemplo ab initio Odyſſeae deſumpto? Huc illa ſpectant: *Non fumum ex fulgore &c.* Imo mihi dedita opera ipſum illud princi-

b   pium,

pium, quò magis inepti hominis faftum ac tumorem ridiculum exhibe-
ret, extenuaſſe videtur ita, ut nihil humilius, nihil preſſius, nihil eſſe
poſſit modeſtius. DIC: Monoſyllabon invenit, quo & nullus initio epici
carminis uſus eſt poëta, & nihil eſſe poteſt gracilius. DIC MIHI: littera *I*
nulla vocali alia interpoſita, mirum quantum faciat ter repetita ad exi-
litatem ſoni. Perbelle quidem ad rem vates prudentiſſimus: at ſi graeca verba cum latinis conferas, quamvis idem utraque ſignificent, non eodem certe modo etiam auribus ſonant.

Δ̓νδρα μοι ἔννεπε μοῦσα &c.

plenum habent neſcio quid ac ſonorum, nec multum diſcrepant ab iis Virgilii:

Arma virumque cano &c.

Contra vero haec:

Dic mihi muſa virum &c.

minutulum quiddam, aut ad ſummum molle & paſtoritium, niſi vehementer fallor, videntur ſapere. Quid plura? putaſne, ſi interpretis partes heic
tuendas ſuſcepiſſet Horatius, vocem illam πολύτροπον, cujus multiplex eſt apud
Euſtathium ſignificatio, & latine aut experientem aut gnarum & induſtrium
ac ad tempus atque locum accommodantem ſemper ingenium dicere poſſumus,
fuiſſe relicturum quaſi ſupervacaneam atque ad explendum verſum ab Homero appoſitam? Itane illum parum intelligentem arbitraris, ut non videret homo ſagaciſſimus eamdem non poſſe ſine flagitio contemni ac preteriri? Eſt
enim ea vox tamquam character quidam aut nota, quae illius viri, cujus
poëta res geſtas narrandas pollicetur, naturam atque ingenium deſſignat.
Quid quod & illa, ὃς μάλα πολλὰ πλάγχθη, quae plurimum ad commiſeratio-
nem valent, omnino praetermiſſa ſunt? Mitto ea, *Captae poſt tempora
Trojae*; ubi quamquam Homerus rei bene geſtae potiſſimam Ulyſſi laudem
videatur tribuere; non tamen neſcio poſſe ſubaudiri *a ſe captae* aut aliquid aliud hujuſmodi, quemadmodum & ego ipſe in mea verſione ſubaudiri volo *ſibi*; dixi enim: *poſt eruta Trojae Pergama.* Cur iſta quaeſo
omnia, quae incurrunt in oculos, ſi non peccata ac vitia, certe non lau-
danda maxime & probanda in duobus hiſce verſiculis ſummus poëta ſibi
quodammodo paſſus eſt excidere atque effugere? Non aliam profecto ob
cauſſam, niſi quemadmodum initio dixi, quod non latine vertendam ſibi
propoſuerat Odyſſeam ut fidus interpres, ſed turgidiorem reprehendendum

poëtam

poëtam ut artis magifter optimus. Ceterum haec minutius ac fortaffe plus aequo religiofius perfequentem quum videris, nolim ex eorum fecta atque haerefi me effe arbitrere, qui nefas atque fcelus continuo clamant commiffum effe ab interprete, fi unam tantum litterulam mutet, fi relinquat voculam, fi apicem detorqueat. Apage iftas nugas, quae a femidocto aliquo Graeculo & vocularum quafi venatore fortaffe poffunt laudari ; ab hominibus cordatis vereque fapientibus magnopere vituperantur, quaeque optimarum fuaviffimarumque rerum non ornamenta, fed peftis quaedam acerbiffima ac venenum effe dicendae funt. An, ut alios omittam, illum fummum eloquentiae principem M. Tullium dignum praeter ceteros, unde in omni recte dicendi ratione & praecepta & exempla petantur, nefcimus ita vertiffe illas Demofthenis atque Aefchynis orationes vere Atticas, ut magis orator, quam interpres effe videretur? Eafdem ille fententias & earum formas tamquam figuras fervavit; verba ad latinam confuetudinem aptavit, ut nimirum effent eadem quod fpectat ad genus atque vim, non vero quoad numerum atque fpeciem: *non enim*, ait, *ea me adnumerare lectori putavi oportere, fed tamquam appendere*. Itaque ftatuamus oportet, fi tanti viri quidquam auctoritas apud nos valet, ut debet valere plurimum, eum qui hoc pacto in aliorum fcriptis interpretandis, praefertim fi ad litteras humaniores pertinent, fe gerat, praeclare fungi munere officioque interpretis. Atque in eum jam locum me effe paullatim delapfum video, ut mihi neceffe fit pauca de me ipfo dicere, deque hac mea, qualifcumque eft, Odyffeae latina interpretatione. Ego quidem, quamvis ab ineunte jam adolefcentia graeca femper cum latinis conjunxerim, quamvis & Homerum & Virgilium feu natura feu cafu aliquo primae inftitutionis prae omnibus femper poëtis adamaverim, affidueque triverim manibus; tamen video, quantum mihi adhuc optimarum artium praefidii defit, ut laudabiliter eum, in quem fortaffe temere, fed libenter certe, fum ingreffus, peragam curfum. Dicam tamen confidentius, fed vere, nullum me laborem fubterfugiffe, quominus fi non perfectus, effem faltem ceteris interpres diligentior ; proptereaque illos Horatii verfus;

Nec virtute foret clarifve potentius armis,
Quam lingua Latium, fi non offenderet unum-
Quemque poëtarum limae labor & mora &c.

mihi effe dictos judicavi. Itaque omnem in eo pofui curam diligentiamque,

b 2

que, ne quiſquam poſſet jure me negligentiae ignaviaeque condemnare. Nihil ergo in te reprehendendum? Imo multa atque magna, quae non ſatis mea potuit cavere prudentia: aperte autem profiteor atque affirmo, me nullam umquam fugiſſe limae moleſtiam, verſus omnes & multa die & multa coërcuiſſe litura, atque adeo eruditorum amicorum arbitrio non tantum decies, ſed centies etiam, ſi opus erat, caſtigaviſſe. Interpretes plerofque conſului, Euſtathium vidi & Strabonem: in primis latina ne diſcreparent a graecis ſummopere cavi; ubi potui, non vim tantum verborum, quod M. Tullius ſe feciſſe dicebat, ſed ipſum paene numerum atque ſpeciem reddidi; genus certe ubique, opinor: breviter brevia, gravia graviter, leniter lenia dixi; omnia denique, ut erant poëtica, poëtice conatus ſum exprimere. Addam etiam, fuiſſe mihi ita ſemper P. Virgilium ante oculos propoſitum, ut quod ſcribebam, niſi illam ejus carminum elegantiam ſuavitatem coloremque aliquo modo referret, omnino reſpuerem ac reiicerem. Quantum vero his rebus omnibus ſim conſequutus, non eſt meum judicare: hac de re tuum erit aliorumque judicium, quod fieri velim potiſſimum ex illorum comparatione, qui hoc eodem in ſtadio ſeſe exercuerunt, id eſt latinis verſibus ſunt Odyſſeam interpretati. Habes, quod ſciam, nonum-decimum undecimum duodecimumque Odyſſeae librum latino carmine elegiaco redditum a Joanne Praſſino; habes octo priores libros a Franciſco Florido Sabino latinis item verſibus converſos; habes denique integram Homeri Odyſſeam latine heroico carmine redditam a Simone Lemnio Rheto, dicatamque ab eodem Francorum regi potentiſſimo Henrico II. Horum duos primos mittamus oportet, & quod partem tantum, non opus totum perfecerunt, & quod eorum labores numquam aſpicere potui. Scio equidem Franciſcum Floridum magnam ſpem expectationemque ſui admirabilem in animis litteratorum hominum, ac praecipue illius ampliſſimi optimarum artium maecenatis Franciſci I. Galliarum regis, cui ſuos dedicarat libros, excitaviſſe. Sed vir ſingulari doctrina atque induſtria praeditus immaturo fato praereptus nequivit opus, quod inceperat, abſolvere: qui ſi diutius vixiſſet, nec eſſet florente adhuc aetate inimicorum fraude ſublatus, magna me fortaſſe cura moleſtiaque liberaſſet. Nam quum fuiſſet egregie ſuo functus labore, me ab hoc opere ſuſcipiendo deterruiſſet: multoque melius ille fortaſſe mihi, quam ego & otio & meae conſului famae, conſuluiſſet. Reſtat igitur unus Simon Lemnius, qui cum ego committendus ſum. Hic qualis ſit, quidque valeat, non ex me audias, ſed ex ejus verſibus videas licet. Verum prius Homeri ipſius aliquot carmina recitemus,

mus , & ea quidem , quae prima funt , & in quibus nondum labore defa-
tigatus folet diligentior effe interpres atque accuratior .

Ἄνδρα μοι ἔννεπε μοῦσα πολύτροπον , ὃς μάλα πολλὰ
Πλάγχθη , ἐπεὶ Τροίης ἱερὸν πτολίεθρον ἔπερσε .
Πολλῶν δ' ἀνθρώπων ἴδεν ἄστεα , καὶ νόον ἔγνω·
Πολλὰ δ' ὅγ' ἐν πόντῳ πάθεν ἄλγεα ὃν κατὰ θυμόν ,
Ἀρνύμενος ἥν τε ψυχὴν καὶ νόστον ἑταίρων .
Ἀλλ' οὐδ' ὣς ἑτάρους ἐρρύσατο ἱέμενός περ·
Αὐτῶν γὰρ σφετέρῃσιν ἀτασθαλίῃσιν ὄλοντο ,
Νήπιοι , οἳ κατὰ βοῦς ὑπερίονος ἠελίοιο
Ἤσθιον . αὐτὰρ ὁ τοῖσιν ἀφείλετο νόστιμον ἦμαρ .
Τῶν ἁμόθεν γε θεὰ θύγατερ Διὸς εἰπὲ καὶ ἡμῖν .

Ἔνθ' ἄλλοι μὲν πάντες ὅσοι φύγον αἰπὺν ὄλεθρον
Οἴκοι ἔσαν , πόλεμόν τε πεφευγότες ἠδὲ θάλασσαν .
Τὸν δ' οἶον &c.

En verba verbis latine refpondentia ex verfione Bergleriana , qualifcumque ea fit , exfcripta .

> Virum dic mihi mufa verfutum , qui admodum multum
> Jactatus eft , poftquam Trojae facram urbem evertit .
> Multorum vero hominum vidit urbes , & mores cognovit;
> Multofque idem in mari paffus eft dolores fuo in animo
> Juxta aeftimans fuamque vitam & reditum fociorum .
> Sed neque fic fervavit focios tametfi cupiens:
> Sua enim ipforum infipientia perierunt ,
> Stulti , qui boves fublimis folis
> Comederunt: ille vero eis abftulit reditus diem .
> Haec aliqua ex parte dea filia Jovis dic & nobis .
>   Jam alii quidem omnes , quotquot effugerunt faevam mortem ,
> Domi erant belloque elapfi atque mari .
> Hunc folum &c.

Audiamus jam Simonem Lemnium haec eadem verfibus adornantem .

> Dic mihi: Mufa virum , qui poftquam Pergama Trojae
> Celfa facrae evertit , populatus moenia flammis ,
> Claffe diu raptus , variifque erroribus actus;
> Qui mores hominum multorum vidit & urbes ,
> Multa quoque & ponto paffus , tot adire labores

Com-

Compulsus fuerat, tristes sub corde dolores
Dum premit, atque suam defendit puppe salutem,
Eripiens animam, sociosque per aequora vectos;
Et patriae reditus quaerit sub gurgite vasto
Pellax & vario ingenio praeclarus & armis.
Non tamen ille suos casu pelagique ruinis
Incolumes Ithacae socios deduxit in arva.
Invisi fatis subiere pericula mortis
Ob scelera atque famem. mactarunt litore tauros,
Prostratosque boves solis, qui sidera lustrat,
Quique globum caeli transit super aethera vectus,
Absumpsere nefas: illis rex ipse negavit
In patriam reditus Titan; mersitque sub undas.
Vix e conspectu siculae telluris in altum
Vela mari dantes, spumasque sub aere ruentes
Obruit, & pelagi disjecit in aequore nantes.
Horum igitur casus memora mihi musa canenti
Calliopea, Jovis proles: exordia cursus
Erroresque sacro revocabo carmine Grajum.

Argolici rediere duces & Dorica pubes,
Jamque domi laeti, libabant pocula Bacchi
Grajorum proceres, quicumque ferocia fata,
Interitumque viri, Trojae sub moenibus altis,
Assaracaeque duces immania praelia gentis,
Undososque aestus atque aequora celsa carinis
Evasere domos repetentes, patria rura.
Cum solum gelidis Ithacum &c.

Audistin, amice lector? Bene est; quid igitur tibi de his versibus Lemnianis videtur: placentne illi, an aliquid melius desideras? Nihil dices, opinor, de primo versu; nam & Horatii sunt priores voces, & posteriores non displicent, nisi forte requiras illud πολύτροπον omissum, cujus loco irrepsit; *populatus moenia flammis = classe diu raptus* &c.

Multa quoque & ponto passus &c.

praeclare: nam ita & Virgilius, cujus ubique vel invitos ac reluctantes versus in suas partes cogit concedere. Sed quod sequitur: *tot adire labores compulsus fuerat*; quamvis aeque Virgilianum, nullum heic tamen locum habet.

Tri-

. . . . *triſtes ſub corde dolores*
Dum premit, atque ſuam defendit puppe ſalutem
Eripiens animam, ſocioſque per aequora vectos &c.

Dixerat jam ante & quidem recte Virgilius de Aenea:

Spem vultu ſimulat, premit altum corde dolorem.

Sed Homerus nihil heic ſimulantem aut prementem corde Ulyſſem inducit;
ſed affirmat ſimpliciter multa eum in mari tuliſſe incommoda. Quod vero malum eſt illud: *defendit puppe ſalutem, eripiens animam &c.* Vereor
ne parum eleganter ſit dictum, *ſalutem defendere puppe*: nam mitto quod
ſit alienum a verbis Homeri. Non intelligo etiam, quid hoc loci velit, *eripere animam*. Scio quidem admodum recte dici, eripere animam hoſti, ac
idem valere, quod hoſtem occidere; item eripere animam ex orci faucibus, eſſe
liberare a morte, aut ſalvare; & hoc fortaſſe voluit dicere Lemnius. Sed
quod addendum erat neceſſario, reliquit; Ulyſſemque nobis neſcio plane quam
animam eripientem exhibuit. Hoc vero admirandum ac portenti ſimile:

Et patriae reditus quaerit ſub gurgite vaſto &c.

Reditum in patriam quaerere ſcio quid ſit; *patriae reditus* mehercle neſcio. Male etiam *ſub gurgite vaſto*; namque aut mari, aut mare naviga-
mus, aut per mare: Urinatorum proprium eſt quaerere aliquid ſub gurgite.

Pellax & vario ingenio praeclarus & armis &c.

Haec omnia praepoſtera: nam quamvis & pellax fuerit Ulyſſes & vario
praeditus ingenio & praeclarus armis, nihil heic iſtorum Homerus dixit.

Inviſi fatis ſubiere pericula mortis
Ob ſcelera atque famem. mactarunt litore tauros,
Proſtratoſque boves ſolis &c.

Equidem minime puto, *ſubire periculum* mortis idem valere ac *mori*. At
vates, Ulyſſem, ait, ſuos non potuiſſe comites ſervare, non quod fuiſſent
inviſi fatis, ſed quod ipſi ſua ipſorum culpa dementiaque perierunt occi-
ſis nimirum bobus ſolis, a quibus ut abſtinerent, etiam atque etiam ad-
moniti erant a duce ſapientiſſimo. Illud; *ob ſcelera atque famem*, erit fortaſſe ſimile illi, *pateris libamus & auro*, nimirum ob famem ſceleſtam.
Sed quorſum haec;

Qui

. . . . *qui sidera lustrat,*
Quique globum caeli transit super aethera vectus.

Aut nihil addendum erat, aut aliquid, quod esset tolerabilius. Qui etiam sol transeat globum caeli, non satis video.

Vix e conspectu Siculae telluris in altum &c.

Macte Simon hoc pulcherrimo Virgilii versiculo! sed quae sequuntur,

Vela mari dantes, spumasque sub aere ruentes;

multum distant ab iis ejusdem Maronis, duabus tantum a te voculis mutatis:

Vela dabant laeti, & spumas salis aere ruebant &c.

Tu enim dixeras *in altum*: quare superfluum est illud *mari*. Elegantissimum hoc *spumas salis aere ruebant*: tuum illud *spumasque sub aere ruentes*, obscurum absonum atque uno verbo deterius factum. Quomodo autem dixisti, *obruit*, idest *demersit*; quum idem dicas statim, *disjecisse in aequore nantes*. Nabantne postquam obruti fuere pelago? Id credo fieri non posse: vide igitur, quid scripseris.

Horum igitur casus memora mihi musa canenti
Calliopea &c.

Haec profecto quicumque legent, quum praecesserit, *disjecit in aequore nantes*, nihilque fuerit medium inter vocem *nantes*, & hanc *horum*, intelligent poëtam heic orare musam, ut sibi casus memoret sociorum Ulyssis; quum tamen velit, ut eas res omnes, quas proposuerat, *aliqua ex parte* etiam sibi ipsi musa det posse dicere. Jam haec:

. . . . *exordia cursus,*
Erroresque sacro revocabo carmine Grajum;

& quae sequuntur, quantum apta sunt ad augendam libri molem versuumque numerum, tantum valent ad omnem Homeri dignitatem eloquentiamque corrumpendam. Sed infinitus sim, si persequar cetera, quae tibi, & cuivis vel mediocriter graecis litteris latinisque erudito vehementer in his Lemnianis versibus, qui plurimis aliis ejusdem interpretis multo sunt meliores, displicebunt. Nihil enim queror, quod nullam Lemnius adhibeat limam in poliendis male tornatis versibus, quod nullum verborum

dele-

delectum, nullamque latini fermonis venuftatem fequatur; quod contorte, implexe, obfcure, ac non raro etiam fine ratione fyllabarum fcribat: hanc illi do veniam; eft enim hominis peccatum contra illud Horatii Flacci praeceptum :

> *Sumite materiam veftris, qui fcribitis aequam*
> *Viribus &c.*

Cujus vero eft, & quantae audaciae illa effrenata ac ullo fine modo licentia aut potius libido fententias Homeri ita faepe amplificandi, ut illis, quae interpres adjungit nova, ea, quae dicta funt ab auctore, omnino obruantur? Quidni? Poëta fenem illum Proteum, in quarto libro haec inducit Menelao vaticinantem, quae heic latine ad verbum expreffa exfcribo.

> *Tibi vero non eft fatale divine o Menelaë*
> *In Argo equos pafcente mori & fatum obire.*
> *Sed te in Elifium campum & fines terrae*
> *Immortales mittent; ubi flavus Rhadamanthus eft,*
> *Ubi facillima vivendi ratio eft hominibus:*
> *Non nix, neque hyems multa, neque umquam imber;*
> *Sed femper zephyri fuaviter fpirantes auras*
> *Oceanus emittit ad refrigerandum homines,*
> *Eo quod habes Helenam, & ipfius Jovis gener es &c.*

Eadem ego fic verti,

> *Te vero nec fata finent Menelaë, nec ipfi*
> *Caelicolae quondam patriis occumbere in Argis.*
> *Elifii longe in campos, qua meta receffit*
> *Ultima terrarum, vivum te numina ducent,*
> *Flavus ubi Rhadamanthus, ubi eft placidiffima vita,*
> *Nec glacies, nec faeva riget nix ulla, nec imber,*
> *Sed zephyros femper fpirantes mollibus auris*
> *Sufficit oceanus laetae folatia genti.*
> *Haec te certa manet fedes; haec debita fponfo*
> *Tyndaridis generoque Jovis felicia regna &c.*

Haec mea, de quibus nihil ego dicam. At quanta heic dii boni! effundit loquaciffimus pulcherrimi Homerici hujus loci interprefne an corruptor? Audi, & patienter, fi potes, ferto hanc tantam laureati poëtae loquacitatem.

c   *Nunc*

Nunc ad te & tua magna lubens ad fata revertor.
Non te fata sinunt Menelaë o maxime regum,
Ab Jove progenies, proavito occumbere leto,
Atque Argis obiisse diem, generator equorum
Heic ubi ager pinguis, floretque ex ubere glebae.
Te elisios divi campos intrare jubebunt,
Elisiasque domos: virides mittere per oras,
Heic ubi terrarum liquidis est terminus undis,
Heic ubi flave comas judex Rhadamanthe gubernas.
Heicque locos laetos cernes, & amoena vireta
Fortunatorum nemorum sedesque beatas:
Heicque ferax agris per se fert omnia tellus,
Sponte ferunt homini fruges viridantia rura:
Heic faciles victus arbor praedives opacis
Laeta comis, fulvis semper ditabere pomis.
Heicque nives numquam pluviaeque hyemesque rigentes.
Heic semper zephyri molles & leniter aurae
Spirant oceano missae: recreantur ab illis
Corpora tacta levi afflatu, & florentia nutrit
Membra homini, meliorque heic eurus, & aether inerrat,
Largior & campos heic aër lumine vestit
Purpureo, solemque suum, sua sidera norunt.
Amissum ne crede diem: sunt altera caelo
Sidera; sunt orbes alii, lumenque videbis
Purius, elisiosque magis mirabere campos,
Cultoresque pios. illic pretiosior aetas,
Aurea progenies habitat, semperque tenebis,
Quod superi meruere semel . nec mollia desunt
Prata tibi; zephyris illic melioribus halant
Perpetui flores, quos nec tua protulit aetas;
Nempe quod es conjux Helenae, Jovis & gener alti, &c.

Ohe jam satis est? pol me occidisti, inquis. Quae solis octo versiculis Homerus, ut cetera, belle comprehendit; quae novem tu, uno scilicet plus, satis commode expressisti; ille, ut triginta versibus vix explicet, atque interpretetur? Quid hocce aliud, nisi illud apud veterem poëtam

> . . . .*quod Sysiphu' versat*
> *Saxum sudans nitendo, neque proficit hilum.*

Sto-

Stomachari jam te video, amice lector, ac mihi jure fubirafci, quod in his diutius, quam neceffe erat, immoratus fim. At ego verebar, ne fi dixiffem mihi Lemnianam improbari verfionem, nihilque ex ejus verfibus protuliffem, magis invide quam vere id a me quifquam dictum arbitraretur. Quare quum ea fatis me culpa & invidiae fufpicione liberatum jam videam; hanc totam orationem relinquamus, ac redeamus, unde difceffimus. Peto igitur abs te, ut fi Lemnii Odyffea latina, (quod de perveteri quadam Odyffeae verfione in Bruto dicit Tullius) eft fic, tamquam opus aliquod Daedali, & Livianae fabulae non fatis dignae, quae iterum legantur; laborem hunc meum aequo bonoque animo excipias, videndumque judices prius, quam omnino contemnas, quid ipfe feram. Nec fane dubito, quin multa futura fint hoc in opere praefertim tam longo tamque impedito, quae multo melius elegantiufque dici potuiffe pronunciabis: ita tamen ftatuamus oportet, ut, fi minus ceteris peccaffe videbor, aliquam mihi gratiam habeas, quod in omnium maximo latine interpretando poëta fi minus eam, quae perfectiffima eft, referre laudem potuerim; majorem tamen, quam ceteri, tuo etiam judicio graviffimo atque optimo fim confequutus. Quod fi tribueris mihi, ampliffimum laborum omnium ac vigiliarum fructum me cepiffe exiftimabo.

RAYMUNDI CUNICHII,

AD SUAM ILIADEM

DE BERNARDI ZAMAGNAE ODYSSEA

EPIGRAMMA. (*)

I mea nunc Latias tantisper sola per urbes
   Ilias, adveniat dum tua pulcra soror
Compta mei studio cura & praestante Zamagnae.
   Illi ego te sociam jungier inde volo,
Cui pater est idem, quam cultu ornavit eodem
   Vir mihi Thesea junctus amicitia.

BERNARDI ZAMAGNAE

DE SUA ODYSSEA

AD ILIADEM CUNICHIANAM

EPIGRAMMA.

Non Latias ito florens jam sola per urbes
   Ilias: en sociam quaerit ubique soror.
Da timidae dextram; neu cultu eláta superbo
   Nomen Odysseae noscere saeva neges.
Tu prior es meliorque; utque est me cedere dignum
   Cunichio, cedit sic minor ipsa tibi.

(*) Hoc epigramma legitur ad finem Iliadis Latinae, quam anno proxime elapso vir Cl. Raymundus Cunichius edidit Romae impressam eadem forma, qua nunc Odyssea secunda impressa est.

ARGU-

ARGUMENTA

SINGULORUM LIBRORUM SINGULIS DYSTICHIS
AB INTERPRETE COMPREHENSA.

I.

Juppiter Aegisthum memorat, sed Pallas Ulyssem,
Telemachumque Pylon tendere divâ monet.

II.

Concilium cogit, queriturque infanda procorum
Facta Ithaco forti natus, iterque parat.

III.

Excipit hospitio venientem Nestor, Achivum
Fata docet, noscit Pallada, sacra facit.

IV.

Excipit & Menelaus. at illi nigra parantur
Funera, dum Protei noscere dicta cupit.

V.

Ogygias tendit Cyllenius ales in oras:
Dux Ithacae primum navigat, inde natat.

VI.

Dat requiem fesso tellus Phaeacia: natam
Alcinoi supplex in sua vota trahit.

VII.

Urbem adeunt; sed nympha prior subit alta parentis
Atria; mox Ithacus scandit, opemque petit.

VIII.

Laeta dies agitur vario certamine, & heros
Invitus, valeat quid tamen ipse, docet.

Loto-

I X.

Lotophagos, Ciconasque refert, saevosque Cyclopas,
*   Inque cava caecum te, Polypheme, specu.*

X.

Aeoliam his addit, ventosque, & avara juventae
*   Pectora; dein vafrae pocula saeva deae.*

X I.

Cimmerias etiam fauces, vatemque petisse
*   Tiresiam, & manes elicuisse refert.*

X I I.

Hinc & Sirenas, Scyllamque, atramque Charybdim,
*   Pro vetita & comitum funera caede boum.*

X I I I.

Jamque Ithacam tendit: fit navis saxea: at illi
*   Pallas adest, firmat voce, senemque facit.*

X I V.

Tum petit Eumaeum, nec se dat nosse; sed astu
*   Dissimulans audit multa, refertque seni.*

X V.

Telemachum interea patrias Tritonia ad oras
*   Ire monet; donis auctus at ille redit.*

X V I.

It celerans Eumaeus in urbem, & nuncia portat
*   Reginae. cernit gnatus adesse patrem.*

X V I I.

Rure adeunt urbem, non una. pastor Ulyssem
*   Increpitat, melior quem colit ipse canis.*

X V I I I.

Inter se pugnant Ithacusque Irusque; capitque
*   Penelope a cupidis munera missa procis.*

Cum

X I X.

Cum nato pater arma abdit: ſignata cicatrix
    Illum prodit, anus dum bona fonte lavat.

X X.

Fauſta duci dat ſigna deus: terrentur Achivi,
    Parca quibus dirum funus acerba parat.

X X I.

Fert arcum regina: proci vos praemia fruſtra
    Quaeritis, ignota miſſa ſagitta manu eſt.

X X I I.

Gliſcit atrox jam pugna, Ithacus cum Pallade vincit.
    Telemachi dextra turba nefanda cadit.

X X I I I.

Penelope gaudet conſpecto conjuge: at ille
    Multa putans nato junctus ab urbe fugit.

X X I V.

Inſequitur fera turba: iterum pugnatur in agris;
    Mox placidi ſanctae foedera pacis amant.

RURSUS, QUID VIRTUS ET QUID SAPIENTIA POSSIT,

UTILE PROPOSUIT NOBIS EXEMPLAR ULYSSEM,

Horat. Ep. lib.I. Ep .II.

HOMERI ODYSSEAE
LIBER PRIMUS.

Ufa virum memora, varium qui
    pectore verfans
Ingenium, erravit longum poft eru-
    ta Trojae
Pergama . multorum mores infpe-
    xit, & urbes
Ille hominum , multa & pelagi.
    mala paffus in undis,
Dum fibi, dum fociis reditum molitur : at illos
Providus haud valuit nigro fubducere leto ;
Nam culpa periere fua, dementibus aufis
Aggreffi niveos Solis violare juvencos,
Quos propter vetuit reditu deus ipfe potiri.
Ergo harum & nobis da rerum evolvere partem io
Diva, precor, magni Jovis o pulcherrima proles.
    Jam Danai, quotquot leti crudelia fata
Incolumes fugere, & ponto & marte foluti
Attigerant Patriam. folum hunc arcebat amato

A   Con-

Conjugis a gremio, magnoque ardebat amore
Rupe fub excifa fcopuli formofa Calypfo.
Quin ubi jam tempus venit, volventibus annis,
Quo fuperis reditumque viro concedere vifum,
Optatafque Ithacae fedes, nondum ipfe labores
Finierat, faevo fortunae exercitus aeftu, 20
Scilicet & caros infelix inter amicos.
Illum omnes pariter duros tot volvere cafus
Caelicolae miferati: unus dominator aquarum
Ufque gravis pulfo inftabat maria omnia circum,
Dum patrios fines, & dulcia tangeret arva.
Aethiopas at forte pios tum vifere gaudens,
Extremos hominum Aethiopas, pars altera quorum
Solis ad occafum, pars altera vergit ad ortum,
Cefferat, atque illic follemni more facrorum
Ante fuas laetus conviva adfederat aras. 30
Di Jovis in fedes alii advenere frequentes
Sidereum per iter: folio queis orfus ab aureo
Ipfe hominum fummus fari pater atque deorum
Aegifthi tum forte animo crudelia volvens
Fata, agamemnonides leto quem ftrarat Oreftes.
Haec memorans, cunctis dis ille filentibus, infit:
Proh fuperi! immerito fanctos mortalia culpant
Secla deos: per nos mala nafcier omnia dicunt,
Quum tamen ultro homines dementi arceffere corde
Trifte fibi, nulla fatorum lege coacti, 40
Exitium properant. an non Aegifthus Atridae
Eripuit nuper thalamos, ipfumque necavit
Infcius haud cladis, quam nos praediximus olli
Adfore, Mercurius retulit quum talia dicta:
Parce torum violare, & parce Agamemnona ferro
Laedere; namque aderit patriae ultor caedis Oreftes,
Ut

Ut primum flava fparget lanugine malas.
Talia Mercurius : monitis parere fed ipfe
Dum negat, infando perfolvit fanguine poenas.
Juppiter haec. fubito coepit fic caerula Pallas : 50
O pater, o divum rector, faturnia proles,
Ille jacet merito parcarum funere merfus,
Flagitia atque utinam molitur talia quifquis,
Sic pereat. fed tale meus quid fecit Ulyffes
Infelix, qui nunc patriis procul angitur oris
Infula in undifona, medio quae confita ponto
Horret opaca jugis frondentibus ? intus Atlantis
Filia, qui pelagi tractus atque omnia novit
Antra vafer, longas immania faxa columnas
Ipfe gerens humeris connixus, queis fola terrae 60
Diftinet atque aptum ftellis fulgentibus axem,
Intus habet fedem. lacrimis heic ora rigantem,
Fundentemque imo gemitus e pectore, blandis
Detinet inlecebris mulcens, atque omnia tentat,
Ne qua Ithacae oblitum fubeat jam cura. fed ille
Surgentem ut noto tantum de culmine fumum
Afpiciat, certa malit cum morte pacifci.
Nullane finis erit? necdum miferebere tandem
O genitor? tibi dona quidem, tibi femper Ulyffes
Divite fub Troja facravit vota per aras : 70
Cur, pater, heu tantum tu contra irafceris olli?
At genitor, quem nimborum domus alta tremifcit,
Reddidit oranti. quid te fic vana fatigas,
Quidve tibi Pallas, fanguis meus, excidit ore ?
Mene umquam clari capiant oblivia Ulyffei,
Qui fupraque homines mente eft, difque omnibus unus
Ante alios fert dona volens ? non Juppiter hoftis,
Sed ferus exercet miferum regnator aquarum

Carum

Carum Cyclopem propter, cui lumen ademit
Fronte olim e media latebrofo inclufus in antro, 80
Dis fimilem Polyphemum, omnes qui robore vincit
Aetnaeos fratres. hunc quondam nympha Thoofa
Filia Phorcynos genuit, poftquam aequoris alti
Sedibus in glaucis Neptuni exarfit amore.
Ex illo infenfus femper germanus Ulyffem
Infequitur; nec fata ftruit, fed diftinet alma
A patria, errantem terris, ac fluctibus actum.
Sed jam agite, & cunctis placeat fententia nobis,
Ut redeat tandem; faevus nec cedere frater
Abneget, o fuperi, quid enim contendere folus 90
Audeat, aut omnes poffit pervincere contra?
Sic ait; atque olli virgo Tritonia fubdit:
O genitor, cui fumma hominum rerumque poteftas,
Omnibus id fuperis fi nunc placet, exful Ulyffes
Ut repetat fua regna, lares & vifat avitos,
Fac age Mercurius properet jam nuncius oras
Miffus in Ogygias, nymphaeque edifferat omne
Confilium, reditum ne certum ignara moretur.
Ipfa Ithacae interea defcendam ad litora gnato
Auxilium roburque ferens, quo fretus Achivos 100
Concilio in magno focios fibi jungere poffit
Multa procis minitans, olli qui plurima caedunt
Et pecora & nigros ingentia corpora tauros.
Mox etiam Pyliafque oras, Spartamque jubebo
Tendere, fi qua fuas veniat genitoris ad aures
Fama, vel ipfe virum claro celebretur honore.
Dixerat, ac pedibus primum talaria vinxit
Pulcra, aeterna, auro fulgentia, queis fuper aequor
Par levibus ventis, terram & volat ardua fupra.
Corripit hinc haftam praefixam cufpide ahena   110

For-

Fortemque ingentemque, domat qua denfa virorum
Agmina, queis magno fata patre irafcitur olim.
Tum fummo aërii defcendit vertice olympi
Prona ruens, Ithacenque adiens levis adftat Ulyffei
Veftibulum ante ipfum furgentiaque atria fedis;
Haftam habet, ac Taphium regi par omnia Mentae eft.
Heic genus invifum juvenes prope limina cernit
Sefe inter talis ludentes, mollia ftratos
Tergora taurorum fupra de caede recenti.
Circum ipfos famuli & lecti de more miniftri   120
In cyathis lymphas alii cum munere bacchi
Mifcebant, alii menfas abftergere juffi
Atque onerare epulis, in partes exta fecabant.
Illam Telemachus venientem ad limina vidit
Alta prior: medius nam forte adfederat inter
Convivas tacita genitorem in mente volutans,
Si rediens qua parte procos indigna furentes
Exigat a domibus, feque in fua regna reponat.
Id juvenis volvens confpexit Pallada, & altis
Profiliit foribus fubito, indignatus amico   130
Quippe animo, ante domos longum quod degeret hofpes.
Jamque adftans propior, dextramque amplexus inhaefit,
Accepitque haftam, breviter fic deinde loquutus:
Salve, hofpes; tibi tecta patent, epulifque refectus,
Quidquid erit, prodes tranquilla per otia fando.
Sic dicens graditur prior ipfe, & Pallas euntem
Subfequitur. celfis ingreffi ut fedibus ambo
Conftiterant, haftam praecelfo in parjete firmat
Pulcrum intra feptum, validi quo multa parentis
Condita fulgebant praefixo haftilia ferro.   140
Ipfam autem mollique toro, ftratifque locavit
Veftibus in pictis, queis alte innixa refidat,

                                        Com-

Componatque pedes. tum fefe proximus addit
Telemachus folio pofito, qua parte fub aula
Haud fremitu offenfus juvenum, vaftoque tumultu,
Et dapibus poffit melius gaudere paratis
Hofpes, & ipfe fui fcitari nuncia patris.
Dant famulae manibus lymphas, quas lucidus auro
Urceus irrorat fupra, purumque fluentes
Subjecti excipiunt argentea labra lebetis.   150
Ponunt & menfam juxta, cereremque caniftris
Expediunt, cumulantque epulas ante ora repoftas.
At pueri patulis varias in lancibus efcas,
Fumantefque gerunt armos, & vifcera tofta,
Caelatoque auro fulgentia pocula: circum
Praeco obit, ac laticem bacchi de more miniftrat.
Jamque domum fubiere proci, feque undique pictis
Ingreffi fudere toris. dant ordine longo
Gaudentum manibus fontes, & juffa faceffunt
Praecones, famulaeque ferunt cerealia dona.   160
Ipfi autem laeti dapibus pafcuntur opimis,
Poculaque exficcant, pueri quae plena coronant.
Poftquam pulfa fames, potufque exftincta cupido,
Sefe in laetitiam folvunt (nam nulla fatigat
Cura alia ignavos), & cantu tempora fallunt,
Et choreis, hilarantque fuis convivia ludis.
Nec minus hos inter citharam pertentat eburnam
Phemius: invitus qui quamquam folveret ora,
Grata tamen refonis jungebat carmina nervis.
Atque heic Telemachus placida fic voce Minervam 170
Alloquitur jungens propius caput, auribus hofpes
Solus, ut accipiat, non alter, dicta loquentis.
Irafcere mihi, fi quid nunc, dulcis amice,
Fabor, ait? capiant hos quaenam gaudia, cernis:

                                               Sem-

Semper amant citharam, femper fua carmina cordi.
Et merito: quoniam poffunt impune vorare
Parta labore viri, cujus jam candida putrent
Offa vel ignotis terris, vel gurgite in ullo,
At fi fors Ithacae redeuntem in regna viderent,
Credo equidem, pedibus mallent fuperaddere pennas, 180
Munere quam pictae veftis fplendefcere & auro.
Sed jacet ille mifer jam perditus: ulla videndi
Nec mihi fpes reducem eft, etfi quis fpondeat ultro
Nunc meliora; olli redeundi haud ulla poteftas.
Sed jam age, fare mihi, nec ficto pectore narra,
Quis? genus unde tibi? quaenam urbs tua? quique parentes,
Qua rate & advectus, quaque haec ad litora cauffa
Venifti? fefe dicunt quo nomine, qui te
Vexere huc nautae? puppi nam vectus, opinor,
Venifti, haud pedibus gradiens, quando undique ponto 190
Cingimur. expedias mihi vera, ut nofcere poffim,
Huc primumne venis, an patri foedere junctus
Hofpitii antiquo? multi haec late undique adibant
Quondam tecta viri; genitor fibi jungere multos
Namque hominum hofpitio facilifque & comis amabat.
Vix ea Telemachus, reddit quum talia Pallas:
Vera quidem referam, quaecumque o amice rogafti.
Mentes Anchiali proles ego dicor, & omnes
Me Taphii obfervant late regemque falutant.
Cum fociis navique haec veftra ad litora veni 200
Longum iter aggreffus: Temefes ad moenia tendo
Aera relaturus, vehitur mihi copia ferri.
Nec procul hinc religata ftat uda ad litora navis
Ante urbem portu in Rhethro fub Neio alto.
Hofpitia alterno jamdudum foedere nobis
Icta vigent: nec vana fides mea dicta fequetur,

Laër-

Laërten heroa adeas modo, quem procul urbe
Degere nunc perhibent, folofque errare per agros
Vitantem vulgi ftrepitum, curifque gravatum
Et fenio; una epulas ubi cuftos fida miniftrat   210
Olli anus, infirmos quoties fubrepit in artus
Languor oberrantis per confita vitibus arva.
Veni autem, nam fama tuum rediiffe parentem
Attulerat mendax, quum triftem fata morantur,
Dique procul. neque enim terris deceffit Ulyffes,
Sed circum claufus maris alti a gurgite vivit
Rupe aliqua in fola; fors & gens effera captum
Detinet, invitumque domo procul arcet avita.
Nunc te, fi qua fides dictis, quae numina caeli
Infpirant fub corde mihi, eventura docebo   220
Vaticinans, fim nec vates licet ipfe, nec augur.
Adveniet cupido genitor, nec tempore longo
Exful erit, non fi teneant vel ferrea vincla:
Ille fugam inveniet non ulla fegnis in arte.
At mihi tu contra, fi fas, dic pauca roganti:
Num fatus ex ipfo juvenis jam tantus Ulyffe
In viridi flores aevo? fic ora gerebat,
Sic oculos, fic ille caput mihi cognitus ufu
Haud parvo, ante ratem quam fcandens iret ad altum
Ilion, argivum pubes quo prima ruebat: 230
Numquam ego poft illum, numquam me vidit Ulyffes.
Huic breviter juvenis. pofcis quaecumque, fatebor
Vera, hofpes: genitrix natum me dicit ab illo,
Sed non certus ego; neque enim quo fanguine cretus,
Noffe potis quifquam eft. o! fi quem tarda feneftus
Exciperet propriis felicem in fedibus, auctor
Ille foret generis, non fic miferabilis aevum
Ipfe adeo exigerem fortuna oppreffus iniqua.

Dis

Dis aliter vifum: fama eft ex omnibus unum
Quem miferum vixiffe magis mortalibus, illo   240
Me genitore fatum, quando haec vis nofcere, dicunt.
Haec ubi Telemachus, rurfum fic diva loquuta eft:
Non tibi di generis fpondent ignobile nomen,
Spero equidem, talem genuit quum te inclita fama
Penelope. fed pauca mihi precor infuper addas.
Quodnam epulum, quaenam turba haec? follemnia facra,
Connubia anne paras? non haec focialia menfae
Gaudia funt, dulces non hic mos inter amicos:
Ufque adeo infueto mifceri tecta tumultu
Afpicio indignans. nemo tam turpia cernens   250
Facta, nifi infanus fuerit, fibi temperet ira.
Cui juvenis. dicam, quando haec te cura fatigat
Ignarum: fuit olim haud ulli obnoxia culpae,
Atque opulenta domus, genitor dum regna tenebat.
Nunc aliter fuperi voluere infanda parantes
Damna mihi, paffique meum fine honore parentem
Concidere exftinctum. nec flerem ita triftis ademptum,
Si focios inter miles cecidiffet in oris
Dardaniis, interve manus jam victor amicas.
Grajugenae ingenti decoraffent mole fepultum,   260
Partaque venturos effet mihi fama per annos.
At nunc harpyiae indecorem rapuere, nec ulli
Occidit heu notus, luctumque & trifte reliquit
Exitium gnato. nec tantum cauffa doloris
Ille mihi: graviter miferum premit altera clades.
Regnant finitimis proceres nam quotquot in oris
Dulichioque Samoque alta viridique Zacyntho,
Quotquot & apricis Ithacae dominantur arenis,
Tot matrem pofcuntque meam, meaque omnia vaftant.
Ipfa autem nec amans nec dedignata petentes   270

B   Cun-

Cunctatur, nectitque moras. ruit omnis ab imo
Interea domus alta, & mors mihi certa paratur.
Dixerat. indoluit Pallas, miserataque curas:
Absentem haud frustra suspiras, inquit, Ulyssem,
Qui juvenum tales ausus tamque improba facta
Comprimat, ac subitus scelerum super ingruat ultor.
Nam veniens primo si nunc in limine staret
Protectus clipeo, galeaque, & bina coruscans
Longa manu valido praefixa hastilia ferro;
Qualis erat, nostris quum primum in sedibus olim 280
Vidi gaudentem dapibus ludoque, reversum
Ex Ephyra; (puppi nam curva vectus ad Ilum
Mermeriden procul hinc virus letale petitum
Iverat aeratas cupiens armare sagittas.
Nec tamen ille deos veritus concessit: at ultro
Ipse meus caro genitor donavit amico.)
Hos adeo juvenes inter si talis adesset,
Flerent angustumque aevum tristesque hymenaeos.
Id tamen obscura fatorum in lege repostum
Scilicet est, ultorne idem sua tecta revisat,   290
An secus? interea tibi prima ea cura recurset
Usque animo, hanc diram quamprimum avertere turbam.
Jamque age quae dicam, memori tu pectore conde:
Cras in concilium Grajis de more vocatis
Omnibus haec edic, sint dicto & numina testes.
Tecta proci sua quisque petant: si jungier optat
Connubio mater, generosi regna parentis
Illa sui repetat. claro comitata hymenaeo,
Atque opibus ditata novis, dotabitur illic
Dote, patrem gnatae quantam largirier aequum est. 300
His actis, ni forte sequi mea jussa recusas,
Instrue bisdeno volitantem remige pinum,

Opta-

Optatique diu genitoris nuncia captans
I procul hinc alias in gentes, ficubi vocem
Audieris vulgi, demiffamve ab Jove magno
Famam, quae fummo mortales nomine clarat.
Primum neleis dium pete Neftora terris,
Tum Spartam & flavi Menelai ad limina tende,
Ultimus Argivum patrias qui venit ad oras:
Vivere fi audieris patrem, reditumque parare, 310
Omnia adhuc unum praeftat mala ferre per annum:
Sin vero exftinctum fors nunciet ulla, nec aura
Amplius aetheria vefci, perfolve fupremas
Inferias patri, atque ingens attolle fepulcrum;
Nupta alias genitrix taedas thalamumque fequatur.
Verum adeo haec poftquam perfeceris omnia rite,
Multum animo reputes jubeo, quo robore quave
Arte procos perimas, feu vi congreffus aperta,
Sive dolo infidians? an non pervenit ad aures 320
Fama tuas, retulit nuper quam clarus Oreftes
Infignem in cunctis, patriae quum triftia caedis
Crimina nil metuens Aegifthi morte piavit?
Tu quoque, nam valido florentem corpore cerno,
Aude animo, fileant ne te venientia fecla.
Ipfe autem ad focios, qui me jam forte morantem
Increpitant, celerans ibo, navimque revifam
Litora fida petens; tu dicta haec omnia ferva.
Sic ait; ac juvenis, dum diva abfcedere tentat:
Cara quidem mihi funt, inquit, quaecumque loquutus 330
Ut genitor gnato es; memori ftant omnia mente.
Verum age, paullifper, quamvis iter urgeat, oro,
Heic maneas. jam jam lotufque animumque refectus
Velivolam repetes pinum, fociofque revifes
Dona ferens te digna, mei quae pignus amoris

Sint

Sint tibi, & hofpitii foedus teftentur amicum.
Cui dea tum breviter: ne me difcedere aventem
Jam teneas. quaecumque paras nunc tradere dona,
Haec reduci poft ferre dabis, quum litora adibo
Rurfum eadem; ingratae dederis nec munera dextrae. 340
Haec ubi dicta dedit Pallas, velut ales in auras
Mifcuit aetherias fefe. fimul addita virtus,
Atque habilis juveni venit vigor, ipfaque patris
Acrior ardentem fubiit cura. ille volutat
Omnia dum fecum monftro defixus, & haeret,
Haud dubiis fenfit caeleftia numina fignis.
Jamque procos vifurus adit, quos carmine dulci
Mulcebat vates tacitos atque auribus omnes
Intentos cupidis. reditum tum forte canebat,
Difficilem a Troja dederat quem Pallas Achivis. 350
At cantum poftquam tecti in penetralibus altis
Audiit Icarii magni pulcherrima proles
Penelope, extemplo fedes defcendit ad imas
Hinc atque hinc geminis propius comitata puellis.
Atque ubi devenit, juvenum qua denfa caterva
Parte fedet, poftes ftetit aulae ingreffa fub ipfos
Tenvia praetendens niveis redimicula malis:
Stant pariter famulae circum, cuftodia fida.
Nec mora; fic vatem lacrimis affatur obortis:
Phemie, namque alios cantus & plurima nofti 360
Gefta hominum divumque, folent quae dicere vates,
Dulce aliquid modulare precor, dum pocula pubes
Haurit plena fedens: jamque ifto define cantu,
Qui miferae laniat jamdudum pectora curis.
Meme hic luctificus nimium tabefcere cogit
Heu dolor ante alias cupientem cernere fruftra
Conjugis amiffi carum caput, inclita cujus

                                              Ellada

Hellada per totam, mediumque it fama per Argos.
Sic ea ; Telemachus referens sed talia reddit :
O genitrix quid cara vetas, ne carmina vates, 370
Quae libitum sit cumque, canat? non sponte feruntur,
Juppiter at vates agitat, fingitque canentum
Ingenia ipse regens nutu pater ora potenti.
Hunc etiam voluit Danaum memorare labores,
Difficilemque fugam: tangunt super omnia mentes,
Quae nova sunt, famaque vigent celebrata recenti.
Quin tu animum obfirmans ferto haec haud mollia
     quamquam
Auditu; neque enim est reditu fraudatus Ulysses
Unus: apud Trojam multi periere Pelasgum.
Si renuis ; tua pensa colum telamque revise   380
In thalamum scandens, operique instare puellas
Cura sit una tibi. non haec sunt auribus apta
Femineis, sed digna virum virtute meaque
Ante alios, uni cui summa heic tradita rerum est.
Dixerat: at gnatum genitrix mirata loquentem
Continuo paret dictis, thalamumque repostum
Scandit, ubi lacrimans famulantum septa corona
Plorabat Laërtiaden, dum lumina somnus
Clauderet armigerae submissus munere divae.
At magno juvenum fremuere obscura tumultu   390
Atria, & accensi studiis certantibus ignes
Optantum propius discumbere. queis ita fatus
Telemachus: vesana, inquit, genitricis amatae
Turba, proci, mensae nunc tempus; ponite voces
Implacidi. satius vatem exaudire canentem
Dis similem liquidae mira dulcedine vocis.
Vos ego, quum primo lux crastina fulserit ortu,
Concilium cogam in magnum, certusque jubebo
                              Desce-

Deferere has fedes, aliafque requirere menfas,
Scilicet ac veftro convivia ducere fumptu. 400
Aequius at vobis contra fi forte videtur
Unius heu miferi fic omnes perdere cenfus,
Perdite certantes; jam nil moror. ipfe deorum
Numina teftabor, fi quando Juppiter aequus
Supplicia expofcat fcelerum, fortemque rependat,
Et vos haec eadem tecta intra perdat inultos.
Sic ait: at juvenes prefferunt hifpida morfu
Labra omnes, fixique haefere loquentis in ore
Mirantes animum pariterque minacia dicta.
Tum fic Antinous: di, credo, talia fari 410
Te docuere ipfi altiloquum, magnumque fonantem.
Quid fi Ithaces etiam regnum Saturnia proles
Spondeat, ac patrium tibi fceptrum deferat ultro?
Tantum effatus; & ille haud contra multa moratus:
Antinoe, irafcare mihi licet, eloquar, inquit,
Ipfe tamen. fi fata velint, ac Juppiter auctor,
Regnum etiam cupio; nec enim deterrima regum
Conditio, nec trifte viros frenare potenti
Juftitia. fubito partis aggefta renidet
Divitiis domus alta, & primo gaudet honore, 420
Cui mens aequa deum regni conceffit habenas.
Verum alii proceres multi juvenefque fenefque
Sunt Ithaca in diti; regnet, cui candida laudem
Fata dabunt, oris poftquam difceffit Ulyffes
A fuperis. rex ipfe domus ferar, unus & omnes
Pace regam famulos, genitor quos liquit habendos.
Dixit: at Eurymachus Polybi de fanguine cretus
Excipit his juvenem compellans vocibus ultro.
Telemache, obfcura fuperi caligine condunt,
Per populos Ithaces olim quis regnet Achivum 430
Sceptra

Sceptra tenens. tibi parta quies, & copia rerum
Tuta manet : folus patria dominabere in aula,
Quin metus impediat, ne quis tua barbarus hoftis
Aggrediens impune ferat, dum cultor habebit
Haec loca, nec folae ftabunt per litora rupes.
Nunc age pauca mihi quaerenti effare: quis ille
Hofpes, & unde domo? qua fe regione ferebat?
Quave fatum de ftirpe? an cari nuncia patris
Ulla tulit veniens, an vafta per aequora vectus
Appulit huc longis repetens compendia terris? 440
Ut citus eripuit fefe, neque nofcier ulli
Suftinuit! vis magna tamen fe corpore magno
Prodebat, nec erat deformi ignobilis ore.
Haec ubi finierat, juvenis fic orfa viciffim
Ore refert. reducem jam fpes mihi nulla videndi,
Eurymache, eft mifero patrem, nec nuncius ultro
Si veniat, nec fida reor fatis auguris ora,
Si qua meae accitus ferat haud ingrata parenti.
Ille Tapho e viridi fertur vetus hofpes Ulyffei,
Magnanimo Anchialo generatus, nomine Mentes, 450
Oppofitafque mari Taphium dat jura per oras.
Haec juvenis, certoque deam fub corde volutat
Vera tegens. choreis pubes & carmine capta
Nil metuens genio indulget, dum vefper ab undis
Prodeat. occiduo poftquam de litore nigrum
Extulit os, tum quifque fuos petiere penates.
Nec non Telemachus pulcrum de more cubile,
Olli celfus ubi thalamus furgebat in aula,
Multa putans animo fubiit. praeit aurea quaffans
Lumina taedarum, fervare adfueta pudorem,   460
Clarum Opis Pifenoridae genus, Euryclaea.
Pro qua vernanti primaevo in flore juventae

Bifde-

Bisdenos capita alta boves persolverat olim
Laërtes, magnoque ipsam complexus amore
Haud tetigit, fugiens offensae conjugis iras.
Ergo eadem ardentes juveni tum sedula taedas
Portabat, teneris fuerat quae semper ab annis
Carior ante alias. jamque ut penetrale reclusit,
Ille toro sedit, mollemque exutus amictum
Longaevae thalami dat sueta in parte locandum.   470
Ipsa plicans aptansque datum suspendit ad alti
Fulcra tori: dein versa retro vestigia flectens
Postibus attractis, niveo qua lucidus ardet
Annulus argento, stridentia robora clausit,
Firmavitque arcto ferrata repagula nexu.
Heic juvenis pernox florenti vellere tectus
Jussa deae tacito volvebat pectore secum.

HOMERI ODYSSEAE
LIBER SECUNDUS.

UT roseo effulsit pelago Tithonia conjux,
Exilit e strato juvenis generatus Ulysse
Purpuream indutus chlamydem; jamque aptat acutum
Ensem humero, ac pulcris evincit crura cothurnis.
Nec mora: sese altis celerans penetralibus effert
Ora deo similis, Grajosque adcire comantes
Imperat in coetum missis praeconibus. illi
Clamantes dant signa viris, hi se undique fundunt.
Postquam omni de parte videt venisse frequentes,
Et magna circum loca late implesse corona,   10
Procedit pariter juvenis. micat aerea forti
Hasta manu, niveique canes duo pone sequuntur,
Pallas & ambrosium formae super addit honorem.
Ipsum omnes late Graji admirantur euntem
Per medios, visaque stupent in imagine. at ille
Considit patrio in solio, quin cedere quisquam
Abnuat, invideatque senum. tum farier orsus
Grandaevus multo annorum jam pondere terga
Curva gerens, genibusque labans; sed doctus ab usu
Plurima, consiliisque valens Aegyptius heros.   20
Natorum huic unus cum forti miles Ulysse
Cesserat ad Trojam nigris in puppibus olim
Antiphus insignis bello; quem deinde voravit
Efferus extremum Cyclops epulatus in antro.
Tres alii mansere: procis sese addidit horum

Eury-

Eurynomus, geminique artes coluere paternas.
Sed neque fic poterat triftes avertere curas
Nequidquam exftincti femper memor. heic quoque fletu
Ora madens coepit fenior fic voce profari.
Audite, o cives, quae dicam, & figite veftris   30
Haec animis. numquam in coetum convenimus una;
Ex quo abiit pelago proles Laërtia Ulyffes:
Quis nunc excivit fubito juvenifve, fenexve?
Quae vis tanta urget trepidum? venientia contra
Navigia, armorumque metus inftare propinquos
Audiit? anne falus aliud quod publica pofcit,
Nunciat huc primus? numquam fraudatus inani,
Quifquis hic eft, doleat voto; fed Juppiter olli
Sic merito, quae mente agitat, bonus omnia praeftet.
Dixerat. ac juvenis magni Jovis omine laetus,   40
Impatienfque morae (denfos quippe ardet Achivos
Affari coram) folio confurgit ab alto,
Et venit in medios. fceptrum dat protinus aureum,
Qui lateri adftabat praeco Pifenor; & ille
Longaevum ante alios compellans incipit ore.
O fenior, non ille procul, qui cogere juffit
Concilium, vir abeft. ego fum quem lumine cernis
Praefentem, me namque unum dolor acrior urget.
Nec vero audivi, quæ vobis arma reportem
Ipfe prior, nec dicam aliud commune periclum,   50
Sed mihi quas mifero peperit vis afpera curas.
Scilicet & faevo genitor mihi funere raptus,
Qui vos heu quondam patrio complexus amore
Imperio facili rexit dominatus in urbe;
Addita & eft gravior clades, e fedibus imis
Everfura domos, meaque omnia vafta datura,
Nempe proci, claro juvenes de fanguine creti,

                              Solli-

Sollicitant qui tarda meae connubia matris,
Invitamque adigunt voto fubmittere pectus.
Dumque iidem Icarii fedes genitoris adire   60
Permetuunt, paret ille fuae ut dotalia gnatae
Munera, cuique velit, tradens concedat habendam;
Exoritur non ulla dies, quin tecta frequentes
In mea conveniant, medioque ululante tumultu;
Lanigerumque gregem, caprafque, armentaque caedant
Magna boum, largifque epulis impune fruantur,
Atque mero. jam jamque premit me turpis egeftas
Omnibus exhauftis opibus; nec fortis, Ulyffes
Qualis erat, quifquam crudelem avertere peftem,
Auxilioque levare domum valet: haud ego contra   70
Sufficio tantum. veniet fors tempus, & arma,
Spero equidem, haec etiam non fruftra dextera fumet.
Nunc & fi qua foret vis addita, protinus aequas
Exigerem poenas; neque enim eft tolerabile damnum,
Aut facilis jactura domus. quae barbara tellus,
Quae regio hunc morem permittit? furgite in iras
O tandem veriti gentes, quae litora circum
Haec habitant, legefque facras & maxima caeli
Numina, ne capiti veftro mala dura rependant.
Vos per ego magnumque Jovem, Themidemque ve-
          rendam,   80
Conciliis hominum femper quae praefidet, oro,
Ferte viri auxilium mifero. tabefcere curis
Vel finite infandis unum, fi mitis Ulyffes
Ille meus genitor quondam re laefit Achivos,
Aut verbo; poenas cari ob commiffa parentis
Ipfe luam, cives; odiis confurgite in unum
Addite & his animos. fatius fuat omnia veftris
Si pereant manibus: quondam farcire ruinam

Spes

Spes erit, inque vicem pretio direpta pacifci
Juftitiae ad leges. nunc perditus irrita jacto   90
Jurgia, & infixum manet haud medicabile vulnus.
Sic ait iratus, fceptrumque abjecit, & ora
Implevit lacrimis. flentem miferantur Achivi,
Afpectantque omnes taciti, nec dicere quidquam,
Aut audent faevire. aliis tunc acrior unus
Antinous demum fic voce filentia rupit.
Nequidquam o verbis, animoque elate fuperbo,
Telemache, immeritos curnam haec convicia contra
Ingeris, invidiamque paras? non Graja juventus,
At culpanda parens fallaci praedita mente.   100
En tribus exactis quartus jam volvitur annus,
Ex quo noftra urit vivis praecordia flammis
Illa jubens fperare omnes, furtivaque mittens
Nuncia: vafra tamen votis contraria noftris
Vota fovet, tacito hanc meditata in pectore fraudem.
Tenvia fubnectens immenfae licia telae
Inftitit ordiri, fimulata & mente loquuta eft.
O juvenes, mea cura, proci, jam vir meus ille
Quandoquidem periit, fpatii ad connubia tantum
Certa peto, donec valeam pertexere veftem,   110
Quam propero (pereant ne fila incoepta) fupremum
Laërtae in funus. turpe eft, quum triftia fata
Ipfius urgebunt aeterna lumina nocte,
Si qua mihi e populo mulier convicia dicat,
Objiciatque nefas, vivus qui divite gaza
Floruit, hunc terra nudum ac fine honore jacere.
Sic illa: ignaris facile res credita nobis.
Interea arguto percurrens pectine telam
Luce operi inftabat; fera mox nocte diurnum
Diffolvebat opus, trefque ipfos vafra per annos 120
                                        Diftu-

Diftulit in longum fperatae gaudia taedae.
Verum ubi jam quartus venit labentibus horis
Annus, & ignaros mulier bene confcia fraudis
Edocuit; nos & demum deprendimus ipfi
Texta retexentem; juffa eft invita laborem
Perficere, atque alias animum convertere ad artes.
Haec igitur refponfa tibi fint noftra; nec ipfum
Te lateant, reliquos lateant nec certa Pelafgos.
Ilicet hinc matrem dimitte, ollique jubeto
Nubere, quem genitor quemque ipfa elegerit ultro 130
Ante alios carum. quod fi jactarier aeftu
Nos volet, ingrataque diu fpe ludet amantes
Exercens, quafcumque dedit Tritonia laudes,
Infignefque manus, & diae munera mentis,
Aftumque, illecebrafque, habuit quot nulla priorum
Tyrove, Alcmeneve, comamve exculta Mycene,
Quarum nulla potis certare infignibus orfis
Ipfius eft, non illa tuis fovet utile rebus
Confilium. namque heic tua quaeque abfumere cer-
        tum eft,
Hos fallax animos donec fervabit, & artes   140
Haud certe fine mente datas, fine numine divum.
Illa quidem nomenque fibi, famamque parabit
Ingentem; fed damna tibi, clademque bonorum
Dura ftruit. nos quippe hinc nulla avertere cura,
Aut quoquam feffos poterit revocare, priufquam
Victa legat numero ex omni, cui demique nubat.
Dixerat Antinous; cui rurfum natus Ulyffe
Subjicit. invitam non fas expellere tectis,
Quae genuit, quae me nutrivit lacte, parentem,
Sive ufquam genitor vivit nunc fofpes, & aura 150
Vefcitur aetheria, feu funere merfus acerbo eft.
                                    Durum

Durum etiam est certe dotalem reddere gazam
Icario: reddenda autem nunc protinus omnis,
Ingrata si vi matrem discedere cogam.
Quid si etiam redeat genitor? poenam exiget ultro
Iratus, graviorque super premet ira deorum,
Mater ubi ultrices me contra voce movebit
Eumenidum furias, odiisque agitabit iniquis
Per populos late invisum sic turpiter acta
Sedibus e nostris: quare hanc spem ponite; numquam 160
Tale meo, quidquid fuerit, scelus excidet ore.
Si vos longa movet maternae injuria fraudis,
Idque audire piget, nostras jam linquite sedes,
Atque alias alterni epulas & gaudia vobis
Instruite, inque vicem socios celebrate penates.
Sin haec, ceu melior, sedit sententia menti
Unius impune heu miseri res perdere raptu;
Perdite certantes, jam nil moror. ipse ciebo
Justitiam divum supplex, si Juppiter aequus
Audiat, ac veniam precibus det victus, ut omnes 170
Haec eadem vos tecta intra pereatis inulti.
Talia dicebat; geminasque e vertice montis
Juppiter ecce aquilas subito descendere jussit;
Quae pariter motis carpentes aëra pennis
Cum zephyro per inane pares junctaeque volabant.
Ast ubi consessu medio venere citatae,
Insonuere super trepidae plaudentibus alis,
Signantesque viros oculis, clademque minantes
In gyrum capita atra obversae. hinc unguibus ora,
Collaque foedantes, ac multo sanguine sparsae; 180
Ad dextram fugere super tecta alta domorum
Nubiferas caeli sublapsae rursus in auras.
Extemplo turbati animi, ut videre volucres,

Diri-

Diriguere metu, fufpenfique ora tenebant
Incerti, quid monftra ferant, quid numina pofcant?
Hos interfatus fenior tum voce Halitherfes
Maftorides, quo non alius praeftantior inter
Aequaevos fuerat divum portendere fata,
Et volucrum pennas, & triftia nofcere figna.
Ille fibi cupiens, fociifque avertere luctum: 190
Eja agite o cives, inquit, quaecumque profabor,
Accipite: in primis animos advertite dictis,
Vecors turba, proci; vobis nam volvitur ingens
Exitium, caelumque graves denunciat iras.
Haud aberit longum dulci Laërtius heros
A patria: jam jam laetus redit, & fua victor
Tecta adiens, caedem parat hoftibus ultor, & orco
Deftinat invifam pubem. nec fanguine foli
Saeva luent commiffa proci: fors horrida multos
Excipiet, claris Ithacae qui degimus oris.   200
Ante igitur quam trifte malum fuper ingruat, omnes
Confulite in medium. juvenum compefcite faftum
Actutum, aut ipfi ponant ultro afpera corda,
Dum licet: hoc fatius multo reor omnibus effe.
Namque ego certa loquor non fallax augur, & olli
Omnia jam perfecta cano, quaecumque monebam
Vaticinans, olim peterent quum pergama Graji,
Scanderet atque una claffem fortiffimus heros.
Ignotumque, inopemque, & late plurima paffum
Omnibus amiffis ratibus, fociifque carentem,   210
Sol poftquam egiffet bifdenos aureus orbes,
Venturum in patriam dixi: nunc terminus inftat.
Finierat fenior; Polybo genitore creatus
Quum fubito Eurymachus contra fic turbidus infit.
I fenior, natifque tuis cane talia demens
                                    Exci-

Excidia, ac feras fatorum averte ruinas.
Ipfe etiam melius, quam tu, nofco omina pennae
Praepetis. innumerae volitant per inane volucres
Aethereis late in campis fub luce, nec omnes
Fata deum vel laeta viris, vel triftia portant.   220
Occubuit, ne finge metus, Laërtia proles
Hinc procul; atque eadem fimul o! te Parca tuliffet
Exanimem, haud caneres tam multa infanda loquutus
Telemachi falfis acuens ardentia dictis
Pectora, fi qua tibi deceptus munera pendat.
Verum ego nunc moneo, monitus res ipfa fequetur
Poftmodo: fi longo vitae tu doctus ab ufu
Incautum juvenem dictis incendere perges;
Hoc erit exitio primum, cui confulis auctor
Irrita moliri fruftra, his obftantibus: ipfe   230
Deinde tibi arceffes mulctam, quae inflicta dolore
Excruciet longo moeftumque & multa gementem.
Quod fupereft, fatiufque reor, genitoris ad alta
Tecta fuam jubeat fubito difcedere matrem
Telemachus: gnatae connubia digna parentes,
Ingentemque ftruant, dotalia munera, gazam,
Ut merita eft. neque enim pubes ceffabit achiva,
Credo equidem, hoc aliter feffa a certamine longo.
An vis ulla vetet? non ullius arma timemus,
Curamufque iras; non ipfum magna fonantem   240
Refpicimus juvenem, nec quae canis omina fruftra
Tu fenior, coetu invifus magis unus in omni.
Interea affiduo laeta inter gaudia luxu
Abfumentur opes, donec fic ludet amantes
Cunctando regina. eadem eft cura omnibus, idem
Omnes ardor habet tantae virtutis honorem
Quaerere: fola vetat nos haec abfiftere coepto,

                                                      Aut

Aut alias thalamo legere atque optare puellas.
Dixerat Eurymachus. fed non deterritus, illi
Telemachus fic voce refert. jam certa voluntas 250
Noftra tibi fociifque tuis: quid nunc precer ultra,
Quidve iterem toties, quae di fupera alta tenentes,
Quaeque omnes norunt Danai? fit munere veftro
Fas mihi nunc faltem bifdeno remige pinum
Inftruere, atque alti tentare pericula ponti.
Ire Pylon, Spartamque juvat genitoris amati
Nuncia fcitatum, fi quos vox didita vulgi,
Vel moneant cafus famae praeconia magno
Ab Jove miffa, hominum late clarantia nomen.
Si qua mihi tulerit vox falvum tendere fedes 260
Ad proprias; quamquam feffus, tamen omnia ad annum
Dura feram. fin vero exftinctum & lumine caffum
Audiero; inferias fupremaque munera folvam,
Attollamque redux magna ingens mole fepulcrum
Sic merito, matremque fequi connubia faxo.
Haec fatus juvenis, folio confedit in alto
Multa putans. tum Mentor ibi confurgere vifus
Mentor magnanimo quondam dilectus Ulyffi,
Quem patria excedens rebus praefecerat heros
Omnibus, atque uni longaevum aetate parentem 270
Servandum, curamque domus mandarat habendam.
Is tum fe attollens ita voce affatur Achivos.
Huc veftros adhibete animos, & dicta loquentis
Audite, o cives. quis mitem, ac mollia regem
Pectora geftantem pofthac, fanctamque colentem
Juftitiam fperet? quis non immania facta
Volventem, ac faevos agitantem corde furores
Permetuat, quando patriis virtutibus olim
Regnantis, placidaque urbem ditione regentis

D   Nulla

Nulla fubit Laërtiadae vos cura, nec ulla   280
Gratia promeritum fequitur? mitto horrida pubis
Et fcelera, & diras aliena in fede rapinas.
Illa caput leto objectans populare penates
Inftitit, atque Ithaci vi dura evertere cenfus,
Scilicet haud iterum venturum in tecta, fed ufque
Abfore fic fperans, non pubi irafcor acerbae,
At vobis, cives o femper inertia corda,
Vobis nunc irafcor ego. proh Juppiter! omnes
Ut taciti fine voce fedent; nec jurgia plures,
Nec juvenum vanos audent compefcere faftus.   290
Haec ubi dicta; Euenorides Liocritus olli
Contra voce refert. nimium ad convicia Mentor
O facilis praecepfque ruis. quo fic malus ardor
Mentis agit, quae tanta animo fiducia furgit,
Quidve procum tentas faevis ardentia dictis
Pectora nequidquam cohibere? infurgere durum eft,
Quamquam multa virum denfentur millia contra,
Adverfam in pubem, dapibus quam femper opimis
Menfa aliena fovet. non fi ipfe huc acer Ulyffes
Adveniat, domibufque procos expellere tentet,   300
Efficiat quidquam conando; quin & fua fleret
Moefta viri reditu cari poft tempore longo
Penelope. namque his congreffus fata fubiret
Continuo domitus, proin hanc e pectore curam
Abjice, nec vanis demens adfurge querelis.
Jam miffi repetant fua quifque negotia cives:
Huic autem patrii comites, heros Halitherfes,
Ipfe & Mentor, iter, pofcit quocumque, per undas
Expediant. fed longa fedens heic tempora credo
Ille trahet, vocefque & inania murmura captans 310
Nec patriam linquet, nec carbafa tendet in altum.
                         Talia

Talia ubi dixit, miſſo diſcedere Grajos
Admonuit coetu. ſubito in diverſa profecti
Tecta petunt ſua quiſque viri; conſuetaque regis
Alta proci referunt celeres ad limina greſſus,
Telemachus vero ſecreta ad litora ceſſit,
Ablutuſque manus pelagi ſpumantibus undis
Conſtitit, ac tali ſupplex eſt voce Minervam
Protinus affatus. facilis tu numine ſancto,
Heſterna es quae luce meos dignata penates   320
Viſere, & impulſis agitantem caerula remis
Tendere juſſiſti ſcitatum fata parentis,
Tu me diva audi. prohibent tua maxima Achivi
Juſſa ſequi, ſemperque animis elata ſuperbis
Ante alios me turba procum deſiſtere cogit.
Sic ille. oranti coram ſtetit obvia Pallas
Mentoris os habitumque gerens, ac demere triſtes
His coepit dictis turbato e pectore curas.
Nec tibi vis animi deerit, nec vivida bello
Dextera, ſi patrio quondam cum ſanguine virtus 330
Illa tibi patria eſt divūm data munere, quae nil
Non poterat, ſeu facta virum, ſeu dicta vocarent.
Haud vanum tibi cedet iter, nec vota fovebis
Irrita. ni vero genitor te clarus Ulyſſes
Penelopi junctus, vitae fudiſſet in auras,
Non ſpes ulla foret, tantis te emergere poſſe
Fluctibus, ac duros fortunae vincere caſus.
Rara etenim ſoboles aequat virtute parentes,
Plurima deterior: pauci, quos aequus amavit
Juppiter, ingentes animos generoſaque vincunt 340
Facta patrum. tu fide tamen: quum pectoris acre
Conſilium, magnique tibi vis ceſſit Ulyſſei,
Omnia perficies, neque te ſpes fallet inanem.

D 2

Quare

Quare age, dementesque orsus & vota procorum
Mitte insana; nihil recti novere, nec atrum
Vesani letum, nec fata instantia cernunt,
Quae fert Parca die morituris omnibus uno.
Haec vero tibi certa via est: absiste vereri;
Quamprimum voto laetus potiere. paternus
Hospes ego astutum, quae vis, tibi pinea texta 350
Sufficiam, pelagoque simul comitabor euntem.
Ergo petens tecta alta procos tu affare superbos,
Et quae poscit iter, simul instrue dulcia condens
Vina cadis, florem & cereris mortalibus aptum
Utribus in validis. ego contra sponte sequentes
E populo adcibo socios, & navibus unam
E variis, quae nostra jacent per litora multae
Antiquae pariterque novae, visa optima ponto
Quae fuerit, canum deducam laetus in aequor.
Sic juvenem Jove nata monet; nec jam ipse moratur 360
Jussa deae, sed tecta petit, cernitque sub ipsis
Porticibus de more procos in limine capras
Setigerosque sues mactantes. obvius illi
Fit subito Antinous ridens, dextraque prehensam
Blandus adit, dictisque simul permulcet amicis.
O nimis impatiens animi, nunc tristia corde
Abjice Telemache, & paullum comprime dolorem,
Utque prius dapibusque una vinoque fruare.
Namque tibi cives navim sociosque parabunt
Delectos, qui te Pylias comitentur ad oras, 370
Quaerentem cari sortem casusque parentis.
Vix ea subridens dederat, quum natus Ulysse:
Haud mihi vos inter fas est versarier, inquit,
Antinoe, invitus mensa nec laetor opima.
An non illa satis, quae jam rapuistis acerbi

Multa

Multa mihi, parvus fueram dum scilicet infans?
Quid morer? an viridi factus nunc grandior aevo,
Dum mens certa viget, dumque ira in pectore glscit,
Nequaquam experiar, Pyliam seu vectus ad urbem,
Sive hac in populo, vobis ut fata parentur?   380
Ibo equidem, nec erit certe via vana profecto,
Quamquam aliena ratis pelagi me turgida ducet
Per freta, vos quoniam sic me voluistis egentem.
Dixit, & Antinoi dextra se subtrahit ultro
Elapsus facili motu, non secius illi
Et properare dapes, juvenique illudere certant.
Atque aliquis ficto ridens sic ore profatur:
Heu mala Telemachus molitur funera nobis
Omnibus! aut ultor socios a Nestoris urbe,
Aut etiam e Sparta ducet: nimis ardet abire.   390
Fors Ephyrae longe tendens in regna feracia
Ibit atrox, referetque illinc letale venenum,
Poculaque inficiens caedem struet omnibus unam.
Quin potius freta lata sequens (hinc excipit alter
Saevior) ipse etiam mediis in fluctibus atrum
Inveniet letum, genitor quo raptus ad orcum est:
Haec via sola, queat nobis qua forte nocere,
Et curas augere, interinos omnia laeti
Dum bona dividimus, desertaque tecta parentum
Linquimus, ast illi cui tandem nobet, habenda.   400
Haec ipsi ille autem tecti penetrale repostum
Ingreditur, quo magna aurique aerisque jacebant
Pondera, & intactae vestes, & odoriferi vis
Multa olei, stabant antiqui & dolia baccho
Plena, diis qualem pateris libamus & auro,
Quaeque suis insixa locis, si quando rediret
In patriam passus multum Laërtius heros.

                                          Haec

Haec clauſtra & bifores inter ſe veſtibus aptae
Omnia claudebant valvae, noſteſque dieſque
Intus fida ſedens ſervabat grandior annis   410
Euryclea Opis Piſenoridae inclita proles.
Cui tunc adcitae in thalamum ſic fatur Ulyſſei
Progenies. agedum nutrix dulciſſima promens
Hauri vina, cadis quae ſervas condita plenis
Opperiens miſerum genitorem, has viſtor ad oras
Si redeat, mortem fatumque elapſus acerbum.
Biſſenas implere ſit urnas cura, ſupraque
Claude vigil; dein & conſutos infer in utres
Infeſtae cereris florem, biſdenaque faſtae
Pondera: ſola ſcias moneo, ſintque omnia praeſto. 420
Namque ego ſub noſtem rediens, quum mater in altás
Conſcendet ſedes placidam admiſſura quietem,
Accipiam, mecumque feram ceſſurus ad urbem
Neſtoream, Spartamque; mei ſi qua aura parentis
Fortunamque viceſque optanti audita reportet.
Dixerat: atque olli gemitus de peſtore rumpens,
Et graviter moerens ita nutrix voce reponit:
O tibi, gnate, animo quaenam haec ſententia ſedit,
Pergere quove paras loca per diſtantia vaſtae
Telluris ſolus? periit jam fortis Ulyſſes   430
Heu miſer, ignotaque jacet projeſtus arenas
Inſidiiſne proci parcent, ac fraudibus ullis,
Tu quoque ut errando pereas, tuaque omnia raptent?
Heic maneas, dileſte, precor. quid ferre labores
Hos juvat, ac tumidi tentare pericula ponti?
Cui juvenis ſic oranti: fide optima, dixit,
Non animus, non haec divum ſine numine mens eſt.
Quin age, diſturam carae nil eſſe parenti,
Ante undena aderit quam lux duodenave, jura
                            Caeli-

Caelicolas teſtata, gravi ne percita luctu   440
Ipſa ſui pulcros corrumpat corporis artus.
Quod ſi eadem ſciat ante, atque omne audire juvabit
Conſilium nati, promiſſi libera narra.
Haec ait: & nutrix juravit magna deorum
Numina, pollicitis tum demum rite peractis,
Dulcia vina urnis infundit, juſſaque ſtipat
Utribus in validis cereris canentia dona,
Dum juvenis ſinuoſa procos adit atria circum,
At Pallas molita novas in pectore curas
Telemacho aſſimilis partes late urbis oberrat,   450
Compellanſque viros, ubi cuique occurrit, ad altam
Veſpere ſub ſero puppim contendere mandat.
Nec minus a gnato Phronii Tritonia navim
Velivolam poſcit, poſcentique adnuit ille,
Inde ubi ſol prono declinans ceſſerat axe,
Arvaque inhorruerant umbris, immittere ponto
Maturatque ratem, immiſſaeque imponere cuncta
Arma jubet, portuque inſtructam condit in imo,
Circum etiam affuſi comites, ut quemque vocavit
Diva, ruunt, quos illa, parans in pectore fraudem, 460
Deſerit, ac properans tecta in Laërtia tendit.
Heic dulcem ſubito juvenum per membra ſoporem
Irrigat inſidians large potantibus. & jam
Poculaque excuſſa e manibus, ſopitaque corda
Ocyus hac illac ſtratum petiere, neque ullus
Stare diu potuit, poſtquam ſopor incidit aegris.
Tum dea Telemachum tecti e penetralibus ultro
Evocat ipſa gerens & vocem & Mentoris ora,
Ac ſubito: reſident per litora curva parati
Jam ſocii, delecta manus ; teque omnis in uno 470
Fit mora, dum venias: agedum properemus abire.

                                   Tantum

Tantum effata, gradu praecessit diva citato:
Ille deae gradiens retro vestigia servat.
Atque ubi devenere ad glauci marmoris undas,
Confpiciunt ficco denfos in litore Achivos,
Hofque ita Telemachus compellat. adefte fodales,
Auxiliumque viae mecum deferte lyaeum
Sedibus e noftris cereremque. haud confcia mater,
Haud famnlae; nutrix in partem fola vocata eft.
Sic fatus dux ipfe praeit, fociique fequuntur.   480
Nec mora fit: referunt quae funt data cumque, locantque
Depofita, ut juffi, tabulata fub ardua navis.
Jamque adeo fcandit juvenis, divamque fequutus,
Ipfa ubi fe pofuit, puppi fublimis in alta
Ad latus affedit. tortos laxare rudentes
Lecta manus pariterque inftat confidere tranftris,
Ac zephyros ciet ipfa Jovis Tritonia proles
Spumea crifpantes rofeis freta molliter alis.
Tum vero hortatus comites capere imperat arma
Telemachus: parent juffi, mediaque carina   490
Intus hiat qua parte locus, celfa abjete malum
Conftituunt, actifque utrinque rudentibus aptant,
Lineaque intendunt contortis carbafa loris.
In medios venit aura finus: volat incita puppis,
Moliturque viam pelago, circumque ruentem
Purpurea hinc atque hinc divifa immurmurat unda.
Continuo remis circum latera alta revinctis
Plena mero laeti ftatuunt carchefia nautae,
Omnibus & libant fuperis in vota vocatis,
Praecipue tibi, gnata Jovis. fic nocte per umbras 500
Ufque fub auroram zephyris felicibus ibant.

HO-

HOMERI ODYSSEAE
LIBER TERTIUS.

AT fimul ardentes argentea ftagna relinquens
Exferuit caelo radios fol almus, & omnes
Caelicolas hominefque afflavit luce reducta
Per terras late; volucri ratis incita curfu
In Pylon advenit, mavortia moenia Nelei.
Ante urbem cives refonanti in litoris ora
Sollemnes tum forte dapes, atque annua facra
Libabant caefis Neptuno rite juvencis.
Ter terni coetus aderant, ftratique per herbam
Quingenti in quovis comites, & corpora coetum 10
Magna boum famuli ter terna in quemque ferebant.
Ac dum tofta ipfi confumunt vifcera, & igni
Dant femora, incenduntque deo; turgentia vela
Contrahit, ac portu navim fubducit in imo
Lecta Ithacae pubes, pronoque in litora faltu
Emicat. egreditur pariter Tritonia Pallas,
Hortaturque fequi juvenem, fic deinde loquuta.
Telemache o mea cura, pudor procul omnis abefto
Jam pelagi emenfo ftagna alta, ut fata parentis
Quae funt cumque tui, nofcas; queis degit in oris, 20
Quae fequitur fortuna. ergo jam Neftora magnum
Certus adi; tentaque, ullos num promere cafus,
Confiliumque velit prudens. edifferat ultro
Vera, mone; nec falfa tamen (prudentia regis
Tanta animo) fruftra mendaci pectore finget.
At juvenis: tu fterne viam, tu praecipe ritus
Compellandi, inquit, primos: harum infcia rerum

E   Corda

Corda gero, teneroque vigens in flore juventae.
Heu vereor tali coram fuccedere rege.
Cui dea: fide, inquit, primum mens ipfa docebit, 30
Quid fit opus facto; praefenti numine divi
Deinde dabunt. neque enim credo te in luminis oras
Adverfis genitum fatis, fine mente deorum.
Dixit, & antetulit celeri veftigia greffu
Diva prior, juvenifque ducem non fegnis euntem
Subfequitur, Pyliofque adeunt per gramina ftratos.
Heic natos inter viridi compoftus in herba
Neftor erat: circum facris operata juventus
Exta igni properat, verubufque trementia figit.
Qui fimul ut videre viros, conjungere dextras   40
Hofpitibus progreffi ardent per litus, & inter
Amplexus orant fociis accumbere menfis.
Primus ibi antevolans Pififtratus excipit ambos
Neftorides, captofque manu confidere ftratis
Pellibus invitat refoni prope caerula ponti.
Jamque ultro dans exta viris fumantia, & auro
E folido cratera implens fic voce Minervam
Affatur. fupplex Neptuni numen adora
Hofpes, ait, cujus placidi follemnia adeftis
Ad facra. poftquam autem libaveris ipfe precatus 50
Ore deos, comiti pariter cratera rigentem
Tende manu, poft te fuperis ut libet honorem.
Auxilio divum nemo non indigus: ille
Sed quoniam noftro propior pubefcit in aevo,
Hunc tibi florentem primo cratera corono.
Dixerat, inque manus fpumantem munere bacchi
Dat fubito. capit illa datum, praelataque gaudet
Munere, & hac regem Neptunum voce precatur.
Audi me, Neptune pater, concedere vota:
Nec pigeat, fupplex quaecumque e pectore fundam. 60

Nefto-

Neſtoris o!, primum, gnatorum & Neſtoris ingens
Gloria ſtet: ſemper Pyliis, dein omnibus adfis
Sanguine honoratus ſacro caeſiſque juvencis.
Da quoque, uti, geſta bene re, quam propter adivit
Haec loca Telemachus, patriae tecta alta reviſat.
Sic diva, & nutu fecit rata dicta potenti
Omnia. tum comiti craterem tradit, & ille
Vota eadem peragit Neptuno, atque impiger haurit
Libati florem laticis. ſimul excita pubes
Pars adolet flammis verſans, pars viſcera toſta   70
Detrahit, in parteſque ſecans convivia ducit.
Inde ubi pulſa fames, compreſſaque cura bibendi,
Alloquitur Neſtor tacitos, ac talia fatur.
Nunc equidem ſatius duco, poſtquam ardor edendi
Ceſſit, ab hoſpitibus veniendi diſcere cauſſas,
Et quaecumque libet. quinam ergo dicite, & unde
Per freta ſalſa viri noſtras veniſtis ad oras?
Ullane vis cogit? praedonum an more per altum
Ire juvat, vitamque feris exponere ventis
Exitium late dirum clademque ferentes?   80
Haec ſenior. fidens animi cui talia reddit
Telemachus; fidentem etenim Tritonia virgo
Fecerat, optati quaerentem ut fata parentis
Inclita apud tardos ſequeretur fama nepotes.
O Neleïade decus ingens Neſtor Achivum,
Poſcenti ſumus unde, ultro tibi vera fatebor.
Sylvoſa ex Ithaca veſtras adnavimus oras;
Res privata viae cauſſa eſt, non publica: patrem
Quaerimus, auditum referat fors ſicubi fama,
Magnanimum Laërtiaden, quem Pergama tecum 90
Evertiſſe ferunt pugnantem, atque Ilion altam.
Jam Danaum, quotquot fuerunt ad moenia Trojae,

E 2   Occu-

Occubuit quo quifque loco, quo funere, nobis
Fama tulit. mortem voluit tantum illius unam
Juppiter ignotam, nec dicere fuftinet ullus,
Queis cecidit terris; inimicum an fanguine litus
Imbuit, an fluctus inter fubmerfus ab aeftu?
Ergo ad te fupplex venio, genibufque volutus
Te precor o! fi forte velis mihi fata referre.
Exftincti leto tibi vifa, aut auribus haufta   106
Alterius fermone. illum nempe edidit unum
Ante alios homines miferum quondam optima mater,
Invifumque diis: quare non ulla profari
Cura mei, quaecumque tuo fub pectore fervas,
Impediat. quin cuncta refer, fi fortis Ulyffes
Ille meus quondam genitor tibi tempore in ullo
Profuit iliacis, ubi paffi plurima, campis:
Illa ego te per dura precor, vera omnia redde.
Talibus oranti Neftor Gerenius infit.   110
Dicam equidem tibi vera, hofpes, me per mala quando
Adjuras, Phrygio quae quondam in litore Graji
Pertulimus, latas errando aut claffe per undas
Ad praedam, faevus quo nos ducebat Achilles;
Aut etiam Priami bellando ad moenia; ubi atro
Funere tot pubis nequidquam exftincta Pelafgae
Lumina funt, primi heroes. mavortius illic
Ajax, Pelidefque jacent, aequandus & ipfis
Dis Patroclus; natus jacet illic infuper una
Antilochus, mea cura, & curfu fortis & hafta.
Sed quid ego haec autem memoro mala dira? quis illa 120
Enumeret feclis mortalibus omnia fando?
Non fi vel quinos exactis menfibus annos,
Vel fenos perftans Grajum fcitabere cladem,
Scilicet audires omnem. longiffima rerum

Sup-

Suppeteret feries, tuque antè revifere malles
Defeffus longo patrios poft tempore fines.
Namque novem durando annos obfedimus urbem
Omnia tentantes; vix finem Juppiter aequus
Adnuit. haud illic animi follertia cuiquam
Par fuerat: vafer arte omnes vincebat Ulyffes, 130
Omnimodifque dolis genitor tuus, ortus ab illo
Si tamen es, ceu verba notans, vocemque loquentis
Admirans video; tuque ipfe fatebere, lım
Facundae fimilem magis olli munere linguae.
Non umquam nobis animi fententia difcors,
Seu populi in coetus irent, feu fida Pelafgi
Optarent refponfa. eadem prudentia, & una
Mens ambobus erat femper, felicibus ufa
Confiliis argiva phalanx ut vinceret hoftes.
At Priami poftquam populatam incendimus urbem, 140
Ingreffique rates Phrygia arva reliquimus, acer
Juppiter Argivis ftatuens in pectore triftem
Ad patrias reditum fedes, diverfa profectos
Per freta fparfit agens; neque enim legefque colebant
Juftitiamque omnes. quin & pars acta nefandis
Suppliciis memorem fenfit Tritonidos iram,
Quae geminos inter mifit certamen Atridas.
Concilium in magnum hi fruftra late undique Grajis
Sub noctem haud rite adcitis (venereu gravati
Namque epulis omnes atque icti corda lyaeo) 150
Farier aggreffi, populos quae cauffa vocandi
Atque ibi tunc properare fugam Menelaus Achivos,
Et ventis dare vela jubet, pelagoque redire:
Major at Atrides prohibet, populumque morari
Imperat, ac magnos aris indicit honores
Palladis iratae fperans placare furorem.

De-

Demens: qui vano nefcibat pectore, divum,
Nec fubito verti mentes, nec flectier iras.
Sic dum illi alternis inter fe vocibus acres
Contendunt, magno circum clamore Pelafgi   160
Surrexere animiis ftudia in contraria verfi.
Ergo illam fomno feffos laxavimus artus
Per noctem variis turbati pectora curis;
Quippe Jovis gravis ira fuper crudele ferebat
Non dubiis damnum fignis, jam reddita caelo
Lux fuerat, pelago puppes deduximus altas,
Impofitifque opibus confcendere juffimus agmen
Femineum. fic pars divifa Agamemnona magnum
Reftitit obfervans; pars autem cetera abimus
Caerula verrentes Nerei; nec tarda per undas   170
Claffis iter carpebat, ubi deus aequora ftravit.
Appulimus Tenedum, & facra inftauramus ad aras;
Quamprimum optantes patrias contingere terras,
Defertofque lares; fed nondum Juppiter alto
Adnuerat caelo reditum difcordibus urgens
Pectora confiliis. nam quos ducebat Ulyffes;
Navibus avecti relegunt iter omne, futurum
Scilicet id magno fperantes munus Atridae.
Aft ego cum ratibus, quae funt mea figna fequutae;
Fugi fata deum metuens, & martius una   180
Tydides mecum fugit focia agmina ducens.
Tardior ipfe etiam properans Menelaus eodem
Venit, & in Lesbo dubios deprendit, an altum
Praeftet claffe Chium fupra contendere curfum
Undifonam ad Pfyriam, quae laeva in parte jacebat;
Anne Chium fubter, ventofa ad faxa Mimantis?
Signa quoque a divis placuit depofcere: at illi
Aufpicio certos medium juffere per aequor

                                        Ten-

Tendere in Euboeam, brevior qua meta laborum.
Aspirant aurae in puppim: secat acta carina 190
Piscosos propere tractus, seraque Gerestum
Nocte subit. nos multa deo, qui praesidet undis
Emensi maria alta, boum succendimus exta.
Quarta adeo roseo fulgebat candida caelo
Orta dies, salvasque rates deduxit in Argos
Tydidae pubes mavortia. litus & ipse
Optatum tetigi Nelea ad moenia cursu
Classe tenens placidis in fluctibus; aura nec umquam
Desiit, ut primum venit data munere divum.
Haec reditus mea sors; potui nec scire Pelasgum 200
Qui rapido servati aestu, quive aequore mersi.
Illa tamen, quaecumque audivi sede receptus
In patria, referam, nec tu celabere, ut aequum,
Quae fas scire. ergo salvos rediisse secundo
Myrmidonas cursu perhibent, quos fortibus hastis
Insignes magni natus ducebat Achillei.
Progeniem Paeantis item feliciter isse
Fama Philoctetem; Cretamque reduxit ovantes
Idomeneus socios, martis quibus ira pepercit,
Servavitque omnes pelago. jam nostis & ipsi, 210
Credo equidem, quamquam colitis distantia regna,
Major ut Atrides rediit, subiitque nefandum
Exitium Aegisthi sublatus fraude: sed ipse
Mox graviter commissa luit, poenamque rependit.
Scilicet & caeso gnatum superesse parenti
Usque juvat: patriae necis ultor venit, & hostem
Aggressus poenas scelerato e sanguine sumpsit.
Tu quoque care puer non olli corpore dispar
Egregio, macte esto animis: te postera narrent
Secla virum, laudesque tuas ad sidera tollant. 220

Fi-

Finierat. contra breviter cui natus Ulyffe:
O decus eximinum Nelide Neftor Achivum,
Ille nefas ultus dirum eft, tantifque Pelafgi
Pro meritis referent memores præconia laudum,
Queis ingens decus ufque viri nomenque manebunt.
O mihi fi pariter tantas dent numina vires,
Queis & ego ulcifci valeam violenta procorum
Flagitia, & diros aufus! fed tale pararunt
Non mihi di munus, nec tam felicia patri
Fata meo: proin dura licet fint, ferre neceffe.   230
Cui Neftor: quando es, dixit, nunc talia fatus.
Nec me, ambire tuae multos connubia matris,
Praeterit, atque domi te invito ferpere cladem
Horrendam. fed fare, fugam num fponte capeffis,
Anne odia expertus, jactante oracula vulgo?
Fors etiam, fi quid veri mens augurat, olim
Adveniet tantos hominum qui comprimat aufus,
Sive fuat folus, five una Graja juventus
Conjurata fcelus juftis ulcifcier armis.
Quod te fi praefens carum tam Pallas haberet, 240
Quam Laërtiaden habuit fub moenibus olim
Dardaniis, ubi multa fumus fata afpera paffi;
(Namque ego non ulli manifefto numine adeffe
Caelicolas vidi, femper Tritonia ut olli
Adfuit:) illa adeo fi carum te quoque haberet,
Credo equidem invifos nequidquam oblita hymenæos
Ifta omnis juvenum turba infidiofa doleret.
Dixerat. ille imo ducens fufpiria corde:
Numquam ego, quae jactas tam laeta haec, adfore fperem,
O fenior: fpondes nam magna, auditaque tantum 250
Attoniti mira replent dulcedine pectus.
Sed non, et faveant fi di, contingere credam

Pof-

Poſſe mihi tam læta: haud rerum hic volvitur ordo.
Sic ille, excepit Pallas ſic deinde loquuta:
Quod tantum, ſate Ulyſſe, tibi ſcelus excidit ore?
Dis facile eſt ſervare virum, lónginquus & abſit
Ille licet, ſoliſque errans procul exſul in oris,
Si tantum voluere. domum ipſe reviſere ſerus,
Multaque perpeſſus malim, quam ſede receptus 260
Concidere in patria, ceu magnum Agamemnona dicunt
Incautum cecidiſſe nefando conjugis aſtu,
Aegiſthique dolis. di tantum avertere funus
Triſte viri nequeunt, quando jam tempora mortis
Lex certa attulerit, Parcarum & juſſerit hora.
Hæc dea. Telemachus ſed non his lætior infit:
Mittere tempus, ait, jamque iſthæc Mentor, & ægro
Projicere has animo curas: haud amplius olli
Stat reditus. miſero mortem ſupera alta tenentes
Caelicolae irati ſupremaque fata pararunt.   270
Nunc alia exquiram potius, ſcitabor & ipſum
Neſtora, quo nullus novit prudentior alter
Juſtitiam: regnans etenim tria ſaecula vidit.
Ergo age Nelide Neſtor dic vera roganti:
Ille Mycenaeus magnorum ductor Achivum
Quo periit leto domitus, queis frater in oris
Tunc Menelaus erat, quave ipſum perfidus arte
Perdidit Aegiſthus non par congreſſus ad arma?
Martius an patrium nondum Menelaus in Argos
Venerat, ignotis etiam tum finibus errans;   280
Ille autem, furto gaudens, hunc funere merſit?
Talia quaerebat: domitor quum Neſtor equorum:
Haec tibi vera quidem referam, puer, inquit, & omnem
Expediam ſeriem, quam tu quoque volvere tecum
Nec dubio indicio, tacita nec mente videris.

                              F   Nam

Nam vivum phrygiis rediens Menelaus ab oris
Si foret Aegifthum nactus, non pulvere quifquam
Aggefto exftincti corpus texiffet humandum,
Sed canibus data praeda feris lanianda per agros
Alitibufque, procul caris jacuiffet ab Argis;   290
Nullaque Acheïadum ploraffet funera: tantum
Suftinuit tentare nefas, aufoque potiri.
Nos Priami circum bellando praelia muros
Dura pati longum dum cogimur, ille fequutus
Otia feceffu in placido praedivitis Argi
Saepe Agamemnonios corrumpere lentus amores
Tentabat furtim. faepe averfata nefandum
Pulcra Clytemneftre facinus, crebroque petita
Abnuit, exftincto nondum mutata pudore,
Concipienfve animo fraudem, bona fcilicet ipfa   300
Per fefe; fidufque fuper cuftodia vates
Confiliis aderat femper, cui conjugis omnem,
Pergama quum peteret, curam mandarat Atrides.
At miferum ftatuere deum quum fata perire,
Ille procul fcopuli deferto in litore vatem
Deferit alitibus lacerandum, ultroque volentem
Alta volens intra duxit fua limina nympham.
Multa boum facras tum dona incendit ad aras,
Multaque fufpendit fimulacra argentea, & aurum,
Veftemque, infigni fpem praeter amore potitus.   310
Interea a Troja reduces, Menelaus, & ipfe,
Nos inter junctique animis junctique carinis
Claffe ferebamur volucri per caerula Nerei.
Aft ubi Cecropidum facram pervenimus arcem
Sunion, Arcitenens telum jaculatus ab axe
Perculit in celfa Menelai puppe magiftrum
Haerentemque manu clavo, curfufque regentem,

                                                        Phron-

Phrontin Onetoridem, quo non praeftantior alter,
Quum fureret gravis ira fali, deducere naves
Fluctibus in rapidis, dirofque laceffere nimbos.
Ergo licet curfufque fimul ventique vocarent,　320
Reftitit, ut focium terrae mandaret, & umbris
Mitteret inferias. facris dein rite folutis,
Poftquam altum petiit, Maleaeque ingentia faxa
Contigit, altitonans olli quoque Juppiter omnem
Exciit immiffo ventorum turbine pontum
Attollens altis aequales montibus undas.
Dividitur claffis: pars Cretam abrepta refedit,
Qua fluit, ac placidis interfecat arva Cydonum
In mare prorumpens formofus Iardanus undis.
Stabat acuta filex Gortynia litora contra,　330
Dorfum immane mari glauco, qua fluctus ab auftro
Truditur ad laevam fub Pheftum, & frangitur ingens
Haud fcopulo ingenti adliffus. vix puppibus actis
Huc vento nautae mortem effugere; fed undae
Ad cautes & faxa citas fregere carinas.
Quinque alias longe ftridentia flamina diti
Admovere rates Aegypto; ignotaque gentis
Litora dum luftrans multum late undique & aurum
Et varias Menelaus opes conquirere certat,
Arte dolum celans Aegifthus funera fratri　340
Intulit, ac populos magna ditione fubegit.
Septem illum perhibent annos tenuiffe Mycenas
Imperio fummo: poft anno denique ab urbe
Cecropia rediens octavo clarus Oreftes
Ipfius exitio venit, caedifque paternae
Ultor atrox fontem crudeli vulnere ftravit.
Quaque idem Argivis epulas in funere matris
Aegifthique dedit, Menelaus venit eadem

Luce domum revehens, quantum sufferre carinae
Vix poterant, ingens argenti pondus & auri.　350
Et tu adeo remea, patriamque invise reliĉam.
Defertifque bonis, iptraque furentibus aedes
Dirorum juvenum manibus, ne cunĉa vorantes
Diripiant, aliena abfens dum regna pererras.
Hortor adire tamen Menelaum, atque, eft tibi noftri
Si qua fides, etiam jubeo. namque ille Pelafgium
Ultimus in patriam nuper devenit ab oris,
Unde hominum fperare fugam certamque falutem
Auderet nemo, fi quem vis improba primum
Nimborumque furor tam vaftum egiffet in aequor ;　360
Unde etiam pennis ipfae tranare volucres
Annum intra nequeunt: tantum patet, ac furit aeftu
Horrendo. jamque ipfe tuis freta falfa fequutus
Cum fociis, navique illuc felicibus ito
Aufpiciis. vis & potius difcedere curru?
Et currus aderunt, & certi ad frena jugales,
Et, mea vis, gnati, qui te comitentur euntem
Hinc Spartae ad muros, Menelai & regia reĉa.
Quo fimul ac venies, tibi dicat vera, precare;
Nec tamen ipfe (odit prudens mendacia) fallet.　370
Dixerat. interea fol occidit, & ruit atra
Nox caelo, farique ollis Tritonia coepit.
Sic ufus pofuit, Nelide, reĉa profaris
Omnia. nunc vero pingues & findite linguas,
Et latices mifcete facros: libemus ovantes
Neptuno fuperifque diis, menfifque reliĉis.
Curemus (nam tempus adeft) jam corpora fomno.
En abiit lux fub tenebras, neque tardius aequum
Ducere follemnes epulas in honore deorum;
Sed, quo res vocat, ire. haec ut Jove nata loquuta eft,　380

　　　　　　　　　　　　　　　　　　　　Haud

Haud mora fit; fubito dicta audivere monentis
Dant manibus circum puros ex ordine fontes,
Craterafque ferunt magnos, & vina miniftri
Omnibus infundunt in pocula. tum fuper ignem
Injiciunt linguas de more, iterumque lyaeum
Surgentes libant. poftquam fitis omnis abacta,
Expletufque ardor libandi; Pallas, & una
Telemachus forma infignis contendere greffus
Ad navim optabant. vetuit fed Neftor abire
Increpitans dictis, atque haec fuper addidit ore. 390
Juppiter avertat, dique hoc ftellantis olympi
Dedecus! ad navim vofne hinc fugietis euntes
Sedibus a noftris? non haec defertaque tantum,
Nec fpoliata adeo domus eft, ut tegmina defint
Purpurea, & pictae laenae, queis mollia poffit
Membra fimul dominus, fimul hofpes nocte fovere,
Adfunt & chlamydes, & pictae tegmina veftes,
Inftratique thori: numquam generatus Ulyffe
Magnanimo hic juvenis curvae tabulata cafinae
Pernox dura premet, dum fpiritus hos reget artus, 400
Tectaque dum noftri fervabunt regia nati
Hofpitibus faciles, quicumque haec limina adibunt.
Quae poftquam fic fatus erat Neleius heros,
Diva ftatim: o fenior, ceu par, bene confulis; inquit,
Atque age Telemachum dictis parere jubeto,
Quandoquidem meliora putas. ille alta fequutus
Te fub tecta, nigrae per opaca filentia noctis
In thalamo jaceat. contra hinc ego certus abibo,
Ut fociis addamque animos & fingula mandem.
Solus enim multos inter fum grandior annis 410
Florentes aevo juvenes, quos mutuus ardor
Telemacho comites paribus conjunxit in annis.

Una

Una illic recubare juvat: lux craftina caelo
Reddita ubi veniet, fortes Cauconas adibo,
Aeraque jam longo mihi tempore debita, pofcam.
Tu vero hunc juvenem, tua quando ad limina venit,
Ne pelago committe; rotis invectus at altis
Gnatorum comitante aliquo per aperta viarum
Expediat curfum; geminos curru adde jugales
Et magnis validos animis & curfibus acres.   420
Haec ubi dicta dedit, fugit Tritonia virgo
Verfa aquilae in formam: fubito ftupor omnibus ora
Attonitis vifu preffit; miratus & ipfe
Ante alios monftrum fenior dextramque prehendit
Telemachi, placidoque haec infuper edidit ore.
Non ego te pulcrae fpero fore laudis egenum,
Sic adeo juvenem quum di comitantur euntem.
Haud hic haud alius caeli fupera alta colentum,
Ni Jovis armipotens foboles fortiffima virgo,
Quae validum pariter miro tibi honore parentem   430
Clarabat Danaos inter. falve dea, falve,
Atque adfis venerata, meae non invida laudi,
Et thalami fociae, natis & femper amica.
Ipfe tibi vitulam, lata quae fronte fuperbit
Indomita, & collo nondum juga fenfit aratri,
Mox feriam, fulvumque inducam cornibus aurum.
Sic vovit fenior: non afpernata voventem
Audiit e caelo Pallas. dein limina ad alta
Cum generis natifque heros proceffit, & una
Affedere thoris variifque fedilibus omnes.   440
Queis fubito Neftor magnum venientibus ultro
Implevit cratera mero, quod fida per annos
Servatum undenos tum primum ferva relexit.
Hoc implet cratera mero, libanfque Minervae

Vota

Vota facit supplex natae Jovis aegida habentis.
His demum exactis, perfecto munere divum,
Quisque suos fessi somno petiere penates.
At non Telemachus: namque illum divine Nestor
In lecto, placida voluit requiescere nocte
Aedibus in propriis, ubi porticus alta sonabat; 450
Quem juxta accubuit bello Pisistratus acer,
Impubes qui regis adhuc vernabat in aula.
Nec minus ipse alta penetrali in sede receptus,
Stravit ubi lectum conjux, dedit aegra sopori
Membra senex, curasque simul sensumque reliquit.
Postera quum caelo surgens aurora refulsit,
Mollibus e stratis tollit se Nestor, & aliis
Egrediens tectis, ubi structa sedilia stabant
Ante fores cano de marmore & uvida rore
Semper odorato, senior confedit, ut olim 460
Inclitus ante heros Neleus confidere fuerat.
Sed pater ad stygias erebi descenderat umbras
Jam domitus fato; regnique potitus habenis
Nestor ibi residebat Achivum maxima fama
Sceptra tenens. circum nati venere frequentes
E thalamo egressi, Stratiusque, & fortis Echephron,
Perseusque, Aretusque, & divis par Thrasymedes.
Additur his etiam sextus Pisistratus: una
Telemachum ducunt, juxtaque in sede reclinant.
Ad quos tum senior Nelides talibus infit: 470
Protinus o gnati, quae fert mea corde voluntas,
Perficite, armisonae quamprimum ut sacra Minervae
Rite feram, quae clara dei ad sollemnia venit.
Ergo alius campos properans petat, & mihi pastor
Ocyus intacta ducat cervice juvencam:
Telemachi ast alius socios in litore stantes
                                        Evocet

Evocet huc omnes, geminis in puppe relictis.
Atque aliquis jubeat clarum Laërcea adeſſe,
Cornibus ut vitulae lunatis illinat aurum.
Vos mecum remanete alii, famulaſque monete, 480
Sollemnes curent epulas per regia tecta,
Et ſedes & ligna ferant & fluminis undam.
Vix haec; feſtinantque omnes. jam rure juvenca
Venit, Telemachi pariter venere ſodales,
Juſſus & ipſe faber venit ſecum omnia portans
Inſtrumenta artis: reſplendet malleus olli
Aereus in manibus, forceps & daedala, & incus.
Stat pariter viſura ſuos bona Pallas honores
Caeruleo delapſa polo. tum protinus aurum
Expediit Neſtor: capit ille, & cornua circum   490
Arte linit, divae ſpectaclum dulce, juvencam.
Hanc Stratius, fortiſque una ducebat Echephron;
Laeva florentem e thalamo cum fonte lebetem
Aretus, dextraque molas frugeſque ferebat
In calathis. retro Thraſymedes ſtabat acuta
Jam jam caeſurus vitulae capita alta ſecuri,
Et pateram juxta Perſeus retinebat. at undam
Praecipiens frugeſque ſacras, multumque precatus
Pallada, & evellens ſummo de vertice ſetas
Ignibus injecit poſitis libamina Neſtor.   500
Continuo validum Thraſymedes impulit ictum
Inſurgens: nervos cervice excepta bipennis
Abſcidit, exanimemque ſolo dedit. aurea ad aſtra
Attollunt nataeque, nuruſque, & regia conjux
Eurydice, Clymeni gnatarum maxima, voces.
Adſtantes famuli lata ut tellure jacentem
Erexere bovem, jugulo Piſiſtratus enſem
Abdidit. erupit poſtquam de vulnere ſanguis,

Deſe-

Deferuitque calor vitam, trepidantia membra
Divifere alacres, & rite in frufta fecarunt.　510
Hinc ubi texerunt multa pinguedine circum
Cuncta involventes, iterumque iterumque plicantes,
Ligna fuper libans latices torrebat ad ignem
Ipfe fenex: illum juxta verua alta tenebat
In manibus quina fumantia cufpide pubes.
Poftquam torruerant armos, atque exta vorarant,
Secta minutatim longis quoque cetera figunt
In verubus, ponuntque fuper crepitantia flammis.
Telemachum interea Polycafte candida lavit
Ultima Nelidae natarum aetate puella.　520
Quae poftquam nitido totum perduxit olivo,
Impofuitque humeris chlamydem tunicamque recentem,
Divis ambrofio par immortalibus ore
Exiit e folio, ac magnum prope Neftora fedit.
Sic ibi propofitis dapibus vefcuntur, & igni
Omnia diripiunt, puerique fedentibus atrum
Aurea furgentes fundunt in pocula vinum.
Et jam finis erat; faturis quum maximus heros:
Ite agite o gnati, dixit, pulcrumque comantes
Ducite cornipedes altoque adjungite curru.　530
Jufferat: illi autem non fegnes juffa capeffunt,
Continuoque acres curru junxere jugales.
Nec minus &, fervare penum cui tradita cura,
Fida tulit cererem cuftos, & munera bacchi,
Atque folent vefci queis magni obfonia reges.
Infilit in currum juvenis generatus Ulyffe
Primus: eum juxta fcandens Pififtratus heros
Neftorides cepitque manu retinacula, & acres
Increpuit bijugos. illi fugere volucri
Lata per arva fuga linquentes moenia retro.　540

G　　　　　　　　　　Sic

Sic celeres totam per lucem ivere; fed undas
Quum fubiit fol almus, iterque nigrefcere coepit,
In Pheras venere citi, tectifque Dioclis,
Quem fatus Alphaeo Ortilochus produxit in auras,
Hofpitio excepti merito fub nocte quierunt.
Inde ubi fe oftendit rofeae Titanidos ortus,
Sub juga cornipedes ducunt, curruque locari
Limina tectorum refonantiaque atria linquunt.
Inftat equis auriga alacer, tortoque flagello
Admonet ad curfum: fimul illi fponte volantes 550
Corripuere viam, immiffique feracibus agris,
(Tantus agit namque ardor equos) venere laborum
Ad finem, prono Phoebus dum cedit olympo,
Et late nox atra folum complectitur umbris.

HO-

HOMERI ODYSSEAE
LIBER QUARTUS.

Vallibus in curvis vaſtam Lacedaemona curſu
   Ingreſſi juvenes praecelſa minoris Atridae
   Tecta petunt, regemque adcitos undique multos
Inveniunt cives inter tum forte parantem
Optatos una gnati gnataeque hymenaeos.
Ille quidem natam Pyrrho armipotentis Achillei
Fulmineae ſoboli, dura inter praelia martis
Jam Priami ceu pactus erat ſub moenibus altis,
Adnueratque pater, perfecto tempore divum
Curribus invectam celſis mittebat ad arces   10
Myrmidonum, qua regna gener ditione tenebat.
At nato prolem jungebat Alectoris almam
Spartana de gente, olli quem ſerva crearat
Pulcra ſeni fortem Megapenthem. germina namque
Nulla dii tribuere Helenae, poſtquam edidit ipſi
Hermionem forma Veneri non cedere dignam.
Ergo omnis feſto reſonabat regia coetu,
Finitimique aderant populi, civeſque vocati
Munere gaudentes. quos inter dulce canebat
Aurea plectra ciens vates, geminique canentis   20
Ad vocem juvenes tollebant corpora ſaltu.
Interea primo tectorum in limine ſtabant
Telemachuſque heros, & Neſtoris inclita proles
Sublimes in equis. quos vidit ut acer Atridae
Armiger egrediens Eteoneus, ocyus ivit
Nuncius ad regem ſubiens penetralia, & olli

         Adſti-

Adſtitit, atque prior breviter ſic fatus ad aurem eſt.
Stant gemini juvenes foribus, Menelaë, ſub ipſis
Aſſimiles magni Jovis almo e ſanguine proli.
Ergo age fare, alto bijugos num ſolvere curru   30
Praecipis, anne alias quaeſitum mittere ſedes?
Cui ſubito iratus graviter ſic flavus Atrides
Orſa refert. adeo maleſana haud ante gerebas
Corda Boëthide, puero nunc digna profaris.
Hoſpitia experti multorum has denique ſalvi
Venimus ad ſedes, ubi ſaltem Juppiter aequus
Nos utinam ſervet placidos, finemque laborum
Det pater. hoſpitibus celerans i ſolve jugales,
Atque ipſos intro duc ad convivia coram.
Juſſerat: ille autem, famulis per tecta vocatis,   40
Sedibus erupit properans, comiteſque ſequuti
Fumantes pulcro ſolvunt temone jugales,
Et ſtatuunt ductos plena ad praeſepia, feſſis
Farra miniſtrantes & mixtae gramen avenae.
Dein vacuum acclinant ſepta ad lucentia currum,
Ac juvenes ducunt tecta intra regia. at illi
Omnia luſtrantes late penetralia regis
Mirantur; nam tota vident ſplendeſcere ſolis
Luce velut clara, & radiantis imagine lunae.
Poſtquam oculos laeti cupidos per cuncta tulere, 50
Delapſi irriguum ſtudio petiere lavandi
Marmoreo in labro fontem: dein flumine lotos
Atque oleo nitidos ut circum rite miniſtrae
Veſtibus induerunt pictis tunicaque recenti,
Ambos Atridae vicina in ſede locarunt.
Invergunt lymphas manibus, quas lucidus auro
Urceus irrorat ſupra, purumque fluentes
Subjecti excipiunt argentea labra lebetis.

                                            Ponunt

Ponunt & menfas juxta, cereremque caniftris
Expediunt, cumulantque epulas, & munera didunt. 60
Tum famuli varias patulis in lancibus efcas,
Fumantefque armos, & vifcera tofta reponunt,
Poculaque ex auro fulgentia. dat fimul ollis
Pignus amicitiae dextram, fimul accipit heros
Sic fatus: gaudete epulis ante ora paratis
O juvenes; ubi pulfa fames atque ardor edendi
Defierit, qua gente hominum, quibus eftis ab oris,
Scitabor faturos. haud certe exftincta parentum
Gloria veftrorum: Jovis alto a fanguine reges
Sceptriferi vobifque genus vitamque dedere, 70
Credo equidem: ignavi nequeunt educere tales.
Dixerat, appofuitque bovis luftralia coram
Pinguia terga, fibi fuerant quae dona parata.
Illi autem accincti dapibus laetantur opimis,
Protenduntque manus. poftquam faturata quierant
Pectora, Telemachus dulcem compellat amicum
Cervice admota, & fidam fic fatur ad aurem.
Afpice, Neftoride, regali fulgida luxu
Atria, fplendoremque auri flammantis, & aeris,
Electrumque, argentumque, & fecti vim Elephanti. 80
Talis fidereo magni Jovis ardet olympo
Intus opima domus: quanta heic aggefta renidet
Gaza ingens immenfa! ftupor me fcilicet altus
Senfibus attonitis cernentem talia preffit.
Haec ille: at flavus mirantem fenfit Atrides,
Ac fubito fic orfa refert. o germina cara,
Magnanimi juvenes, nulli contendere magno
Cum Jove fas; olli fulgentia fidera fupra
Divitiae fine fine vigent, aeternaque fedes.
Seu vero mecum certet, feu cedere victus 90
Haud

Haud renuat quifquam mortali e femine, nulla
Invidia eft. multis ego late cafibus actus,
Multaque perpeffus poft anno denique ditem
Octavo tetigi Phoenicem, & litora Cypri.
At prius Aegypti luftratis finibus atros
Aethiopum populos, felicia regna colentes,
Sidoniofque, ipfofque adii devectus Erembos,
Et Lybiam, nafcuntur ubi cum cornibus agni,
Terque venit longum rediens faetura per annum.
Non dominus, non paftor eget, nec deficit umquam 100
Cafeus, aut agni molles, aut copia lactis,
Plena fed ufque novae diftendunt ubera faetae.
Interea dum multa parans his jactor in oris,
Leto alius fratrem domuit, nil trifte timenti
Infidians furtim malefidae conjugis aftu.
Sic regno non fponte, opibus neque laetor adeptis.
Haec tamen a patribus, vita fi forte fruuntur,
Nota reor vobis. Priami quis nefciat urbem,
Imperiumque Afiae magnum, verfofque penates 110
Barbaricis dites opibus, quos afpera paffus
Multa diu faevo populatus marte fubegi?
Sed mihi nunc utinam tantum vel tertia rerum
Pars foret; incolumes contra vivique manerent,
Idaeum ad Xanthum qui tum periere fub urbe
Dardania, longe caris heroes ab Argis.
Quos ego dum plorans curarum turbine preffus
Heu queror amiffos, faepe in penetralibus aeger
Defideo, luctuque animum depafcor amaro,
Si qua mihi hinc veniant folatia: luctus at ipfe 120
Deferit interdum miferum, vivitque fub imo
Corde dolor. neque enim longa eft fperanda voluptas
Triftibus a lacrimis; vix fenfibus haufta recedit.

His

His tamen heu miferum me fruftra ex omnibus unus
Ante alios cogit tabefcere, qui neque dulces
Carpere me fomnos umbrarum in nocte filenti;
Nec memorem gaudere epulis finit: horrida namque
Grajugenum nemo pro me difcrimina rerum
Pertulit, infelix heros quot paffus Ulyffes.
Et nunc ille quidem fatis urgetur iniquis,   136
Curarum haud ullam requiem, finemque laborum
Inveniens; meque urit atrox dolor ipfius ergo
Atque agitat fine fine incertum, an vivere credam,
An periiffe ufquam? flet raptum perdita luctu
Penelope, flet Laërtes, atque inclita proles
Telemachus, parvum liquit quem claffe profectus.
Dixerat: huic patrius moerentia pectora ftrinxit
Altus amor, cujus nomen vix auribus haufit,
Continuo ex oculis lacrimas effudit obortas
Purpuream obtendens ante ora humentia veftem.   140
Senfit id Atrides, dubiaque in mente volutat,
Sollicitumne finat cari meminiffe parentis,
Occupet an primus lugentem, ac fingula pandat?
Anceps ille fuo volvit dum talia corde,
Venit odoratae linquens penetralia fedis
Tyndaris, ingreditur qualis florentia Cynthi
Per juga Dyctinna, & lateri fonat aureus arcus.
Protinus huic fedem rutilantem Adrafta locavit,
Formofumque fuper lana e lucente tapetem
Alcippe ftravit. ftat juxta candida Phylo   150
In manibus calathum retinens, quem pignus amoris
Perfectum argento e nitido donarat habendum
Magnanimi Polybi conjux Alcandra, ubi dives
Alta canopaeis tollit fe regia Thebis.
Ille duo dederat Menelao argentea labra,

Et

Et tripodas geminos, atque auri dena talenta;
Aſt Helenae non parca ſuper dedit optima conjux
Auratamque colum, calathique volubile textum
Argenti ſummas auro ludente per oras.
Obtulit hunc olli plenum tum ſtamine Phylo 160
Rite laborato: ſupra colus aurea fulget
Tincta gerens violae nigrantis vellera fuco.
Ut primum aſſedit, plantaſque innixa locavit,
Formoſum tali ſermone affata maritum eſt.
Noſſene fas hominum qua ſint ab origine creti,
Atrida, noſtros qui nunc adiere penates,
Hi juvenes? vanam ſeu mendax fallat imago,
Seu moneat verax, dicam, quando ipſe profari
Fert animus, tacitaque vetat conſiſtere lingua.
Non ego tam ſimili vel nympham corpore vidi, 170
Vel puerum (cernentis adhuc ſtupor occupat ora)
Quam ſimilis magni nato eſt hic omnia Ulyſſei
Telemacho, puerum quem quondam in ſede reliquit
Dulichia genitor, me propter tota furentem
Graecia quum phrygios obſedit milite campos.
Talia dicenti flavus reſpondet Atrides.
Quae conjux te cura, eadem me pectore in imo
Sollicitat: ſic ille pedes, ſic ora gerebat,
Brachiaque, obtutumque, & flavo in vertice crines.
Nunc quoque dum memoro, quantas Laërtius heros 180
Indomitus curas pro me, quantoſque labores
Hauſerit, ille genas lacrimis perfudit obortis
Purpuream obtendens ante ora madentia veſtem.
Talia dum jactant; ſubito mirantibus infit
Neſtorides. magnorum Argivum o maxime ductor
Cura jovis Menelae, vafri, ceu reris, Ulyſſei
Progeniem cernis, nec te tua lumina fallunt.

Sed

Sed prohibet juvenem pudor atque modeftia fari
Multa heic te coram, cujus ceu numinis ambo
Huc primum advecti dio pendemus ab ore. 190
Me vero huic comitem genitor Neleïus heros
Addidit; afflictis namque hinc folatia rebus
Auxiliumque malis fperans te invifere avebat,
Si quid opis mifero, fi qua eft via certa falutis.
Heu nati mifera eft parvi fors! afpera rerum
Perpetitur puer ufque haud multis feptus amicis
Patre abfente diu. talis fortuna fatigat
Telemachum; vacuis jamdudum a fedibus olli
Carus abeft genitor, nec qui fera damna repellat
E populo infenfa fuper ullus in urbe relictus. 200
Neftorides fic fatus erat, quum laetus Atrides:
O mihi quam cari focii nunc cernere gnatum,
Affarique datur, qui faevo in turbine belli
Tot fubiit cafus pro me, quemque omnibus unum
Anteferens reducem donis cumulare parabam,
Juppiter incolumi curfum fi claffe dediffet.
Olli urbem patrios ftatuiffem ac tecta per Argos
Ex Ithaca adcito cum gaza omnique fuorum
Cum numero, natoque; meifque ex urbibus una
Olli ceffiffet veteri vacuata colono. 210
Saepe eadem fedes nobis atque una fuiffet
Certa domus, junctofque animis concordibus ufu
Dividere alterno nil quiffet, ferrea noftros
Ante oculos nigro quam mors velaffet amictu.
Sed fuperi invidere mihi bona tanta, nec illum
Ad patrios referunt longo poft tempore fines.
Sic ait, ac tepido maduerunt lumina fletu
Omnibus: aligero flebat Jove Tyndaris orta,
Telemachufque, fatufque Atreo fortiffimus heros.

H Nec

Nec tibi Neftoride caruerunt fletibus ora　　　　220
Saeva recordanti dilecti funera fratris
Antilochi, magno victum quem vulnere quondam
Filius Aurorae ftygias demifit ad umbras.
Hunc fibi tum raptum moerens ita fatier infit:
Te meus ante alios genitor dicebat, Atrida,
Confiliis clarum, quoties tua facta revolvens
Narrabat fenior pofcentibus omnia natis.
Quare etiam fi forte licet, parere monenti
Ne pigeat: non ulla mihi nam flere voluptas
Poft epulas. tales referat fine craftina curas　　230
Orta dies; neque enim miferis, qui morte quierunt,
Invideo lacrimas fupremaque munera leti.
Poft obitum quippe unus honos mortalibus aegris
Hic fupereft tondere comas e vertice fummo,
Ac triftes de more genas perfundere fletu.
Heu fubiit letum non ultimus inter Achivos
Frater & ipfe meus notus tibi: non ego praefens
Olli aderam, fed fama tulit non vana, fuiffe
Antilochum pedibufque acrem jaculoque valentem.
Talia Neftorides, quem contra excepit Atrides: 240
Quandoquidem fic ipfe mones, & pectore fenfus
In tenero verfas dignos majoribus annis
Egregio genitore fatus, quem laudibus aequas
Aemulus; (haud magnum prolem cognofcere certam
Illius eft, altus cui Juppiter adnuit ultro
Connubium felix & primae lumina vitae,
Adnuit ut facilis Nelidae, quem lare juffit
In patrio molli placidum gaudere feneca,
Confilioque bonos atque hafta cernere natos;)
Inceptos praeftet fletus abrumpere, jamque　　250
Inftaurare epulas. vos o manibus date fontes

　　　　　　　　　　　　　　　　　Nunc

Nunc pueri; cras tempus erit fermonibus aptum
Telemacho pariterque mihi. nec plura loquutus
Conticuit: properat puros invergere rores
Afphalion, rurfumque alacres ad pocula dextras
Porriciunt juvenes, dapibufque fruuntur opimis.
Atque ibi pulcra novam verfans in pectore fraudem
Tyndaris immifcet medicata in pocula fuccum
Adverfumque irae & ducentem oblivia luctus.
Hauriat hunc fi quis, non trifti fparferit imbre 260
Ora per integram lucem, non faeva parentem
Si rapiat mifero Parcarum dextera utrumque
Nec videat coram fi fratrem aut germina cara
Vulnifico concifa peti per corpora ferro.
Talem gnata Jovis fuccum formofa potentem
Servabat, Polydamna uxor quem Thonos in oris
Nata canopaeis dederat, qua plurima tellus
Gramina fert. varios pars vitae infervit ad ufus,
Pars etiam nocuis corrumpit membra venenis;
Illaque gens omnis medicas exculta per artes 270
Paeonis a prima deducit origine ftirpem.
Hunc in plena mero dulci quum pocula fuccum
Mifcuit argivae proles pulcherrima Ledae,
Sic ingreffa loqui eft. vos o Menelaë, patrumque
Clarorum foboles, pueri (nunc triftia rector
Ille deum, nunc laeta, poteft quando omnia, donat,
Alternatque vices:) dapibus gaudete paratis,
Et vario lenite animum fermone quieti
Sedibus in placidis. prior ipfa ex ordine fabor,
Atque unum e multis (neque enim certamina duri 280
Cuncta Ithaci fando fperem percurrere poffe)
Expediam Trojae media intra moenia geftum.
Ille etenim quondam non ullo corda labore

H 2

Fra-

Fractus apud Xanthum fua diris corpora plagis
Suftinuit foedare ultro; circumque decoros
Injiciens humeros fordentem ut fervus amictum
Dardania eft aufus penetrare in moenia furtim
Solus, inops, formamque omnem diverfus ab illo,
Qui proceres inter grajos in litore ftabat.
Talis erat veniens, cunctofque fefellit in urbe 290
Trojugenas. non & potuit me fallere quamvis
Corpore mutatus: multis in millibus una
Agnovique virum, dictifque aggreffa vocavi.
Ille nihil certi fimulata mente referre,
Ingeniique fui primum non immemor omnes
Cunctando in partes verfari. mox ubi lotum
Veftibus indueram, & juraram numina magna,
Nil prius Hectoridis dicturam fortibus, atras
Quam rurfum ad naves, tentoria & alta rediffet,
Confilia expediens tum prodidit omnia Grajum. 300
Sic poftquam multos Troum demiferat orco,
Ad focios, rediit, luctumque reliquit in urbe
Commixtum rabie. paffis ibi crinibus omnes
Troades implebant moeftis ululatibus auras:
Contra laeta mihi tentabant gaudia mentem
Talia cernenti. veteres nam corde penates
Verfa meo optabam, miferandaque damna querebar
Illacrimans, quae multa tulit Venus afpera, quum me
Abftulit a patria, gnataque, & conjuge nulli
Sive animis digno feu pulcra cedere forma.   310
Defierat memorans; illamque his vocibus heros
Excipit Atrides. nulli dubitanda loquuta es,
Quamvis magna refers, conjux dulciffima. namque
Vidi ego multorum mentemque animumque fagacem
Heroum late vafto jactatus in orbe;

Sed

Sed nondum talem mihi noscere contigit usquam,
Nec dabitur, qualis fuerat Laërtia proles.
Magnum etiam facinus quondam fortissimus heros
Ausus equi in latebris, ubi lecti insedimus omnes
Inachidae cladem Phrygibus letumque ferentes. 320
Vix fuimus positi; tu dardana moenia linquens
Jussa equidem nutuque reor monitisque deorum,
Gloria queis ingens Teucrorum, & pergama curae,
Illuc venisti. vadentem pone sequutus
Protectus clipeo telumque immane coruscans
Deiphobus veniebat. ibi ter robora lustrans,
Attrectansque dolos circum, mentitaque vocem.
Uxorum primos iterumque iterumque vocabas
Nomine quemque suo signans ex ordine Grajos.
Ipse tamen, Tydeique genus, magnoque creatus 330
Laërta vocem simulataque sensimus ora.
In medio strati. jamque una adsurgimus ambo
Corpora tollentes, animis in utrumque paratis,
Sive exire, tibi seu respondere vocanti,
Ni vetet obsistens Ithacus teneatque ruentes.
Ergo aliis circum taciturna prementibus ora,
Solus ibi Anticlus demens te incessere dictis
Dum parat, arreptum clamantis guttur Ulysses
Strinxit, utraque manu cohibens, certamque salutem
Attulit Argivis, illum sic usque premendo 340
Turbidus, abduxit donec te bellica Pallas.
Haec ubi fatus erat Menelaus, talia reddit
Telemachus: dilecte Jovi dux inclite Achivum,
Dura quidem fortuna mea est; nil tanta parenti
Profuit heu misero virtus, nec pectora ferro
Septa gravi potuere nigras avertere Parcas.
Nunc tamen in sedes nos ducite, leni ubi somno

Moe-

Moefta per optatam claudamus lumina noctem.
Dixerat: alma fuis proles Ledaea puellis
Imperat extemplo curvata fub atria mollem   350
Ferre thorum, ac tyrias veftes pictofque tapetas
Sternere, tum fupra villofa imponere texta.
Juffae abeunt manibus retinentes lampada dextris,
Infternuntque thorum. quo poftquam induxerat ambos
Armiger, in placida pofuerunt corpora fede
Telemachufque heros & Neftoris optima proles.
Interiora autem fubiit penetralia fcandens
Atrides, juxtaque illum pulcherrima nympha
Tyndaris accubuit, ftratifque locata quievit.
Inde ubi deferuit Tithoni aurora cubile   360
Suave rubens, thalamo prodit Menelaus ab aureo,
Induiturque artus, laterique accommodat enfem,
Candida & evincit formofis crura cothurnis.
Jamque deo fimilis thalami quum fede receffit,
Telemacho adfedit, dictifque ita fatus amicis.
Dic age fortunae quae vis te dira coegit
Per freta lata fali vaftam Lacedaemona adire?
An privata viae cauffa eft, an publica rerum
Conditio jubet ire, ediffere vera roganti?
Talia quaerenti fufpirans natus Ulyffe   370
Reddidit: Atrida, magnorum o cura deorum,
Huc genitoris ego quaefitum nuncia veni,
Si qua feras longe vectus maria omnia circum.
Diripitur domus ampla mihi, pereuntque labores,
Hoftibus & fervent fedes, qui caedere gaudent
Balantumque gregem & nigrantes terga juvencos,
Gens efraena, proci matris, fas omne perofi.
Huc igitur fupplex venio, genibufque volutus
Te precor o! fi forte velis mihi fata parentis

                                        Exftin-

Exstincti leto visa, aut audita referre 389
Alterius sermone, unum nempe edidit illum
Prae cunctis miserum Grajis quondam optima mater,
Invisumque diis: quare non ulla profari
Cura mei, quaecumque tuo sub pectore servas,
Impediat; quin cuncta refer, si fortis Ulysses
Ille meus genitor dextra tibi tempore in ullo
Profuit iliacis, ubi passi plurima, campis;
Illa ego te per dura precor, vera omnia redde.
At gemitus imo rumpens de pectore Atrides:
Heu juvenes, heu triste genus proh Juppiter, inquit, 390
Tantum adeo sperare nefas, tantique cubile
Haud metuunt tentare viri jura omnia contra!
Cerva velut magni si quando in lustra leonis
Ingreditur, parvosque locans needum ubere pulsos
Hinnuleos campis it late, herbosaque quaerens
Pascua frondiferis ignara in vallibus errat;
Ille autem rediens notoque receptus in antro
Infremit, ac vivos morsu depascitur artus,
Sanguineisque horret setis, sic fervidus heros
Sic rediens ollis feret omnibus aspera fata. 400
Jam pater ille deum, Phoebusque, & bellica virgo
O faciant, sese talem post tempora longa
In patriam referat, qualem videre Pelasgi
Luctantem in Lesbo, quum surgens arduus ictu
Stravit humi Philomeliden, gavisaque turba
Insonuit plausu, totamque implevit arenam.
Talem o! se referat, turbamque aggressus inertem
Ingratamque simul vitam sperataque rumpat
Connubia insanae falsa inter gaudia mentis. 410
Illa autem, quae poscis, ego haud mendacia fingens,
Expediam, fuerint quaecumque; auditaque pandam,

Quae

Quae docuit quondam verax me in gurgite vasto
Caeruleus senior, repetamque ex ordine dicta.
Nequidquam optantem patrios invisere fines
In viridi Aegypto me saevo numine divi
Continuere diu. non illis namque litaram
Rite sacris, ceu fata deum, ceu jussa ferebant.
Stat pelago in lato, diti praetenta Canopo,
Insula, quam dixere Pharon cognomine, tantum
Semota a terris, quantum cita carpere cursum 420
Luce queat tota navis, cui flamina spirent
A puppi motas zephyris crispantibus undas.
Portus ibi statioque patet, nautaeque carinas
Hinc soliti, hauserunt postquam de flumine fontes,
In freta vesani longe propellere nerei.
Illic bisdenis me di tenuere diebus,
Aura nec ulla polo venit, quae carbasa flatu
Impleret per dorsa maris tumefacta secundo.
Jamque adeo consumpta & pabula, & ipsa fuisset
Fracta hominum virtus, ni me fors una dearum 430
Caerula magnanimi servasset filia Protei
Idothee miserata. hujus nam pectora votis
Sollicitans flexi, quum sola in litoris ora
Averso a sociis pisces fallentibus hamo
Parte alia, qua quemque fames malesana trahebat,
Obtulerat sese manifesta in luce videndam.
Atque ea ubi steterat propius, sic ore loquuta est:
Quis furor, aut mens dira expertem sensibus urget
Omnibus? anne ultro cessas; atque aspera gaudes
Ferre mala heic residens? non certa pericula sentis 440
Lentus adhuc claususque mari carisque relictus
A sociis, queis victa fame jam corda labascunt?
Huic refero: o tandem quaecumque es magna dearum,

Dicam

Dicam equidem, nec vera tegam. non sponte morantem
Aspicis heic; laesi retinet me numinis ira.
Sed tu diva mone, norunt quando omnia divi,
Quis superum mihi saevit atrox, cursumque moratur
Plena vetans ventis intendere vela vocatis?
Illa autem firmans animum sic incipit ore:
Haud procul hinc habitat verax in gurgite vates 450
Jam senior Proteus, Neptuno carus & ipsi,
Qui pelagi subter glaucas scrutatur arenas,
Undarumque domos late, sedesque profundas,
Utque ferunt, genitor meus est. hunc si modo possis
Corripere insidiis, sollerti aggressus & arte,
Ille tibi expediet cursus, atque omne resolvet
Certus iter, piscosa ruas quo stagna profectus.
Praeterea si tantus amor, te cuncta docebit,
Evenere tuo quae laeta, aut tristia regno,
Dum procul ignotis erras male tutus in oris. 460
Desierat: sed rursus ego. quid maxima possim,
Quid sine te sperem? tu fraudem vatis, & omnes
Insidias tu diva doce, ne praescius idem
Effugiat frustra conantem: fallere namque
Difficile est homini captumque evincere numen.
Haec ego tum paucis: contra dea protinus infit
Sic exorsa, docens pavitantem & multa putantem.
Quum medium caeli scandit sol igneus orbem,
Fatidicus senior vitreis emergit ab undis
Flamine sub zephyri, spumis horrentia tectus 470
Terga super, rupisque cavo procumbit in antro.
Circum ipsum patulis pedibus glaucae Amphitrites
Sternunt se variae passim per litora phocae
Aequorei tristem spirantes roris odorem.
Ipsa ego te facilis, quum primum aurora rubebit,

I   In

In fecreta fenis ducam: tu delige fidos
Tres numero ex omni focios, qui robore praeftant.
Accipe & infidiae quae funt, ex ordine pandam.
Ille quidem circum luftrans, numerumque recenfens
Per litus phocas ut late infpexerit omnes,   480
Defeffus nemorum ceu quondam paftor in umbra,
Gramineo medius componet membra cubili.
Videris hunc poftquam vix fomno lumina captum,
Tunc animis ufus, tunc firmo robore: tende
Fortia cum fociis conanti evadere vincla.
Omnia tentabit verti in miracula rerum,
Et varias referet fpecies, fluviumque liquentem,
Ardentemque ignis flammam: tu vincula capto
Nil dubitans, nexufque magis contende tenaces.
Verum ubi mutatus, vocemque atque ora refolvens 490
Talis erit, qualem fopitum videris ante,
Define vi dura, facilifque tenacia folve
Vincla feni, pofcens ultro, quo numine laefo
Saeva luis commiffa, & fruftra quaeris abire?
Haec ait, & fefe jactu dedit aequor in altum
Spumantem torquens undam dea corpore. at ipfe
Digredior, ftantefque petens in litore naves
Procedo multis turbatus pectora curis.
Quo fimul ut veni, nigro fub vefpere menfas
Inftruimus, pariterque epulis vinoque refecti   500
Languida curamus per litus corpora fomno.
Mox tenebras aurora polo quum clara fugarat,
Extremam aequorei proceffi ad marmoris actam
Multa deos orans, ducenfque ardentia corda
Tres comites mecum, quaecumque audere paratos.
Interea fumma pelagi caput extulit unda
Diva ferens quatuor phocarum e gurgite pelles
                                        Dire-

Direptas paullo ante, dolos meditata parenti
Infidiafque fuo; dein apta cubilia fcalpfit
Effoffa tellure prope udi litoris oram   510
Opperiens, contra taciti nos venimus olli
Cominus, ac fubito juffi confedimus una
Quifque data circum contecti corpora pelle
Dura fuit ftatio: phocis direpta marinis
Uda gravem nimium fpirabant tergora odorem,
Afflabantque luem: quis enim graveolentia cete
Indomitus juxta poffit confiftere longum?
Sed nympha incolumes voluit, fucofque paravit
Ambrofiae, nares halanti fuaviter aura
Contingens, qua tetra extemplo peftis abacta eft. 520
Sic taciti in latebris ftetimus, fol altius egit
Exacto dum mane jubar. jamque igneus orbem
Hauferat ut medium titan, venere frequentes
Sedibus e pelagi phocae, paffimque cubantes
Corpora per ficcum ftravere humentia litus
Ultimus emerfit vates, armentaque circum
Pinguia per fcopulos luftrans, numerumque recenfens
Nos etiam primos, deceptus imagine falfa,
Rettulit in cenfum; dein ftratus & ipfe quievit.
Irruimus clamore alto, dextramque jacenti   530
Injicimus. contra ille fuae non immemor artis
Fit fubito fulvufque leo cervice comanti,
Squamofufque draco, tygrifque, ac horribilis fus,
Fontis & unda liquens, procera & ftirpibus arbos:
Inftamus circum affufi, manicifque tenemus.
Verum ubi nulla fenem juvit fallacia, victus,
Corpore mutato demum fic ora refolvit.
Nam quis te fuperum docuit, fortiffime Atrida,
Me capere infidiis, quidve hinc petis, inquit? at olli

Scis, Proteu, scis ipse; petis quid talia fallens? 450
Jamdudum hac teneor deserta in rupe, neque ullum
Invenio finem curis oppressus acerbis,
Turbatusque aegro moerentia pectora luctu:
Sed tu dic miserans, divi quando omnia norunt,
Quis superum iracq; teneat, frustraque moretur;
Ne solvens celeri fulcem vada salsa carina?
Tantum effatus: ad haec vates ita turbidus inquit:
At tu caelicolum regi, superisque litare
Debueras, prius alba dares quam carbasa ventis,
Rite secundare ut cursu vasta profecto 556
Per maria, optatis proram rapientibus austris.
Nam patrias non ante licet contingere sedes,
Aspicere & notos reduci, quam sacra fluentis
Ab Jove tu longe repetas hinc ostia mili
Aegyptum invectus viridem, donisque peractis
Stellifera places divos in sede repostos:
Expedient victi cursum, ventosque remittent.
Hactenus ille: mihi cecidit, turbataque mens est
Continuo, ut ponti jussit per caerula rursum
Tendere in Aegyptum, longeque revisere Nilum. 560
Atque haec subjicio vati sint ardua quamquam,
Perficiam quaecumque jubes; sed tu mihi, Proteu,
Hanc quoque da veniam super orb, atque ordine pande,
Num Danai salvis omnes rediere carinis,
Quos ego Nelidesque profecti liquimus oris
In phrygiis? quisquamne inopino funere cessit
Fluctibus in rapidis, aut inter cara suorum
Brachia post duri superata pericula martis?
Haec ubi quaesivi, senior mihi talia rursum
Dicta dedit: quid me ista petis sate sanguine claro 570
Atrida? mitto has curas; neu quaere doceri,

Nec

Nec fas, quae fervo tacitus: namque omnia poftquam
Audieris, largo fparges tua lumina fletu.
Multi funt domiti, multi manfere relicti
Incolumes: gemini tantum, fortiffima corda,
In reditu periere duces, ne triftia dicam
Funera, queis aderas pugnando ad moenia Trojae.
Stat vero pelagi mediis inclufus ab undis
Unus adhuc, ceffatque graves evincere cafus
In ratibus cunvis periit mavortius Ajax,
Quem prius ad Gyras alte furgentia faxa
Vexerat irato Neptunus ab aequore fervans.
Atque illic, quamquam invifus foret ipfe Minervae,
Vitaffet mortem, ni mens labefacta fuiffet,
Oraque folviffet caeleftes impia contra.
Invitis jactans dis fefe evadere poffe
Fluctibus e rapidis, jactantem grandia fruftra
Audiit undarum rector, validaque tridentem
Corripiens dextra fubito latus impulit ictum
Gyraeum, mediumque fcidit: pars altera manfit,
Altera pars rupis pelago eft illifa fonanti.
Illum heic haerentem, vefana & mente furentem
Praecipitem fcopulo nigrum detrufit in aequor.
Sic hauftus tumidis in fluctibus occidit Ajax.
At tuus heu! frater tunc Parcam effugit acerbam
Claffe cita, expertus praefens Junonis amicae
Auxilium, facilemque fugam in difcrimine tanto.
Verum ubi jam Maleae tetigit minitantia caelo
Saxa, per undofi ftridens maris arva procella
Abripuit longe flentem graviterque gementem
Litus ad extremum, fuerant ubi recta Thyeftae,
Alta Thyeftiades quae tunc Aegifthus habebat.
Hinc etiam reditus fpes vifa affulgere certior

Fla-

Flamina dis mutata fremunt, & moenia ad alta
Incolumis proram vertit, ripaeque propinquat.
Emicat ille ardens in litus, grataque terris
Ofcula dat patriis: lacrimae volvuntur obortae
Ex oculis magno vifae telluris amore.
Illum autem fpecula cuftos confpexit ab alta,
Cui bina Aegifthus fulvi promiferat auri,   610
Hoc ipfum ut faceret, pacta mercede talenta.
Atque ibi jam refidens totum fervaverat annum
Excubias agitans, vigilem ne falleret heros
Praeteriens furtim, bellumque inferret apertum
Haud virtutis egens, ut vela accedere vidit,
It fubito ad regem, veniffe & nunciat hoftem.
Continuo Aegifthus fraudem meditatur, & acres
E populo focios bifdenos deligit omni,
Infidiafque locat, mox & convivia menfis
Inftruit, & curru vectus procedit in aureo   620
Obvius Atridae, dictifque invitat amicis,
Mente nefas agitans; alta in penetralia regem.
Heic illum ignarumque doli, ignarumque pericli,
Exceptum ferro, ut plena ad praefepia taurum,
Occupat, atque epulas inter demittit ad orcum.
Non quifquam Atridae fociorum in caede relictus,
Non quifquam Aegifthi: cuncti occubuere fub ifdem
Sedibus, adverfis confoffi pectora telis.
Dixerat: ipfe gravi fixus praecordia luctu
Stratus humi flebam, nec jam producere vitam   630
Longius optabam, nec folis cernere lumen.
Atque ubi fordentique artus in pulvere verfans,
Effufoque madens explevi triftia fletu
Ora diu, curas his coepit demere dictis
Sic iterum vates orfus tabefcere luctu

                                                  Nil

Nil juvat aeterno moerentem: quin age cunctas
Tolle moras, patriam si qua contingere possis.
Namque ipsum aut vivum invenies, aut fortis Orestes
Praeveniens ferro stravit, domuitque superbum
Ultus caede nefas; tu vero funera cernes.   640
Queis dictis rediitque animus, pulsoque dolore
Sollicitam rursus tentarunt gaudia mentem.
Et subito: o Proteu, tales jam noscere casus
Sat licuit. quisnam ille autem, quem gurgite vasto
Inclusum retinent seu vivum fata deorum,
Lumine seu cassum? quamvis moerentia magnus
Concutiat tremor ossa, hujus quoque discere nomen,
Fortunamque, vicesque, animi mens incita flagrat.
Ille sub haec referens: quem poscis, tertius, inquit,
Magnanimo est genitus Laërta Ithacensis Ulysses. 650
Hunc ego fundentem lacrimas in litore vidi
Ogygio, vitreas ubi sedes pulcra Calypso
Incolit: heic refluo clausum late undique ponto
Detinet exsilio in longo, quin cedere possit,
Molirive fugam: non illi aut curva carina,
Aut socii, queis terga sali spumantia findat.
Te vero nec fata sinent, Menelaë, nec ipsi
Caelicolae quondam patriis occumbere in Argis.
Elisii longe in campos, qua meta recessit
Ultima terrarum, vivum te numina ducent,   660
Flavus ubi Rhadamanthus, ubi est placidissima vita,
Nec glacies, nec saeva riget nix ulla, nec imber;
Sed zephyros semper spirantes mollibus auris
Sufficit oceanus laetae solatia genti.
Haec te certa manet sedes, haec debita sponso
Tyndaridis generoque Jovis felicia regna.
Sic ait, atque altum Proteus se jecit in aequor.

Ast

Aſt ego ſtipatus ſociis veſtigia flexi
Ad naves tacito ſub pectore multa volutans.
Ut ventum eſt, caenam ſubito properavimus ipſis 670
Sub ratibus; mox veſper ubi proceſſit olympo
Defeſſi ſomno per litora ſtravimus artus.
Jamque nova humentes noctis dimoverat umbras
Exoriens aurora, cavas deducere naves
Inſtamus laeti, poſitumque tumentia vela
Cornuaque ad malum ſuſpendimus antennarum.
Nec mora; conſcendunt nautae, tranſtriſque locati
Spumea contorquent abiegnis aequora palmis.
Sic iterum puppes labentis ad oſtia nili
Conſtitui, ſacriſque deum de more peractis   680
Numina placavi, vacuumque Agamemnonis umbris
Aggeſſi tumulum, quo fama aeterna maneret.
His tandem exactis redii, dederuntque ſecunda
Flamina di faciles, volucri per caerula curſu
Me patriae ad ſedes & litora nota ferentes. :
Nunc age, namque aliud nil reſtat, gnate, monere
Quod liceat, ſine te lux ſaltem undena reviſat
Atque etiam duodena heic mecum in ſedibus altis.
Poſt laetum hoſpitio dimittam, opibuſque juvabo
Ad patrias reducem terras. tibi munera ternos 690
Alipedes currumque dabo, variiſque figuris
Cratera ardentem, ſacros in honore deorum
Quo latices noſtri libes non immemor umquam.
Haec heros ubi fatus erat, ſic orſa reponit
Telemachus: me tanta precor ne tempora lentum
Heic agere, o rex magne, jube: ſimul otia ducens
Exigerem totum revolutis menſibus annum
Oblitus caramque domum, caramque parentem:
Uſque adeo laetum dulci ſermone moraris!

                                        Aſt

Aſt alio vis dura vocat: fors taedia & ipſi   700
Jam Pylio nequeunt perferre in litore nautae,
Increpitantque moras, nimium dum tempore longo
Cogor adeſſe tibi. quae vero munera ſpondes,
In magno, quaecumque dabis mihi; ſemper honore
Servabo: nec coge tamen me ducere fines
Ad patriae alipedes. maneant, tibi nempe futuri
In pretio, qui regna tenes ingentia campis,
Lotus ubi viret alta, viret formoſa cyperus,
Hordeaque, & ſegetes, & plurima ſurgit avena.
Non curſu ſpatia ampla patent, non florida prata 710
Sunt Ithacae; capras tantum fovet aſpera dumis,
Et mihi cara magis, quam ſi vim paſcat equorum.
Nulla adeo aut campis felix, aut curribus apta
Inſula, finitimo reſidet quae gurgite; & omnes
Ante alias Ithaca abruptis male cautibus horret.
Dixerat: illi acer bello ſubriſit Atrides,
Amplexuſque manum placida eſt ita voce loquutus.
Sanguine te claro ſermo tuus arguit ortum,
Illaque mutabo, nam poſſum, dona; tibique
E cunctis, quaecumque jacent mihi ſede repoſta, 720
Eximium carumque dabo mage munus habendum.
Caelatum cratera feres: argenteus ipſe
Totus, & ardenti fulget labra illitus auro,
Vulcani ſollertis opus. ditiſſimus heros
Sidonium rex ipſe mihi donaverat olim,
Per caſus varios quum primum ſedibus hoſpes
Illius acceſſi; tu nunc donatus habebis.
Talia ſeſe inter placido ſermone ſerebant,
Quum celſa ingreſſi convivae limina regis
Adducuntque greges, lenaeaque munera portant; 730
Nec minus & pulcris evinctae tempora vittis
                              K   Adve-

Adveniunt nymphae, cererifque albentia fecum
Dona gerunt: fervet dapibus domus alta futuris.
Parte alia penitus diverfa, ante atria Ulyffei
Ludere gaudebant difco jaculoque volanti
Planitie in lata juvenes, ubi femper acerbi
Dirum exercebant vefana mente furorem.
Hos juxta Antinous fimul Eurymachufque fedebant
Ductores primique procum, virtutibus ambo
Ante alios longe eximii: quos clara Noëmon　　740
Progenies Phronii compellans talia pofcit.
Antinoë, ecqua tibi venit vox miffa per aures,
Quando huc Telemachus Pyliis adpellet ab oris?
Ille meam duxit navem, qua tendere in almam
Elida debueram procul hinc, ubi gramine molli
Biffenae pafcuntur equae, pullique fequuntur
Indomiti totidem, quos fub juga ducere tempus.
Haec ait, atque illi ftupuere: haud namque putabant
Neleam petiiffe Pylon, fed rura profectum
Inter oves errare aut alta fuilia propter.　　750
Tum fatus Eupitheo Antinous fic ora refolvit:
Dic age vera monens, quando hinc abfceffit, & illum
Qui comites duxere? Ithacae num lecta juventus,
An pacti pretio nautae, captivaque turba
Vernarum? dic & pinum num forte coactus,
An dederis tu fponte petenti? haec fatus ubi ille,
Excepit proles Phronii fic orfa viciffim.
Navim fponte dedi: talem quicumque videret
Orantem juvenem curifque ingentibus actum,
Quid faceret? durum juftis obfiftere votis.　　760
Ipfum autem comites clara de ftirpe fequuntur
Flos Ithacae, ductorque una confcendere vifus
Mentor, five deus, cui par fe cuncta gerebat.

　　　　　　　　　　　　　　　　Sed

Sed tamen hoc mirum est: hesterna heic Mentora vidi
Luce sub auroram; Pylias tunc cesserat arces.
Haec ubi dicta dedit, discessit ad alta Noëmon
Tecta patris, tristesque ambos mutosque reliquit.
Jamque proci adstiterant alii, ludoque quieti
Consedere, quibus turbato pectore fatur
Antinous: furor illi atra caligine mentem   770
Intus agit, funditque oculis ardentibus ignem.
Commissum heu facinus magnum: discedere furtim
Sic potuit, sic ille minas non fudit inanes?
Ergo puer nobis impune illuserit unus
Scilicet invitis, pelagoque immittere navim
Ausus, & eximiam secum deducere pubem:
Jam premere incipiet gravior vis. at prius illum
Juppiter o perdat, nobis quam tristia portet.
Quare agite ac celerem bisdeno remige pinum
Instruite. insidiis venientem ac tuta secantem   780
Aequora deprendam mediis in fluctibus inter
Saxosamque Samon Ithacenque: ita tristis acerbo
Funere quaesitum misere luat ille parentem.
Sic ait, atque omnes adsensu dicta probarunt,
Surgentesque cito subiere in limina gressu.
Nec vero longo latuerunt tempore & ipsam
Penelopen, quae dira proci sub pectore versant.
Omnia namque Medon retulit, qui forte propeaulam
Adstabat, quum saeva intus consulta ferebant.
Jamque ibat fidus reginae nuncia portans;   790
Obviaque huic propere vadenti in limine fatur
Penelope: inviso quo missus ab agmine tendis?
An famulas cessare proci, pensisque relictis
Instruere adsueto mandant convivia luxu?
O utinam nullos hymenaeos, nullaque posthac

Mune-

Munera laetitiae norint: poſtrema ſit opto
Ultimaque haec dapibus veſtris lux! ſiccine largas
Telemachi creſcentis opes vos perdere rapto
Uſque juvat, veſtros pueri nec dicere patres
Audiſtis, qualis fuerit generoſus Ulyſſes?　　　　800
Ille quidem nullum facto nec laedere dicto,
Ut ſoliti reges, ſolitus vexavit acerbis
Hunc odiis, illum contra dignatus amore eſt:
Omnibus ille aequus, nil cuiquam triſte paravit.
Sed vis dira patet, veſtraeque injuria mentis
Improba: non ulla eſt meriti nunc gratia tanti.
Dixerat. atque Medon: utinam, regina, malorum
Haec, inquit, tibi ſumma foret; ſed majus adorſi
Et gravius multo, quod Juppiter arceat oro,
Flagitium juvenes furiata mente volutant.　　　　810
Telemachum cupiunt redeuntem perdere ferro
Exceptum inſidiis, qui jam genitoris amore
Et Pylon, & claras petiit Lacedaemonis arces.
Vix ea: reginae trepida formidine ſanguis
Diriguit, ſtupuitque diu, nec verba nec ullas
Dat voces: lacrimae tantum volvuntur inanes
Ex oculis, clauſoque haeret vox gutture preſſa.
Poſt ubi vis tandem rediit, ſeſeque recepit:
Cur abiit mihi natus, ait? quae dira coegit
Mens miſerum puppes conſcendere,queis freta tranant 820
Mortales, pelagoque volant pernicibus alis;
Nullane ut in terris rapti vel fama ſuperſit?
Tales rumpebat queſtus, quum talia rurſus
Dicta Medon retulit. Neleam ut tenderet urbem
Quaeſitum genitorem, & acerbae nuncia famae,
Impuleritne aliquis caeleſtum, an ſponte voluntas,
Ignotum eſt: abiiſſe ſcio, volvique periclo.

　　　　　　　　　　　　　　　　　Haec

Haec dicens alti fubiit penetralia tecti.
At gravis invadit dolor in praecordia lapfus
Intima reginam, fedemque exterrita linquens   830
Sternitur infelix thalami prope limina nudo
Moefta folo, queriturque gemens: circum agmine denfo
Stant famulae, refonifque implent ululatibus aedes.
Quas lugens graviter regina affatur. adefte,
Atque audite, mihi o carae: quot lucis in oras
Et natae, & matrum fuxerunt ubera mecum,
Caelicolae irati voluere ex omnibus unam
Infandos me ferre magis fine more dolores.
Amifi prius ipfa virum fortemque, bonumque,
Infignem virtute, atque omnes inter Achivos   840
Eximium, famaque per Argos & Hellada notum.
Nunc etiam abreptus nimbis turbantibus aequor
Unigena abfceffit carus, matremque reliquit
Ignaram. nec me ulla e vobis furgere lecto
Improba tunc monuit; non ulla adiiffe parentem
Suftinuit, quum noffet iter lacrimabile nati?
Haec mihi fi miferae citius via nota fuiffet,
Aut heic manfiffet, quamquam jam certus eundi;
Sedibus aut ifdem liquiffet funere merfam.   850
Verum agite, atque aliquis Dolion mihi, quem bonus olim
Ipfe dedit genitor, cuique horti credita cura,
Advocet. ille feni Laërtae haec triftia portet,
Si quod confilium, fi quis modus adfit; & idem
Adveniens inftet lacrimis inflectere cives
Optantes prolemque fuam atque exfcindere Ulyffei.
Talia dicenti fic fata anus Euryclaea eft:
Nympha o cara mihi tu me feu interfice ferro,
Incolumem feu linque domi, nil ipfa negabo.
Cuncta equidem noram: cereremque & munera bacchi
                Ex-

Expedii nato, tum divos juſſa per omnes   860
Juravi, duodena dies quam ſurgeret orta,
Ni cupidae interea digreſſum fama tuliſſet,
Dicturam nil ante tibi, ne turpibus ora
Fletibus, ac pulcros foedares corporis artus.
Quin age nunc puris te veſtibus indue lota,
Atque altae circum lectis comitata puellis
Conſcendens penetrale domus fer vota Minervae:
Illa tibi reddet vel ab atro funere natum;
Non vero patiare ſenis crudeſcere vulnus.
Haud Arceſiadae ſoboles inviſa Tonanti   870
Eſt penitus, diviſque aliis: ſuperabit, & agros
Qui teneat pingues, & celſas incolat aedes.
His dictis curae amotae, fletuſque repreſſus;
.Lotaque candenti circumdat corpus amictu,
Aſcendenſque alte fidis ſtipata miniſtris
Imponit calathiſque molas divamque precatur.
Audi o me Pallas Jovis almo e vertice nata,
Si qua tuis umquam ſupplex altaribus exta
Pinguia taurorum pecudumque adolevit Ulyſſes,
Nunc memor ipſa veni facilis, miſerataque gnatum 880
Redde meum, longeque procos averte ſuperbos.
Haec orans altum inſonuit, deaque alma precantem
Audiit. at juvenes magno clamore fremebant
Tecta per & ſedes, ſtudioque elatus inani
Sic aliquis dixit. jam jam regina hymenaeos
Apparat optatos haud ſtructae conſcia caedis.
Sic aliquis: ſed vera latent, ac decipit error
Incautas agitans vana inter gaudia mentes.
Queis tunc Antinous: vos o generoſa juventus
Ponite, ait, magnoſque animos, atque ora tenete, 890
Audiat haec aliquiſne dicta, ac perferat intro.

Quin

Quin agite ac taciti furgentes, omnibus una
Quae potior placuit, fraudem properemus, amici.
Haec fatus, fubito bifdenos deligit acres
Ipfe viros. properant ad navim in litore ftantem,
Continuoque inftant altum deducere in aequor,
Lineaque erecto fufpendere carbafa malo.
Jam corio remos aptant, atque omnia rite
Expediunt, laxantque finus ftrepitantibus auris.
Arma ferunt famuli: tum pinum in vafta trahentes 900
Aequora confcendunt alacres; epulifque refecti
Opperiunt, fero veniat dum vefper olympo.
At vero fummum regina ingreffa cubile,
Non potus, non illa cibi memor, anxia ftratis
Incubuit. metus acer agit, num funera natus
Effugiat, moriens an fato occumbat acerbo?
Ac velut ille leo juvenum turbante caterva
Multa timet, volvitque animo, qua fe undique claufus
Expediat: fic multa agitantem ac multa putantem
Corripuit fomnus reginam. feffa quietem 910
Accipit, atque omnes folvuntur protinus artus.
Heic virgo molita novam Tritonia fraudem
Effinxit tenuem fine vita & viribus umbram
In faciem Iphtimae, Icario quam rege creatam
Tecta Pheris habitans Eumelus duxerat heros.
Hanc dea tunc fedes Ithaci fubmifit in altas,
Penelopen fi qua arte queat compefcere flentem,
Moerentique animo triftes abftergere curas.
Illa fubit, claufafque fores ingreffa cubilis,
Qua clavi via facta patet, fuper adftitit ipfum 920
Ad caput, atque ultro reginam affata cubantem eft.
Dormis, Penelope, dormis exterrita corde?
Non te caelicolae curis tabefcere, & ufque,

Moe-

Moeſtam flere ſinunt: namque huc tua ſalva redibit
Progenies, nulla divis obnoxia culpa.
Cui tum Penelope referens, quam ſomnia circum
Blanda volant, formiſque animum fallacibus implent:
Cur, ait, o ſoror alma venis? non ante penates
Hos petere adſueras tam longo tramite diſtans.
Curve eadem ceſſare jubes a fletibus, actam   930
Triſtibus heu curis, miſerae quae pectora torquent?
Amiſi prius ipſa virum fortemque bonumque,
Inſigniquè auctum virtute, atque inter Achivos
Eximium, notumque omnem per & Hellada & Argos.
Nunc etiam abſceſſit volitantibus aequore velis
Unigena ignaruſque virum ignaruſque laborum
Infelix. noſtri nunc ille eſt cauſſa doloris,
Illi ego nunc timeo, ah ne illum voret aequoris aeſtus,
Ah ne illum errantem terris gens barbara perdat!
Nam miſero multi fatum crudele minantur,   940
Ante redux patrii viſat quam litora regni.
Talia Penelope contra vacua umbra loquuta.
Fide, ait, ac tantos animo ne finge timores:
Talis enim dux alma viae eſt, ſibi legerit heros
Quam comitem quivis, tam forti pectore pollet,
Pallas magna Jovis ſoboles, eademque gementem
Te miſerans juſſit certa haec tibi dicta referre.
Penelope rurſum: ſi diva es, & ipſius, inquit,
Audiſti divae voces, de conjuge fare
Pauca precor; vivitne & ſolis lumina cernit,   950
An periit, nigraque repoſtus Ditis in aula eſt?
Tum ſata nocte nigra poſcenti reddit imago:
Nil dicam miſero de conjuge; vivit, an umbris
Occubuit: neque enim fas eſt me vana profari.
Sic fata in caeli tenues evanuit auras,

                                        Qua

Qua fuerat delapfa prius. contra excita fomno
Exfiluit regina: micat formidine pectus;
Ufque adeo noctis manifefta infomnia vidit,
Interea per ftagna proci neptunia longe
Ibant Telemacho letum exitiale ftruentes. 950
Infula ftat mediis in fluctibus, horrida acutis
Cautibus, inter utramque jacens Ithacenque Samumque,
Afteris; haud ingens: portus utrinque patefcunt
Intus, ubi infidians pubes confedit achiva.

HOMERI ODYSSEAE
LIBER QUINTUS.

Vix aderat linquens Tithoni Aurora cubile
Purpureum, caeloque jubar terrifque ferebat,
Quum fuperi in coetum venere, & maximus una
Altitonans genitor folio confedit in aureo.
His duri Laërtiadae difcrimina Pallas
Multa renarrabat memorans, longumque perofa
Hofpitium nymphae; jam jam pater, optime, & almi
Caelicolae o, dixit, rex miti pectore nullus
Sceptra gerat juftique tenax fervator & aequi:
Saeviat implacidus femper, jura omnia fpernat.   10
Ufque adeo in populo nullum, cui praefuit olim,
Cura Ithaci tangit, quamquam regnaverit ipfe
Artibus heu fruftra patriis. illum infula ponto
Moerentemque aegrumque tenet, nec dura Calypfo
Dat reditum, nec laeta valet contendere vela;
Quippe ratis comitefque olli, queis turgida nerei
Aequora tranfmittat, longo jam tempore defunt.
Nunc etiam gnato funus crudele paratur
In patriam reduci, poftquam genitoris amore
Et Pylon & claras adiit Lacedaemonis arces.   20
Sic ait: aft olli nimbofi rector olympi:
Pallas, ait, mea gnata, quid haec te cura remordet?
Non tibi jam fedit fententia, ut acer Ulyffes
Adveniens perdat fontes ultricibus armis?
Telemachum vero, potis es namque ipfa, per undas
                                        Duc

Duc age duc patriae ad fines: dent carbafa retro,
Illufaque proci relegant iter omne carina.
Dixit; Mercuriumque vocans, ac talia mandans:
I nate o femper mihi fide, i nuncius, inquit,
Atque haec auricomae perfer mea certa per auras   30
Juffa deae: placitum nobis, ut fortis Ulyffes
Naviget actutum fine ductu hominumve deumve.
Ille alta in navi laffatus pectora curis
Bis decima Scherien contingat luce feracem,
Phaeacum in terram veniens, queis degitur aevum
Abfimile haud noftro laetae inter gaudia vitae.
Illinc eximio fuperum dignatus honore
Incolumis tandem patrias mittetur ad oras
Secum multa ferens auri data pondera & aeris,
Multas & veftes, quot numquam dona tuliffet   40
Adveniens Troja fofpes, magnaque potitus
Dardanidum praeda. fic illum certa redire
Fata volunt, patriae fic notas vifere fedes.
Juppiter haec. paret juffis Cyllenius ales,
Pulcraque fubnectit niveis talaria plantis
Aureaque ac femper florentia, quae freta fupra
Immenfafque levem terras per inania portant
Aerio volucris pariter cum flamine venti.
Accipit & virgam dextra, qua lumina mulcet,
Sopitofque hominum, quum vult, exfufcitat artus: 50
Hanc manibus retinet, liquidumque per aethera fertur.
Poft ubi Pieriam tetigit, delapfus ab aura
In mare fe toto demifit corpore praeceps
Adfimilis volucri, trepidis quae litora circum
Pifcibus infidias volitans molitur, & alas
Saepe citas cana pelagi falfugine tingit:
Haud aliter fluctus inter Cyllenius ibat.

Jam-

Jamque ut pervenit, qua tollitur avia longe
Infula, fubfiliens undanti e gurgitis aeftu
Litus arenofum fcandit, progreffus & ingens   60
Antrum adiit nymphae, nymphamque invenit in antro.
Intus inexftincto focus igne ardebat, & udas
Fufus odoratae cedri vapor ibat ad auras,
Atque thyae: illa autem cantu folata laborem
Aurato refonam texebat pectine telam.
Circum antrum viridi lucus fuccreverat umbra
Alnique platanique & odoriferae cypariffi.
Heic variae inftabant volucres componere nidos
Frondibus in denfis ftrepitantes, foedaque bubo,
Accipitrefque, atque uda loquax per litora cornix, 70
Quaeque aliae glauci rimantur ftagna profundi.
Rupe fuper curva pendentibus undiqne tophis
Pampineos tendit ramos, floretque racemis
Vitis opaca ingens: vitreo pede mollia fubter
Quattuor argento fimiles per gramina ludunt
Vicini fontes, diverfoque agmine tendunt.
Stant femper violis, apioque virentia circum
Prata novo: fedes vifu miranda vel ipfis
Caelicolis, laetaque hilarans dulcedine mentem.
Atque ibi tum pulcra correptus imagine rerum   80
Conftitit admirans domitor fortiffimus Argi.
Inde oculos poftquam cupidos tulit omnia circum,
Antrum ingens fubiit. non illum candida nympha
Non fubito agnovit, fubeuntem ut limina vidit
Prima domus; neque enim, quamvis diftantia longe
Tecta colant, facies dis eft ignota deorum.
Haud intra fedes aderat Laërtius heros;
At refidens flebat deferto in litore, ubi aeger
Saepius infano laxabat frena dolori;

                                          Affi-

Affiduofque ciens gemitus lacrimifque madefcens 90
Irrequieta alti fpectabat caerula ponti.
Ergo his tum nymphas inter pulcherrima dictis
Mercurium alloquitur radianti in fede locatum.
O Maja generate, interpres fide Tonantis,
Aurataque potens virga, venerandus & aeque
Carus ades; quae cauffa viae? non ante receffus
Vifere te memini noftros. age fare, quid optas?
Si fas, fi potero, mihi juffa capeffere mens eft:
Quin fequere ulterius; ponam digna hofpite dona.
Haec ubi dicta dedit, fuavi dea candida menfam 100
Ambrofia implevit, rubrique immifcuit hauftus
Nectaris: ille bibit gaudens & vefcitur una.
Poftquam coenarat, dapibufque refecerat artus
Aggreditur nympham placido fic ore loquutus.
Divane me divum pofcis? non vera negabo
Quandoquidem fic alma jubes. defcendere juffit
Juppiter invitum: quis enim per tanta refufi
Stagna maris veniat delapfus ab aethere fponte,
Nulla hominum fefe qua tollunt moenia, nulli
Qui fuperos placent, cumulentque altaria donis? 110
Sed Jovis imperio parendum, nullaque juffa
Fas ulli divum fruftrari. heic vivere tecum
Ille virum dicit fortunae turbine nigro
Jactatum ante alios, Priami quot Pergama circum
Annis pugnavere novem, decimoque penates,
Iliacas populati arces, petiere carinis.
Sed reduces fortem laeferunt Pallada, in ipfos
Quae rapida excivit ventorum praelia; & undas
Ingentes. focii monftris data praeda marinis
Tunc omnes periere; aft illum afperrima ponti 120
Tempeftas, nimbifque furens huc ventus adegit.

                                              Hunc

Hunc te, nympha, domum genitor dimittere mandat;
Ignotis nam fata vetant occumbere in oris
Distractum a fociis: fatale eft rurfus amicos
Vifere, & optatas poft longum tangere fedes.
Dixerat. his dictis exhorruit alma Calypfo,
Ac trepido tales effudit pectore voces.
Di genus adverfum nobis, quaenam improba tantum
Invidia, haud vacuo divas requiefcere lecto,
Si qua virum placito carum fibi junxit amore? 130
Sic rofeos ornata finus ut Oriona cepit
Aurora, invidiae ftimulis ingentibus actos
Vos doluiffe polo memini, nec defiit ira,
Donec in Ortygiae fylvis Latonia virgo
Perculit aggreffum numquam fallente fagitta.
Sic etiam quum victa animi Iafiona petivit
Flava Ceres, dulcemque ardens faturavit amorem
Mixta viro per culta foli, non infcius illum
Juppiter ardenti jaculatus fulmine ftravit.
Nunc eadem vos cura agitat, quod fanguine cretus 140
Mortali vir adeft carus mihi. pinea fractae
Illum ego verfantem fe circum texta carinae
Servavi folum, rutilo quum fulmine navim
Diffidit in mediis iratus Juppiter undis.
Occubuit comitum manus omnis: at ille furenti
Turbine ventorum fluctuque huc venit adactus.
Excepi, fovique libens, voluique fenectae
Nefcius ut mecum femper traduceret aevum.
Sed quoniam parere Jovi vis maxima cogit
Caelicolas, mentemque nefas fruftrarier ulli,   150
Peffum eat, ipfe virum fi vult trans aequora longe
Mittere; me nullo miffuram at tempore fperet.
Tantum confiliis adero, monitumque docebo,

Quid

Quid faciens patrias contingat salvus arenas.
Haec dea: Mercurius breviter cui talia reddit:
Mitte age sic, magnique Jovis dea respice nutum,
Ne tibi fors odiis post saeviat asper acerbis.
Tantum effatus abit motis Cyllenius alis.
Illa autem, postquam magni Jovis horrida jussa
Audiit, extemplo contra processit Ulyssem;   166
Hunc solo reperit projectum in litore: fletu
Lumina non umquam cessant, vis vivida dulcem
Carpitur optanti reditum, nec mollia curat
Gaudia jam teneros nymphae pertaesus amores.
Ille cava sub rupe cubans in nocte jacebat,
Invitusque deae haud invitae adstabat; at almam
Per lucem solis residens in cautibus aeger
Singultusque ciens longos lacrimisque tepescens
Irrequieta vagi spectabat caerula ponti.
Cui dea tum propior moerenti haec edidit ore. 170
Infelix ne longa trahens suspiria, questus
Assiduos heic rumpe, vigor neu vividus aevi
Langueat; optanti reditum tibi certa paravi.
Jamque age longa secans resonanti robora ferro
Arte tibi latamque ratem tabulataque supra
In sublime struens propera, devectus ut atro
Gurgite spumantis nerei vada turgida sulces.
Ipsa autem cereremque tibi laticesque lyaeos
Expediam, fontemque feram, queis pulsa facessat
Dira fames. vestem super addam, at flamina mittam 180
Ventorum a tergo spirantia, quae cita fines
Ad patriae incolumem lapsu te praepete reddant;
Si modo caelicolae stellantia templa colentes
Adnuerint, quorum vis major, & omnia noscit,
Et melius sanctae regit omnia numine mentis.

Sic

Sic ait. obstupuit fantem Laërtius heros,
Continuoque aliud simulato pectore volvis,
Non reditus mihi, nympha, paras. mene horrida, dixit,
Exigua tentare jubes rate caerula ponti,
Quae neque surgentes ingenti mole carinae   190
Trajiciant actae facili Jovis alite vento?
Non ego te invita confcendam, diva, nec ufquam
Hinc fugiam, ni fancta mihi juraveris ante
Numina, nil aliud per te mihi trifte timendum.
Vix ea: fubrifit pulcro dea caerula vultu,
Permulfitque virum dextra, & fic ore loquuta eft.
Macte animis vafroque diu mihi cognite mentis
Ingenio, quae dicta tuo de pectore promis?
Audiat hoc tellus, & defuper arduus aether,
Et fubter ftygis unda fluens, dis maxima cujus   200
Relligio eft fanctum jurare ac fallere numen:
Clades nulla tibi per me, nil trifte paratur.
Confilium, quod ego caperem, do fcilicet, ipfam
Si qua gravis pariter fors rerum & cura teneret
Sollicitam mens aequa mihi eft, nec vifcera ferro
Stant rigido; miferis ultro fuccurrere novi.
Dixerat, ac celeres greffus tulit ante; nec ille
Segnius ingrediens divae veftigia fervat.
Utque cavam tetigere fpecum, confedit Ulyffes
Magnanimus folio, quo fe Cyllenius ales   210
Suftulerat. tum nympha dapes mortalibus aptas
Aggerat, ac bacchi fpumantia pocula ponit.
Sedit & ipfa ducem contra; cui protinus almae
Ambrofiam famulae dulcem nectarque tulere.
Jamque alacres ambo tendunt ad fercula dextras,
Vefcunturque fimul: poftquam fatiata voluptas,
Talibus eft regem dictis affata Calypfo.

                                        Ergone,

Ergone Laërtae fate claro o fanguine, fines
Sic patriae ad caros properas? felicibus opto
Aufpiciis, longumque vale mihi laetus in aevum. 220
Si tamen heu fcires, quantos tibi fata labores
Ante parant, patriae venias quam vectus ad oras;
Credo equidem, haec mecum fervares limina major
Et fenio & leto, quamquam non immemor umquam
Conjugis ufque adeo cupias invifere vultus,
Quae miferum cogit femper tabefcere curis.
Nec vero faciemque minus formofa nec artus
Ingentes reor effe; nefas mortalia quando
Corpora cum magnis forma certare deabus.
Haec illa: at contra fic orfus reddit Ulyffes. 230
Ne faevi, dea magna: meam tibi cedere & ipfe
Penelopem fateor membrifque atque oris honore;
Quippe olli mortale genus, tua forma perennis
Stat fine fine. animus nec fecius ardet abire.
Scilicet, ac patriae dilectas vifere fedes.
Si vero divum quis in aequore faeviat atro,
Omnia durando patiar, non pectore geftans
Corda ignara mali; bello jactatus, & alto
Namque tuli jam multa: etiam haec fors afpera cedat.
Nec plura his. titan fubiit delapfus in aequor. 240
Interea, fparfitque polum nox atra tenebris.
Et jam ambo ingreffi fecreta cubilia rupis
Dulcia nocturni ceperunt gaudia fomni.
Poft ubi difpulerat ftellas aurora micantes
Suave rubens, Ithacus chlamydem tunicamque fuperne
Induit. at niveam tenui velamine pallam,
Artis opus rarae charitum, demifit ad imos
Nympha pedes, zonaque latus conftrinxit utrumque
Auro intertexta; tum flavo vertice mytram.

M   Impo-

Impofuit properans reditum non fegnis Ulyffi. 250
Principio folido e ferro dat habere bipennem
Ingentem: hinc acies atque hinc fplendefcit acuta,
Ac teritur qua parte manu, fuftentat eamdem,
Ceu capulus, pulcro radix oleagina ligno;
Datque alia inftrumenta artis. dein tramite noto
Ducit ad extremi fecretam litoris oram
In nemus umbriferum, foliis ubi plurima canis
Populus, & fuperas abies educta fub auras
Proceraeque alni ftabant, arentia ramis
Robora & aequoreas propere lapfura per undas. 260
At poftquam oftendit filvam, in penetrale receffit
Digrediens dea pulcra: inftat contra impiger heros,
Aggrediturque nemus ferro, celeratque laborem.
Jamque adeo immani bifdenos corpore truncos
Straverat, ac ferro laevans aequarat acuto,
Directofque omnes ad normam exegerat. utque
Adtulit optanti terebras formofa Calypfo,
Protinus, infiftens, terebravit robora, & actis
Omnia firmavit clavis ac nexibus aptans
Sefe inter. jamque ille ingenti mole carinam 370
Condiderat folus, patulae quo tempore cymbae
Vix alius fundum ftruetet faber inclitus arte.
Addit tranftra, addit tabulata haerentia vinclis,
Afferibufque tegit diffecta ex abjete. malum
In medio ftatuit, pendentiaque antennarum
Cornua; tum puppi clavum defigit in alta,
Quo regat obfcuro dubios in marmore curfus.
Nec minus & falicum lentis latera ardua virgis
Protegit in gyrum, rabidas munimen in undas
Materiam ftipans multam. dein linea texta, 280
Quae dea portarat, finuofa in carbafa vertit,

                                        Illigat

Illigat & funes circum, tortofque rudentes,
Atque pedes. ut cuncta fuo videt ordine ftare,
Vectibus innitens navim demittit in aequor.
Quarta adeo lux orta aderat, perfectaque moles
In pelago nabat. quinta difcedere juffit
Luce dea, irriguo poftquam illum flumine lavit,
Mollibus & niveos intexit veftibus artus.
Dat quoque vina, dat & fontes, epulifque parandis
Apta locat large variarum munera rerum;   290
Ac lenem innocuo fubmittit murmure ventum.
Vela facit laetus, zephyrifque faventibus heros
Fertur aperta volans per caerula. jamque refidens
Ipfe gubernaclum torquet, nec lumina fomno
Languida declinat, tardantis plauftra Bootae,
Pleïadumque choros fpectans, brevibufque coactam
Ire polum circa fpatiis ad Oriona verfam.
Arcton, quam vocitant etiam cognomine currum,
Solaque in oceani numquam lavat aequore vultus.
Hanc etenim ad laevam femper dea juffit habere 300
Tendentem curfus & caerula vafta fecantem.
Ille decem feptemque dies fulcaverat aequor,
Quum decima octava fe luce oftendere montes
Phaeacum vifi, brevior qua meta viarum,
Et longum obfcuro ceu fcutum adfurgere ponto.
Aethiopum interea linquens procul avia regna
Illum undis nantem confpexit rector aquarum
Montibus e Solymis, fubitafque exarfit in iras,
Et quaffans caput haec fecum: mutata voluntas
Dulichio de rege diis caeleftibus, inquit,   310
Heu procul Aethiopum caris dum verfor in oris.
Ecce tenet propior Phaeacia litora, ubi illum
Fata volunt longos tandem finire labores.

M 2   Nec

Nec tamen omnino fugiet; gravis exitus inftat.
Sic fatus cogit nubes, magnoque tridente
Aequora fubvertit mifcens, atque excitat omnes
Ventorum pelagique minas. jam nubila condunt
Telluremque fretumque, polo nox incubat atra.
Una eurufque notufque ruunt, zephyrufque protervus,
Ac vaftos boreas volvens ad litora fluctus.   320
Extemplo collapfi artus folvuntur Ulyffi,
Turbatoque haeret gelida formidine fanguis:
Ingemit, ac tales effundit pectore voces.
Heu quinam excipiet miferum me denique cafus,
Vel quid agam? fuerit ne verax alma Calypfo;
Nunc vereor, quae fata monens horrenda deorum
Dicebat, patrios quàm fines tangere detur,
Haufturum mediis in fluctibus ante dolores
Immenfos: rata dicta manent atque omina divae.
Heu quibus occuluit Saturnius aethera nimbis,   330
Turbavitque undas! ventorum horrentia glifcunt
Praelia, & adverfo concurrunt agmine cuncti:
Mors inftat vicina. o terque quaterque beati
Inachidae, magnis queis coram occumbere Atridis
Contigit iliacae pugnando ad moenia gentis!
Mene illo exftinctum vitam hanc effundere in auras
Non potuiffe die, quum me contra afpera tela
Troës ad exanimi jactabant corpus Achillei?
Tunc mihi apud Grajos ingens & parta fuiffet
Gloria, & inferiae dignae; nunc funere trifti   340
Perditus ad ftygias defcendam inglorius umbras.
Talia jactantem veniens a vertice fluctus
Impulit horrendum ftridens, totamque carinam
Concuffit. cadit ille ruens, clavumque remittit
Avulfum e manibus; tum malo adverfo procella
                                        Ingruit

Ingruit ac medium glomerato turbine frangit:
Nant procul antennae dilapſaque vela per aequor.
Aſt illum rapido tenuit ſub gurgitis aeſtu
Unda diu ſuperas quamprimum emergere in auras
Conantem fruſtra, madidaque in veſte gravatum. 350
Poſt tandem emerſit, ſalſique liquoris amarum
Evomuit fontem, qui plurimus undique rivis
Caeſarie e flava totoque e vertice manat.
Nec tamen oblitus tanto in diſcrimine navim,
Sed valido niſu luctatus in aequore captam
Arripuit, ſeditque intus fata ultima vitans:
Ipſam agit ac partes maris aeſtus torquet in omnes.
Ac veluti, ſcythicis aquilo quum ſaevus ab oris
Incubuit campis autumni tempore, & altum
Inſonuit, raptat ſentes atque arida differt   360
Gramina, ſeque leves glomerant per inane manipli:
Sic illam in rapido verſabant vortice venti,
Interdumque notus boreae, interdumque ferendam
Praecipiti objectat zephyro violentior eurus.
Haec ſenſit mediis Cadmaea in fluctibus Ino
Leucothee, quondam mortali corpore virgo,
Tunc pelagi dea magna, almoque inſignis honore.
Illa Ithacum rabido miſerata in gurgite ferri
Languentemque aegrumque, volans par omnia mergo
Prodiit e fluctu, navimque ingreſſa reſedit,   370
Ac propior ſic fata. quid o tibi rector aquarum
Tam graviter ſaevit, tantas & ſuſcitat iras?
Infelix! at non te perdet in aequore, quamvis
Id quoque, ſi poſſit, cupiat furialibus orſis.
Quin ſequere o mea dicta, atque exue veſtibus artus
Nudatos, ventiſque feris ſine ferre carinam
Per vada nigra ſali. tu vero litora curſu

Tende

Tende natans ad prima, ubi te fatalibus arvis
Accipiet falvum pelago Phaeacia tellus,
Dimittetque iterum. jamque hanc citusaccipe vittam 380
Expertem fenii, & prono fub pectore tende:
Nil metue hac fretus, nullum patiere periclum.
At poftquam optata manibus tellure potitus
Litora contigeris, fpoliatus in aequor eamdem
Projice, tuque alio faciem & veftigia verte.
Haec ubi fata dea eft, vittam dedit, & freta rurfum
Affimilis mergo fubiit fpumantia: at illam
Qua fubiit, fluctu texit fuper unda nigranti.
Haeret inops animi, necdum fat certus Ulyffes
Fluctuat: inde imo ducens fufpiria corde   390
Haec fecum. ah mifero ne quis deus afpera rurfum
Damna mihi infidiafque ftruat, fic linquere navim
Sponte monens? nondum parebo: diffita longe
Vifa jacet tellus, ubi fpondent fata falutem.
Quin ego, quae potior furgit fententia menti,
Hanc fequar, & junctis donec compagibus haerent
Robora, non illis ufquam dimotus abibo
Dura ferens. poftquam navim difperferit aeftus,
Nil melius quando fupereft, per caerula nabo.
Atque ea dum fecum turbata mente volutat,   400
Saevus in adverfam puppim contorquet ab alto
Ingentem pelago fluctum Neptunus, & ipfum
Excutit. utque olim violento turbine ventus,
Venit ubi in magnum ftipularum illapfus acervum,
Diffolvens vacuas omnem difpergit in auras
Hac illac: fic texta ratis maris unda refolvit.
At non tardatus cafu vafer emicat heros
Et fefe, velut altus equo, locat arbore longa,
Nudatufque artus vittam fub pectore fternit;

Et

Et jam undas pronus subiens, & brachia jactans 410
Nat pelago. vidit nantem Neptunus ab alto,
Concutiensque caput sic voce incessit amara.
I licet, i passus mala multa, & fluctibus errans
Tende manus. venies optatae ad litora gentis,
Nec tamen adventu spero laetabere tali.
Sic fatus concussit equis fluitantia lora,
Altaque ubi surgit domus illi, venit in Aegas.
Sed Pallas Jove nata novas se vertit ad artes,
Aeolioque procul ventos in carcere frenat,
Omnibus obstructis lateque silentibus acrem   420
Threicium praeter borean, qui caerula frangat,
Donec Phaeacum terras contingat Ulysses
Elapsus ponto raptusque e faucibus Orci.
Noctes ille duas totidemque ex ordine luces
Fluctibus erravit cladem undique & undique letum
Permetuens; tot namque adstare pericula cernit.
Tertia sed postquam tenebris aurora fugatis
Clara polo effulsit, posuerunt murmura venti,
Pacatusque stetit ridenti marmore pontus:
Vidit & ille altam propius consurgere terram   430
Intendens aciem summa sublimis ab unda.
Ac veluti gnatis vita est jucunda parentis
Cui misero longum sedit vis morbida membris,
Incubuitque malum numen; tum rursus amatam
Di faciles reddunt depulsa tabe salutem:
Haud aliter cupido jucunda apparuit olli
Vertice frondifero tellus adsurgere visa.
Innatat; ac pedibus nitens conscendere litus
Adcelerat. sed postquam aberat non longius arvis,
Quam vox auditur resono clamantis ab ore,   440
Illisi ad cautes hausit strepitantia ponti
Murmura. namque ingens reboabat litore fluctus

Horren-

Horrendum eructans, falfaque adfpergine late
Omnia rorabant: neque enim ftatioque carinis
Tuta aderat, curvique finus; fed culmina ftabant
Afpera, & objectis fcopulorum horrentia faxis.
Tum vero gelidus circum praecordia fanguis
Diriguit, gemitumque trahens: heu vifere poftquam
Infperata dedit facilis mihi Juppiter arva,
Ac propiora fequens adii fpatia humida terris, 450
Nufquam, ait, egreffus patet atro e gurgitis aeftu.
Cautibus horrefcit praetentum litus acutis,
Rauca fremit circum unda, fuper juga laevia candent,
Et fubter vafto demittitur aequor hiatu.
Qua fugiam preffis figens veftigia plantis,
Evadamque malo, quin raptum ad lubrica fluctus
Projiciat me faxa, & nifu eludat inani?
Quod fi etiam ulterius fulcem vada, ficubi portus
Inveniam, tutofque humili tellure receffus;
Heu timeo, ne faeva iterum maris unda gementem 460
Abripiat longe in pelagus; neu grandia contra
Monftra fali, quae multa finu fovet Amphitrite,
Faucibus immittat patulis male numen amicum:
Novi odia infenfi Neptuni expertus, & iras.
Interea haec fecum trifti dum pectore verfat,
Ad cautes & faxa ipfum fert aeftus aquarum.
Quo pulfus, ni diva aderat Tritonia praefens
Confilio, infractos artus doluiffet & offa
Exanimis, lacera foede cute, & undique manans
Sanguine. fed manibus prendens capita afpera rupis 470
Ambabus, gemitumque trahens fe advolvit, & arcto
Haeret in amplexu, veniens dum profluat aequor.
Exitium fic ille ferum tunc fugit: at unda
Mox eadem refluo perculfum gurgite traxit,

Avulfum-

Avulfumque jugis procul altum immifit in aequor.
Ceu quando glauco latebrofae rupis ab antro
Polypus extrahitur, fimul ater vulnere fanguis
Volvitur, infixi fimul uncis cruribus haerent
Ad vivum lapides: afpro fic ille revulfus
E fcopulo manibus laceris fparfufque cruore   480
Excidit: unda fuper fpumanti marmore texit
Atque ibi tunc Ithacus contra, quam fata ferebant,
Funere crudeli periiffet, nata Tonante
Ni virgo trepido mentem hanc miferata dediffet.
Exfilit a fluctu, rauco qui murmure fervens
Litora pulfabat: tum praeter proxima veftus
Caerula, tellurem nando refpectat, an ufquam
Subfidatque folum, pateatque egreffibus ora?
Nec fruftra: pulcri delapfus ad oftia venit
Fluminis. haec illi vifa eft accommoda fedes,   490
Nec fcopulis praetenta, nec ulli pervia vento
Agnovitque amnem, placidumque in vota vocavit
Quifquis es, o mihi fancte fave: tua ad oftia fupplex
Advenio faeva Neptuni elapfus ab ira
Caelicolis etiam facer eft, quicumque virorum
Adfiftat curis gravibus jactatus, ut ipfe
Ingredior nunc amne tuo, genibufque propinquo:
Supplicis o miferere pater; tua numina adoro.
Dixerat. ac fluvius fedato gurgite fluctus
Leniit, & ftagni in morem lentaeque paludis   500
Stravit aquas, gremioque intrantem accepit amico.
Ille autem genua inflectens contraxit & ambo
Brachia jam nimio laffatus corda labore,
Edomitufque mari. tumet albo corpore totus,
Atque liquor large falfus promanat ab ore,
Naribus & plenis: non vox, aut fpiritus aegro;

N   Sed

Sed jacet, exanimanfque artus stupor urget inertes.
Poftquam auras haufit spirans, pulfumque recepit
Corde animum, folvit diam fub pectore vittam,
Immifitque amni. retro tulit aestus in undas   516
Aequoreas prono labentem flumine, & Ino
Laeta suis tenuit manibus. progreffus at heros
E fluvio juncos inter procumbuit in ulva,
Ofculaque infigit terrae, & fic ore profatur
Mixta trahens crebro gemitu fufpiria corde.
Heu quid fata parant? misero quid denique reftat?
Accumbamne gravem per noctem ad fluminis undas?
At ros nocte cadens, & matutina pruina
Exitio periment; nam primo lucis in ortu
Frigida vicini venit aura e fluminis alveo.   520
Anne petam nemora alta, interque umbrofa recumbam
Luftra? finiet languor fi tantum adnitier aegrum,
Feffaque jucundo componere membra fopore;
Ah metuo, lanianda feris ne praeda quiefcam.
Talia jactanti, talefque in pectore curas
Secum alternanti potior fententia vifa
In nemus ire. ergo celerat, mollique repertam
In clivo, fluvium fupra, confurgere filvam
Horrentem cernit propius; fubitoque locatur
In medio natas inter de ftirpibus ifdem   530
Felicem hinc oleam, hinc oleaftrum fronde virentem,
Quas neque ventorum gravium vis humida perflat,
Nec Phoebus radiis flammantibus acer adurit,
Non imber penetrat. fic arctis nexibus haerent,
Inque vicem ramos & denfa cacumina jungunt.
Huc Ithacus fubiit, foliifque agrefte cubile
Aggeffit ftratis, quorum vis magna jacebat
Sparfa folo, plurefque operire in tempore brumae

Apta

Apta viros, glacies quum faevior afperat axem.
His opibus gaudet tremefactus corpore nudo,   540
Seque locans medius gelidos fuper integit artus
Undique. ceu quando flagrantem paftor in arvo
Sub cinere abfcondit torrem, fervatque repoftae
Semina vivacis flammae deferta pererrans
Culmina, ne longe quaerat poft indigus ignem:
Sic ille intexit foliis fefe undique. Pallas
Dat facilem fomnum, longo qui feffa labore
Membra levet nigro componens lumina velo.

HOMERI ODYSSEAE
LIBER SEXTUS.

Sic tacitam per noctem Ithacus recubabat agresti
In cumulo curis somnoque oppressus. at alma
Pallas adiit Phaeacum alte surgentia tecta,
Et populos, quondam latae qui vasta colebant
Arva Hiperiae atris Cyclopibus undique clausi,
Assuetique malas, haud aequo marte potentes,
Ferre vices validis vicini incursibus hostis.
Illos Naufithous veteri discedere sede
Jussit, & in Scherien infesta e gente profectos
Duxit, ubi magnis circumdedit arcibus urbem,   10
Divisitque agros ponens ingentia divis
Templa, domosque viris. at fato ereptus ad umbras
Cesserat infernas senior; sceptrumque regebat
Alcinous tum cura deum, servator & aequi.
Hujus adit claras virgo Tritonia sedes,
Moliturque duci reditum. jamque ardua scandit
Limina fulgentis thalami, quo nympha cubabat
Praestanti assimilis formaque habituque deabus
Nauficaë Alcinoi magni pulcherrima proles.
Hinc atque hinc geminae, Charites queis munera
    formae   20
Addiderant, famulae stabant clausasque tenebant
Nocte fores. sed diva, levis velut halitus aurae,
Nulli visa intro subiit, capitique puellae
Adstitit , egregii pelago mentita Dymantis
Progeniem, aequaevas quam semper regia gnata

Prae-

Praecipuo focias inter dilexit amore:
Omnia cui fimilis dea magna affata puellam eft.
Cur adeo ceffas? cur te fic optima mater
Lentam atque immemorem rerum tulit? en tibi pulcrae
Neglectaeque jacent veftes, properatque hymenaeus 30
Laeta ferens jam dona, ipfam & fplendefcere tempus
Te niveo ornatam cultu, fimilemque parare,
Conjugis ad cari fedes quicumque fequentur.
Hinc oritur laus certa, hominumque it fama per ora
Didita, qua genitor gaudet, quaque optima mater.
Quin fimul ac radiis aurora retexerit orbem,
Loturae properemus: ego comes addita tecum
Ipfa adero, curamque omnem partibor, ut una
Expedias mecum facili te nympha labore.
Non etenim, mihi crede, diu fine conjuge virgo 40
Sedibus in patriis ludes: te prima juventus
Jam petit, & cupidis in te fufpirat ocellis.
Verum age cornipedes geminos ad frena fub ortum
Fac genitor currumque paret, qui mollia portet
Cingulaque & peplos & diti pallia cultu.
Sic potius decet ire, viam quam carpere longam
Per campos pedibus: multum fons diftat ab urbe.
Haec ut fata dea eft, petiit ftellantis olympi
Culmina, tranquillas perhibent ubi numina fedes
Incolere. haud illic ventorum flamina glifcunt, 50
Haud pluviae incanaeve nives; at pura fereno
Aura polo fine nube viget, circumque corufcat
Lumine purpureo, qua laeta per otia vitam
Caelicolae ducunt aeterna pace potiti.
Illuc tum volucri fugiens per inania curfu
Sefe diva tulit, poftquam eft affata puellam.
Aurora interea formofa in vefte nitentem

Naufi-

Nauficaam excivit. miratur fomnia virgo,
Egredienfque toro, fua vifa parentibus ultro.
Nunciet ut caris, celerat per tecta domorum.   60
Haud mora; non longe nacta eft utrumque. fedebat
Ante focum fidis mater ftipata miniftris
Puniceum verfans contorto pollice vellus:
At genitor tum forte fuis a fedibus ibat
Concilium in magnum tendens, quo fancta vocabant
Jura patrum. ftetit illa pedes genitoris ad ipfos,
Et prior has voces pudibundo effudit ab ore.
O genitor currumne vetas mihi ducier altum,
Ut lotura feram pulcras ad flumina veftes,
Quae longo fordent jam tempore? fcilicet ipfum 70
Te proceres inter primum confulta ferentem
Ufque decet puro corpus circumdare amictu.
Sunt tibi praeterea quini felicia gnati
Germina, quorum alma gemini jam conjuge gaudent,
Tres thalami expertes florent. hi veftibus omnes
Ornarique novis cupiunt, femperque nitere
Mollibus in choreis; mihi vero haec omnia curae.
Sic fata eft; nec enim pudor ipfam dicere fivit
Plura, nec optatos patri memorare hymenaeos.
Ille tamen novit latitantes pectore fenfus,   80
Et fic pauca refert. non bigas, gnata, negabo,
Non pofcas quaecumque; i felix: alta miniftri
Ad juga cornipedes jungent, currumque parabunt.
Haec dicens dat juffa viris. nec fegnius illi
Educuntque levem currum, lapfufque rotarum
Subjiciunt, adduntque pares ad frena jugales.
Illa autem e thalamo celerans velamina pulcra
Extulit, impofuitque fupra: cui fedula mater
Apparat in calathis varias florentibus efcas,

Capri-

Caprigenumque utrem spumanti nectare bacchi   90
Implet. jamque levem dum virgo ascendit in axem,
Palladiae succos oleae, queis molliat artus
Ipsa suos comitumque, dat aptum munus in auro.
Lora manu cepit virgo, lentoque flagello
Increpuit bijugos. resonant longa atria circum
Quadrupedante pedum strepitu, currusque citatus
Fert positasque supra vestes, ipsamque puellam
Haud solam; famulantum una nam turba sequuta est.
Quae vitrei postquam venere ad fluminis undas,
Structa aderant ubi labra, ac puro affusus ab amne   100
Semper abundabat purgandis sordibus humor,
Cornipedes solvere jugo, atque in pascua laetos
Propter aquas ripis egere virentibus. hinc et
Accipiunt, tinguntque alto sub gurgite vestes,
Et scrobibus calcant in curvis: aemulus omnes
Ardor agit, celerantque pares rapiuntque laborem.
Mox ubi laverunt, sternunt ex ordine late
Omnia arenosum subito per litus, ubi albos
Spumea lambebat resoni maris unda lapillos.
Nec minus ipsae etiam juvenilia corpora lotae,   110
Perfusaeque oleo vicinae in margine ripae
Gramineo accumbunt epulis, dum candida texta
Siccantur Phoebi rutilo tepefacta calore.
Quin & pulsa fames postquam est, redimicula ponunt,
Contenduntque pila: medio nitet agmine, & alte
Nausicaa ingeminat numeroso carmen ab ore.
Qualis ubi incedit montes Dyctinna per altos,
Seu juga Taygeti super ardua, sive Erimanthi,
Tela manu spargens, cervosque assueta fugaces,
Damarumque sequi turmas; agrestia circum   120
Numina ludentes glomerantur Oreades una,

Exer-

Exercentque choros; Latonaque pectore gaudet:
Illa deas gradiens & pulcro vertice supra
Et fronte est, habituque omnes infignior una.
It focias inter; talem fe laeta ferebat
Per medias, tali virgo praeftabat honore.
Sed bijugos reditura domum quum jungere curru,
Et legere apricum per litus texta parabat,
Diva novas animum Tritonia vertit ad artes,
Excitus ut fomno nympham Laërtius heros   130
Afpiciat, quae celfa illum fub moenia ducat.
Jamque levem regina pilam dum jactat ad unam
E fociis, pila miffa volans haud pertulit ictum,
Irrita fed cecidit fpumanti in vortice. at illae
Clamavere altum; clamore excitus Ulyffes
Exfiluit, trepidoque fedens haec pectore fecum.
Hei mihi quas gentes quae veni ad litora vectus;
Barbara num regio haec fera corda ignaraque recti
Servat; an hofpitibus parcit, fuperofque veretur?
Ut mihi nympharum fubito vox impulit aures, 140
Nympharum, montana colunt quae culmina, quaeque
Flumina amant fontefque & ftagna virentia mufco.
Fors homines etiam, fors juxta heic moenia gentis:
Quidquid erit, tentabo oculis ultro omnia luftrans.
Haec ait, arbuteoque levat fua membra cubili,
Frondentemque rapit viridanti ex arbore ramum,
Quo pubemque tegit circum omnem atque ilia nudus,
Ingrediturque. leo veluti quum magnus & imbres
Et ventos perpeffus atrox ruit; igneaque intus
Lumina ftant; pecudes it contra armentaque denfa 150
Cervorumve boumve, nec acri turbidus ira,
(Suadet enim vefana fames) irrumpere parcit
In ftabula, & claufis tentare in ovilibus agnos.

                                        Haud

Haud aliter nudus (vis namque extrema jubebat)
Virginibus mediis heros se inferre parabat.
Jamque sale ut foedos horrens apparuit artus,
Continuo trepidae summis per gramina ripis
Diffugere omnes: tantum una haud territa gnata
Restitit Alcinoi, cui mentem bellica virgo
Firmarat, solvens turpi formidine pectus.   160
Illa immota stetit contra: turbatus at heros
Haesit inops dubiusque animi, genibusne prehensis
Virginis exoret pacem progressus, an ipsam
Eminus aggrediens dictis, & pectora blandus
Mollia demulcens tentet prece, ad urbis ut alta
Moenia demonstretque viam, nudataque membra
Veste tegat? potior dubio sententia visa,
Longius abstantem sua nympham in vota vocare,
Ne, dum genva capit, fors saeviat aspera tactu.
Tum sic blandiloquo supplex est orsus ab ore.   170
Adsis o, facilisque leves quaecumque laborem
Sive dea, o virgo, seu nostri sanguinis una:
Si dea; nata Jovis certe es Latonia Phoebe,
Cui similis vultuque habituque incedis honesto.
Sin genus es nostrum terraeque nigrantis alumna,
O ter felices, qui te genuere parentes;
Felices etiam fratres, queis dulcia semper
Gaudia pertentant animos te propter eamdem,
Aspiciunt quum tale choris florescere germen!
Ante alios tamen ille omnes felicior unus,   180
Qui te dives opum sua quondam ad limina ducet
Muneribus victam. nam talem e sanguine nostro
Non nympham, non ipse virum vidi: occupat ergo
Mirantem stupor, & raptis vix sensibus hisco.
Tale erat in Delo, quod vidi ad Apollinis aram

O   For-

Formosum tenerae germen juvenescere palmae;
Namque illuc magna quondam comitante caterva
Accessi, peterem quum Dardana tecta, futura
Exitium mihi triste. utque illa in imagine fixus
Obstupui siluique diu; (nam nulla per agros   190
Creverat huic similis ramis felicibus arbos;)
Sic miror te nympha simul stupeoque, nec ora
Sustineo tua ferre, aut genva attingere supplex.
Me vero fera fata premunt: hesternus ab undis
Huc ego bisdenas post luces denique fugi
Jactatus pelago nimbisque furentibus usque
Insula ab Ogygia: tandem his deus appulit oris,
Heic quoque fors iterum clades ut saeva fatiget
Immeritum. neque enim credo pia numina ponent
Exitiis finem, sed multa prioribus addent.   200
Ergo oro miserere: mihi tu prima salutis
Spes misero ostensa, ac primam te in vota vocavi
Post tantas pelagique minas caelique procellas
Omnibus heic errans ignotus. moenia gentis
Ipsa doce o facilis regina, ipsa indue egentem,
Huc veniens lacerum si quod male tegmen habebas.
Di vero tribuant, quaecumque in pectore servas
Vota tuo, sponsum gnatosque & munera pacis
Unanimae: neque enim domum praestantius ullum,
Quam quum tranquillos concordi mente penates 210
Femina virque regunt. tristi dolet improba turba
Invidia, contra cari laetantur amici,
Primaque conjugibus venit ipsis gloria famae.
Talibus orabat supplex, quum talia virgo:
Haud equidem arguerim tua dicta, animumque sagacem
Hospes, ait. sed enim celsi dominator olympi
Ipse suas partitur opes mortalibus aegris

Justisque

Juftifque injuftifque, ut fert dare cuique voluntas:
Haec tibi forte dedit; proin ferre utcumque neceffe eft.
Nunc vero has quoniam terras jactatus adifti, 220
Fide animo; veftemque feres expertus amicum
Auxilium, donifque fuper cumulabere dignis
Supplice. jamque urbis te celfa ad moenia ducam,
Et gentis dicam nomen. felicia regna
Haec habitant Phaeaces; ego alto fanguine creta
Magnanimi Alcinoi, cui parent omnia, & unus
Imperioque regit fceptrifque potentior urbem.
Haec ubi fata, vocat famulas ac talia mandat.
O greffus cohibete: viro cur denique vifo
Diffugitis? faevumne hoftem adveniffe putatis? 230
At non ille fatus, nec Phoebi lumen & auras
Spero equidem afpiciet pofthac volventibus annis,
Horrida qui placidis Phaeacibus inferat arma.
Quippe fumus cari fuperis, medioque tenemus
Regna mari, haud foliti mifceri gentibus ullis.
Hic pelago infelix & tempeftatibus actus
Appulit his tandem terris; cui protinus omnes
Auxilium properate: inopi pater ille deorum
Hofpitibufque praeeft aequus, nec gratia doni
Parva vel exigui eft. date bacchi pocula, & ipfum 240
Ducite, & a ventis averfum in fonte lavate.
Vix ea; quum famulae pulfa formidine fiftunt,
Inque vicem fefe exhortantur. jamque reducta
Parte locant Ithacum tranquillo in flumine, ubi alma
Jufferat Alcinoi foboles; juxtaque ferentes
Apponunt chlamydemque viro tunicamque recentem:
Dant quoque palladium caelato munus in auro,
Sordentefque monent puris in fontibus artus
Abluere. affufis queis circum haec fubdidit heros:

Longius hinc vos ferte pedes, dum fluminis unda 250
Tabentes humeros sale tergam, & suave liquenti
Rore olei visi longo post tempore lustrem.
Non ego nam vobis circum cernentibus artus
Perluere, aut ausim nymphis adsistere nudus.
Dixerat: illae abeunt, dominaeque ea dicta reportant.
Interea salsum tergens circum undique rorem
Amne lavat puro ductor Laërtius, olli
Qui penitus terga atque humeros insederat altos,
Cervicemque, comasque rigentes. hinc ubi foedos
Purgavitque artus, nitidoque perunxit olivo,   260
Induitur vestes intactae munera nymphae.
Atque olli Jove nata novum decus artubus addit,
Majoremque facit visu, plenoque decorum
Corpore; tunc similes hyacinto e vertice crispos
Effundit nigra rutilos ferrugine crines.
Argentum veluti fulvo variaverit auro
Artificis quum docta manus, quem Mulciber una,
Pallas & ipsa suas docuit non invida laudes;
Artis opus rarae admirans stupet excita turba,
Luminibusque inhiat tacitis. ita nata Tonante   270
Olli humeris capitique novos afflarat honores.
Jamque nitens Charitum forma digressus ab amne
Litore confedit sicco. mirata puella
Obstupuit, sociisque haec protinus addidit ore.
Accipite o fidae, quae dicam cumque, ministrae:
Haud equidem hunc venisse reor stellantis olympi
Omnibus invisum divis ad litora nostra.
Ante quidem visusque horrens, nec amabilis ulli,
Caelestum nunc ille refert decus. o mihi talis
Huc veniens divum contingat munere conjux,   280
Et velit his mecum semper considere terris:

                                               Vos

Vos epulas jam ferte viro, jam fundite vina.
Haec illa: audivere alacres, nec jussa morantes
Apposuere dapes cum bacchi nectare. at heros
Vescitur; ac raptim spumantia pocula siccat,
Ex longo collecta fames namque improba suadet.
Sed jam nympha viam celerans altoque plicatas
Imponit curru vestes, bijugosque volucres
Sub juga panda trahit. dein ipsa ut celsa resedit,
Affatur Laërtiaden his vocibus usa.   290
Surge age; turrigeras urbis properemus ad arces,
Atque altas cari ad sedes genitoris, ubi omnem
Conspicies florem Phaeacum ac prima virorum.
At sapias licet ipse, tamen monuisse juvabit,
Ne secus ac moneo, facias. dum per sola culta,
Ac pingues inter cursum celerabimus agros,
Post currum propior commixtus in agmine fido
Carpe viam, trito bigas ego tramite ducam.
Haud procul aspicies urbem, quam maxima cingunt
Moenia, & angustis aperit se portus utrinque   300
Faucibus: hinc atque hinc longo stant ordine naves
Subductae, sedes ubi nigris certa carinis.
Inde forum est, medioque foro consurgit in auras
Aetherias niveo Neptuni e marmore templum.
Nautica ibi clausis servant navalibus arma
Carbasaque & funes & tonsis apta parandis
Robora. nulla etenim cura est Phaeacibus arcus,
Aut pharetras tractare: abiegni pondera mali,
Et remi, puppesque placent, queis caerula sulcant
Dissita, & immensi contemnunt aequoris aestum. 310
Heic ego mordacis metuens convicia linguae,
Quippe procax vulgi turba est, disjungier opto,
Inferrique prior portis. namque obvius una

Si

Si quis me videat tecum, fors talia contra
Improbus incipiet. quifnam ille eft corpore pulcro,
Naufícaae qui preffa legit veftigia pone?
Hofpes? ubi inventus? junget connubia fecum?
Aut aliquem fracta deferto in litore navi
Externa de gente virum (loca proxima namque
Nulli habitant homines) aufa eft deducere in urbem; 320
Aut aliquis fuperum caeli delapfus ab arce
Supplicibus votis jam tandem victus ad imas
Defcendit terras: omnes una exiget annos.
Quin melius fi fponte fua delegit habendum
Ipfa virum, fociumque aliis excivit ab oris
Tot patriae claros jam dedignata hymenaeos.
Sic dicet juvenum mala turba, ingrataque famae.
Damna feram: neque enim non ipfa irata puellam
Arguerim; quae forte viros verfarier inter
Sponte fua haud dubitet necdum genitoribus orba, 330
Nec thalami vinclis, taedifque jugalibus aucta.
Quare age, fub memori condens mea pectore dicta
Altius infigas hortor, quo per vada ponti
Quamprimum reditu potiare. a tramite recto
Haud procul eft lucus, viridi qui procubat umbra
Populea, armifonae divae facer: exfilit intus
Egelidis fons lene fonans argenteus undis,
Ac circum irriguo pubefcit gramine pratum.
Heic etiam campique mei genitoris. & horti
Pomiferi florent, femoti haud longius urbe, 340
Quam fonus adveniat miffus clamantis ab ore.
Ergo ibi tu refidens maneas, dum moenibus altis
Nos introgreffae patrias veniamus ad aedes.
Poftquam autem tetigiffe fores ac limina credes,
Tunc urbem progreffus adi, fedefque require

Alci-

Alcinoi. fuerit quaerenti noscere magnus
Nec labor: ipse etiam puer infans ducat ad alta
Atria; turrito se tantum vertice supra
Attollunt, nulli Phaeacum aequanda domorum.
Mox ubi te ingressum subter fastigia tecti   350
Excipiet domus alta, citus vestigia ab aula
Ad matrem ferto properata. usque adsidet illa,
Lucet ubi focus igne, & docto pollice versat
Purpureum lanae, visu mirabile, pensum
Ancillis stipata atque altae innixa columnae.
Stat juxta & solium genitoris, ubi aurea laetus
Pocula convivas inter tenet ille, deus ceu
Aetherio in caetu residens rutilantis olympi.
Hoc tum praeterito, matri tua brachia tende
Protinus affusus genibus, supplexque precare,   360
Det facilem votis reditum, miserataque longum
Exsilium, patriae quamprimum ad littora mittat.
Si precibus devicta tuis miserebitur ultro,
Omnia polliceor tibi tuta, iterumque sodales,
Antiquamque domum vises, finesque relictos.
Haec effata, acri percussit verberae terga
Cornipedum: mora nulla, volant, fluvioque recedunt
Pulvereos rapido glomerantes impete gressus.
Illa autem faciles manibus moderatur habenas,
Hospes uti famulaeque sequi vestigia possint,   370
Nunc laxans, nunc arte premens retinacula virgo.
Jamque subibat aquas Titan, lucumque Minervae
Populeis nigrum foliis tetigere; ubi sedit
Heros Laërta genitus, magnamque precatus
Voce deam, tales effudit pectore questus.
Audi, gnata Jovis summi Tritonia praesens,
O miserum nunc saltem audi, frustra ante vocata,
                                              Quum

Quum me alto dirus pelago Neptunus agebat:
Da molles Phaeacum aditus, da inflectere mentem.
Talibus orabat supplex: summo dea caelo   380
Audiit orantem, sed non se offerre videndam
Clara in luce palam voluit non immemor irae
Immitis patrui, furiis qui saevus acerbis
Jactabat Laërtiadem maria omnia circum,
Litora ne patriae, dulcesque reviseret oras.

HO-

HOMERI ODYSSEAE
LIBER SEPTIMUS.

ATque ea dum superas heros fundebat ad auras,
Nympha citis invecta rotis devenerat urbem;
Altaque ubi patriae tetigit penetralia sedis,
Vestibulum ante ipsum levis adstitit. undique fratres
Circumstant laeti reducem, solvuntque jugales,
Ac nitidas portant septa intra regia vestes.
Virgo autem thalamum scandit; longaevaque custos
Eurymedusa olli flagrantia lumina praefert.
Hanc ex Epiro curvis duxere carinis,
Munus & Alcinoo dederant Phaeaces habendam,   10
Alcinoo, late placidi qui frena regebat
Imperii, divumque pati gaudebat honore.
Regia post fuerat nutrix, semperque parare
Nausicaae dulces epulas ignemque solebat.
Interea surgens Ithacus tendebat ad urbem,
Quem multa circum Pallas caligine sepsit,
Ne quis eum possit Phaeacum incessere dictis,
Scitarive genus, veniendi aut poscere caussas.
Jamque erat ad portas, quum se tulit obyia contra
Virginis os habitumque gerens referentis in urna 20
Fontis aquam Jove nata, prior cui fatus Ulysses
Sic coram adstanti est. mene hinc deducere celsas
Alcinoi ad sedes, qui pulcrae huic praesidet urbi,
Filia vis? nam passus ego discrimina multa
Advena longinquis terrarum e finibus errans
Ignarusque hominum veni ignarusque locorum.

P   Dixe-

Dixerat: atque olli sic caesia diva reponit.
Tecta tibi nunc, hospes, ego, quae regia quaeris,
Monstrabo; stant ipsa patris prope limina nostri:
Sic tacitus modo perge, viae dux ipsa praeibo.   30
Non tibi compellare viros, nec reddere voces
Cura sit: haud etenim genus est tractabile vulgi,
Nec multum hospitiis indulget. freta juventus
Navigiis maria alta secat, ferturque superba
Per vastos longe fluctus. Saturnius olli
Ipse dedit celeres, ut pennae praepetis alas,
Et mentis simulacra citae volitantia, naves.
Haec ubi fata dea est, subito vestigia torsit,
Et gressum antetulit celerans; nec segnior heros
Vadentem sequitur, mediaque incedit in urbe   40
Haud ulli visus. neque enim Jove nata sinebat
Cernier, obscuro quae texerat aëre circum,
Ac densis nebulae gradientem offuderat umbris.
Miratur Laërtiades portusque, carinasque,
Ipsorumque fora heroum, surgentiaque urbis
Moenia praetentis, visu mirabile, vallis.
Postquam autem tetigere fores ac regia tecta,
Talibus est aggressa virum Tritonia dictis.
Haec quaesita domus, regisque optata verendi
Atria: ducentes intro convivia lectos.   50
Aspicies proceres. tu certo limina gressu
Nil dubitans metuensve subi: re praestat in omni
Scilicet, audaci cui gliscit pectore virtus,
Ignotas licet ille domos ac litora lustret.
Reginam heic primum, proprio quam nomine dicunt
Aretam, invenies: orta est genitoribus isdem,
Ex quibus Alcinous venit prognatus in auras.
Primum Nausithoum fudere in luminis oras

                    Neptu-

Neptunus terrae domitor, Peribaeaque forma
Egregia, extremum clari genus Eurymedontis,　60
Qui quondam imperio tenuit fera regna Gigantum;
Poſt tamen & populos & ſeſe perdidit ipſum
Efferus. at natae rector commixtus aquarum
Magnanimis genuit regem Phaeacibus acrem
Nauſithoum: hinc natus Rhexenorque Alcinoûſque.
Ulla nondum auctum Rhexenora prole virili
Ipſe ſuis telis celſa jaculatus in aula
Perdidit Arcitenens, & filia ſola relicta eſt
Arete, Alcinous cui ſe conjunxit, & ipſam
Eximio ſemper coluit dignatus honore.　70
Non ulla in terris mulier ſub conjuge vixit
Uſque adeo dilecta, ſuo velut illa marito
Cara viget, natiſque ſuis, & civibus: ipſam,
Incedit quoties latam ſpatiata per urbem
Excipiunt plauſu, & praeſens ut numen adorant.
Quippe animis valet illa, & recto praedita mentis
Judicio ſuevit varias componere lites.
Ergo eadem miſerata tuos ſi denique caſus
Adnuerit votis, certam ſperare ſalutem,
Et reditum jubeo; patriam ſocioſque reviſes.　80
Vix ea dicta dedit, fugitque avecta per undas
Nata Jovis, Scheriaeque reliquit amabilis oras.
Illa abiens tetigit Marathona, ingreſſaque Athenas
Antiqui patriam ſedeſque inviſit Erechthei:
Aſt heros genitus Laërta ad regia tecta
Alcinoi greſſum torſit: jamque omnia luſtrans
Subſtitit, & pulcra correptus imagine rerum
Ante fores ſtupuitque diu miratus, & haeſit.
Namque velut lunae radiis aut ſole coruſco
Tota renidebat circum domus ardua regis;　90

P 2　　　　　　　Aerea

Aerea cui gradibus surgebant limina, & ipsi
Hinc atque hinc muri longo in penetralia ductu.
Celsa nigrescebant cyano fastigia, & altis
Aureus in foribus splendebat lumine fulgor.
Argento postes aerato in limine stabant,
Argentumque supra postes: micat annulus auro
Lucidus e puro valvis bipatentibus aptus.
Ex auro argentoque canes utrinque sedebant
Spirantes, multa quos Mulciber extudit arte.
Excubias foribus semper tectisque futuros   100
Et turpis senii expertes & funeris atri.
Intus erant utraque e parte sedilia fixa
Parjetibus, primo deducta a limine ad usque.
Interiora domus penetralia, clausi ubi pepli,
Femineae quos arte manus nevere, jacebant.
Heic & ductores Phaeacum rite locati
Pocula siccabant mensis, totumque per annum
Laeti indulgebant genio. quos propter ad aras
Stabant in manibus retinentes lampadas auro
E solido pueri, convivis atria circum   110
Clara per obscuram fundentes lumina noctem.
Quinquaginta intus famulae, pars frangere saxo
Sueta opere assiduo Cereris flaventia dona;
Texere pars telam, teretes & pollice fusos
Versare. una omnes resident ac brachia motant,
Intenduntque manus: ceu populus incita vento
Frondiferos agitat concusso stipite ramos.
Palladius textis humor destillat ab udis
Suave liquens. tantum namque illic mascula pubes
Ante alias gentes undosa per aequora puppes   120
Velivolas agitare valet, quantum ipsa per artem
Turba puellarum scit lucida texere fila,

                                          Inge-

Ingenium queis molle dedit Tritonia, & apto
Exercere manus opera inter pulcra labore.
Aulaï ante fores quatuor per jugera sese
Area tendebat, septusque heic hortus ab omni
Parte virescebat. laetas se tollit ad auras
Et pyrus, & mali, granisque rubentibus arbos
Punica, & hyblaeae ficus, & pallida oliva.
Non aestu fructus, non illis frigore cessant   130
Arboribus; zephyro sed spirans aura perenni
Hos fovet enatos, alios cernentibus offert
Maturos. pyra flava pyris, rubicundaque pomis
Poma abeunt mutata, atque uvas excipit uva;
Inque vicem ficus post ficum plena senescit.
Fertilis heic etiam multo stat vinea foetu;
Et pars uvarum calidi dum sidere solis
Excoquitur distensa solo, pars altera plenis
Ponitur in calathis tum primum a matre revulsa,
Pars etiam pedibus premitur, sic tempore eodem 140
Induiturque albos in flores vitis, acerbosque
Ostentat foetus eadem, tingitque rubore
Jam jam maturos, mutato haud mense, racemos.
Haec circum vario sedes de cespite surgunt
Limite in extremo camporum, omnique virescunt
Tempore. tum gemini saliunt e marmore fontes,
Ac diversa petunt: vitreo pede labitur hortum
Per totum hic late trepidans, fluit ille sub aulae
Limina, ubi laeti semper Phaeaces aquantur.
Talia in Alcinoi tectis felicia divum   150
Munera perstabat spectans Laërtius heros.
Inde ubi miratus lustravit lumine cuncta,
Continuo superat limen, sedesque repostas
Ingreditur. primos Phaeacum cernit in aula

Ducto-

Ductoresque patresque, petunt quum tempora somnos,
Ultima Mercurio libantes pocula: quos tum
Per medios gradiens multa caligine septus
Transit, & Areten confestim adit Alcinoumque.
Ut venit propius, palmas utrasque tetendit,
Amplexusque haesit genibus: tum tota repente 160
Fugit, & in purum dilapsa est aethera nubes.
Turbati stupuere omnes, coramque videntes
Stare virum siluere; quibus sic incipit heros.
Arete o magni Rhexenoris inclita proles,
Teque tuumque virum supplex, infandaque passus
Exitia, adjuro; vos & clarissima regni
Lumina, convivae lecti (sic numina vobis
Dent facilem vitam, partasque relinquere gnatis
Divitias, laudemque, & primos urbis honores)
Reddite me patriae, meque hinc deducite salvum 170
Ocyus. heu longo distractus tempore caris
A sociis diro fortunae jactor ab aestu.
Nec plura his, juxtaque focum confedit ad ignem
In cinere immundo. circum vox omnibus haesit
Faucibus in tacitis, & presso lingua palato.
Inde heros tandem sic fari coepit Echeneus
Grandior & natu Phaeacas inter, & acri
Eloquio melior, gnaroque in pectore servans
Multa senex rerum, veterumque exempla virorum:
Hic tacitis circum sociis bonus ora resolvit. 180
Turpe equidem indignumque reor, si pulvere in atro
Desideat sic hospes humi. tua jussa verentes,
Rex magne, hi contra cunctantur: verum age dextram
Da facilis, placidusque jube confidere juxta
In solio pulcro bullisque ardentibus apto.
Praeterea dic vina ferant, superoque Tonanti,

Suppli-

Supplicibus qui semper adest, libemus ovantes,
Gaudeat atque hospes caena dapibusque paratis.
Audiit haec postquam Alcinous, curvatus Ulyssem
Erigit ipse levans dextra, ponitque locatum   190
Fulgenti in solio, pulcrum quo surgere jussit
Laodamanta pater, gnatis ex omnibus unum
Dilectumque magis, propiusque adsidere suetum.
Dant famulae manibus fontes, quos lucidus auro
Urceus irrorat supra, purumque fluentes
Subjecti excipiunt argentea labra lebetis.
Ponunt & mensam juxta, cereremque canistris
Expediunt, cumulantque epulas, & multa ferentes
Fercula grata virum praesenti munere donant.
Ille bibit, fruiturque datis. tum maximus ultro 200
Alcinous: plenum dulci fer protinus, inquit,
Pontonoë cratera mero, cunctisque ministrans
Per sedes age funde, simul libemus ut omnes
Dona Jovi, rutilo gentes qui fulmine terret,
Supplicibusque addit comes alto numine vires.
Vix ea. Pontonous latices in pocula fundens
Lenaeos, cunctisque ferens ex ordine tradit.
Inde ubi libavere, sitisque expleta bibendo est,
Alcinous placido rursum sic infit ab ore.
Phaeacum o proceres, quae fert mea certa voluntas, 210
Audite, & dictis animos intendite vestros.
Nunc epulis somnoque graves ad tecta redite;
Cras autem multis luce exoriente vocatis
Hospitis adventum laeti celebrabimus una
Sollemnesque aris de more sacrabimus ignes.
Post etiam, quam spem foveat, quod postulet hospes
Auxilium, quaeremus; ut hinc deductus ad oras
Perveniat patrias gaudens, nulloque labore

Per

Per vada falfa volans, quamvis petat avia regna;
Ulla neque interea patiatur damna, priufquam   220
Contingat fua tecta. ibi demum fentiat, atro
Stamine quae Parcae nerunt, quaeque aerea fata
Nafcenti tulerunt, haufit quum luminis auras
Editus enixae foecunda matris ab alvo.
Quod fi quis divum caelo delapfus ab alto
Adftitit, exitium nobis mutata deorum
Mens aliquod laevum portendit. namque folebant
Antea fe claro manifefti numine femper
Objicere, inftratifque una cofidere menfis,
Thuricremas donis quoties incendimus aras.   230
Quin & folus iter carpat fi forte viator,
Apparent: loca quippe ollis vicina tenemus,
Ipfi ut Cyclopefque & agreftia fecla Gigantum.
Talia dicentem Laërtius excipit heros,
Continuoque infit. non caeli numina fancta,
Alcinoë, ingenio refero, nec corpore pulcro;
Non me tantus agit (mitte hanc e pectore curam)
Laudis amor. fimilem mortalibus omnia dicas,
Quos fubiiffe graves nofti mage cumque labores,
Omnibus exhauftos & cafibus. addere fando   240
Multa queam, divum fi quae mens laeva ferenda
Obtulit heu mifero, liceat proferre fub auras.
Sed tempus non ifta petit: nunc munere caenae
Moerentem quamvis graviter, dapibufque potiri
O finite. haud etenim vis ulla procacior inftat;
Quam ventris vefana fames, quae turbine in atro
Curarumque homines faevis in fluctibus actos
Effe fui memores rabidis latratibus urget.
Illa etiam me dira tenet, luctuque gementem
Affiduo dapibufque jubet vinoque repleri   250
Scili-

Scilicet oblitum magnos in corde dolores.
Vos autem adfitis, rofeo quum craftina caelo
Fulferit orta dies, meque hinc deducere fedes
Ad patrias properate viri. mihi vifere tantum
Excelfamque domum, famulafque, & cara meorum
Pectora contingat; poft artus vita relinquat.
Sic ait. adfenfere omnes fremituqne fecundo
Spem reditus certi fecere & dicta probarunt.
Jamque ubi libarant, fitis atque exftincta lyaeo
Omnis erat, nigra cubituri in nocte per urbem 260
Diverfas petiere vias diverfaque tecta.
At non Laërta genitus; nam manfit in ifdem
Sedibus Areten inter fortemque locatus
Alcinoum. hinc famulae e menfis dum vafa reponunt,
Candida fic illum dictis affatur amicis
Arete regina videns chlamydemque fuperne,
Et tunicam infignem, quas olim intenta labori
Cum teneris refidens perfecerat ipfa puellis.
Ergo Ithacum fubito compellans: hoc mihi primum
Fare, inquit, quinam fis hofpes, & unde profectus 270
Haec loca contigeris? quis te hoc ornarit amictu?
Non pelagi errando veniffe per aequora dicis?
Talia pofcebat quaerens: tum reddit Ulyffes.
Difficile o regina (deum namque actus iniquo.
Numine multa tuli bello jactatus, & alto)
Nunc cafus narrare omnes. quae prima requiris,
Expediam, fortemque meam clademque docebo.
Ogygia undifono jacet avia in aequore longe
Infula, ubi Atlantis proles male fida Calypfo
Tecta colit fedefque gravis dea; nullaque divum, 280
Nulla hominum in folo veftigia litore cernit.
Me vero rapidis jactatum fluctibus illuc

Q   Tem-

Tempeſtas tulerat, poſtquam mihi fulmine navim
Diffidit in mediis jaculatus Juppiter undis.
Omnes tunc ſocii periere: ego curva carinae
Amplexus tabulata, novem atro in gurgite luces
Erravi infelix; decimo poſt lumine feſſus
Ogygias tetigi divis ducentibus oras,
Et vaſtum penetrale deae. quae blanda receptum
Hoſpitio fovit placido, viridemque juventam   290
Dicebat ſenii expertem letique daturam.
Sed non illa meos inflexit pectore ſenſus,
Mutavitque animum. ſic annos ordine ſeptem
Durando explevi totos, nec tempore eodem
Triſtibus heu lacrimis ceſſavi ſpargere veſtes,
Quas primum aeternas & pulcro ſtamine textas
Induerat mihi diva. ſimul revoluta tulerunt
Sidera ut octavum perfectis orbibus annum,
Ipſa ſuis cupidum tectis decedere juſſit,
Seu Jovis imperio, ſeu quod mutata fuiſſet,   300
Dimiſitque cava in pinu. multa ante Lyaei
Dona dedit Cereriſque almae, veſtemque recentem
Induit optato ſubmittens flamine ventos.
Bis quinos ſeptemque dies tranquilla per alta
Tendebam curſus, & jam lux poſtera veſtros
Viſa aperire procul montes complerat inani
Laetitia miſero pectus. ſed dira manebat
Pernicies ſuperanda, ferus quam rector aquarum
Exciit, immittens ventorum praelia, & imo
Aequora ſubvertens fundo. non tendere contra, 310
Non puppis ſuperante ſalo me ferre valebat.
Ergo illam rapidus turbo difregit: at ipſe
Haec maria errabam circum, dum gurgite pontus,
Saevaque nimborum veſtras vis egit ad oras.

                                        Heic

Heic me conantem capere alti litoris oras
Inter saxa ingens veniens ex aequore fluctus
Cautibus infigens actum laceraffet acutis,
Ni celeri abfiliens curfu, qua vifus ab alto
Sternere fe contra fluvius, diverfa petiffem
Litora tuta loco rabidifque impervia ventis.   320
Evafi firmans animum. ruit interea nox
Atra polo, gelidoque remotum a flumine fuadet
In denfum nemus ire, interque arbufta quietem
Carpere. ibi foliis texi circum undique corpus
Deciduis, altufque fopor mea lumina preffit.
Compofitus frondes inter fic nocte quievi,
Nec jubar aurorae fenfi mediaeque diei
Lumina; cum prono fomnus me fole reliquit.
Ecce autem in folo dum ludunt litore, cerno
Ancillas natamque tuam prope marmoris undas, 330
Illa aderat focias inter formofa puellas
Affimilis vultu fuperis, cui brachia fupplex
Ad genua adfiftens pariter cum voce tetendi.
Audiit orantem facile miferata, nec ullam,
Sic adeo viridi florens aetate fuiffet
Obvia fi virgo, fperaffem inflectere votis
Poffe meis: juvenum namque ardens defipit aetas.
Ipfa dapes vinumque dedit, puroque lavare
In fluvio juffit, lotumque hoc texit amictu.
Haec habeas nunc vera, finit quae pectore luctus 340
Sola loqui. poftquam fic dixerat, excipit heros
Alcinous. non illa tibi, quaecumque decebant,
Praeftitit, hofpes, ait: fedes deducere in altas
Debuerat te gnata fimul, cui talia primae
Supplicis in morem fudifti e pectore vota.
Heic Ithacus: ne quaefo, inquit, ne irafcere nymphae

Q 2   Infonti

Infonti: famulas inter procedere juffit
Illa quidem; non ipfe tamen te, maxime ductor,
Te veritus, volui parere. infidere fuevit
Saepe animis error, fufpectaque crimina fingit. 350
Cui tunc Alcinous: non hanc mihi numina mentem,
Nec tales dederunt animos, ait, ut malus urat
Sic temere mea corda furor, potioraque duco
Quae fas cumque finit, contra nec pugnat honeftas.
Atque utinam pater ille deum, & Tritonia faxint
Cum Phoebo, talis quum fis, ut pectore eofdem
In tacito fenfus volvens, quos ipfe voluto,
Connubio ftabili noftrae te jungere gnatae,
Atque meus gener effe velis. ingentia dona,
Ingentemque tibi gazam, fedefque parabo,   360
Heic maneas fi fponte tua: nam cogere quifquam
Nec potis invitum, nec amat vim Juppiter aequus.
Interea ignarum ne fors ea cura fatiget,
Cras reditum ftatuam. dulci tu lumina fomno
Compofitus per iter tranquilla in puppe quiefces;
At focii zephyros captabunt, teque penates
Ad patrios ducent, feu quo magis ire lubebit
Ultra etiam Euboeam, longo quam caerula tractu
Dividere a nobis perhibent, qui lumine primi,
E nautis videre, olim flavus Rhadamanthus   370
Quum Tityum terrae petiit vifurus alumnum
Finibus e noftris. juvenes ivere profecti,
Atque immenfa die tranarunt aequora eodem
Haud feffi, celeremque retro adduxere carinam.
Tu quoque jam nofces, quam concita labitur undis
Noftra abies, qualis pelago eft Phaeacia pubes.
Dixerat. extemplo dictis laetatus Ulyffes
Suftulit ad caelum palmas, & voce precatus:

Juppi-

Juppiter o maneant, quae dicta est cumque loquutus
Alcinous: qua terra patet, fama illius ibit   380
Inclita per gentes; ego nostra in regna redibo.
Talia sese inter vario sermone serentes
Dum referunt, regina suis per tecta puellis
Imperat actutum curvata sub atria mollem
Ferre torum, vestesque super tyriosque tapetas
Sternere, villosasque simul componere laenas.
Illae abiere citae gestantes lumina dextris,
Et postquam stravere toros, monuere vocantes
Sic Ithacum: tibi stratum, hospes jam surge, cubile.
Haec famulae: olli autem cupido jucunda soporis 390
Visa quies, subitoque abiens, qua celsa patebat
Porticus, incubuit stratis, somnosque petivit.
Nec minus Alcinous penetrali in sede quievit,
Et noto pariter conjux excepta cubili est.

HOMERI ODYSSEAE
LIBER OCTAVUS.

Cum roseae primo nymphae Titanidis ortu
Proripuit lecto corpus, thalamumque reliquit
Alcinous, Trojaeque ferox eversor Ulysses,
Conciliumque adeunt, ubi stabant litore puppes.
Ingreditur rex ipse prior; tum marmore structis
E niveo pulcris confidunt sedibus ambo.
Interea magnam properans it laeta per urbem
Assimilis regis praeconi bellica virgo,
Auxiliumque parans Ithaco, reditumqne penates
Ad patrios celerans ita quemque affata virorum: 10
Huc agite, inclamat, vos o capita inclita cives;
Concilium celebrate. novi juvat ora videre
Hospitis, Alcinoi venit qui nuper ad aedes
Jactatus pelago, & pulcro par corpore divis.
Talibus arrectae mentes, atque omnibus ardor
Additus: implentur cunei, coetuque frequenti
Conveniunt. taciti vultum admirantur Ulyssei,
Adspectuque stupent: miros nam diva sedenti
Bellipotens humeris capitique afflarat honores,
Majoremque habitu dederat, plenaque juventa   20
Insignem, ut carus populis spectantibus heros
Adforet eximia virtute, & victor abiret
Exercens durae certamina multa palestrae
Florentes inter juvenes. queis rite locatis
Alcinous placido coepit sic farier ore.
Egregii o proceres, quae sit sententia nobis,

Expe-

Expediam, & paucis, animos adhibete, docebo.
Hic novus, adcessit nostris qui sedibus hospes,
Incertum eoisne plagis, an finibus actus.
Hesperiis? reditum poscit, certumque precatur   30
Auxilium supplex. nos ut consuevimus ante,
Maturemus opem: neque enim suspiria fundit
Longa diu, quicumque meas accedit ad oras
Indigus auxilii, frustraque heic tempora ducit.
Quare agite, ac nigram deducite litore puppim
Haud prius expertam fluctus: duo scandite supra
Quinquaginta una lectae fortissima pubis
Corpora, & instructis circum latera ardua remis
Provehite. hinc reduces nostris convivia tectis
Certantes properate; ego large dona parabo.   40
Haec pubi sint dicta. at vos o prima senatus
Lumina, sceptriferi reges, celebrate faventes
Hunc coetum, dapibus festis ut gaudeat hospes.
Una omnes laeti adsitis, parere nec ullus
Abnuat. ipse etiam vates, cui dulcia musae
Carmina dant, menti quoties vis incita fervet,
Demodocus veniat tectum in regale vocatus.
Haec fatus praeit ipse foro, cunctique sequuntur.
Pone duces. vatem simul in regalia praeco
Tecta vocat, pariterque virum acciti duo supra   50
Quinquaginta, omni e numero delecta juventus,
Jussa petunt celeri non longe litora gressu.
Et jam nigrantem resoni maris alta carinam
In freta deducunt, solidoque e robore malum,
Antennasque aptant, vinclisque tenacibus alta
Ad latera adjungunt remos, & candida pandunt
Carbasa. dein retro tranquillo ex aequore vecti
Alcinoi tendunt generosi ad limina nota.

Porti-

Porticibus latis perque atria longa domorum
Undique collecti juvenes glomerantur in unum   60
Atque fenes. ollis biffenas rite bidentes
Setigerofque fues octo, geminofque juvencos
Alcinous mactat: queis caefis tergora pubes
Deripit, atque inftans epulis operatur opimis.
Duxit & infignem praeco ad convivia vatem
Ante alios carum mufis, cui laeta dedere
Triftiaque Aonides: dulci pro lumine adempto
Scilicet argutae tribuerunt praemia vocis.
Huic ex argento bullis rutilantibus aptam
In medio pofuit fellam, qua fe alta columna   70
Erigit attollens; donum & teftudinis aureae
Sufpendit praeco fupra caput ipfius, & qua
Accipiat jam parte, docet: tum plena caniftra,
Poculaque in menfa ftatuit fpumantia baccho,
Hauriat ut vates, quoties ferat ipfa voluntas.
Cuncti fe accingunt menfis, dapibufque fruuntur.
At quum exempta fames, potuque expleta cupido
Jam fuerat, vatem illabens dea pangere cantu
Impulit audaces animos praeclaraque bello
Facta ducum, quorum tunc ibat ad aethera fama. 80
In primis Laërtiaden atque inter Achillem
Exortum certamen; ut olim ad facra deorum
Contendere acres dictis: at major Atrides
Gaudebat tacitus laetanti pectore cernens
Argolicos proceres fefe jurgarier inter,
Glifcere & ardentes animis difcordibus iras.
Quippe ita vaticinans verax praedixerat olli
Pythius in templo, quum facra ad limina Phoebi
Venerat ex adytis quaefitum oracula; jamque
Trojugenas Danaofque fuper Jovis ira ruebat.   90
                         Haec

Haec memorat cantu dum vates, moestus Ulysses
Purpureum manibus tollens objecit amictum
Ad caput, & pulcri laetum decus abdidit oris,
Lumina Phaeaces lacrimis ne foeda notarent.
At quoties dulci cessabat carmine vates,
Ille manu tergens lacrimas ponebat amictum,
Auratumque implens cyathum libabat olympi
Dis superis. mox quum rursus Phaeacia pubes,
Ut caneret, vatem excibat (nam munere cantus
Laeta fruebatur) rursum ille intecta rigabat   100
Ora novo fletu. nec quisquam lumina vidit
Spargentem lacrimis, gemitusque e corde cientem,
Ni pater Alcinous. qui juxta ut forte sedebat,
Turbatumque oculis sensit, graviterque gementem
Audiit, ac tales effudit pectore voces.
O proceres, vosque o magni fortissima cives
Robora, sat dapibus pasti follemnibus una,
Perpetuaque dapum socia testudine capti
Jam surgamus, ait. variis certamina ludis
Nunc praestat celebrare, ut redditus hospes amicis 110
Post referat, quantum gentes nos vincimus omnes
Et caestu, & lucta, saltuque, & praepete cursu.
Dixerat, ingressusque prior sese extulit altis
E domibus magna populi comitante caterva.
Demodoci citharam vicino in pariete praeco
Suspendit, captumque manu deduxit eodem,
Quo proceres ibant visuri clara palestrae
Munera. jamque forum petiere: it maxima turba,
Subsequiturque effusa viis late omnibus urbis.
Heic medio in circo juvenum manus emicat ardens 120
Acroneos simul, Ocyalusque, & flavus Elatreus,
Porteusque, Proneusque, Thoonque, Anabasineusque,

R

Tecto-

Tectorida & Polyneo Amphialus genitore creatus.
Praeterea Euryalus magno par omnia Marti,
Naubolidefque, omnes qui forma & corpore fupra
Phaeacas, pulcrum poft Laodamanta, vigebat:
Nec non Alcinoi furgunt tria germina gnati
Laodamas Haliufque & par fuperis Clytonaeus.
Atque hi prima pedum rapido certamina curfu
Praecipites ineunt effufi e carcere: jamque   130
Corripuere viam celeres, pedibufque volantes
Pulveream glomerant nubem: levis agmine tandem
E focio & ventis Clytonaeus & ocyor igne
Effugit, ac fpatii quantum jumenta per agros
Signant ante boves, tantum poft terga reliquit
Antevolans comites, coetuque immixtus amico eft.
Inde alii media juvenes luctantur arena
Durum opus aggreffi, meruit quos inter honorem
Euryalus longe potior, tum praemia faltu
Amphialus, difcoque refert infignis Elatreus: 140
Caeftibus at fuperat cunctis praeftantior acer
Laodamas clarum regis genus, ifque ubi vidit
Laetitia & plaufu populi exfultantia corda,
Sic medius focios affatur, & infit ab ore.
O juvenes, pofcamus, ait, qua praeftat in arte
Advena, quas didicit pugnas? haud ille videtur
Hirfutumque femur, furafque, & longa fuperne
Brachia, cervicemque malus; nec pectore virtus
Vivida adhuc fugit, multo fed tarda labore
Membra labant. neque enim vis ulla furentibus undis 150
Saevior heroum fortiffima corpora frangit.
Dixit. at Euryalus: fic fic juvat, inquit, & illum
Laodama tu primus adi verbifque laceffe.
Haec breviter tunc Euryalus: nec dicta moratus
                                        Regius

Regius Alcinoi gnatus, mediumque per agmen
Ingrediens placida sic voce invitat Ulyssem.
Huc ades o venerande hospes, certamina nosti
Si qua manu, juvenumque potes tractare laborem,
Experiare simul. non hac tu ignarus in arte,
Nec fas; quippe homini quid clarius alma dedere 160
Numina, quam pedibus, quam forti vincere dextra?
Jamque agesis, tentare juvet: nunc abjice tristi
Ex animo curas; lux illa optata propinquat,
Quae reditum fert certa tibi, nautaeque parati,
Et deducta natat mediis nova pinus in undis.
Tantum effatus erat. tum sic Laërtia proles:
Laodama, irrisum quid me nunc talia, dixit,
Cogitis istantes circum? mihi tristia cordi,
Luctusque, lacrimaeque magis, quam praemia pugnae,
Qui jam multa tuli, bello jactatus & undis. 170
Nunc autem heic sedeo supplex si flectere regem
Indigus auxilii, si possim & flectere cives.
Haec Ithacus: contra Euryalus sic turbidus illum
Increpuit dictis. clarae non ulla palestrae
Dona tibi, aut umquam petiisti praemia laudis
Adsuetus princeps inter considere nautas,
Per mare qui longis repetunt compendia terris,
Servatorque penus praedaeque; haud corpore magno,
Haud animis pugiles validos praestantibus aequas.
Quae postquam juvenis vacuas effudit in auras, 180
Illum torva tuens, graviterque iratus Ulysses:
Heu quam turpis, ait, tibi vox nunc excidit ore,
Quisquis es, immeritum demens qui capere dictis
Haud dubitas. laus cuique sua est: non omnibus addunt
Omnia caelicolae, formamque, & munera linguae.
Invida cui formae natura invidit honorem,

Elo-

Eloquio tamen ille potens fua damna rependit;
Atque ipfum afpiciunt homines, dum pallida fanti
Infufcat pudor ora, regitque modeftia vocem
Suaviloquens. it fama viri fublimis, & omni   190
Eminet in coetu late, totamque per urbem
Ingrediens divûm caelefti gaudet honore.
Sed cui di dederunt praeftanti corpore formam,
Affimilemque fibi fecere, haud aurea manant
Verba etiam. facies tibi pulcra, & nullus eamdem
Caelicolum renuat; firmo fed robore contra,
Et jufta tu mente cares haud aequa loquutus,
Scilicet & vanis inceffens pectora verbis.
Non ego non ifta, ceu rere, ignarus in arte;
Sed retuli primam vario in certamine laudem,   200
Dum vigor, & folido ftabant in corpore vires:
Fracta malis nunc membra gero, bella horrida paffus
Multa diu, pelagique gravi labefactus ab aeftu.
Nec tamen edomitum curis certare pigebit
Sic etiam; dictis alte mihi vulnus adactum,
Excitufque furor menti eft; nec plura loquutus
Profilit in medios, ipfaque in vefte gravatus
Saxum immane rapit, multoque ingentius illo,
Quo foliti alterno Phaeaces ludere jactu.
Hoc circumvolvens dextra contorfit in auras   210
Turbinis in morem. rapido lapis impete miffus
Infonuit, pronique ad terram corpora cives
Curvavere fuga refonantis ab alite: at ille
Actus abit, fupraque volans trans omnia longe
Signa fugit. fubito praefens Tritonia metam
Figit cuncta homini fimilis, magnaque vocatum
Voce Ithacum inclamat: vel lumine captus utroque
Hoc ipfe & poffit palpans dignofcere fignum:

                                        Haud

Haud alia heic mixtum campo jacet inter, at omnem
Ante jacet turbam longe. jam laude superbus   220
Macte tua, primoque animos certamine firma;
Non alius juvenum te aequare aut vincere speret.
Sic diva: exsiliit laetanti pectore Ulysses
Aspiciens circo in medio, qui laudibus ipsum
Ornassetque bonus dictisque excisset amicis:
Ac levius tali est ad pubem voce profatus.
Illuc, o juvenes, illuc vos tendite jactu:
Experiar dehinc rusus ego, rursusque vel illud,
Vel spatium valido transmittam longius ictu.
Quod si cui virtus, roburque in pectore praesens, 230
Huc adsit, stimulis mihi quando subdita flamma
Aestuat, & caestu mecum, luctave, vel acri
Contendat cursu. non ullum ex agmine toto
Phaeacum, excepto uno Laodamante, recuso.
Ille hospes meus est: caro quis pugnet amico?
Demens, ac similis vesano corde furenti
Quippe agitur, quicumque alienis audet in oris
Hospitibus certare suis: ille immemor ultro
Votaque fortunamque optataque commoda turbat.
Cetera jam properet mecum contendere pubes; 240
Nec metuo quemquam tota de gente, nec ullum
Despicio: quid quisque stat valet, noscere factis.
Non adeo exosus pugnas, vel inutilis arma
Demoror: ipse arcum novi tractare sonantem,
Inque acie hostili primus fallente sagitta
Confoderem, quemcumque velim; multi undique circum
Jactarent quamvis non irrita tela sodales.
Solus me Danaos inter pubemque Pelasgam
Alta Philoctetes jaculando Pergama circum
Vincebat: reliquos multo praestantior esse   250
Glorior

Glorior ante omnes, quotquot nunc educat alma
Terra viros. neque enim prifcis aequarier aufim
Alcidae aut Thebano, aut Euryto Oechaliaeo,
Qui fuperos valuere ipfos contendere contra.
Unde etiam celeri fato, vifam ante feneclam,
Eurytus oppetiit: quippe illum ad tela vocantem
Aemulus excepit longe jaculatus Apollo.
Hafta autem noftra volat eminus incita dextra,
Quantum non alius celerem torquere fagittam
Evaleat. folum timeo ne praepete curfu   260
Inferior cedam: nam me ftridentibus euris
Edomuit gravis ira maris, dapibufque carentem
Longa fames: aegri languent fine viribus artus.
Talia dum memorat, circum ftupor omnibus ora
Prefferat. Alcinous dein alta filentia rupit
Sic referens: nobis haud haec ingrata profaris,
Nec fruftra laudefque tuas, tuaque inclita facta
Enumeras laefus, ne quis te carpere pofthac
Audeat, aut dictis virtutem inceffere tantam,
Fas novit quicumque, inimicaque jurgia damnat. 270
Nunc adeo, & nobis dederit quas Juppiter artes
Perpetua veterum ductas ab origine patrum,
Accipe; tuque aliis contra cum conjuge cara
Cumque tuis quondam ducens convivia gnatis,
Immemor haud umquam noftrum, narrare memento.
Non fumus aut   validi pugiles, aut praemia lucta
Quaerimus: in volucri curfu, levibufque carinis
Fama prior. nobis epulae, citharaeque, chorique,
Et variae femper veftes, calidoque lavacra
Rore placent, mollefque tori. vos crura movere 280
Ante alios apti melius, jam tollite faltus,
O juvenes, patrias ut redditus hofpes ad oras

Poft

Poft fociis referat, quantum heic fe nautica tollat
Gloria, quantum etiam valeat Phaeacia pubes
Saltibus & choreis & dulci munere cantus.
Atque aliquis properans citharam ferat ocyus auream
Demodoco; pendet regali in fede relicta.
Vix haec Alcinous: tecta intra regia praeco
Adproperat vati citharam adlaturus ab aula;
Nec non cura quibus ludorum publica, lecti   290
Surrexere novem proceres, atque undique campum
Aequantes late circum fecere patentem.
Et jam altis praeco citharam e penetralibus affert
Demodoco: ille autem media progreffus arena
Conftitit, & circum fparfi lanugine prima
Implicuere chorum juvenes. pede concita tellus
In numerum percuffa fonat: miratus Ulyffes
Curvatofque ftupet motus; vibrataque crura.
Interea argutas percurrens pectine chordas
Dulce canit vates jucundos Martis amores   300
Et Veneris, primum Vulcani in fedibus olim
Ut furtim congreffi una votoque potiti.
Multa quidem Mavors aufus temerare nefando
Crimine Vulcani thalamos, caftumque cubile
Dona dedit, vicitque deam. fed Phoebus ab axe
Aetherio dum cuncta videt, detexit amantes,
Admonuitque fenem. quae triftia nuncia poftquam
Audiit Ignipotens, cura perculfus acerba
Infremit, atque iram flammato in pectore verfans
Tecta petit. pofitis heic rite incudibus altis   310
Nefcia difrumpi folvique tenacia vincla
Arte parat, flammifque liquentia temperat aera.
Hinc ubi perfecit vefano concitus aeftu
Infidias Marti, thalamum confcendit in altum,

                                        Mollis

Mollis erat qua parte torus; circumque supraque
Vincula diffudit solidis haerentia fulcris
Eque altis trabibus demissa: ut aranea casses
Quum tenues texit, quos vis non ulla videre,
Non ipsi valeant superi. sic caeca latebant
Stamina, sic vafro fallebant lumina nexu.   320
Atque ea disposuit quum strata cubilia circum,
Implicuitque torum; tecto se finxit abire,
Et Lemnum petere inde procul, quam Mulciber urbem
Incoluit caram terris magis omnibus unam.
Nec frustra excubias, furtisque accommoda Mavors
Tempora servabat. deformem ut linquere vidit
Tecta senem, subitis ictus praecordia flammis
Pulcra coronatae subiit penetralia divae,
Quae tum forte redux magni genitoris ab aula
In thalamo defessa assederat. ille ubi venit,   330
Amplexusque manum divae, sicque orsus ab ore est.
Huc ades o lux cara mihi: quid gaudia nota
Differimus? cessit domibus, Lemnumque profectus
Sintias invisit senior Vulcanus agrestes.
Dixerat: illa ultro flagrans haud vota moratur.
Confcendunt ambo stratis, & munera somni
Dulcia furtivi libant; simul aerea circum
Retia sopitos effusis nexibus artus
Impediunt. non ulla valent attollere membra,
Non relevare, dolis jam certi & fraude teneri.   340
Interea prius ipse suae quam gentis adisset
Moenia, Vulcanus rediit; namque altus ab arce
Aetheria sol furta videns detexit, & olli
Detulit infidos damnatae conjugis ignes.
Accelerat, gravibusque ictus sub pectore curis
Vestibulo infistit. subitus furor iraque mentem

Praeci-

Praecipitant, clamatque horrendum, & cuncta deorum
Atria terrificis late clamoribus implet
Juppiter o superique omnes, huc vertite greffus
Visuri dirumque nefas, infandaque facta   350
Haud toleranda mihi. magno me! nata !Tonante
Dedecorat claudum Cypris; fovet improba Martem,
Quod pedibus valet ille, & toto est corpore pulcher,
Contra informis ego, claudusque. haud auctor at ipse,
Aut sum caussa mali: tota est haec culpa parentum,
Heu fuerat satius tali queis prole carere.
Cernitis, ut placido devincti membra sopore
In thalamo recubant nostro; me saeva trementem
Cura premens agitat? non posthac talia credo
Furta simul repetent; fors & nunc poeniret ausi, 360
Optatamque quietem, optataque gaudia culpant.
Invitos tamen usque doli, atque innexa tenebunt
Vincula, dum genitor dotalia munera reddat
Olli ego pro infida solvi quae virgine cumque
Pulcra quidem est, sed habet nimium mutabile pectus.
Talia vociferans jactabat. nec mora, divi
Aurea conveniunt exciti ad limina: venit
Neptunus domitor terrarum, venit Apollo
Arcitenens, Majaeque genus Cyllenius ales
Solae se tenuere deae prohibente pudore   370
In domibus: stabant alii per limina divi,
Atriaque implebant magno resonantia risu
Cernentes ante ora dolos, Vulcania texta.
Atque aliquis socium spectans: haud turpia, dixit,
Facta decus laudemque parant; vis effera cedit
Ingenio, celeremque solet praevertere tardus.
En & Vulcanus claudo vestigia greffu
Tarda movens superis celerem magis omnibus unum

S

Depren-

Depreĥdit Martem, mulĉamque exſolvet adulter.
Haec divi alternis. poſt & formoſus Apollo   380
Mercurio: fare o, dixit, Jove nate, ſubires
Vincula num captus, tecum ſi Cypris adeſſet?
Cui volucer laeto ſubridens nuncius ore:
Hoc utinam fieret! tum me ter tanta profuſis
Implicitum nodis teneant vincla aerea, & una
Dique deaeque alto ſpeĉtatum adſitis olympo,
Non ego apud talem fugiam requieſcere divam.
Haec ita Mercurius: ſuperi riſere loquentem.
At non Neptunus; tolli ſed ahenea Marti
Vincla petit, mulcetque animos & mitigat iras. 390
Solve agedum, ſupplex inquit: quaecumque repoſces,
Spondenti mihi ſi qua fides, Mars omnia reddet
Caelicolis coram. ſed contra Mulciber inquit.
Ne vero ne coge: haud aequo haec foedera jure,
Nec ſat firma reor. qua te vi namque tenebo,
Si Mars effugiet vinclis, mulĉamque negabit?
Cui rector pelagi: fugiens perſolvere poenam
Si renuet Mavors, ego ſolvam. quae ſimul ille
Dixerat: aequa petis, nec fas me tendere contra;
Continuo Vulcanus ait, nodoſque reſolvit.   400
Illi autem validis elapſi e nexibus una
Proſiliere toro: petiit Mars horrida Thracum
Arva fuga; Cyprumque adiens Venus aurea venit
In Paphon, altus ubi ſtat lucus, & ignibus olli
Ara calet ſemper, ſertiſque recentibus halat.
Excipiunt reducem Charites, formoſaque membra
Ambroſio, gaudent quo numina magna nitere,
Rore rigant, circumque addunt mirabile textum.
Talia cantabat vates. gaudebat Ulyſſes
Miratus tacito cantum ſub peĉtore, & omnis 410
                                    Phaea-

Phaeacum pelago ratibufque affueta juventus.
Hinc jubet Alcinous choreas pede plaudere folos
Laodamanta Haliumque, quibus contendere laudem
Haud alius juvenum poterat. jam murice pictam
Accipiuntque pilam, Polybus quam fecerat ipfis,
Dumque illam fuperas caeli jacit alter ad auras
Abfiliens, alter terra in fublime levatus
Excipit ante levem, pedibus quam tangat arenam.
At poftquam lufere pila, dant corpore faltus
Curvato in fpatio varios, & crura reponunt,   420
Alternantque vices. plaufum Phaeacia pubes
Ingeminat, fremituque ingenti cuncta refultant.
Atque heic Alcinoum compellat laetus Ulyffes.
O pater, o rector Phaeacum maxime, vanam
Non mihi pollicitus laudem es: quis vifere tales
Speraffet juvenum choreas? fecere ruenti
Facta fidem, preffitque animum ftupor. haec ubi dixit,
Alcinous contra tanto gavifus honore
Protinus alloquitur Phaeacas. o mihi fida
Pectora, ductores, audite haec mentibus aequis.   430
Hofpitis eximiam virtutem cernitis: ergo
Ferte viro jam dona, ut fas. me praeter in urbe
Sunt alii reges biffeni fceptra gerentes.
Quifque novam tunicamque paret, chlamydemque de-
    coram,
Atque talentum auri. confeftim cuncta feramus,
Laetus ut accumbat menfis data munera cernens
Hofpes. at Euryalus demens infanda loquutus
Et dono & dictis offenfi leniat iram.
Sic ait. affenfere omnes, nec dicta morantes
Munera ferre jubent, miffo praecone per urbem 440
Quifque fuo. Euryalus dein regi talibus infit.

Alci-

Alcinoë, o populo regum clariſſime in omni,
Nunc equidem tua juſſa ſequar, veniamque precabor,
Atque enſem hunc ex aere dabo, cui lucidus ardet
Argento capulus, totumque nitens elephanto
Includit vagina; haud eſt ignobile donum.
Haec dicens rutilum manibus ſimul accipit enſem,
Pauca ſimul fatur. ſis, o pater optime, felix,
Fudimus & verbum ſi quod male, ventus in undas
Abripiat vanum. ſic o tibi conjugis ora   450
Cernere, ſic patrios tandem dent numina fines!
Cui Laërtiades: & tu ſis, inquit, amice,
Felix, dique tibi ſemper fauſta omnia donent;
Nec te adeo poſthac, quem nunc mea pectora dictis
Supplicibus placans donaſti, torqueat enſis.
Dixerat, atque humeris aptum demiſit ab altis.
Sol ruit interea, totaque ex urbe feruntur
Munera ad Alcinoi ſedes. quae cuncta recenſent
Magnanimi regis gnati, ponuntque parentem
Ante ſuam late clara ſplendentia luce.   460
Jamque etiam Alcinous gradiens prior alta ſubibat
Atria, ductoreſque alii poſt terga ſequuti.
Ut venere, altis conſidunt ſedibus omnes;
Et ſenior: fer, ait, quae poſterior omnibus, arcam
O conjux dilecta mihi, tunicamque recentem,
Et chlamydem ſuper ipſa para. jamque adſit ahenum
Flammea vis circum, calidis ut fontibus artus
Abluat, utque videns heic longo ex ordine cuncta,
Eximii dederunt quae large munera cives,
Et dapibus feſtis & cantu gaudeat hoſpes.   470
Illi praeterea ſignis auroque nitentem
Hanc pateram nunc ferre dabo, non immemor uſquam
Ut noſtri libetque diis magnoque Tonanti.

                                 Au-

Audiit Arete, facilesque hortata puellas
Ocyus imponi flammis de more lebetem
Imperat ingentem. tripodem quae protinus aptant
Rore superfuso plenum, congestaque flammae
Pabula subjiciunt: latam circumdedit alvum
Flamma sonans, humorque cavo tepefactus aheno est.
Regina interea pulcram penetralibus arcam   480
Extulit, imposuitque viro, quae clara dedere
Munera Phaeaces, vestemque, aurique talenta,
Adjunxitque super tunicam, laenamque rubenti
Murice fulgentem placido sic ore loquuta.
Haec manibus tu claude tuis, & vincula circum
Injice, ne quis iter carpentem & molliter artus
Compositum somno noctis te fallat in umbra.
Sic illa: audivit quae postquam dius Ulysses,
Ipse suas occludit opes, circumque tenacem
Implicuit nodum, docuit quem subdola Circe.   490
Queis actis subito famulae duxere lavatum
Apposito in labro. subit ille, & rore tepenti
Perfundi gaudet: nam postquam tecta Calypsus
Liquerat auricomae, non umquam talia sensit
Munera. diva quidem superis caelestibus aequans
Illum laeta prius studio omni atque arte fovebat.
Ut famulae lavere, & pingui corpus olivo
Lustrarunt, tunicamque humeris chlamydemque ni-
     tentem
Induerunt, gradiens iterum processit in aulam,   500
Et medium sese potantibus intulit heros.
Nausicaa extemplo celsi pulcherrima tecti
Adstitit ad postes, formamque atque oris honorem
Admirata novum, pudibundaque in hospite figens
Lumina: salve, inquit, semper; patriaque potitus
                                   Sis

Sis memor o! primae debes cui munera vitae:
Ille autem: Alcinoi fata claro o fanguine nympha,
Sic reducem fiftat patriis me Juppiter oris,
Jactatumque diu tranquilla per aequora ducat;
Semper honore meo, femper celebrabere votis   510
Diva velut; vitam tu virgo namque dedifti.
Haec ait, & fponda fedit compoftus in aurea
Magnanimum juxta regem. jamque incita pubes
Partiturque dapes & vina liquentia mifcet.
Nec minus & carum populo cantuque potentem
Demodocum praeco ducens protraxit, & ipfum
In medio pofuit fubnixum terga columna.
Atque Ithacus fubito tofto de tergore partem
Abfcindens (pars magna fuis nam proxima dextrae,
Et circum tenera candens pinguedine ftabat)   520
Praeconem alloquitur. grata haec o munera ferto
Demodoco, quem vel trifti praecordia luctu
Saucius, eximio gratus complectar amore.
Omnibus in terris clari celebrantur honore
Praecipuo vates: namque illos aurea cantum
Mufa docet, carumque genus nomenque tuetur.
Dixerat: & praeco celerans data munera vati
Porrigit. ille capit dono lætatus opimo,
Et fimul ipfe, fimul reliqui convivia ducunt.
Inde ubi pulfa fitis, compreffus & ardor edendi;   530
Rurfum Ithacus: cunctis ego te mortalibus, inquit,
Demodoce antefero, feu dulcis carmina mufa,
Seu docuit cithara pharetraque infignis Apollo.
Ufque adeo ornato cantu fera fata Pelafgum
Concelebras, cafufque doces, durumque laborem,
Quem paffi quondam, ceu fi vel miles ad altam
Ilion adfueris, vel faltem certus ad aures

Nun-

Nuncius adtulerit famam. quin ordine verſo
Dic ingentis equi molem, quam ſtruxit Epeus
Pallade cum ſocia, ſummaque locavit in arce   540
Inſidians Ithacus foetam latitantibus armis
Excidiumque Phrygum & fatum exitiale futuram.
Si referes haec rite, memor late undique laudes
Ipſe tuas nomenque feram, cui numine divum
Talia contigerunt jucundi munera cantus.
Nec plura. ille deo plenus ſic ora reſolvit
Carminis hinc ſeriem repetens, avecta carinis
Pars Danaum ut longe phrygio de litore ceſſit
Ignibus injectis in caſtra; at moenia Trojae
Altera pars ingreſſa ingentibus abdita clauſtris,   550
Et glomerata Ithacum circa conſederat urbe
In media. nam ſponte ſua dementibus orſis
Ipſi Troes equum traxere in Palladis arcem.
Sic medius ſtetit ille: at circum plurima muſſant
Dardanidae variis curarum fluctibus acti,
In parteſque abeunt diverſas. namque placebat,
Aut latebras uteri ferro terebrare repoſtas,
Dejicere aut prono molem de culmine, & arce
Praecipitare ſacra, ſcopuliſque illidere acutis,
Aut ſinere aeternis nulli violabile donum   560
Eſſe diis, quorum ſub numine Pergama ſtabant.
Haec vicit, potiorque aliis ſententia viſa,
Nec Troes potuere aliter. nam fata ferebant
Exitium certum, poſtquam intra moenia magnus
Conſcendiſſet equus, delecta ubi corpora pubis
Grajugenae, primique duces, capita alta, ſedebant
Supremum excidium Phrygibus letumque ferentes.
Dein canit, ut late populantes Pergama Graji
Eruerint patefacta effuſi e roboris alvo,

                                        Egreſ-

Egreſſique dolis. loca per diverſa vagantes   570
Diverſos memorat, vaſtanteſque ignibus urbem;
Aſt Ithacum irrupiſſe domum armipotentis in altam
Deiphobi, ceu Martem ipſum, dicebat Atrida
Stipatum Menelao. horrendam heic protinus armis
Conſerere illum ausum pugnam, facilique Minervae
Auxilio fretum tandem viciſſe canebat.
Finierat vates: cantu commotus at heros
Moerebat, lacrimiſque genas atque ora rigabat.
Ac veluti carum luget quum femina ſponſum
Collapſum patriae celſis ſub moenibus urbis,   580
Dum cladem a gnatis cariſque a civibus arcet:
Illa videns multo lapſantem in ſanguine, & aegrum
Vitam exhalantem ſuper incubat anxia triſtes
Ingeminans queſtus. contra hoſtes vulnera telis
Adjiciunt, caeduntque humeros & colla retrorſum,
Captivumque trahunt: tanto magis aeſtuat illa,
Aegreſcitque dolens, atque implet lumina fletu.
Sic tum etiam triſti ductor Laërtius imbre
Ora rigans flebat; nec quiſquam in ſedibus illum
Viderat effuſis foedantem pectora guttis,   590
Alcinoum praeter. qui forte ut federat olli
Proximus, ingenti ſuſpiria crebra trahentem
Cum gemitu audivit ſic interfatus amicos.
Audite o cives clarum genus: aurea ponat
Demodocus jam plectra; haec fors non omnibus aeque
Dulce ſonant. ex quo dapibus conſedimus una,
Et reſona incepit modulari carmina vates,
Ex illo numquam tabeſcere deſiit hoſpes
Luctibus indulgens: aliquis dolor inſidet aegro
Magnus, & aſſiduo convellit viſcera morſu.   600
Verum agite, edico, vates jam ceſſet; ut omnes
                                          Laeti-

Laetitia excipiat, nofque una & gaudeat hofpes,
Id fatius multo eft. olli hunc celebramus honorem,
Donaque largimur faciles, reditumque paramus:
Quippe homini, cui tantum aliquis fub pectore fenfus
Vivit adhuc, ipfo pro fratre eft hofpes habendus.
Nec vero quaecumque petam, tu callidus aftu
Vera tegas, oro: fari quin omnia praeftat.
Dic nomen, quo te genitrix, genitorque vocabant,
Et cives, & rura urbi vicina tenentes?   610
Namque hominum nemo eft fine nomine, ut ortus in auras
Prodiit aetherias primum, five improbus ille,
Sive probus contra eft: fimul ac genuere parentes,
Nomina jucundis gaudent imponere natis.
Dic patrios etiam fines, dic moenia gentis,
Ut referant te fponte alienae haud mentis egentes
Confiliique rates? noftris non puppibus ullus
Rector adeft, clavoque docet per caerula curfum.
Ipfae hominum mentemque vident penitufque repofti
Senfa animi; norunt urbes, & pinguia rura,
Quae diverfa locis habitant late undique gentes 620
Omnigenae, volucrique fuga maris aequora tranant
Aëre & obfcura circum caligine feptae,
Quin metuant vel damna pati, vel mergier undis.
Sed memini haec folitum quondam memorare parentem
Naufithoum, & nobis portendere triftia fata,
Neptunique iras ob talia munera. namque
Adfore dicebat tempus, quum pinea navis
Laeta mari rediens, fubito fpumantibus undis
Haerebit, noftraeque ingens mons ingruet urbi.
Haec genitor: quae dicta velit five irrita numen 630
Sive rata, ut placitum menti eft, fic denique cedant.
Tu vero mihi fare, atque haec fuper adde roganti

T

Queif-

Queisnam jactatus terris, quas vectus & oras
Adpuleris? populosque doce, cultusque locorum,
Quaeque gerunt gentes injusta atque effera corda,
Quae contra hospitibus faciles pia numina servant?
Cur Danaum Argivumque vicem sic pectore tristi,
Iliacaeque urbis casus, auditaque luges
Funera, quae statuere dii, & perfecta tulere
In cantum seris ventura nepotibus olim.   640
An tibi sub Troja generum mors invida fortem,
Vel socerum rapuit, quos nobis numina caros
Ante alios dederunt post prolem & germina prolis?
Anne aliquis periit tibi dulci cognitus usu,
Eximiusque animi socius? non fratris amori
Praetulerim, virtus quem fidum candida junxit.

HOMERI ODYSSEAE

LIBER NONUS.

TAlia quaerenti contra Laërtius heros
Orſa refert. inter magnos o maxime reges
Alcinoë, hunc vatem ſimili dis voce canentem
Dulce audire mihi eſt. neque enim magis ulla voluptas
Grata venit, quam quum populum diffuſa per omnem
Laetitiae vis alma viget, cantuque fruuntur
Ordine diſpoſiti convivae, ubi menſa renidet
Plena epulis, puerique ſuos fragrantia circum
In cyathos magno vina e cratere miniſtrant:
Ab Jove nil equidem melius nec pulcrius optem.   10
Tu vero caſuſque meos, & triſtia quaerens
Supplicia, infandum cogis renovare dolorem.
Quem primum? quem deihde tibi referamque ſupremum
Caſibus e tantis, quos me fortuna ſubegit
Ferre diu? primum dicam tibi nomen; ut idi,
Longa licet noſtras via dividat aequore terras;
Hoſpitii maneant ſemper rata foedera nobis.
Sum Laërtiades late celebratus Ulyſſes
Ingenioque doliſque, & fama ad ſidera notus,
Apricamque Ithacam teneo, qua vertice ad auras   20
Neriton aetherias ſurgit; circumque coluntur
Ioniis crebrae ſeſe inter Echinades undis,
Dulichiumque Sameque & ſilvis alta Zacynthus.
Haec propior terris longo ſtat in aequore ad Arctos
Oppoſita, illae autem verſae reſonantibus auſtris:
Aſpera, ſed juvenum nutrix bona: non ego quidquam

Dul-

Dulcius optarim, patriae quam visere fines.
Me tenuit sub rupe cava formosa Calypso,
Auricomi pariter Solis me filia Circe
Insula in Aeaea tenuit, conjungier ardens   30
Utraque connubio stabili justisque hymenaeis;
Nec tamen ulla meos inflexit pectore sensus.
Nil adeo dulci patriae telluris amore
Suavius est. nec regna placent, ditissima quamvis
Auroque argentoque fluant, si nota suorum
Pectora, si cari longe cessere parentes.
Sed jam age, poscenti referens iter omne retexam?
Triste quod a Troja reduci Jovis adnuit ira.
Principio Ciconum vexit me ventus ad alta
Ismara, ubi ferro gentem populatus & urbes   48
Ingentem praedam sociis captivaque matrum
Corpora divisi, ne quis non laetus abiret.
Hinc subito celerare fugam, terrasque jubebam
Linquere nequidquam nautas, at jussa morantes;
Consiliisque acti stultis non secius illi
Pocula siccabant laeti, multasque bidentes,
Flexipedesque udo mactabant litore tauros
Interea Ciconese fugientes undique cogunt
Auxilia, & late vicinis agmina terris
Conclamant, genus acre virum, & concurrere ad arma   58
Aut ab equo assuetum, aut pedibus, quum tempora poscunt.
Ergo aderint, quot vere novo se frondibus arbos
Induit, & vario flores nascuntur in horto.
Mane sub auroram nobis tum nigra repente
Ab Jove tempestas & inhorruit aspera clades.
Nec mora: consistunt acies, ratibusque sub ipsis
Pugnam ineunt, longisque ruunt in vulnera telis.
Nos vero, radiis sub primae lucis, & axem

                                                    Dum

Dum medium caeli fol fcanderet, agmine raro
Excipimus belli nubem & defendimur armis. 60
Sed prono quum fole boum juga folvit arator;
Tum domitos faevi Cicones vertere Pelafgos,
Et feni jaculis confoffi e quaque carina
Procubuere viri. fugimus nos cetera turba,
Ingreffique rates vehimur per caerula ponti
Moerentes dira fociorum caede peracta.
Nec tamen ante cavae poterant procedere pinus,
Ingenti quam quifque viros ter voce vocaffet,
Quos rapuit Ciconum miferos mors invida campis.
Juppiter extemplo boream cum turbine magno 70
Exciit, ac nebulis horrentibus abdidit omnem
Telluremque fretumque: polo intempefta ruit nox.
In latus obliquant fe naves, velaque venti
In diverfa trahunt validi, difciffaque frangunt.
Nos trepidi legimufque finus, letumque paventes
In terram e rabido fubducimus aequore claffem.
Heic geminas noctes totidemque ex ordine luces
Egimus & curis & fracti corda labore
Affiduo, dein pulcra comis ubi tertia caelo
Extulit os aurora, iterum fuftollere malos, 80
Carbafaque inftamus ratibus per tranftra locati,
Provehimurque falo, claffis cita labitur undis,
Qua curfum ventufque gubernatorque vocabant,
Atque ego fors patriae tetigiffem litora fofpes,
Ni Malean circum dum flecto carbafa, ab aeftu
Praecipiti abreptus boreaeque ferentibus auris
Avius erraffem praeter vada nota Cytherum.
Jamque novem luces ventis feror undique vaftum
Per mare: confpectas decimo vix lumine ad oras
Lotophagum, guftant qui florea germina, venti. 90

N I   Egre-

Egredimur cuncti; lymphifque a fonte petitis
Inftruimufque toros, navefque epulamur ad altas.
Mox ubi pulfa fames, focios ex agmine lectos
Ire duos jubeo, praeconemque infuper addo,
Qui loca veftigent, & gentis nomina quaerant.
Haud fecus ac juffi faciunt, fubitoque profecti
Lotophagos adeunt. non illis trifte minantur
Indigenae, clademque parant, at florea loti
Germina dant ultro: fed enim data munera quifquis
Attigit ambrofio ceu mellis dulcia fucco,   100
Nuncius ad naves negat ire, iterumque fodales
Vifere: Lotophagis commixti pafcier ardent
Flore dato patriamque obliti atque ora fuorum.
At non ipfe quidem cupidos confiftere longum
Paffus ibi: invitos animis lacrimafque cientes
Vi dura abduxi, tabulataque ad alta revinxi.
Hinc alios moneo juvenes confcendere claffem
Pontibus ingreffos, ne quis contingeret ore
Floriferas mihi forte dapes, redituque careret.
Continuo parent, pofitique ex ordine tranftris   110
Purpureum feriunt remis mare, & aequora verrunt.
Sic etiam hinc fugimus triftes, proramque Cyclopum
Vertimus ad terras. haud eft affabilis ulli
Effera gens, faftuque tumens; quae freta deorum
Munere nec frangit glebas neque conferit arva.
Illis proveniunt ullo fine femine cuncta
Sponte fua, variae fegetes, expreffaque vina
Ingenti de vite, auctis Jovis imbre racemis.
Non populi coetus agitant, nec jura, nec ulla
Foedera: in aërio praerupti vertice montis   120
Antra tenent; fua quifque regit, legefque miniftrat
Conjugibus gnatifque, & mutua commoda fpernit.
                                                      Infu-

Insula Cyclopum terris obversa Lachea
Parva jacet pelago, nec longo tramite distans,
Nec portu vicina; & silvis horret opacis
Frondea. caprigeni pecoris silvestria passim
Agmina pascuntur; neque enim vestigia campis
Trita hominum terrent, latebrosaque lustra peragrans
Rumpit iter durum venator, & avia scandit.
Non ovibus colitur, nec vomere scinditur ullo, 120
Seminaque exceptat, desertis hispida glebis,
Cultorumque expers: tantum dat pascua capris.
Nam neque fluctisono Cyclopum in litore naves
Stant minio pictae proras, nec texta per artem
Pinea qui jungat curvatae tigna carinae
Ullus adest, quibus illi undosa per aequora vecti
Turrigeras adeant urbes, ceu saepe videmus
Ire redire viam nautas alterna meantes
Per freta, & auxilium varia de gente petentes.
Sic etenim parto pubesceret insula cultu   130
Haud sterilis, passimque suo daret omnia mense.
Prata virent late per litus mollia rivis
Uberibus, baccho fecunda & vitibus olim
Aeternis; campique patent, ubi messor aristas
Carperet ingentes; nigranti uligine circum
Quippe solum praepingue subest. latet aptus in illa
Portus, ubi fessas retinent non vincula naves,
Anchora nec morsu cohibet, nullusque rudentum
Usus adest, miseris statio tutissima nautis,
Dum repetant cursus, atque increpet aura morantes. 140
Pura sub umbroso clivosi tramitis antro
Unda fluit, ramisque virent frondentibus alni.
Huc nos, credo equidem, divis auctoribus acti
Venimus obscuram per noctem atrasque tenebras:

Um-

Umbrarum denſa circum caligine teſta
Claſſis erat; non aſtra jubar, non fulgida caelo
Luna dabat nebulis atque atro condita nimbo.
Haud oculis quiſquam ſurgentem ex aequore terram
Viderat, aut magnos provolvi ad litora fluſtus,
Ante cavae ſteterunt quam tuta in ſede carinae. 150
Carbaſa tum demum legimus tellure potiti;
Egreſſique altis a pontibus, aegra ſopore
Corpora curamus, dum lux optantibus alma
Se referat. primo quae poſtquam fulſit Eoo
Purpureo rutilans caelo, nos undique campis
Fundimur, & cupido luſtramus lumine terras.
Ecce autem a nymphis excitae ad litora caprae
Decurrere jugis, ſociis jucunda futurae
Praeda meis epulaeque, maris poſt longa pericla.
Continuo curvoſque arcus celereſque ſagittas 160
Cepimus e ratibus: triplici mox agmine fuſi
Irruimus circum telis, multaſque per agros
Sternimus, & praedam numerum partimur in omnem.
Biſſenae naves aderant, & cuique carinae
Sorte novem ceſſere; decem mihi corpora leſta.
Sic totam per lucem occaſum ſolis ad ipſum
Inſtamus dapibus ſtrati, pinguique ferina
Veſcimur, haurimuſque cadis fumantia vina
Nondum abſumpta mari: magnam vim ſcilicet omnes
Extulimus, Ciconum ſacras quum cepimus arces. 170
Atque hinc vicinos Cyclopum lumine campos
Proſpicimus, fumumque videmus in aëra volvi;
Audimuſque ipſos, pecudumque ſonantia magno
Culmina balatu. ſed jam caligine terras
Sparſerat occiduo ſol merſus in aequore, & atris
Admonuit tenebris placido dare membra ſopori.

Ut

Ut vero effulfit roseo dea pulcra cubili,
Omnibus in coetum sociis ego rite vocatis
Haec tum dicta dedi. vos heic o fida manete
Pectora, dilecti cives: ego vectus abibo   180
Cum sociis navique mea visurus in illis,
Quinam homines terris habitant? an barbara degit
Gens sine lege; diis an cara, & mutua servans
Hospitia? haec fatus conscendo in litore navim,
Meque sequi jubeo socios & solvere funem.
Extemplo jussi parent, perque alta locati
Tranftra citis verrunt spumantia caerula remis.
Inde ubi pulsa ratis tenuit loca proxima cursu,
Litore in extremo resoni proper marmoris undas
Antrum ingens lauris frondentibus undique opacum 190
Vidimus, intus oves multae, strataeque jacebant
Caprigeni pecoris matres, obseptaque saxo
Et piceis quercuque alte praesepia stabant.
Hoc metuenda viri facies habitabat in antro,
Qui deserta procul pecudes in pascua solus
Ducebat, fugiensque suae commercia gentis
Impia sub tacito volvebat pectore facta.
Monstrum horrendum ingens, homini nec corpore vasto
Assimile, at celsae frondoso in vertice rupi,
Quum stat, & aërias confurgit sola sub auras.   200
Ergo illi hunc aliis secreta in parte relictis
Ad navim bissex sociis comitantibus omni
E numero lectis processi, munera bacchi
Mecum nigra ferens, dederat quae dulcia proles
Evanthei generosa Maron longe Ismara propter
Templa colens arae custos Phoebique sacerdos.
Hunc etenim quondam veriti servavimus una
Conjuge cum cara gnatisque ad Apollinis aram

V   In-

Inventum viridi in loco, servatus at ille
Septem caelati dedit auri ferre talenta,   216
Et solido argento totum cratera rigentem,
Implevitque cados biffenos flore Lyaei
Ambrofio, divûm potu, quem rite repoftum
Non ullus famulantum aut mas aut femina vidit;
Solus at ipfe, uxorque, penus & provida cuftos.
Ex illo quoties fragrantem in pocula partem,
Ceu mel dulce, fibi fundebant, pocula quaeque
Haufta fontis aqua cyathis mifcere folebant
Bifdenis; craterque tamen fpirabat odorem
Nectareum; fuavi quifquam nec temperet hauftu.   224
Hujus dona ferens magno fecurus in utre,
In peraque dapes ibam, mens ardet adire
Cominus ingenti membrorum robore fretum,
Agreftemque virum, nec fas, nec jura verentem.
Ingredimur taciti finuofae in rupis hiatum,
Cunctaque deferto (pingues namque ille per agros
Duxerat ad paftum pecudes) miramur in antro.
In calathis aderat preffi vis maxima lactis,
Stipatique agni ftabulis haedique fonabant
Quique fuo claufi fepto: feorfum ubere pulfi   230
Jam grandes, mediique, & nati nuper in auras.
Omnia vafa fero nabant; mulctralia juxta,
Cymbiaque adftabant mulgendo accommoda lacti.
Heic primum focii monuere coagula preffa
Surripere, ac fubito retro veftigia ferre
Ad navem abductis gregibus: tum folvere ventis
Carbafa, & undifoni remeare per aequora ponti.
Feciffemque utinam! fed fperans munera, & ardens
Noffe virum, monitis demens parere negavi,
Exitio pubi quamvis erat ille futurus.   240

                                                      In-

Interea positas superis incendimus aras,
Inventisque epulis fruimur, dum redditus agris
Duceret e pastu pecudes. jamque ibat onustus
Fasce gravi referens arentia robora silvis
Nutrimenta igni dapibusque in nocte parandis.
Adstitit ut propior stabulis, dejecit ab alto
Ligna humero: gemuit magno sub pondere tellus;
Nosque metu trepidi latebroso condimur antro.
Ille autem ingrediens simul egit corpora matrum
Speluncam in vastam pressurus turgida lacte   250
Ubera; at hirsutos villis male olentibus hircos,
Lanigerosque duces ovium sedem inter reliquit.
Dein scopulum in sublime levans emuniit alta
Ostia: non illum campo bisdena movere
Atque duo juga celsa rotis simul acta quaternis
Sustineant: tanto praetendit pondere montem.
Tum medius residens lac mulget, & ubera foetum
Ad sua quemque vocat; plexisque e vimine qualis
Lactis partem aliam cogit, partemque reservat
Spumantem in cyathis, sibi grata in pocula pasto. 260
Omnia quae properans demum sic rite peregit,
Accenditque ignem, nos curvo ut vidit in antro,
Turbidus affatur. qui vos, atque unde profecti
Stagna per alta maris? pontone inquirere merces,
Praedonum an ritu caput objectare periclis
Errantes juvat usque, & tristia damna ferentes?
Dixerat: extemplo gelida formidine sanguis
Diriguit nobis sonitumque timentibus oris,
Adspectumque trucem: tandem sic pauca repono.
Nos procul a Troja diversa per aequora ventis   270
Jactati, patrias Danai dum tendimus ora,
Venimus huc nutuque Jovis fatoque coacti.

Gen-

Gentes dura vides Agamemnonis arma fequutas
Atridae, cujus caelo nunc maxima fama
Tollitur, evertit poftquam Priameia regna,
Felicefque Afiae populos. nos ad tua contra
Litora devecti tibi vota en tendimus ultro
Haerentes genibus, facilis dare munera forte
Si qua velis, laetofque tua dimittere fede,
Hofpitii ceu jura ferunt atque exigit ufus.   280
Tu vero divos veritus miferere precantum:
Juppiter hofpitibus laefis precibufque repulfis
Ultor adeft, fequiturque pios & numine fervat.
Haec ubi dicta dedi, torvo me lumine cernens
Reddidit iratus, vel te dementia verfat,
Longa vel hinc pelagi via dividit, alta vereri
Qui me forte putas, curare aut numina caeli.
Nulla mihi fuperique Jovis reverentia; curo
Nec divos: cedunt nobis praeftantibus orfis
Caelicolae. proin mitte Jovis praetendere vires 290
Atque odia: haud alius coget me parcere quifquam
Nempe tibi fociifque tuis, ni certa voluntas
Jufferit, ipfa mihi fola inviolabile numen.
Verum age dic, navis qua terrae in parte relicta eft
Huc tibi fubvecto; vicino an condita portu,
Anne procul? dic: noffe juvat. cui talia fanti
Contra ego (fenfi etenim fimulata mente loquutum)
Subjicio fic arte. mihi regnator aquarum
Cautibus illidens heic veftro in litore navem
Praecipiti borea ex alto disjecit adactam: 300
Hifque ego cum fociis vix fugi elapfus ab aeftu.
Tantum effatus: ad haec nil contra turbidus ille,
Sed ruit, & numero de noftro corpora bina
Corripiens manibus, catulos velut ubere raptos,

                                                  Im-

Impulit ad faxum: fanie fparfoque cerebro
Terra natat. tum fecta atro manantia tabo
Membra vorat, manditque, leo ceu torvus in altis
Montibus affequitur quum praedam: haud extra relinquit,
Aut armos, aut dura erofis artubus offa.
Haec nos cernentes cum fletu ad fidera palmas 315
Tendimus, & certi media jam morte teneri
Infandum horremus. poftquam ille at lacte recenti,
Vifceribufque atris miferorum impleverat alvum,
Lanigeras inter pecudes refupinus in antro
Sternitur immenfo. me crudum, cominus enfe
Educto, monet ira jacentis in ilia ferrum
Condere: feciffemque, animo ni cura fubiffet,
Nos quoque, fi caderet, perituros funere fecum.
Haud etenim manibus conando, ullaque moveri,
Quam primum ingreffus foribus praetenderat altis, 320
Vi poterat rupes. inter fufpiria noctem
Egimus ergo illam infomnes trepidique pavore.
Poftera quum rofeo perfudit lumine terras
Orta dies, iterum fopitos excitat ignes,
Et vocat ad mulctram pecudes, mulfifque recentes
Submittit foetus. raptim queis rite peractis,
Prenfa manu valida rurfum duo corpora noftro
Corripit e numero, dapibufque accingitur atris.
Deinde fatur vafto pecudes eduxit ab antro
Immenfam attollens molem, facileque reponens 330
Oftia ad alta, velut pharetram fi tegmine claudat,
Et magno ftridore ruens juga celfa petivit
Cum pecore. ipfe autem vacua fub rupe relictus
Mecum agito, fi qua poffimque ulcifcier arte,
Victorque auxilio divae armipotentis abire:
Dumque agito, haec animo melior fententia vifa eft.

Forte

Forte olea e viridi clava ingens pingue jacebat
Ad stabulum, quam ferre manu post ille volebat
Duratam, malo bisdenis ordine remis
Sulcantis freta lata ratis non mole minorem: 340
Talis erat visu, tantum surgebat in auras.
Partem ego ab hac ferro longam non amplius ulna
Abscidi, sociisque dedi, jussique polire
Undique: supremum laevata in parte cacumen
Ipse acui flammis subdens nigraque favilla:
Deinde fimo, late foedo qui sparsus in antro
Multus erat, posui candentem; atque aggere texi,
Ne pateat. socios jubeo tum protinus omnes
Sortiri, medium auderent qui lumen acuto
Torre cavum terebrare, ubi somno sterneret artus. 350
Illi sorte legunt, ultro quos ipse vocassem,
Quattuor; his quintus comitem me audentibus addo!
Interea, sero pecudes sub vespere Cyclops
Venit agens, curvasque redux pecus omne coegit
Speluncae in latebras: nil toto ex agmine linquens.
Seu laevum quid forte ratus, seu numine jussus.
Nec minus immanes emuniit objice postes,
Uberaque acclinis pressare tumentia coepit
Caprarumque oviumque, suos atque ordine foetus
Submisit. celeri quae postquam exegerat arte, 360
Ecce duos iterum scelerata in pabula caenae
Arripit, & vivos vorat horridus ore cruento.
Atque ego tunc adstans & nigro pocula baccho
Plena tenens. en vina tibi, quae dulcia potes
Artubus humanis pastus; cape pocula Cyclops:
Experiere, olim quo potu navis onusta
Nostra fuit. rursum libanti talia ferrem
Dona quidem, sineres hinc si miseratus abire

In-

Incolumem. sed me contra vis effera raptat;
Crudelis! quis te posthac visurus adibit   370
Huc hominum, dira miserorum caede peracta?
Sic ego: at ille manu capiens se proluit almo
Munere, & insueti captus dulcedine potus;
Da facilis mihi rursus, ait; dic nomen & una
Ipse tuum, referes jam nunc digna hospite dona;
Et nobis nam terra parit felicibus uvas
Sponte sua, tumidasque mero Jovis educat imber:
Hoc tamen ambrosia ut dulcis, vel nectaris haustus
Liquitur. haec Cyclops: subitoque ardentia rursum
Vina dedi ter sponte ferens, terque impiger hausit   380
Ille bibens. jamque ut sensi praecordia circum
Fervere, sic coepi simulato pectore fari.
Quaeris tune meum Cyclops cognoscere nomen?
Dicam equidem; promissa tamen sint munera praesto:
Nemo dicor ego; sic pectora fida sodales,
Sic tenerum dici cari voluere parentes.
Vix ego finieram, quum saeva fervidus ira:
Ultimus ergo, inquit, tu Nemo vorabere caros
Post socios, dignumque feres hoc hospite munus.
Dixit, & immenso jacuit resupinus in antro   390
Inflexa cervice solo; tum pectora somno
Victa dedit, patuloque eructans gutture frusta
Evomuit vino & sanie commixta cruenta.
Ast ego ferventi vectem candescere feci
Sub cinere, & dictis socios hortatus amicis,
Ultro animos acui, ne quis mihi crederet ausa
Territus. hinc viridis jam jamque arsurus in igne
Suppositro quum vectis erat, circumque rubebat
Torridus, eripui flammis crepitantibus: una
Stant socii, ingentemque animum deus ipse ministrat. 400
                                                    Jamque

Jamque illi arreptum fixere in lumine torrem
Cufpide candenti; fuper ipfe at rectus acutum
Undique verfabam telum, ceu robora navis
Quum terebrant, alius premit inftans vertice fummo,
Hinc atque hinc alii torquent utrinque tenentes
Lora manu adnixi fubter, circumque rotatu
Volvitur affiduo trepidatque volubile ferrum:
Haud fecus ardentem defixo in lumine torrem
Verfamus: calido fanguis de vulnere manat,
Hirfutumque fupercilium, fetofaque lucis   410
Urit clauftra vapor media ardefcente corufci
Sede oculi; crepitat flammis jamque intima radix.
Ac veluti magnam properans quum forte bipennem
Rore faber gelido candentem tingit, & undis
Durat (fic etenim vires rigor accipit aeris;)
Merfa fonat ftridetque lacu: non fegnius olli
Stridet acuta fonans oculus fub robore acuto.
Infremit horrendum fubito, rupefque fragore
Intonuit; retroque timor nos egit: at ille
Extrahit ex oculo, foedatum fanguine telum,
Correptumque dolens ab fe procul abjicit, acres
Ingenti clamore vocans e rupe Cyclopas,
Qui cava vicinis habitabant montibus antra.
Continuo auditum celeres unde undique currunt
Ad fonitum, denfoque fpecum ftant agmine circum,
Et fubito. quidnam voces Polypheme per umbram
Horrendas adeo jactas, trepidifque foporem
Excutis? invito pecudes mortalis an ullus
Surripit? infidiis, aut vi congreffus aperta
Te perimit? queis ille furens: me perdidit, inquit, 430
O focii, infidiis Nemo, non viribus aufus.
Cui mox Cyclopes: te fola in rupe morantem,

                         Quando-

Quandoquidem Nemo laedit, morbofa fatigat
Ab Jove miffa lues, nec fas contendere contra.
Supplex Neptuni numen tu patris adora,
Quod fupereft, precibufque voca. nec plura loquuti
Difceffere; mihi rifus contra occupat ora,
Quum fenfi pariterque dolis & nomine captos.
Ille autem gemitufque trahens actufque dolore
Caeca regit manibus palpans veftigia, & altum 440
Abmovet a foribus montem; tum brachia tendens
Limine confidit, fi quem comprendere poffit
Inter oves tacito tentantem evadere greffu;
Sic me adeo ftultum vefana mente putabat!
Contra ego defixus volvebam pectore mecum,
Qua potius certamque mihi fociifque falutem
Arte parem, fraudefque omnes atque omnia rerum
Confilia expendens tanto in difcrimine vitae,
(Quippe aderat vis dura,) heic certus denique fifto.
Stabant ductores ovium pinguedine laeti, 450
Ingentefque, nigro violae fuffufa colore
Vellera geftantes: direpto fune Cyclopis
E thalamo hos tacitus ternos per vincula junxi
Nexa pares cohibens. medius mihi quifque gerebat
Unum de fociis, reliqui duo corpore euntis
Cingebant utrinque latus: fic ordine terni
Ibant quemque virum fervantes. hinc ego demum
Arjetis (ille etenim fuperabat maximus omnes)
Arripui tergum, villofo & ventre volutus
Delitui fubter, manibufque in vellere denfo 460
Implicitis fidens animo, nec territus haefi,
Ufque fub aurorae croceum Titanidis ortum.
Quae fimul ac rutilo fuffudit lumine montes,
Cornigeros e rupe mares in pafcua Cyclops

X

Exigit;

Exigit; haud mulctae ſtabulis atque ubera mulco
Lacte graves agnae pariter molleſque capellae
Balabant dominum circa; qui corda dolore
Percitus, extenſis venientum terga ſuperne
Palpabat manibus, demens; latitare revinctos
Nec juvenes ſubter villoſam ſenſit ad alvum. 470
Jamque adeo ſuper unus erat, portiſque propinquans
Ille aries, villis & me gravis, ultimus ibat.
Hunc placide mulcens ſic tum Polyphemus euntem
Alloquitur. miſerande aries, quae tanta morantem
Cauſſa tenet, graderis cur nunc poſtremus in antro?
At non ſic ovibus quondam disjunctus amatis
Ibas, ante quidem ſolitus florentibus agris
Primus inire viam, gelidoque exſtinguere primus
Fonte ſitim, primuſque e paſtu recta ſubire
Veſpere: nunc vero cunctis ignavior exis. 480
An domini luges oculum, quem perdidit una,
Cum ſociis malus hoſpes, ubi praecordia vino
Edomuit mea, Nemo? haud ille hinc vivus abiret,
Si modo vocalis factus tu dicere poſſes,
Eludit qua parte meam nunc improbus iram.
Ipſius haec certe fluerent aſperſa cerebro
Limina diffracto ad cautes, levioraque menti
Damna forent, nihili quae vir malus intulit hoſtis.
Haec ubi dicta dedit, lentum dimiſit in arva
E foribus. longe ſat vix exceſſimus antro, 490
Primus ego exſilio pedibus, nexuque ſodales
Implicitos ſolvo; nec non ſimul undique fuſi
Innumeras agimus pecudes, & litora curſu
Tendimus ad navim properantes. nec mora viſos
Excipiunt plauſu ſocii, partimque reductis
Laetantur, triſti flent partim funere merſos.

Sed

Sed non paſſus ego gemitus extollere nutans
Lumine, & abductos navis tabulata ſub ima.
Juſſi inferre greges, rapidiſque incumbere remis
Illi conſcendunt alacres, atque ordine tranſtris 500
Diſpoſiti feriunt certatim marmora palmis.
Utque aberant terris, quantum clamantis ab ore
Audiri vox miſſa poteſt, illudere coepi
Sic prior increpitans Polyphemum. in rupe voraſti
Non ignava viri geſtantis corda ſodales,
O Cyclops; dignas ſolviſti at crimine poenas,
Improbe, nil veritus ſacrum corrumpere caede
Hoſpitium: idcirco ſic dis plaudentibus ultus
Juppiter eſt. nec plura: olli furor arſit in imo
Pectore, & abruptam montis de vertice molem 510
Arripiens valido contorſit turbine nigram
Ante ratem, roſtrumque parum quin frangeret ictu
Abfuit. impulſo exundant freta ſpumea ſaxo,
Ad terramque trahunt navim refluentibus alto
Fluctibus e pelago, rapiuntque ad litus adactam.
Tunc ego corripui longum de robore contum,
Detruſique ratem campis, ſimul aequora remis
Admonui juvenes certatim findere nutans
Vertice; nec ſegnes illi fugere periclum
Viribus adnixi totis. bis longius illo 520
At ſpatio poſtquam provecti ceſſimus arvis,
Me rurſum inclamare juvat; trepidique timore
Contra inſtant ſocii blanda ſic voce vetantes.
Deſine: cur dictis horrendum inceſſere monſtrum,
Improbe, vis? miſſo modo nos ad litora telo
Impulit adducens, & vix non funere merſit.
Quod ſi clamantem te magna & voce ſonantem
Audierit, jacto cervicem ipſamque carinam

X 2 Diſrum-

Difrumpat fcopulo: tanto jacit impete telum.
Haec focii. fed non animo deterritus ipfe   530
Abftinui, rurfumque Cyclopem affatus ab ore
Sic coepi. fi quis rapto de lumine quondam
Te pofcat, Polypheme; tibi dic illud Ulyffem
Eripuiffe fatum Laërta, Ithacefque tenentem
Regna procul, bello populatum Pergama Trojae.
Sic ego. contra autem cum luctifono ululatu
Ille refert: heu prifca tenent me oracula vatum,
Credo equidem: fuerat divino heic numine plenus
Telemus Eurymedes, venturi & praefcius aevi
Inter Cyclopas volventia fata canebat;   540
Omnia qui docuit me quondam, atque adfore, dixit,
Eripiat qui dulce ferus mihi lumen, Ulyffem.
Hunc ego fed pulcrumque aliquem rebarque futurum
Ingentem, nec non praeclaro robore fretum
Forte virum: nunc me parvufque & viribus expers
Nefcio qui mifere captum domitumque Lyaeo
Perdidit. huc adfis tamen o, cape munus, Ulyffeu:
Ipfe tibi reditum Neptuno a rege precabor,
Cujus ego foboles, nec fe negat ipfe parentem
Effe meum. potis autem idem me reddere folus 550
Incolumem, nullufque alius feu forte deorum
Sive hominum. dixit: fubito cui talia reddo:
Sic utinam poffimque anima vitaque carentem
Te jacere exftinctum nigras Plutonis ad umbras,
Ut reddet non ipfe oculum vel rector aquarum.
Quae quum fatus eram, fupplex ad fidera palmas
Suftulit affatus Neptunum hac voce parentem.
O genitor faevoque potens Neptune tridenti,
Si tua fum proles, fi tu mihi fanguinis auctor,
Da, pater, in patriam redeat ne victor Ulyffes 560
                                             Laërta

Laërta genitus procul hinc Ithacenfia ponto
Regna colens. vel fi reducem contraria votis
Fata meis pofcunt, certufque hic terminus haeret,
At fero veniat, fociorum & funere triftis,
Nec patria in puppi, videatque indigna domorum
Excidia, & mifera turbatos clade penates.
Talibus orabat; genitor nec vota precantis
Refpuit: inde aliam majori pondere molem
Contorquens vacuas caeli projecit in auras,
Immifitque ratem poft curvam turbinis aĉtam   570
In morem, clavo propius. furit aeftus aquarum
Praecipiti fub monte, ultraque impulfa carina
Fluĉtibus a tumidis contraria litora tangit.
Ergo exoptata tandem tellure potiti,
Qua reliquae ftabant naves, fociique fedentes
Lugebant noftro concuffi pectora cafu,
Subduĉtam in ficca navim religamus arena,
Egredimurque ipfi, pecudefque educimus omnem
In numerum praedam fortiti partibus aequis:
Maximus atque aries ceffit mihi munere foli   580
Sponte datus. viridis quem celfa in litoris ora
Rite Jovi magno, caelum qui numine torquet,
Maĉtavi femora incendens. refpexit ad ignes
At non ille facros, irata mente volutans
Excidium claffis, miferanda & fata meorum.
Sic igitur totam per lucem in gramine ftrati
Solis ad occafum dapibus vinoque fruentes
Vefcimur; & poftquam nigras nox attulit umbras,
Sternimur in placido carpentes litore fomnum.
Inde ubi clara diem ftellis aurora fugatis   590
Extulit, hortatus nautas confcendere juffi
Protinus, & tortos campis laxare rudentes.

                                     Nulla

Nulla mora est: dictis parent, cunctique locati
Confidunt transtris, & remis spumea volvunt
Aequora. jam fugiunt terrae, vehimurque per undas
Solliciti ac duro sociorum funere tristes.

HO-

HOMERI ODYSSEAE
LIBER DECIMUS.

Protinus Aeoliam veni, qua fluctibus acta
Insula in instabili dis carus tecta colebat
Aeolus Hippotades: consurgunt aerea circum
Moenia, & ingenti procurrit vertice rupes.
Corpora gnatorum bissena in sedibus olli,
Sex pueri, totidem forma praestante puellae,
Ludunt, atque inter se laeti mutua curant
Connubia assueti patriis considere mensis,
Perpetuasque dapes celebrare. it nidor ad auras
Aetherias per lucem altis late undique tectis;   10
At tacita sub nocte sua cum conjuge quisque
Mollibus in thalamis strato super incubat ostro.
Hos ego tum fines tetigi, facilique receptum
Aeolus hospitio fovit, dum menstrua totum
Luna iter expleret. saepe ille audire volebat
Ilion, Argivumque rates, reditumque Pelasgum;
Cunctaque ego contra narrabam rite petenti.
Verum ubi jam cupidus volui discedere, & illum
Admonui, nihil ipse mihi, quibus indiget usus,
Abnuit, ingentemque novennis tergore tauri   20
Utrem ferre dedit, introque sonantia clausit
Flamina ventorum; namque illum rector olympi
Et rapidos jussit mulcere, & tollere ventos.
Ipse suis utrem manibus sub transtra locatum
Argento molli vinxit, ne quâ via ventis.
Adsit, & aequoreas tantum strepitantibus auris
                                                    Mulceat

Mulceat excitus zephyrorum fibilus undas.
Ceffimus, atque novem fulcantibus aequora luces
Et noctes totidem, decimo fub lumine vifi
E pelago nobis patrii fe oftendere colles,   30
Ardentefque ignes propius. mihi pectora preffit
Dulcis & alta quies feffo; namque ipfe regebam
Ufque ratem, nullum fociorum vela movere
Paffus adhuc, patria citius quo fede potirer.
Interea nautae vario fermone ferebant
Multa inter fefe, meque auri pondera ferre
Argentique domum ventorum a rege putabant.
Atque aliquis comitem fpectans: proh Juppiter! inquit,
Omnibus ut carus, quafcumque accedit ad oras,
Advenit hic: multas Trojana ex urbe reportat   40
Laetus opes; eadem nos vero caerula menfi
Nequidquam patrias vacui remeamus ad aedes.
Ecce etiam pretiofa dedit nunc munera ferre
Aeolus: eja omnes juvet infpexiffe, reclufo
Aurique argentique latet quae copia in utre?
Sic fatur, cunctofque eadem dementia vincit,
Et laxant jam vincla utri. fimul agmine venti
Ocyus erumpunt omnes, faevaque procella
Abripiunt pubem turbata per aequora longe
A patria flentem nequidquam. atque ipfe fopore 50
Excitus, & trifti concuffus pectora cafu
Mecum agito, in fluctufne ruam, vitamque relinquam?
Anne feram tacitus, caelefti vefcar & aura
Vivus adhuc? praeftat fupereffe, imaque refedi
Sub puppi tacitus, claffem dum turbine venti
Rurfus in Aeoliam ferrent, circumque fodales
Ingemerent. illic iterum tellure potimur,
Fontibus atque hauftis naves epulamur ad ipfas.

                                                    At

At dapibus poftquam vires potuque refectae,
Praecone & focio tantum comitatus ab uno   60
Hippotadae petii fedes, quem larga bibentem
Pocula cum gnatis deprendi & conjuge cara.
Ut veni, primo confedi in limine tecti
Ante fores: illi reducem ftupuere videntes,
Et fubito: quae cauffa movet? quod numen, Ulyffeu,
Ingruit adverfum mifero? te nuper amico,
Auxilio tutum patrias dimifimus oras,
Et quocumque animo cuperes intendere curfum?
Talia quaerebant. queis ipfe: heu perdidit, inquam,
Me comitum vefana manus, fomnufque fefellit   70
Improbus. optatam miferati o ferte falutem,
In veftra namque ipfa manu. tum plura paranti,
Mulcentique animos dictis pater Aeolus infit:
Ocius o difcede hominum jam peffime, & ifthinc
Eripe te: curare nefas me quippe fceleftum
Invifumque diis fuperis caput: aequore in alto
Jam pereas laevoque huc fato & numine vectus.
Haec dicens triftemque animi graviterque gementem
Expulit e domibus. rurfum freta caerula moefti
Verrimus, & duro pubes defeffa labore   80
Deficit incumbens remis, fruftraque negatam
Ipfa fua fufpirat opem jam perdita culpa.
Sex adeo noctes totidemque ex ordine luces
Dum ferimur, nos celfa Lami fub moenia fiftit
Septima lux; ubi longam habitant Laeftrygones urbem,
Paftor & e campis rediens inclamat agentem
Paftorem in faltus pecudes, auditque vocantem
Ille quidem diverfa petens; duplicemque referret
Idem ubi mercedem dulci fine munere fomni
Balantum per prata greges, armentaque pafcens: 90

         Y   Proxima

Proxima nam lucis noctifque eft meta viarum.
Heic ingens fefe portus venientibus offert
Quem fcopulis cingunt praeruptis undique cautes,
Litoraque adverfis procurrunt frontibus ante
Oftia, & angufto fauces arctantur hiatu.
Huc alii duxere rates, tortoque carinas
Inter fe propius vinxere ad litora nexu,
Immoto qua parte filent freta caerula fluctu,
Et circum placidis fubfternitur aequor arenis
Solus ego haud fubii portum, navimque rudente 100
Implicui extremo religatam in margine ripae
Extrorfum ad cautes; fpecula dein celfus ab alta
Profpectum exploro non ulla hominumve boumve
Signa noto, tantum caelo confurgere fumum.
Hinc fubito focios praemitto, & quaerere gentis
Praecipio nomen, lectis ex agmine binis
Adjunctoque fimul praecone. iter ocius illi
Corripiunt, celfo montis de vertice ad urbem
Arida quo rapidi vectabant robora currus.
Illis Antiphatae Laeftrygonis inclita gnata 110
Obvia, dum magnae fub moenibus urbis aquatur,
Venit, ubi Artaciae vitreis argenteus undis
Fons fonat, & patriae femper fluit utilis urbi.
Hanc adeunt propius, dictifque affantur; & una,
Quinam habeant homines, quae fint ea moenia, quaerunt.
Talia quaerentes duxit genitoris ad aedes
Illa fui; at poftquam fubiere in limida greffu,
Terruit ingreffos alta ftans mole velut mons
Femina, quae fubito jactans ad fidera voces
Exciit abfentem thalami fibi foedere junctum 120
Antiphatem. ruit ille foro molitus acerba
Fata meis, fociifque fuga properante duobus

　　　　　　　　　　　　　Elapfis,

Elapfis, alium rapiens vorat horridus ore,
Incenditque altis totam clamoribus urbem.
Quo fonitu exciti Laeftrigones undique currunt
Innumeri, vafta referentes mole gigantas,
Et late fcopulis effufi immania fubter
Saxa rotant: gemitus dira fub morte cadentum
Tollitur, & fractae ftridor ferit aethera claffis,
Transfixifque viris inhiant ceu pifcibus hoftes. 130
Aft ea dum claufo fervebant funera portu,
E femore eductum vagina protinus enfem
Corripio, & ftricto ferio retinacula ferro
Hortatus comites validis incumbere remis,
Molirique fugam. fimul illis excitus ardor,
Jactantque adducuntque manus: fic praepete curfu
Una ratis mecum fugit fubvecta per altum,
Atque aliae diro perierunt turbine fractae.
Hinc adeo elapfi turbato corde per undas
Provehimur, tantoque juvat fugiffe periclo 140
Incolumes. Aeaea oftenditur aequore contra
Infula, ubi fedem Circe formofa tenebat
Aeaetae germana foror; nam Sole creati
Et Perfa genitrice ambo, eximia Oceanine.
Vertimus huc taciti proras, portuque fubimus
Non divum fine mente; duas & litore noctes
Exigimus totidemque dies, vix aegra trahentes
Corpora, folliciti curis fractique labore.
Tertia fed poftquam rofeo jubar extulit ortu 150
Alma dies, haftam capiens enfemque corufcum
In fpeculam afcendo de litore; ficubi cernam
Culta foli, vocemque arrectis auribus adftans
Accipiam. ut veni, confcenfo vertice, fumum
Volvier afpexi denfis nemus inter opacum

Arbo-

Arboribus longe penetrali e culmine Circes.
Atque etiam tacitis propius succedere tectis
Audentem dum cura subit, descendere navim
Ad celerem visum satius, dapibusque refectos,
Qui loca vestigent, lectos praemittere pubis.
Jamque ubi tendebam vicina ad litora gressum, 160
Tunc aliquis divum caeli miseratus ab arce
Obtulit arboreis mihi cervum cornibus altum
Ipsa sub ora viae in medio; latebrosa relinquens
Qui nemora e pastu gelidum veniebat ad amnem
Fonte sitim cupiens restinguere; namque caloris
Arida vis illum, solisque exegerat ardor.
Protinus egressum, tergo qua spina recumbit.
In medio, aggredior: cuspis latus aerea transit;
Decidit, exanimesque artus in pulvere volvit.
Hunc super insiliens ferratum e vulnere telum 170
Eripui, tractumque solo viridante reclinans
Lenta manu carpsi virgulta, & vimina torto
Fune simul nectens, haud longo ingentia vinclo
Crura feri implicui, monstrumque immane subivi.
Sic ego processi curva cervice gravatus,
Innixusque hasta; neque enim manus altera quibat
Ferre humero impositum: tanta ingens mole patebat.
Ut ventum ad navim, dejecto pondere fidos
Admonui socios dictis moerentia mulcens
Pectora. non miseri quamvis Plutonia regna 180
Ibimus ante viri, quam nos occumbere leto
Fata velint. largo nunc o dum pabula victu
Sufficiunt, revocare animum, atque accumbere mensis
Talia stans propius memoro, parentque juventus
Undique conveniens, mirataque litore cervum
Obstupet, & magna defixa in mole moratur.

At

At fimul ac omnes explerunt lumina vifu,
Puro in fonte manus loti convivia menfis
Laeta parant celeres, occafum & folis ad ipfum
Implentur dulci baccho largaque ferina.   190
Quum fubiit fol ftagna maris caligine fpargens
Telluremque polumque, herbofo in litore fomnum
Cepimus; ut vero radiis aurora refulfit,
Stans medio in coetu tali fum voce loquutus.
Huc aures adhibete, experti & triftia fata
O focii (nec enim furgat qua parte vel arctos,
Vel refonant auftri; qua fol petat aequora feffis
Tardus equis, aut unde oriens fefe inferat axe,
Novimus ignari,) fi qua eft via certa falutis,
Confulite in medium, mihi nulla oftenditur aegro. 200
Namque ego dum fcopuli celfo de vertice luftro
Omnia, fluctifono vidi loca gurgite claufa
Undique: ftant humiles faltus, & fumus ad auras
Volvitur in medio crebris nemus inter opacum
Ilicibus. vix fatus eram, quum territa pubes
Concidit, & cafum Laeftrygonis anxia volvens
Antiphatae, necdum vim faevi oblita Cyclopis,
Horret, & effufis humectat fletibus ora.
Non lacrimis at tempus erat: partirier omnem
Stat numerum in geminas partes, dux agminis ipfe 210
Unius, Eurylochus partem dux alter habebat.
Dein galeae in refono fortes concuffimus aere,
Et primum Eurylochi retulit fors concita nomen.
Ille invadit iter celerans, juvenefque fequuntur
Bifdeni fupraque duo, fociofque profecti
Nequidquam flentes moefti poft terga relinquunt.
Jamque iter emenfi niveo de marmore ftructa
Tecta vident Circes media furgentia valle;

Montani-

Montanique lupi circum fulvique leones
Stant placidi in foribus, quos diva potentibus herbis 220
Lenierat. non illi acres venientibus inftant,
Sed blandi, & longis teftantes gaudia caudis
Luxuriant; reducemque velut quum divite menfa
Excipiunt catuli dominum fibi nota ferentem
Pabula; fic variae facies atque ora ferarum
Ludebant circum. fed vifu territa pubes
Reftitit, & foribus preffit veftigia primis.
Interea dulci refonantem gutture Circem
Audiit, arguto magnam dum pectine telam
Affiduo incumbens operi dea pulfat; & auro 230
Mollia purpureae pingit velamina lanae.
Primus ibi ante alios, magno quem femper honore
Complexus, carumque habui magis omnibus unum
In mediis adftans coepit fic voce Polites.
Heic aliqua ingentis percurrens ftamina telae
Dulce canit (tremulo refonat domus ardua cantu)
Seu dea feu mulier: quin illam voce ciemus?
Vix ea fatus erat, fonituque excita repente
Nympha fores rutilo ftridentes cardine pandit,
Invitatque viros. cuncti irrupere fequentes 240
Heu miferi, Eurylochum praeter, qui tecta fubire
Abnuit, infidias veritus fraudemque latentem.
Jamque introgreffos dea vafra fedilibus omnes
Collocat, & cererem niveique coagula lactis,
Mellaque cum dulci confundit nectare bacchi,
Tum nocuo mifcens medicatas gramine fruges
Porrigit, & patriae cunctis oblivia fundit.
Poft ubi guftarunt, virga dea faeva potenti
Percutiens altis claufit praefepibus omnes
Mutatos in membra fuum vocemque coloremque 250
Et

Et fetas: tantum manfit vis priftina mentis.
Stant moefti lugentque fimul; fera pabula Circe
Iliceos fetus, glandemque, atque afpera corna
Sufficit, & quaecumque fues manduntque vorantque.
Interea Eurylochus fugiens redit inde reliſtam
Nuncius ad navim, magno fed corda dolore
Perculfus fruſtra conatur mittere vocem,
Nec valet, & curis ingentibus aeſtuat intus
Ora rigans lacrimis. nos contra inſtamus, & omnes
Solliciti precibus pavitantem urgemus: at ille   266
Redditus in fefe tandem fic ora refolvit.
Ivimus, horrenti qua procubat ilice filva,
Contigimufque domum fecto de marmore ſtruſtam
Valle fub umbrifera. cantu folata laborem
Intus inaurato texebat pectine telam
Seu dea feu mulier: fociifque vocantibus ultro
Inverfo refonos patefecit cardine poſtes,
Accivitque viros. fequitur male cauta vocantem
Turba fimul, folufque dolos ratus ipfe refedi.
Continuo ex oculis omnes abiere; neque ullus 270
Praeterea longo refidi mihi tempore vifus.
Dixerat: ipfe autem bullis fulgentibus aptum
Enfem humero ingentem fufpendo arcumque fonantem,
Atque ipfum noto jubeo me ducere calle
Eurylochum. fed genva manu complexus utraque
Ille mihi: ne quaefo, inquit, Jovis inclita cura,
Invitum ne coge: fine heic me fponte manere:
Incolumis nec enim jam tu, mihi crede, redibis;
Nec quemquam abduces. quin o fugiamus, & undis,
Si qua manet miferos, praeſtet tentare falutem. 280
Cui refero: maneas licet iſtheic, comprime greffus
Euryloche, & refidens dapibus vinoque fruare;

Ibo

Ibo folus ego, nam me vis afpera cogit.
Sic fatus puppimque & litora nota reliqui.
Aft ubi per facram celerans veftigia vallem
Non procul a Circes aberam penetralibus altis,
Adftitit aurata mihi virga infignis eunti
Mercurius juveni fimilis, cui prima rubentes
Flore genas molli fpargit lanuginis aetas,
Amplexufque manum placido prior edidit ore. 290
Quo tantum juga folus obis, ignotaque luftras
Arva mifer? focii tibi faevae in limine Circes
Setigeri jam plena fues praefepia complent.
Auxilione venis miferis? at non tamen inde
Effugies una ftabulo conclufus eodem.
Sed tibi parta falus per me eft: hoc accipe gramen,
Quod retinens manibus nympham fecurus adibis,
Exitiumque malum fugies & triftia damna.
Quin etiam infidias Circes atque omnia dicam
Confilia expediens: primum tibi mixta parabit 300
Pocula, & objiciet medicatis frugibus offam.
Sed neque fic poterit corrumpere; namque refiftet
Hos tibi fervatum, mea munera, gramen in ufus.
Dein ubi percuffum virga te diva fonanti
Contigerit, ftricto contra tu protinus enfe
Irrue in adverfam, jam vulnera jamque minare.
Illa manus tum victa dabit, tremefactaque ducet
In thalamum te fponte vocans. nec vota precantis
Refpue, ut incolumes focios ipfumque remittat
Servatum te blanda. prius tamen exige, divum 310
Numina uti juret, nullum tibi deinde periclum
Adfore; ne mollem nudato corpore reddat
Indecoremque animi. fic dicens, gramen ab ima
Evulfum terra fubito mihi tradit, & ufum

Edo-

Edocet. illi atro radix perfufa colore
Nigra fubeft, niveo lacti flos concolor halat,
Moly vocant fuperi, donum mortalibus aegris
Difficile inventu, poffunt vero omnia divi.
Haec inter fefe motis Cyllenius alis
Per nemus umbriferum levat alti ad culmen olympi; 320
Contra ego multa putans proceffi ad limina Circes.
Ut celerans pulcrae tetigi penetralia nymphae,
Ante fores clamans tenui veftigia: at illa
Audiit, & furgens referatis poftibus aulam
In mediam accivit moerenti corde fequentem.
Protinus ingreffum rutilanti in fede locavit
Sub pedibus mihi fulcra aptans, molitaque fraudem
Aurea commixtis infecit pocula fuccis.
Sed poftquam data dona bibens interritus haufi,
Contigit aurata me virga: atque ocius, inquit, 330
Cum fociis i foeda tuis praefepia ferva.
Dixerat: aft illam correpto turbidus enfe
Aggredior, trepidaeque minans jam defuper infto.
Ipfa autem inclamans fubiit, genibufque prehenfis
Haefit inexpletum lacrimans, fic ore loquuta:
O quis, & unde venis, quaenam tibi patria tellus,
Qui talem genuere? haec te fine labe bibiffe
Pocula, quae noftro quotquot medicata veneno
Contigerunt, fenfere malum? tibi pectore robur
Indomitum, nullique fubeft mens pervia fraudi. 340
Tu certe, nec vana fides, ille acer Ulyffes,
Quem mihi venturum fpondebat claffe per aequor
Iliacis reducem campis Cyllenia proles.
Quin age vagina ferrum jam conde reponens,
Et thalamos confcende meos, ut amore potiti
Mutua firmemus nos inter foedera pacis.

Z   Talia

Talia cui fanti refero. mollire furentem
Poffe etiam fperas precibus, convertere noftros
Aufa prius focios in vultum ac terga ferarum; 350
Nunc autem in thalamum, fi captum fallere poffis
Invitans me blanda? ut mollem & honore carentem
Perfida poft reddas nudatum turpiter artus.
Sed non ante tuum meme confcendere cernes
Nympha torum, quam fancta deum mihi numina rite
Adjures teftata; nihil dein trifte timendum.
Nec plura: illa deos follemni more facrorum
Juffa vocat, fpondetque fidem. quois ipfe peractis,
Haud renui nymphae votis parere vocantis.
Sedibus in pulcris forma praeftante puellae
Quattuor, affuetae varios properare labores 366
Olli aderant: almam facris e fontibus ipfae
Progeniem, filvifque trahunt, fluviifque, fonanti
Qui pelago fefe mifcent, pontoque refidunt.
Accelerant omnes: Tyriifque fedilia ftratis
Illa tegit, fubterque locat canentia lina:
Haec ponit menfas, atque apta fedilia menfis
Admovet argento e puro cum lancibus aureis.
Atque alia ambrofium mifcet cratere Lyaeum
In rutilo, funditque aurata in pocula circum;
Ultima fert liquidos rores; atque excitat ignem 370
Sub tripode ingenti. fuperas vapor udus ad auras
Tollitur. at flammis intus tepefactus ut humor
Incaluit, fubiique labrum fplendentis aheni,
Ipfa manu facili pofitos invergit in artus
E tripode undanti rorem, fpargitque fuperne
Cervicemque humerofque, & amatis irrigat undis
Ufque fovens, redeant dum laffo in corpore vires
Exempta jam tabe mihi. tum denique olivo

Spar-

Sparsit, & abluti niveos super induit artus
Vestibus intextis auro, folioque locavit 380
Languida suffultum molli vestigia strato.
Atque eadem manibus fontes de more ministrat;
Aureus effundit cyathus quos ore lebetem
In solidum argento, & mensis mantilia sternit
Candida, fert cererem calathis, & lancibus escas
Altera jam stipat, meque ultro sedula tardum
Excitat. ipse autem moerenti corde sedebam
Anxius, atque alias volvebam pectore curas.
At postquam tacito defixum lumina vultu,
Spernentemque epulas vidit, sic prima dolentem 390
Alloquitur Circe. cur o taciturnus, Ulysseu,
Sic resides muto similis, nec munere gaudes?
Insidias certe metuis, quum triste timendum
Jam nihil est, postquam divos in verba vocavi
Pollicita aeternum foedus. cui talia fanti
Sic retuli: quis, diva, movet pietatis imago
Ulla animum cui forte, epulas contingere laetus
Sustineat prius, ille suos quam solvere curet,
Et coram aspiciat socios? tu redde meorum
Corpora, nec segnem cernes accumbere mensis. 400
Haec ego fatus eram; quum Circe e limine gressus
Extulit, & virgam capiens stabula alta reclusit,
Exegitque suum mutata in corpora pubem.
Stant miseri juvenes; medios quos illa per omnes
Incedit, spargitque novum per membra liquorem
Cuique viro. fluxere horrenti e corpore setae,
Induerant quas ante, & primae forma juventae
Reddita continuo versos illapsa per artus
Pulcrior, & multa renovata in luce refulsit.
Atque ubi me coram videre, amplexibus omnes

Effusi petiere manum, dulcique repente
Omnibus exorto late domus excita fletu
Insonuit. jam diva simul miseratur, & ipsa
Cominus aggreditur sic me solata gementem.
O Laërtiade navim litusque relictum
Nunc repetens, pelago fac primum educere puppim
Tellurem in siccam, speluncisque abdere opacis
Armaque, & advectam Phrygio de litore gazam;
Huc iterum dein ipse veni socia agmina ducens
Emensum per iter. dixit; nec jussa moratus   420
Protinus ad navim celerans vestigia torsi
At juvenes sola pelagi resonantis in acta
Tristia foedabant lacrimis manantibus ora.
Ac veluti molles vitulae circum ubera matrum,
Quum redeunt campis dulci jam gramine pastae,
Saltibus adversae ludunt; nec vincla nec illas
Ulla tenent jam septa; at circum armenta vagantur,
Et querulis implent late mugitibus auras.
Haud aliter pubes me circum affusa ruebat,
Ut reducem primum vidit; nec segnior omnes   430
Laetitia invasit, quam si patria arva tenerent
Sedibus excepti placidis, longosque cientes
Incassum gemitus verba inter singula cuncti
Sic memorant. reduci jam te, nos alma voluptas
Non minor incendit, Jovis o carissima cura,
Quam si Ithacae nobis tetigissent litora prorae:
Quin age & infandos sociorum edissere casus.
Quos ego solatus navim subducite, dixi
Speluncisque cavis advectam condite gazam;
Armaque; tum celeri gressu vestigia ferte   440
Me duce, ut incolumem sacra intra limina Circes
Cernere contingat plena ad convivia pubem.

                              Nec

Nec plura: illi omnes subito mea dicta sequuntur;
Sed non Eurylochus, solus qui fida tenere
Agmina conatus; quo nos nunc ibimus, inquit,
Ah miseri! tantus qui nam nova quaerere damna
Ardor agit? nos saeva deae penetralia adire;
Scilicet ut subito mutati in membra luporum,
Setigerique sues facti dirique leones
Excubias divae foribus servemus adacti?   450
Excidit an Cyclops animis, improvida pubes
Hoc duce quum subiit sceleratae rupis in antrum?
Unius heu capitis miseram dementia tristi
Perdidit exitio. fundentis talia ab ore
Protinus educto cervicem abscindere ferro
Ira subit, quamvis propius mihi sanguine junctus
Ille foret; verum socii tenuere furentem,
Et precibus flexere animum sic deinde loquuti.
Ni tua jussa vetant, maneat licet ille relictus,
O Jove nate; ratem servet: nos limina ad alta   460
Duc age, lustratoque citos rege tramite gressus.
Vix haec finierant, navimque & litora cuncti
Deseruere alacres: audet non ipse manere
Eurylochus, veritusque meas irasque minasque
Ingreditur, moestusque legit vestigia pone.
Interea Circe tectis penetralibus omnes
Laverat, & pingui juvenes lustrarat olivo
Inducens tunicasque super laenasque decoras
Cernimus, accinctos epulis; nosque illi ubi contra
Conspexere, simul varios in pectore motus   470
Suscipiunt, lugentque simul: genitu omnia late
Atria, & effusis resonant clamoribus aedes
At dea tum subiens propius: sate sanguine magni
Laërtae, dixit, tristem nunc ponite luctum,

Et

Et lacrimas cohibete. mihi funt omnia nota,
Experti quaecumque mari five eftis in alto,
Seu terris, toties inimica a gente fugati.
Sed victu revocate animos, quos ante profecti
Ex Ithaca quondam Phrygiis habuiftis in oris
Pectore fub forti. nunc & fine viribus artus,   480
Et defeffa malis longoque errore viarum
Aegrefcit mens victa, ullam nec cura quietem
Dat miferis, laetave animos dulcedine fpargit.
Sic ait; & cuncti dictis paremus ovantes.
Heic igitur toto lenti confedimus anno
Perpetuis pafti dapibus, dulcifque Lyaei
Munere gaudentes. poftquam fol aureus annum
Menfibus exactis revoluto temporis orbe
Egerat, & longas perfecerat ordine luces,
Talibus aggreffi juvenes. quid, lente, moraris   490
Immemor heu patriae longum? fi fata repofcunt
Incolumem te certa tuas contingere fedes,
Infelix o rumpe moras. fic voce monebant,
Sollicitum votifque ultro parere volentem;
Et rurfum inftaurant epulas, & pocula libant
Ufque fub extremam lucem. quae fole cadente
Ceffit ubi, nigris & inhorruit aura tenebris,
Hac illac ftrati placido dant membra fopori.
Aft ego confcendens affueta cubilia nymphae
Illius acceffi genibus, lacrimifque profufis   500
Haud ignaram adii tali prior ore loquutus.
O dea, pollicitum jam tu mihi perfice munus,
Et patriae me redde. haud ipfe refiftere votis
Haud focii, mea cura, valent, qui femper acerbis
Quaeftubus increpitant, quoties tu diva recedis
Me circum affuffi. fic ipfe; at nympha precanti

Blan-

Blanda refert: non his invitos longius oris
Vos teneam, jam pone metus, o fortis Ulysse.
Longa tamen vobis via restat, & ante petenda
Persephones domus atra atque alti regia Ditis,
Caecus ubi responsa dabit certissima vates
Tiresias, cujus menti vis integra perstat.
Namque etiam exstinctus, voluit Proserpina, solus
Ut saperet: volitant alii sine honore per Orcum
Umbrae infelices, simulacra carentia mente.
Dixerat illa: mihi gelida formidine sanguis
Diriguit; taedet vitae lucisque sedentem
In thalamo, fletuque sinus atque ora rigantem.
Post ubi me luctu satiavi moestus acerbo,
Collegique animum: fare o pulcherrima, dixi,   520
Ecquis erit dux ille, viam qui monstret ad Orci
Limina? numquam adiit Plutonia regna carina
Ulla, nec umbrarum subiit loca nigra silentum.
Sic ego, sic iterum Circe: non ulla fatiget
Nunc te cura ducis; tantum vobrania malo
Carbasa tende manu residens, placidoque per undas
Excitus impellet boreas tibi flamine puppim.
Mox tamen oceani quum jam tranaveris aestum,
Litus ubi stat molle, & frondibus horret opacis
Populus, & steriles platani, salicesque nigrantes   530
Tergeminae silva alta deae, tu gurgite summo
Siste ratem, Ditisque nigra in penetralia tende;
Quaque Pyriphlegethon torrens Acherontis in alveum,
Cocytusque fluit Stygio deductus ab amne
Rupe sub adversa, resonant ubi murmure magno
Amborum late ripae coëuntibus undis.
Huc subiens fossam cubito non amplius altam
Effodere, & circum libamina jussa memento

Spar-

Spargere mella ferens medicata, & dulce lyaeum;
Tum latices de fonte, & adorea munera funde 540
Manibus. his actis simulacra carentia vita
Supplicibus supera votis, Ithacamque reversum
Multa vovens sterilem praestanti corpore vaccam
Ignibus impositam sacris dic rite daturum,
Structurumque pyram cumulatam rebus opimis.
In primis vero nigranti vellere soli
Tiresiae sponde, pecudes qui maximus inter
Lanigeras aries vestris in ovilibus errat.
At simul ac precibus manes in vota vocatis,
Ense aries cadat ictus, & atri velleris agna 550
Versa Erebi ad fauces: tu contra averte reflectens
Cervicem, fluvioque subi: circumundique fusae
Advenient animae, tenues sine corpore vitae.
Tunc socios hortare, ignique imponere sacro
Praecipe jam ferro mactatas ante bidentes
Pellibus ereptis, nec non dis fundere vota
Persephone metuendae & magnanimo Plutoni.
Ipse autem strictum vagina protinus ensem
Eripiens propius reside, circumque volantes
Sanguinis a rivo prohibe sine viribus umbras, 560
Tiresias dum fata ferat. non ille moratus
Adveniet, reditusque modum totumque docebit
Certus iter, quo longa iterum maris aequora lustres.
Haec dea: quum caelo rutilans Aurora refulsit,
Admonuitque toro consurgere: jamque ego laenam
Accipio tunicamque; at nymphae vestis ad imos
Candida defluxit talos, atque aurea cinxit
Zona sinus, tenuisque comas velavit amictus.
Hinc ego tunc celerans tectis penetralibus ibam,
Hortabarque viros: o somno surgite, eamus; 570
                                              Nam

Nam divae fic juffa ferunt. quae talia poftquam
Dicta dedi, laeto focii clamore fequuti
Expediunt fefe, quos nec tamen inde malorum
Expertes potui falvofque abducere cunctos.
Elpenor nam forte fuit pubentior aevo
Omnibus, haud bello validus, nec pectore fortis,
Qui, tacita fub nocte mero fomnoque fepultus
Parte in fecreta feffos ut ftraverat artus,
Excitus extemplo turbari tecta tumultu
Audiit, oblitufque fui, ftrepitumque fequutus, 580
Nec gradibus nitens, tecti de culmine praeceps,
Dum properat fine mente furens, ruit ocius actus
In caput. olli humero cervix infracta pependit,
Vitaque diffugit nigrum indignata fub Orcum.
Interea reliquos venientes alloquor ore:
Ad patrios vos forte lares intendere curfum
Creditis? at monitu divae prius atria Ditis,
Atque Hecates adeunda domus caligine opaca,
Thebanique manent fcitanda oracula vatis
Tirefiae. dixi: fubitufque per ima cucurrit 590
Offa tremor fociis; flentes tum vellere crinem,
Et manibus lacerare genas, nec parcere luctu;
Nequidquam: haud etenim requies his ulla dabatur.
Inde ubi digreffi; curfuque ad litora triftes
Tendimus, & multo fuffufi lumina fletu,
Jam dea nigrantes pecudes religarat ad altam
Nulli vifa ratem; quis enim nolentia cerni
Numina mortali poffit cognofcere vifu?

A a

Ho-

HOMERI ODYSSEAE
LIBER UNDECIMUS.

POstquam contigimus vicini litoris oram,
Continuo in refonas puppim deduximus undas
Malum attollentes maloque haerentia vela:
Egimus & pecudes intro, lacrimifque madentes
Sufpenfique animum fimul ipfi afcendimus. auris
Mollibus afpirans a puppi ventus euntes
Profequitur, flatuque implet finuata fecundo
Carbafa, & auricomae crebrefcit munere Circes.
Hinc pofitis placidi circum confedimus armis,
Dum navim rectorque fimul ventufque ferebant   10
Tota luce cito fulcantem caerula roftro.
Mox fimul hefperium fubiit fol aureus amnem,
Jam tenebris late fparfis devecta per altum
Oceanum tuto confedit litore puppis.
Cimmerii heic habitant, denfa caligine femper
Et nebulis gens merfa: haud illos afpicit unquam
Sol radiis, nec celfa petit quum fidera curru,
Ad terram nec vertit equos quum rurfus ab axe,
At femper fufcis nox atra fupervolat alis.
Litus ibi in ficcum fubducta e gurgite navi,   20
Extractoque grege, oceani labentis ad aeftum
Tendimus, & curfu petimus loca juffa fub amne
Adverfum per iter. tenet atri velleris agnam
Arjete cum facro Perimedes Eurylochufque
In medio; ipfe autem ftricto mucrone fub ima
Ad cubitum hinc atque hinc foffam tellure cavavi.

Mani-

Manibus hanc circum cunctis libamina fudi
Mixto melle prius, dein dulci nectare bacchi,
Tum lymphis de fonte, super cerealia spargens
Dona manu frugesque sacras. hinc multa precatus 30
Promisique redux vovique silentibus umbris
In patria sterilem praestanti corpore vaccam,
Ingentemque pyram cumulatam rebus opimis;
Tiresiae vero nigranti vellere totum,
Pulcrior in nostris aries qui saltubus errat.
Verum ubi finieram manes in vota vocare
Supplicibus dictis, fossam super ense corusco
Colla ovium ferii. fluit ater vulnere sanguis,
Atque erebi e latebris imi ruit excita turba,
Matres, atque viri, seniumque imbelle, puellaeque 40
Innuptae fato tristes & caede recenti:
Multi etiam in bello transfixi pectora telis:
Magnanimi heroes calido sparsa arma tenentes
Sanguine adhuc. omnes magno stridore ruebant
Effusi ad fossam: subitus mihi pallida tinxit
Ora timor, steteruntque horrenti in vertice crines.
Tum celerans ovibus mactatis tergora jussi
Deripere & sacris imponere viscera flammis,
Votaque ferre diis caeloque ereboque potenti
Persephone, & stygio regi, cui tartara parent 50
Umbrarumque domus. stricto non immemor ense
Interea imbellem vetui succedere turbam
Sanguinis ad rivum, thebani oracula vatis
Dum peterem, placidusque idem consulta referrem.
Prima mihi ante alias Elpenoris adstitit umbra
Nondum etiam tumulo composti: namque verendae
Sedibus in Circes inhumatum liquimus ante
Infletumque, aliis distracti pectora curis.

　　　　　Illum

Illum ego quum vidi, fortem miseratus acerbam,
Sic prior aggredior: quae te via duxit in orcum   60
Elpenor miserande? prior pedes ipse subisti,
Quam navi devectus ego. sic fatus: at ille
Excipit illacrimans: me laevi numinis ira
Corripuit Laërtiade, visque improba vini.
Namque oblitus, humi recubans ut forte jacebam,
Scalarum inniti gradibus, de culmine tecti
Praecipitans alto cecidi: gravis impete cervix
Ossibus infractis humero collapsa pependit,
Atque anima haec stygio petiit loca subdita regi.
Nunc ego te cupidos per amatae conjugis ignes, 70
Per genitorem oro, per spes & gaudia cari
Telemachi, solus patria qui ludit in aula,
(Rursum etenim, postquam vises Plutonia regna,
Excipiet reducem tellus Aeaea,) ibi nostri
Te subeat jam cura, memor patiare nec ossa
Heu miseri tumuloque diu lacrimisque carere,
Numine sim laeso ne fors tibi caussa doloris.
Injice me flammis, oro, meaque omnia pone
Arma rogo, tumulumque aggesta in litore terra
Exstrue mansurum, famam venientibus annis.   80
Haec mihi tu persolve, & remum in mole sepulcri,
Caerula quo vivus torquebam, desuper adde.
Dixerat; illi autem breviter: tibi redditus ipse
Omnia perficiam, dixi, solvamque sepulto.
Hac vice sermonum trahimus dum tempora maesti,
Ipse quidem residens ad rivum sanguinis, ille
Parte alia multis nequidquam vocibus instans;
Ecce mihi ante oculos carae subit umbra parentis,
Magnanimi Autolyci clarum genus Anticlea,
Quam vivam Iliacas liqui digressus ad oras.   90

Hanc

Hanc tum forte videns flevique & tactus amore
Indolui: non ante tamen sum passus eamdem
Sanguinis ad sacri dulcem succedere potum,
Quam se Tiresias ageret consulta daturus.
Jamque aderat vates, & dextra sceptra tenebat
Aurea, meque ultro agnoscens: quae caussa subegit
Linquere, ait, solis jucundum lumen & auras,
Ut stygias erebi sedes, loca turbida, adires?
Quin isthinc absiste, & vagina indue ferrum
Fulmineum, ut sacro saturatus sanguine pandam 100
Vera tibi. dixit, subitoque, ubi vidit acutum
Me gladium posuisse manu, successit ad haustus
Impiger, & satis demum sic ora resolvit.
In patriam reditum tu dulcem quaeris, Ulysseu,
Quem tibi difficilem statuet deus: haud ego namque
Iram posse reor te magnam fallere regis
Aequorei; tibi semper atrox odia aspera contra
Suscitat, & rapto gnati pro lumine saevit.
Sed tamen & multos per casus litora carae
Tangere post dabitur patriae, modo parcere praedae 110
Tuque, tuique velint, ubi primum elapsus ab undis
Trinacriae curvo religabis in aggere puppim,
Pascentesque boves armentaque pinguia cernes
Solis, inexstincta lustrans qui lampade terras
Cuncta videt novitque pater. servare nefanda
Hos fuerit si cura sacros a caede juvencos,
Sic quoque spes Ithacae vobis: sin laeserit ullus,
Tum certum exitium sociis navique futurum
Edico. tuque ipse licet fata ultima vites,
At miser heu sero venies, indigna tuorum 120
Funera perpessus, numero super unus ab omni,
Auxilii navisque alienae atque artis egenus.

Aspi-

Aspicies vero celsa intra tecta domorum
Jamdudum assuetos juvenes tua perdere luxu
Omnia, dum fidum tentant pervertere donis
Conjugis optatae pectus: mox digna rependes
Supplicia, atque ultor merita vim caede piabis.
At simul ac sontem turbam demiseris orco,
Sive dolo furtim, seu pugna aggressus aperta,
Accipiens habilem tum laevi ex abjete remum 130
Vade age, dum venias populos procul actus ad illos,
Qui freta, qui dulcem fugiunt salis ore saporem,
Nec pictas videre rates, nec remigis usum
Caerula findentis, volucris velut aethera findit.
Nunc etiam te signa, animos adverte, docebo:
Obvius adverso veniens quum forte viator
Ferre abiegna humeris te dicet fortibus arma,
Ventilat ad zephyrum jactas queis messor aristas;
Heic remum defige solo, caesoque juvenco
Neptunum pinguique sue veneratus & agno 140
Ad patrios concede lares, atque omnibus una
Caelicolis fer sacra libens: post funus ab undis
Adveniet tibi Parca ferens, quum longa senectus
Canitie placida confectum cernet, & omnes
Otia te circum peragent felicia gentes:
Haec te certa manent, fatorum hic vertitur ordo.
Dixerat. huic autem contra: stant omnia, dixi,
Tiresia, imperiis haec divum & numine fixa.
Nunc alia o referas, oro: jam luce carentis
Heic video nostrae simulacrum adstare parentis: 150
Ipsa tacet propiorque sedens nec cernere gnatum
Sustinet heu contra, notas nec reddere voces;
Dic age, quo prolem valeat cognoscere pacto?
Talia quaerenti vates, sic ore vicissim

Dicta

Dicta refert: non te per longa exorsa tenebo,
At cupido dicam. quaecumque accedere sacros
Sanguinis ad latices simulacra carentia luce
Siveris, illa tibi referent responsa petenti;
Quaeque abiges, ibunt nequidquam muta sub umbras.
Sic dicens nigri subiit tecta horrida Ditis   160
Tiresiae levis umbra, haec postquam oracula fudit.
Ast ego, dum veniat mater, fusumque cruorem
Ebibat, opperior cupidus. quo protinus hausto
Agnovit sobolem lacrimans, ac talibus insit:
Quae vivum te, gnate, vices, quae fata tulerunt
In leti sine luce domos, atque invia vivis
Litora? circum obeunt lymphis torrentibus amnes,
Oceanusque sinu vasto, quem vincere cursu
Non vis ulla pedum valeat; vix fortia possunt
Velivolae hos fluctus transmittere texta carinae. 170
Redditus an Phrygiis nunc primum a finibus errans
Cum navi sociisque venis post tempore longo,
Necdum Ithaca, necdum formosa conjuge visa?
Dixerat: illi autem retuli. vis aspera cogit
O genitrix me regna nigri Plutonis adire
Tiresiae manes scitatum umbramque potentem.
Nondum etenim tetigi delapsus Achaeidis arva,
Aut fines vidi nostros, maria omnia circum
Actus, ad Iliacos ex quo victricia campos
Arma tuli primum gemini bellator Atridae.   180
Verum age fare mihi, quo mors tua funere clausit
Lumina in aeternam noctem? num tabida morbi
Edomuit te longa lues, an laeta sagittis
Ipsa suis miseram stravit jaculata Diana?
Quid genitor? quid gnatus agit? stat pristina fama,
Imperiumque illis nostrum? vel fortior alter

Sceptra

Sceptra tenet me jam ratus atro funere merfum?
Dic quoque confilium, dic noftrae conjugis artes:
Cum puerone manet, fedefque & falva tuetur
Omnia, an abrepta jam quifquam gaudet Achivum? 190
Vix ea fatus eram, genitrix quum talia rurfum
Voce refert: manet illa tibi, manet icta dolore
Corda gravi, curifque ingentibus aeftuat aegra
Semper, & affiduo corrumpit lumina fletu.
Nondum ullus tua fceptra tenet: tranquillus at altis
In lucis feftofque dies in honore deorum
Natus agit, fociofque inter convivia curat
Digna viro, judex populis qui jura miniftrat:
Omnes namque vocant. genitor tuus urbe relicta
Sola tenet procul arva; neque illi ftrata cubili 200
Mollia, nec pictae funt tonfo vellere veftes.
Ipfe hyeme in gelida famulantum more prope ignem
In cinere accumbit fordentem indutus amictum;
At quum aeftas fervet gravidoque virens autumno
Ridet ager, qua fe tulerit per confita cumque
Vitibus arva; torum dant illi ex arbore lapfa
Et folia & frondes. ibi cura oppreffus acerba
Moeret, & affiduo luctu te, gnate, tuumque
Exitium queritur lacrimans, duraque fenecta
Infuper heu premitur, quae me quoque funere merfit. 210
Nam neque me telo numquam fallente Diana
Perculit in domibus jaculata, nec afpera morbi
Corripuit vis ulla; artus quae virus in aegros
Infinuans tenuem potuiffet folvere vitam;
Sed me cura tui, tua virtus maxima, Ulyffeu,
Et pietas erepta has me duxere fub umbras
Exftinctam. fic illa gemens dicebat: at ipfe
Nequidquam volui matris comprendere manes,

Conat-

Conatufque manus ter collo imponere circum,
Ter vacuas elapfa manus effugit imago   220
Par umbrae fomnoque levi: meque acrior imo
Cepit corde dolor, tali & fum voce loquutus.
Quo genitrix me cara fugis? ne fubtrahe noftris
Te manibus; circum liceat dare brachia & orci
Ipfius in latebris, luctuque explere dolorem.
Anne mihi fallax umbram hanc Proferpina mifit;
Quo magis aegrefcens dolor imo in pectore glifcat?
Sic ego: quum mater. non te Proferpina, gnate
Heu mifer ante alios, vana fub imagine ludit:
Haec homines fed forma manet, quum fpiritus artus 230
Deferit. haud etenim falientes fanguine venae,
Offibus aut haerent nervi: vis ignea molem
Corpoream abfumit, fimul ac nos vita reliquit;
Aft anima in tenues fomno par evolat auras.
Quin age poft lucem repetens atque omnia fervans
Dicta redux eadem nuptae narrare memento.
Talia nos inter; fubito fefe obtulit agmen
Quum mihi femineum (nam claro e fanguine nymphas
Innuptas Hecate nuptafque emiferat una)
Et circum affufum properabat fanguine pafci.   240
At mihi fcitari tum quamque accenfa cupido,
Eductoque iterum ferro fimul undique fufas
Stat potu prohibere. ita cunctae ex ordine adibant,
Narrabatque fuam mihi quaeque ab origine gentem.
Heic prior acceffit forma pulcherrima Tyro
Magnanimum jactans patrem Salmonea, & almo
Aeolidae quondam Crethei dignata cubili,
Mollibus in ripis affueta & margine Enipei
Ludere propter aquas, quo non formofior alter
In mare purpureum per campos labitur amnis. 250

B b   Heic

Huic deus, aequoreas nutu qui temperat undas,
Aſſimilis, reſoni prope fluminis oſtia nymphae
Accubuit. ſtetit unda fluens, curvataque montis
In faciem texitque deum nymphamque ſub amne
Virginea exutam zona preſſamque ſopore.
At deus interea perfecto laetus amore
Accepitque manum placidoque haec addidit ore.
Munere laeta meo jam gaude o candida nympha;
Nam paries claram revoluto temporis orbe
Progeniem: numquam di ſpe fraudantur inani: 260
Sit prolis tibi cura. vale o dilecta, neque ulli
Prodens facta refer; ſi neſcis, magnus aquarum
Rector ego. dixit, ſubiitque undantia ponti
Caerula: at illa gravis Pelian & Nelea partu
Edidit, a magno ſortitos regna Tonante
Scilicet imperiumque ambos: ille almam Iaolcum
Dives opum coluit, Pylias hic ſedit ad oras.
Ipſa etiam Cretheo peperit fortemque Phereta,
Aeſonaque, & volucrum domitorem Amythaona equo-
      rum.
Poſt hanc Aſopi genus alto a ſanguine vidi   270
Antiopen, quae mixta Jovi duo germina fratres
Protulit inſignes animis, Amphiona dium,
Et Zethum; primi quondam qui celſa locarunt
Moenia Thebarum, cinxere atque arcibus urbem
Impoſitis; neque enim quamquam acri robore freti
Sat poterant arcere altis ſine turribus hoſtem.
Vidi etiam Alcmenam junctam Amphitryoni hymenaeis,
Indomiti Alcidae matrem, quem ſemine cretum
Aetherio furtim genuit complexa Tonantem.
Dein Megaram forti natam genitore Creonte   280
Herculis invicti nuptam. vidi quoque matrem
                              Oedi-

Oedipodis miferi, flavam crines Epicaftam,
Aufa nefas quae trifte, animi correpta furore,
Ipfa fuo nupfit gnato. dedit ille parentem
Heu miferum leto ignarus, thalamoque potitus
Materno implevit fubitis terroribus urbem.
Tum fcelerum infelix furiis agitatus habebat
Imperium Thebis, Cadmaeaque regna premebat
Caelicolum fato trifti. Plutonis at ipfa
Clauftra adiit, trabibus fibi nectens funus ab altis 290
Acta dolore gravi, gnatoque exftincta reliquit
Supplicia, ultrices matrum quot Erynnies addunt.
Nec non & Chlorin formae praeftantis honore
Eximiam afpexi: qua vifa captus, haberet
Neleus ut fociam, dedit auri ingentia dona,
Iafidae minimam gnatarum Amphionis. ille
Orchomenum tenuit Minyei fontis ad undam;
Ipfa Pylo regnavit, ubi almae lucis in auras
Neftoraque Chromiumque Periclymenumque fuper-
    bum
Progenuit, curamque fuper te, pulcra, futuram 300
Finitimis late, Pero. fed jungere nulli
Suftinuit Neleus, lata nifi fronte juvencos
Egerit Iphicli ftabulis e fortibus idem
Indomitos. folus quos vates inclitus olli
Pollicitus, fidens animi, contraria fenfit
Fata deum, vigilum vim duram & vincula paffus.
Mox tamen exactis quum menfibus integer annus
Aetherium complevit iter, volventibus horis;
Tum demum Iphiclus fata ipfum certa canentem
Solvit, & altifoni nutu Jovis omnia verfa. 310
Ecce autem infignis facie fe Leda ferebat
Tyndarei conjux, genitrix tua, Caftor equorum

O do-

O domitor, pugilumque ferox certamine Pollux.
Ipfa etiam nigrae terrae intra vifcera vobis
Ab Jove partus honos, alterno ut tempore vita.
Gaudeat hic, fatique ultro vim fentiat alter,
Inque vicem fuperum caelefti luce fruatur.
Poft & belligero nuptam Iphimedian Aloëo
Cernere erat, pelagi domino quae mixta fupremo
Edidit, angufti cepit quos terminus aevi,   1320
Caelicolis Otumque parem, clarumque Ephialtem,
Omnibus, alma tulit quos terra, & mole priores
Et pulcro afpectu poft fulmineum Oriona.
Vix etenim nonum tulerat fol aureus annum,
Jamque novem cubitos lata fe mole ferebant,
Ac totidem longis aequabant jugera membris.
Aufi etiam fuperos inimica in bella vocare,
Armaque, & horrifona mortem cum caede minari,
Stellifero magnum funt Offam imponere Olympo,
Scilicet & celfo conati Pelion Offae   330
Addere frondofum, caelique affurgere in arcem.
Fors quoque, fi vires melior pubentibus aetas
Aucta dabat, votoque forent aufoque potiti.
Sed peperit Latona Jovi quem candida gnatum,
Perdidit Arcitenens prius ambos, flore juventus
Ornaret quam prima genas, & fpargeret ora.
Heic Phoedram, Procrimque etiam, pulcramque Ariadnam
Minois vidi fobolem, quam finibus olim
Gnoffiacis Thefeus dites abduxit Athenas,
Nec potuit perferre; illam nam diva Triformis 340
Irrigua in Dia tenuit, tibi munus, Iacche,
Nempe parans, precibus non fruftra in vota vocata.
Maeramque, Clymenamque fuper, moeftamque Eri-
    phylen,
                                        Aurea

Aurea pro caro cepit quae conjuge dona,
Vidi ego tunc refidens. at non quafcumque videre
Contigit, has poffim referens comprendere cunctas,
Magnanimum heroüm gnatas thalamumque fequutas;
Praecipitans namque atra polo nox cederet ante.
Et me prona monent jam fidera carpere fomnos
Sive heic, feu potius curvatae ad tranftra carinae 350
Cum fociis: ftet cura mei Phaeacibus & dîs.
Finierat: preffoque omnes intenta tenebant
Ora fono, rerumque nova dulcedine capti
Sedibus haerebant tacitis; quum candida coepit
Sic regina: quis hic, cives, quantufque videtur?
Quem fefe ore gerens, quam forti robore, & aequo
Confilio? meus hofpes erit, nec parva fequetur
Gloria vos etiam: proin hinc dimittere tantum
Ne properate viri, neu parce munera egenti
Ufque adeo vos ferte, quibus vis plurima rerum 360
Divite fub tecto fuperum jacet abdita dono.
Talibus illa: heros dicentem excepit Echeneus
Phaeacum proceres inter jam maximus aevo.
Non haec, o focii, vobis fine mente loquuta
Eft adeo regina; omnes quin dicta fequamur,
Si probet Alcinous: namque ipfius omnia pendent
Imperiis. dixit fenior, cui talia fubdit
Alcinous: nec vos aliter fas velle, nec ipfe
Perpetiar contra, dum fceptra haec vivus habebo.
Nec minus heic hofpes, quamquam citus optet abire, 370
Suftineat tamen ille, polo dum craftina reddat
Exoriens Aurora diem, perfectaque dona
Conftituam tum rite viro: delecta juventus
Aufpiciis properata meis iter omne parabit.
Non plura Alcinous. tum fic exorfus Ulyffes:

O rex,

O rex, o populo longe clariffime in omni
Alcinoë, heic etiam lentum fi forte morari
Jufferis, exactis dum menfibus integer annus
Effluat, auxiliumque parans & ditia cogens
Dona mihi, & vellem & reduci magis utile multo 380
Id foret. ad patrias quanto ipfe opulentior oras
Nam veniam, tanto redeuntem & laetius omnes
Excipient, & major erit mihi fama per urbem.
Atque heic Alcinous: non te, jam mitte, vereri,
O fate Laërta, mendacemque arguat ullus,
Fallacemque putet; quales fert maxima fparfos
Terra viros capto referentes fomnia vulgo,
Vanaque fingentes fubitae mendacia famae.
Rebus ineft dictifque tibi fua forma, nec aequa
Degenerem mens ipfa notat. tu fata Pelafgum, 390
Atque tuos, vates retulifti ut carmine, cafus,
Fortunafque omnes. quin o mihi fare roganti,
Si quem etiam ex illis, qui quondam ad Pergama tecum
Pugnarunt, fatoque illic cecidere fupremo,
Videris: haec nimium nox longa, & tempora fomni
Haud prohibent fari: perge o miranda referre.
Ufque fub Aurorae rofeum Titanidis ortum
Heic adero, fi dura velis tua dicere fata,
Errorefque vagos. haec ille; at rurfus Ulyffes:
Alcinoë o, dixit, funt & fua tempora verbis, 400
Sunt molli & fomno pariter: quod fi juvat ifta
Longius, & nondum pertaefum audire, recufem.
Invidus haud alios fociorum edicere cafus,
Majorefque etiam luctus. namque arma tulere
Iliacis poftquam campis, jam Marte foluti,
Femineo periere aftu vitamque dedere.
Interea hac illac tenues Proferpina manes

Nympha-

Nympharum ut fparfit, moerens Agamemnonis umbra
Adftitit: hunc circa dextra laevaque frequentes
Ibant, Aegifthi qui jam cecidere fub aula.　　410
Me fubito agnovit, quum fefe proluit hauftu
Sanguinis, & multum lacrimans mihi languida fruftra
Brachia in amplexus protendit: nulla volentem
Vis fequitur, folitufque vigor jam defficit artus,
Qui fuerat quondam mifero, dum vita manebat.
Ipfe etiam ut vidi, cafu concuffus amici
Demifi lacrimas, fudique has pectore voces:
O Atreo generate Agamemnon inclite regum,
Horrida quo leti domuit te funere Parca?
Obruit an pelago convolvens aequora faevo　　420
Turbine Neptunus, nimbifque furentibus auftro?
An longis aggreffa virum gens effera terris
Vaftantem raptofque greges, armentaque agentem;
Pro dulci aut ftravit pugnantem conjuge & urbis
Moenibus? ille mihi quaerenti talia contra
Reddidit: heu miferum nec me deus aequore merfit
Corripiens fubito ventorum turbine pontum,
Saeva nec ignotis captum gens ftravit in oris;
Sed me, molitufque dolos Aegifthus & atrum
Flagitum dira cum conjuge, in alta vocatum　　430
Limina & exceptum dapibus, ceu plena juvencum
Ad ftabula, occidit. fors haec me funere terris
Eripuit: circum fociorum denfa cadebant
Corpora, fetigeri velut apri ad facra deorum,
Sollemnefque dapes, aut vincla jugalia regum.
Infidiis vero captos, aut horrida mifcet
Praelia quum Mavors, vidifti occumbere multos
Saepe viros; tamen illa tibi miferanda fuiffet
Ante alias caedes, quum corpora ftrata videres
　　　　　　　　　　　　　　　　　　Crate-

Crateras menfafque inter per tecta jacere   440
Undique, & effufo fedes undare cruore.
Quin & Priamidis Caffandrae heu perditus haufi
Verba, Clytemneftrae manibus dum caefa doleret
Me fuper; ultricefque manus attollere fruftra
Enfe furens ipfa tentavi in morte. fed illa
Protinus effugit, nec labra informia leto
Improba, nec voluit componere lumina dextra.
Ufque adeo nil terra tulit crudelius ira
Feminea, fi forte nefas admiferit ulla,
Quale, fuo caedem moliri aggreffa marito,   450
Aufa eft illa fcelus. demens ego rebar adire
Jucundus gnatifque fimul famulifque penates
Egregia at conjux fcelus extiale fovebat
Dedecorans fe labe, fimul genus omne futurum
Femineum: nulli poft illam credere tutum,
Quamquam eadem fit digna. haec ille ut fatus ab ore eft:
Heu! quantum Atridas, dixi, Jovis ira fatigat
Femineo fcelere invifos! jamque ante Lacaenae
Occidimus furiis Helenae tot millia in armis;
Saeva Clytemneftrae te nunc perjuria & ipfum 460
His merfere malis. nec plura his fatus: at ille
Excipit. atque ideo nec tu placabilis, inquit,
Sis generi infido, mentis neve omnia credas
Confilia, aut fi quid prodas, pars maxima femper
Deliteat. faevo fed non tibi conjugis aftu
Pernicies metuenda: alios in pectore mores
Penelope, fervatque piam fine crimine mentem.
Illa quidem nobis in dura ruentibus arma
Nupta relicta nova eft; pendebat ab ubere matri
Parvulus, heroum qui nunc fors agmine felix   470
Affidet in medio: pater ipfum ante ora videbit
                        Laetus,

Laetus, & ille fuo reduci dabit ofcula patri.
At mea nec gnati vultu me lumina faltem
Paffa explere mei eft; prius atro vulnere namque
Perdidit incautum. tu vero haec pectore conde
Dicta tuo fervaque memor: clam litore navim
In patrio, non fifte palam; quippe omnia plena
Infidiis, nec tuta fatis jam femina cuiquam.
Dic age & audieris num qua fors vivere gnatum
Parte meum, Orchomeno in diti, Pyliafque per oras, 480
Aut etiam in Sparta fraternae ad limina fedis?
Nondum etenim dius terris deceffit Oreftes.
Dixerat. huic breviter: quid talia pofcis, Atrida,
Ignarum, vivatne haeres tibi carus Oreftes,
An periit? dictis haud fas me fingere vana.
Hac vice fermonum dum fede moramur in una
Solliciti ac tenero fpargentes lumina fletu;
Ingens ante oculos Pelidae venit Achillei,
Et Patrocli, Antilochique fimul fine viribus umbra,
Ajacifque, ibat cunctis qui major Achivis,   490
Et, poft Aeacidem, formofo infigior ore.
Heic fatus ut Peleo veterem cognovit amicum,
Ingemuit lacrimans, triftique haec addidit ore:
O vafer & rerum mirande inventor, Ulyffeu,
Infelix, quid adhuc animo tibi reftat inaufum?
Qua triftem nunc arte Erebum, loca luce carentum,
Umbrarumque domos, potuifti vivus adire?
Cui refero: o Peleo generate, o lumen Achivum
Aeacida, vatis quaefitum oracula veni
Tirefiae, fi forte viam mihi denique monftret, 500
Deveniam properans Ithacae qua falvus ad oras.
Nondum ego nam vidi devectus Achaeida, necdum
Tellurem tetigi noftram jactatus acerbis

Ufque malis. at tu felicior omnibus anteis,
Qui fuerunt, & qui venient labentibus annis.
Scilicet & vivus divum es dignatus honore,
Et nunc magna tui fub terris regnat imago
Imperium umbrarum retinens: ne dura querare
Propterea tu fata dolens. quae talia poftquam
Edideram, graviter fufpirans ille reponit: 510
Ne vero exftinctum folare, o fortis Ulyffeu;
Malim ego vel tenui ductus mercede colonus
Pauperis ad nutum domini nunc degere vitam,
Quam regere imperio heic populos tellure fub ima
Sceptra tenens. potius memorans mihi fortia gnati
Facta refer, primofne inter ruit acer in hoftem?
Dic quoque, fi qua tuas Pelei genitoris ad aures
Pervenit fors fama: regit num clarus honore
Myrmidonas ditem per Phthiam atque Hellada; an ipfum
Defpiciunt fenio vix languida membra trahentem? 520
Non ego namque adfum rutili fub lumine folis,
Qualis eram quondam, quum circum Pergama Teucrûm
Agmina caedebam pro caris miles Achivis.
In patria nunc ipfe domo fi talis adeffem,
Haec eadem illorum jam dextra retunderet aufus,
Qui violant, raptifque arcent ab honoribus ipfum.
Dixerat. illi autem retuli fic orfa viciffim:
Nulla quidem Pelei generofi venit ad aures
Fama meas: cupido dicam tamen inclita gnati
Facta Neoptolemi, referamque ex ordine cafus. 530
Illum ego nam curvis Nerei per caerula duxi
Navibus e Scyro victricia ad arma Pelafgum.
Atque ubi concilii Trojae fub moenibus altae
Tempus erat, femper primus dicebat, aberrans
Haud umquam fermone gravi: Neleïus illi

                                        Neftor,

Neſtor egoque, pares viſr contendere ſoli.
At quoties ferro cernebant praelia Graji,
Millibus haud ille in mediis, turbaque manebat;
Sed longe antevolans, nulli virtute ſecundus
Bellator, paſſim tollebat caedis acervos.   540
Haud autem numero poſſim comprendere, & omnem,
Quam dederit leto pugnans, evolvere turbam.
Eurypilus ſcit Telephides quo turbine ferrum
Torqueat; & circum late ſocia agmina ſtrata
Cetaeûm, propter nympharum munera; cunctis
Memnona poſt dium ſe pulchrior ille ferebat.
Praeterea ingentem Danai, quem ſtruxit Epeus,
Aſcendere ut equum (fuerat mihi tradita cura
Et caecos aperire dolos & claudere rurſum;)
Tunc alii proceres tergebant humida fletu   550
Lumina, & informes trepidabant omnibus artus.
Aſt illum haud umquam pallentem corpore vidi,
Tergentemque genis lacrimas. quin ſaepe rogabat,
Ut ſinerem jam corpus equo demittere ſaltu,
Fulmineum ſtringens enſem, haſtamque coruſcans
Aere gravem, Phrygiaeque intentans funera genti.
Mox ubi jam Priami celſam populavimus urbem,
Multa ferens ratibus captivae munera praedae
Incolumis ceſſit, non umquam aut eminus ictus,
Cominus aut ferro laeſus, quod ſaepe videmus, 560
Fervet ubi Mavors permixta in caede virorum
Sanguineus. dixi; ſubitoque averſus abivit
Aeacides longo per prata virentia greſſu
Incedens, gnati laetus praeſtantibus orſis.
Hinc aliae acceſſere animae, graviterque gementes
Narrarunt mihi quaeque ſuas ox ordine curas.
Solus torva tuens longe Telamonius Ajax

     Sta-

Stabat, adhuc trifti fervans in mente repoftum
Judicium, quo victor ego Vulcania quondam
Arma tuli, magnum fpoliati munus Achillei   570
Praeripiens olli. genitrix Thetis ipfa locarat
In medio ad naves; lecti fufragia Troës
Certa dabant, virgoque fedens Tritonia judex.
O numquam tali certamine victor abiffem,
Quod propter nunc terra premit caput invida tanti
Ajacis, formaque omnes fuperantis, & actis
Grandibus, excepto Pelidae corpore Achillis.
Quem tum ego compellans, dictis affabar amicis:
Siccine & exftinctus veteres in pectore volvis
Irarum flammas, arma es fatalia necdum   580
Oblitus, ftatuere dii quae triftia Grajis?
Tale etenim periit columen. te propter Achivi
Non minus ac propter Pelidae funus adempti
Lugemus moefti; nec luctus altera tanti
Cauffa, nifi iratus graviter Saturnius odit
Quod Danaos; ille haec tibi triftia fata paravit.
Huc age jam noftrafque audi, rex inclite, voces
O propior, rabidofque domans in pectore motus
Comprime. fic fanti contra nihil ille; fed atri
Turbidus horrentes Erebi difceffit ad umbras,   590
Unde etiam alterna me fors ad jurgia voce
Exciffet: glifcens at contra in corde voluntas
Tunc alios monuit venientum nofcere vultus.
Heic vidi Minoa fatum Jove, fceptra tenentem,
Et folio innixum dantem pia jura vocatis
Gentibus: harum aliae eauffas longo ordine dicunt
Sedibus acclines; aliae ftant agmine denfo,
Vaftaque moerentes Ditis penetralia complent.
Heic etiam vidi captas & Oriona lyncas

Ducen-

Ducentem, praedamque humeris per prata ferentem 600
Florea, quam solis errans in montibus ante
Straverat: in manibus stat clava ex aere rigenti.
Praeterea & Tityon vidi telluris alumnum
Omniparae, cui vasta novem per jugera corpus
Tenditur. immanes hinc atque hinc viscera rostris
Vulturii assidue tundunt, penetrantque sub altum
Ungue jecur: nequit ille manu depellere pestem
Supplicia expendens, caram violare Tonanti
Latonam aggressus, dum Pythia templa petebat
Sola per umbrosi Panopaei halantia prata.   610
Tantalus heic aderat, curaque exercitus acri
Stabat in amne. illi mento tenus unda fluebat
Poturo jam jamque, sitim atque explere paranti,
Nequidquam. quoties namque ora admoverat undis
Aridus, inviso toties fugiebat hiatu
Unda absorpta: pedes circa telluris imago
Nigra videbatur, siccoque arebat in alveo
Fontibus ereptis ultrici a numinis ira.
Desuper at ramis felicibus imminet arbos
Punica, fecundaeque piri, malique valentes,   620
Et ficus, oleaeque: sui stant arbose foetus.
Quos ubi tentabat senior decerpere palmis,
Nubiferas alte ventus jactabat in auras.
Nec procul infelix visus mihi Sisyphus ipse
Saxum immane manu gestans curvatus utraque,
Connixisque humeris pedibusque ascendeee certans
Montis iter: summo mox idem in vertice frustra
Ut steterat jam jamque, aversa e parte Crataeis
Impulit. ingenti praeceps mons improbus actu
Volvitur in campos; ille instat, & omnia sudor 630
Membra rigat, supraque caput stat pulvere nimbus.
                                        Post

Poft etiam vana vidi fub imagine formam
Herculis; ipfe autem fuperis convivia regnis
Laetus agit, pulchramque fovet complexibus Heben,
Aurea quam Juno regi eft enixa deorum.
Hunc circa umbrarum ftrepitus, ceu rauca volantum
Agmina quum refonant: multa caligine tectus
Ille tenet nudumque arcum, nervoque fagittam
Tendit acerba tuens femper, fimilifque minanti.
Horridus ex humeris pendebat pectora circum   640
Balteus, inque auro variarum monftra ferarum
Urfique, agreftefque apri, faevique leones,
Pugnaeque infidiaeque neces & praelia ftabant:
Nil fimile his umquam vifum, nec talia quifquam
Extuderit pofthac fulgentia cingula fignis.
Ifque ubi me cernens nigra cognovit in umbra,
Ingemuit miferans, dulcique affatus amore eft.
O fate Laërta, rerum admirande repertor,
Certe aliqua heu miferum fati fors improba verfat
Te quoque, me tenuit vivum quae dura fub auris. 650
Altifono Jove natus eram; fed triftia faepe
Multa tuli, ingrati femper parere coactus
Imperiis domini, & caput objectare periclis.
Huc quoque me quondam tracturum in vincula mifit
Dura canem; neque enim gravius certamine tali
Scilicet ille aliud mifero fore credidit ullum.
Hunc rapui tamen ipfe, atque atro e carcere traxi
Mercurio monftrante viam & Tritonide diva.
Dixit, & obfcuri fubiit penetralia Ditis:
At non ipfe abii. cupidum juvat ufque morari, 660
Si qua alia heroum facies fefe efferat Orco.
Fors & vidiffem, quos multum cernere avebam,
Thefea, Pirithoumque, deorum germina clara;

Mur-

Murmure sed magno stridens prius adstitit agmen
Umbrarum immensum. tum vero pallidus horror
Corripuit metuentem, imo ne effundat Averno
Gorgonei horrendam faciem Proserpina monstri.
Ergo iter ad navim celero, jubeoque sodales
Scandere, & excussos terris laxare rudentes.
Considunt jussi transtris: fert gurgite puppim
Oceani in vasto remis adnixa juventus,
Mox etiam veniens optato flamine ventus.

HOMERI ODYSSEAE

LIBER DUODECIMUS.

OCeani rapido properans ratis amne relicto,
Rurfum caeruleas Neptuni lapfa per undas
Venit ad Aeaeos fines, ubi ducit in altis
Sedibus alma choros Aurora, atque aureus axi
Jungit equos Sol ipfe. ftat acta in litore puppis,
Nofque una egreffi dulci tellure potimur,
Sternimur & fomno, lucis dum fulgeat ortus.
Qui fimul ac rofeo primum fe oftendit Eoo,
Continuo focios praemifi ad limina Circes,
Ut miferi exftinctos referant Elpenoris artus.   10
Robora nos autem, qua celfo vertice filva
Tollitur, aggreffi ferro, lacrimafque cientes
Condidimus terra delati corpus amici.
At poftquam exuftique artus atque arma fuere,
Aggefto fupra tumulo, pofitaque columna,
Fiximus in fummo manfurum culmine remum.
Omnibus hinc rite exactis, haud infcia noftri
Ex erebo reditus celerans veftigia Circe
Venit: eam circum famulae Cerealia dona,
Luftralefque armos, generofaque vina ferebant.   20
Tum dea ftans propior dedit has pulcherrima voces:
Heu miferi! horrentem vivi fubiiftis & Orcum,
Bis letum experti, quamvis femel omnibus hora
Atra venit? dapibus dulcique o corpora vino
Procurate viri; cras altum iterabitis aequor,

Luce

Luce nova. vos ipfa viam, vos cuncta docebo,
Infidiis ne forte ullis terraeve marifve
Capti iterum luctu fruftra doleatis acerbo.
Dixerat, & dictis curas a corde removit.
Nos fubito inftamus dapibus, fufique per herbam 30
Solis ad occafum libamus munera Bacchi;
Utque abiit lux alma, & inhorruit aura tenebris,
Litoris in ficca nautae fternuntur arena.
At me diverfa folum dea parte locavit
Ipfa manu ducens, atque ordine fingula quaerens
Me cubuit juxta. cui poftquam rite recenfens
Omnia narravi, tunc illa ita farier infit:
Haec fuerint jam cuncta quidem; nunc auribus ifta
Accipe, quae memori in mentem deus ipfe reducet.
Principio fcopulos Sirenum & litora vifes   40
Triftia, quae falfa capiunt dulcedine nautas.
Illas incautus quicumque accefferit oras,
Audieritque fonum, nec amatae conjugis ora
Afpiciet, nec laeta redux dabit ofcula gnatis
Carmine deceptus, quod molli e gutture fundunt
Sirenes viridi in prato. late offibus albent
Omnia, & infanda miferorum caede putrefcunt.
Tu transvectus abi; ceraque fodalibus aures
Obline, ne quifquam voces exaudiat alter,
Ipfe velis ni forte unus. tamen ante jubeto,   50
Vincla tibi, circumque arctos inducere nexus
Ingentem ad malum, fixofque aptare rudentes,
Tutus ut accipias Sirenum ex aequore cantus.
Quod fi etiam folvi pofcas, magis arcta revincto
Injiciant focii tendantque haerentia vincla.
At fimul hinc volucri praeterlabere carina,
Non ego te moneam, quo flectas tramite curfum:

D d   Tu

Tu videas; facies haec certa utrinque locorum.
Horrefcunt cautes, magnique ex aequore fluctus
Cautibus illifi refonant, errantia divi   60
Saxa vocant. pennis fupra non ulla volucris
Tendit iter; poffunt non ipfae impune columbae
Ambrofiam pavido referentes ore Tonanti;
Verum aliquam femper leto rapit improba rupes,
Suffectaque nova numerum Saturnius aequat.
Hac non ulla quidem potuit tranare carina
Sofpes adhuc: navimque fimul correptaque ab aeftu
Corpora fluctus agit nimbifque vorantibus ignis.
Sola per undofos intendens carbafa tractus
Tranfiit haec Argo quondam loca, Phafidis oras, 70
Aeaetaeque domos linquens. fors turbine & ipfam
Corripiens fluctus cautes fregiffet ad altas,
Ni celeri lapfam praeter vada triftia curfu
Vexiffet Juno, fuerat cui gratus Iafon.
Stant gemini fcopuli: fuperas hic tendit in auras
Arduus, atque altum caput intra fidera condit
Nubibus aeternis horrens. non vertice fulgor
Purpureus rutilat folis, diffufaque puro
Aura polo nec bacchi ardet nec tempore meffis.
Haud etiam quifquam valeat confcendere fupra, 80
Aut revocare gradus; non fi bifdena moveret
Brachia, bifdenifque ageret veftigia plantis.
In medio fcopuli nigro patet intus hiatu
In Stygias converfa plagas fpecus horrida. longe
Flectere tum praeftet curfum, atque avertere proram,
Quamvis immenfo fugiat fpecus edita tractu,
Quo neque contingat juvenis jaculatus ab arcu
Nequidquam toto contendens cornua nifu.
Heic graviter frendens ftat Scylla informis in antro,

La-

Latratufque ciet catulos imitata recentes: 90
Ipfa autem monftrum horrendum, quam cernere nullus
Gaudeat; ipfe deüs non fi foret obvius illi.
Subter crura rigent biffex informia monftro,
Senaque colla fupra, totidem capita horrida collo
Cuique inftant, triplicique affurgunt ordine dentes
Ora exertantis, caedemque & fata minantis.
Atra tegit mediam fpelunca: at corporis exftat
Pars alia, & barathro capitum faeva exerit ora,
Pifcaturque, oculis luftrans faxa omnia circum,
Delphinafque, canefque; & ficubi grandia poffit, 100
Plurima quae pelago vivunt, deprendere cete.
Incolumes nulli haec nautae jactantur abiffe
Per loca cum navi: tot corpora capta virorum
Surripit, ora ratem tendit quot hiantia fupra.
At fcopulus ponto furgit depreffior alter
Parte fub adverfa, telique haud longius ictu:
Frondibus hunc ingens potulis caprificus inumbrat
Sub latere hoc tegitur, fluctufque invifa Charybdis
Eructans ter quaque die rurfumque reforbens
Aeftuat horrendum. ne tu, quum gurgite ab imo 110
Sorbet in abruptum fluctus, vicinior ito;
Nam neque Neptunus diro te fubtrahet aeftu,
Ille quidem id cupiat quamvis, fruftraque laboret.
Quin propior Scyllae fcopulis adverte carinam,
Atque citus molire fugam; fex corpora praeftat
Rapta dolere, omnes quam certo occumbere leto.
Dixerat. ipfe autem: fare o pulcherrima, meque
Diva doce; immitem fugiam fi qua arte Charybdim
Incolumis? fi fata ultus miferanda meorum
Interitu Scyllae vertam? fed nympha loquentem 120
Increpuit fubito, rurfumque haec addidit ore:

Infelix! tibi facta animo stant Martia; necdum
Ardor abit: cedes nec dis, quos nescia leti
Vita manet? mortale putas, quod funeris expers
Di voluere malum saevumque & triste nec ulli
Vincendum: fuga sola dabit properata salutem.
Si namque in scopulo sumptis cunctabere telis,
Heu vereor, ne dira tibi tot hiatibus ora
Exerat, & socios totidem rursum improba tollat.
Sed fuge praecipiti cursu, magnaque Crataein   130
Voce voca, monstrum quae partu enixa nefando
Edidit; illa cavo rabidum compescet in antro.
Post hinc Trinacriam venies, ubi pinguia Solis
Et pecora & nivei ludunt per prata juvenci:
Septem armenta boum, totidem formosa bidentum
Agmina; quinquaginta aequatis partibus omni
Sunt capita in coetu; numerum nec foetibus augent,
Nec minuunt leto. pastoris munera curant
Nymphae pulcricomae Phaethusaque Lampetieque,
Aetherio genuit Soli quas dia Neaera,   140
Pubentesque parens viridique in flore vigentes
Trinacriae aequoreas longe deduxit ad oras,
Et patrios servare greges armentaque jussit.
Haec intacta sines si pingues ire per agros,
Post varios casus Ithacam cum pube redibis:
Laedere sin ausus fueris, tum triste carinae
Exitium sociisque cano; tuque ipse periclum
Si fugies, sero infelix tua litora vises
Omnibus amissis. quae postquam diva loquuta est,
Aurea Tithoni conjux jubar extulit ortu   150
Purpureo: Circe simul ipsa e gramine surgit,
Et cedit diversa petens. ego scandere puppim
Admoneo socios, terrisque incidere funes.

                                        Nul-

Nulla mora; infiliunt omnes, tranftrifque locati
Spumea convellunt inflexis aequora remis:
Nec non a tergo faciles abeuntibus auras
Sufcitat implentes optato flamine vela
Ornatis fpectanda comis dea maxima Circe.
Omnibus, hinc armis per navim rite locatis
Sternimur: ipfa ferunt celerem fua flamina puppim. 160
Atque ego tum trifti conpellans voce fodales:
O focii, dixi; neque enim fciat unus & alter
Haec modo, quae docuit verax oracula nympha;
Omnibus at pateant, feu nobis fata minantur
Exitium, feu laeta jubent fperare falutem.
Scilicet illa prius vocemque & prata cavere
Florida Sirenum; meque unum audire canentes
Juffit. at innexis vos vincla tenacia membris
Tendite, & haerentem nodis nexuque revinctum
Arboris ad truncum media me fiftite navi. 170
Solvi fi precibus pofcam, conftringite vincla
Arctius oranti, & duros cohibete rudentes.
Talia dum focios hortatus voce monebam,
Litora Sirenum placido ratis incita curfu
Contigit; innocuo labentem ventus agebat
Flamine. tum fubito zephyri pofuere, neque ulla
Murmura tranquilli refonant per caerula ponti,
Sopitique jacent aequato gurgite fluctus.
Vela legunt nautae, certaque in fede reponunt
Compofita, & validos fortiti ex ordine remos 180
Certatim incumbunt, & fpumea caerula torquent.
Ipfe autem ingentem cerae converfus ad orbem
Diffecui ferro, & lentefcere frufta coëgi
Preffa terens: jam cera manu tractata valenti
Liquitur, & Phoebi radiis ardentibus icta.

Hac

Hac ego tum fociis illevi protinus aures
Omnibus infundens. contra illi vincula capto
Injecere mihi, rectofque in ftipite mali
Hinc atque hinc validis cinxerunt nexibus artus;
Dein rurfum impulfis ferierunt aequora palmis. 190
Jamque ubi diftabat, quantum clamantis ab ore
Audiri vox miffa poteft, ratis acta per undas,
Haud latuit nymphas, curvoque in litore ftantes
Talia fuavidica cecinerunt carmina voce.
O Laërtiade Grajum decus, huc age navem
Dirige, ut arguto cantum quem fundimus ore,
Accipias. nemo haec tranfvectus caerula puppi eft,
Quin prius adftiterit vocum dulcedine captus;
Poft variis avido fatiatus pectore mufis
Doctior ad patrias lapfus pervenerit oras. · 200
Nos grave certamen belli clademque tenemus,
Graecia quam Trojae divino numine vexit,
Omniaque e latis rerum veftigia terris.
Sic refono ingeminant cantu: mihi corda voluptas
Intima pervadit, vultuque & lumine nutans
Solvere vincla precor focios. illi freta verrunt,
Surgentefque una Perimedes Eurylochufque
Implicuere magis cupidum perrumpere nodos.
Interea celeres vecti viridantia praeter
Litora Sirenum, nullis ubi cantibus aura   210
Pulfa fonat, ceram juvenes ex auribus omnem
Eripiunt, laxantque meo de corpore vincla.
Ceffimus ut campis, vidi atrum ad fidera fumum
Tollier undarum ftrepitumque exterritus haufi:
Excuffi manibus fubita formidine remi,
Omniaque horrifico fonuerunt murmure, & ipfa
Remigio puppis fpoliata immobilis haefit.

Atque

Atque ego per medios gradiens maerentia dictis
Pectora mulcebam, sic quemque hortatus ab ore.
O juvenes, neque enim ignari sumus ante malorum, 220
Exitium nec majus adest, quam dira Cyclopis
Experti quum facta cavo trepidavimus antro;
Hinc tamen & virtute mea & sollertibus ausis
Fugimus: horum etiam quondam meminisse juvabit.
Quare agite & nullus dictis parere recuset:
Vos rapidos remis fluctus per transtra locati
Scindite, si mortem saltem hanc fors Jupiter aequus
Det fugere, & praesens etiam vitare periclum.
Tuque gubernator memori mandata reconde
Haec animo, tibi enim clavo torquenda carina. 230
Hunc extra fumumque procul fluctusque sonantes
Flecte ratem, scopulumque cave, ne cautibus asper
Incautum fallat, nosque atro funere mergat.
Vix ego finieram, sociique haud jussa morantes
Incumbunt remis; necdum implacabile monstrum
Scylla rapax mihi dicta fuit, ne forte timentes
Ima ratis tabulata petant, remosque relinquant.
Heic etiam misero Circes mihi pectore tristes
Exciderant monitus: nam contra ac jussa ferebant
Arma amens cepi, longoque hastilia ferro 240
Bina manu crispans prorae surgentis in ipso
Fine steti, poterat prius unde horrenda videri
Scylla meis luctumque ferens & funera nautis.
Nec tamen aspexi, licet acri lumine fessus
Omnia lustrassem late loca rupis opacae.
Tendimus angusto conclusi gurgite flentes
Inter utrumque latus: furit atra heic Scylla sub antro,
Illic sorbet aquas resonans immane Charybdis.
Quae quoties vasto fluctus eructat hiatu
Spu-

Spumea, ceu rapidis quum flammis fervet ahenum, 250
Aeſtuat ingenti ſtrepitu. ſublatus in auras
It liquor, & ſummi fumant aſpergine montes.
At quoties rapidi ſalſas vorat aequoris undas,
Monſtrat aperta ſinum penitus: tum murmure circum
Saxa tonant, glaucaeque oculis cernuntur arenae
Recluſa tellure. aſpectu territa pubes
Palluit; atque illam trepidi dum cernimus unam,
Ecce furens antro, manibuſque & robore fortes
Ante alios mihi Scylla viros ſex improba tollit.
Reſpiciens navimque ſimul, ſimul acta meorum 260
Corpora, vix ſummo pendentia brachia ſaxo
Elatoſque pedes vidi me ſaepe vocantum
Nomine, & extremos gemitus in morte cientum.
Ac veluti reſidens viridi piſcator in acta,
Incautos longa quum fallit arundine piſces
Objiciens tecto letalia pabula in hamo,
Tollit anhelantes, ſiccaque exponit arena
Semineces: ſic illi in ſaxa horrentia tracti
Exanimes longis ſingultibus ilia tendunt.
Ipſa autem in foribus clamantum paſcitur artus 270
Tendentumque manus fruſtra mihi morte ſub ipſa:
Spectaclum horrendum! quo nil crudelius uſquam
Saeva diu ponti ſcrutando caerula vidi.
His tandem elapſos ſcopulis atraque Charybdi
Et Scylla, hoſpitio molli nos inſula divum
Cepit; ubi Solis forma praeſtante juvenci
Lanigerique greges tondebant roſcida prata.
Necdum contigerat litus ratis acta per undas,
Et jam mugituſque boum ferit excitus aures
Balatusque ovium; nec non mihi dicta recurſant 280
Tireſiae Circeſque iterumque iterumque monentum,
Solis

Solis uti facra caveam tellure potitus.
Haec metuens trifti fic voce filentia rupi:
Accipite o focii, quae me Thebanus in Orco
Edocuit vates, fatorum & confcia Circe.
Scilicet unum illud repetens edixit uterque,
Ut Solis fugerem cari mortalibus arva;
Exitium nam trifte manet: quin o freta roftris
Findite Trinacria longe poft terga relicta.
His dictis cecidere animi turbataque cunctis   290
Pectora, & Eurylochus fubita me turbidus ira
Increpuit: mens laeva quidem te vexat, Ulyffeu,
Indomitumque geris robur, nulloque labore
Frangeris. an fociis tu ferrea corpora rere
Omnibus, haud patiens fomno curifque gravatos
Optata heu miferos tandem tellure potiri,
Dulcibus atque epulis operari in litoris ora?
Scilicet obfcuram per noctem errabimus undis
Sic temere avulfi gremio telluris; an auras
Praecipites non faepe polo nox turbida cogit?   300
Quis fugiat late tenebris horrentibus atram
Perniciem, fi forte mari gravis incubet aufter,
Nimbofufque ruat zephyrus, qui turbine naves
Corripiunt, vexantque, adverfo numine divum?
Cedere nunc praeftat nocti, dapibufque refectos
Corpora vicini curare in litoris herba:
Cras iterum cum luce nova fulcabimus aequor.
Sic ait Eurylochus: cuncti fimul ore fremebant
Haec eadem affenfu haud dubio. mihi trifte canebat
Haud obfcura quidem jam tum gravis ira deorum;   310
Et fubito: jam jam cedo, nec tendere contra
Sufficio folus. nunc vos at numina caeli
O faltem jurate: greges florentibus agris,

E e

Con

Contigeritve bouum fi qua heic armenta videre
Haud admiffuros fcelus exitiale, neque ullam
Laefuros pecudemve manu fortemve juvencum;
Sed fore contentos dapibus, quas provida Circe
Praebuit. haec fatus tacui; nec dicta retrectant
Jam nautae, jurantque omnes. queis rite peractis,
Ingredimur portum religata ex aggere navi   320
Dulcem propter aquam. juvenum manus emicat ardens
Litus in optatum, dapibufque operatur in acta.
Inde ubi pulfa fames, fitis & compreffa Lyaeo,
Triftia profequimur fociorum funera fletu,
Abftulerat curva quos nuper Scylla carina;
Flentibus & laffos dulcis fopor occupat artus.
Tertia noctis erat quum pars, jamque aftra cadebant,
Saeviit extemplo nimbis ingentibus atra
Ab Jove tempeftas, & late horrentia pontum
Nubila telluremque fimul cinxere; polo nox   330
Nigra ruit. vix almus equis afflarat anhelis
Nos Oriens, quum prima ratem fubducere nobis
Cura fubit, tractamque cavo religare fub antro,
Candida ubi nymphis exftructa fedilia ftabant.
Poft etiam pleno in coetu fic alloquor omnes:
In curva mollefque dapes potusque carina
Dulcis ineft: heu trifte aliquid ne fata minentur,
O prohibete manus, quaefo, & fervate juvencos.
Haec armenta deo pafcuntur facra potenti,
Omnia qui vaftum luftratque auditque per orbem. 340
Nec plura his: fremitu focii affenfere fecundo.
Interea totum non fecius aethere menfem
Flat notus, excito quifquam nec flamine deinde,
Ni notus atque eurus, pelago dominatus aperto eft.
At juvenes, toftae Cereris dum dona manebant
                                      Vina-

Vinaque, folliciti vitae abſtinuere juvencis
A vetitis. ubi cuncta tamen fenfere carina
Deficere; ad praedam verfi venatibus inftant,
Rimanturque uncis manibus, fi fcrupea pifcem
Saxa inter (cogebat enim vis improba ventris) 350
Haerentem inveniant, latitantem aut rupe volucrem.
Contra ego fecreti proceffi ad litoris oram
Vota diis facturus; iter miferatus ab alto
Expediat fi quis mifero, reditufque fecundet.
Jamque procul refidens diverfa in valle, ubi ventis
Aequora tuta filent, palmasque in gurgite lotus
Omnes caelicolas fupplex in vota vocabam.
Tunc mihi di facili fparferunt lumina fomno,
Eurylochus dum parte alia pervertere tentat
Corda virum fubiens fic aftu: o dura fodales 360
Experti mala quaeque, venit mortalibus aegris
Invifum genus omne necis; fed acerbius unum
Omnibus eſt, periiffe fame fatumque fubiffe.
Quin agite, & Solis pingues adducite tauros;
Debita uti magnis folvamus munera divis.
Quod fi Ithacae dabitur tandem patria arva videre,
E niveo Soli ftatuemus marmore templum,
Ducemufque facras alta ad donaria pompas.
Aut etiam pro caede boum fi perdere navem
Hic volet iratus, prohibebunt cetera cladem 370
Numina. quidquid erit, malo jam mergier undis,
Quam mifer ignota longum tabefcere in acta.
Dixerat, atque eadem placuit fententia cunctis;
Continuoque facros lunata fronte juvencos
Excipiunt: multi camuris nam cornibus ibant;
Et vicina nigrae carpebant gramina puppi.
Circumſtant pariter laeti, divofque precantur,

Et fol-

Et folia e querna, Cereris pro frugibus almae,
Arbore carpentes fumma inter cornua fundunt.
Tum precibus miffis feriunt colla alta fecuri,   380
Tergoraque eripiunt, & fectos cruribus armos
Arvina involvunt fuper & pinguedine denfa.
Lenaei deerant latices; ardentiaque exta
Fluminea fpargunt unda, libantque faventes.
Hinc fimul incenfosque armos & tofta vorarunt
Vifcera, & aeratis fixerunt cetera membra
Secta minutatim verubus; mihi lumina fomnus
Deferuit, fociofque iterum navimque revifo.
Vix aderam propius, tenues quum nidor in auras
Diffufus nares mihi noto afflavit odore.   390
Ingemui, & clamans has rupi pectore voces:
Juppiter o genitor, vosque o ftellantis olympi
Numina, quid miferum juvit fic perdere fomno?
Heu fine me crudele nefas eft aufa juventus.
Haec ipfe: interea celeri per inania lapfu
Attulerat dira ftratos jam caede juvencos
Lampetie auricomo Soli, qui turbidus ira:
O pater, o fuperi, dixit, mihi digna rependant
Supplicia infandi comites errantis Ulyffei
Admiffa pro caede boum, quos laetus ab axe   400
Cernere gaudebam, five alto invectus olympo,
Seu repetens humilem ftellato a vertice terram.
Quod mihi ni meritas perfolvant crimine poenas;
In Stygias ibo latebras, atque horrida Ditis
Regna meo late perfundam lumine fulgens,
Difcutiamque umbras. cui Juppiter: aurea caeli
Templa colens. tu femper, ait, radiantia ferto
Lumina dis, pariterque nigrae telluris alumnis:
Horum ego jam celerem candenti fulmine puppim
                                        Flu-

Fluctibus in mediis feriam jaculatus ab arce   410
Aetheria. quae dicta Jovis mihi deinde Calypso
Candida narravit: retulit Cyllenius olli
Nuncius adveniens superis e sedibus ales.
At navem ut tetigi, socios in litore adortus,
Increpui nulli parcens: sed dicta cadebant
Irrita, nec tantam poterant sarcire ruinam;
Exstincti jam quippe boves tellure jacebant.
Terrificis etiam turbarunt pectora monstris
Di subito, tractaeque solo (mirabile dictu!)
Serpere tum visae pelles, auditaque longis   420
In verubus mugire simul jam torrida membra,
Cruda simul, sonitu vivos imitata juvencos.
Nec tamen abstiterunt, senasque ex ordine luces,
Perpetuis egere epulis convivia nautae
Sacra instaurantes. postquam lux septima venit,
Nimbifer immani cessavit turbine ventus,
Et nos ingressi deductae in pinea navis
Robora velorum crepitantes solvimus alas.
Ut pelago fugit puppis, nec jam amplius ulla
Apparet tellus, caelum undique & undique pontus, 430
Caeruleam supra nigra caligine nubem
Juppiter induxit: tum subter inhorruit unda,
Continuitque ratis cursum. nam turbine stridens
Praecipiti zephyrus turbavit caerula, & ambos
Diffidit haerentes malo vis aspera funes
Impete contorquens. cadit actus pondere retro
Malus, & arma simul fundum volvuntur in imum
Omnia: at ipse ruens puppim super incidit ictu
In caput inque humeros miseri rectoris, & ossa
Omnia subjecti frangit: jamque ille carina   440
Labitur in praeceps, vitamque relinquit in auris.
                            Tum

Tum fimul intonuit caelo, fimul igne trifulco
Juppiter intorfit fulmen; correptaque navis
Tota diu intremuit, dirumque efflavit odorem
Sulfuris. excuffi nautae volvuntur in undas
Aequoreis fimiles corvis circumque feruntur
Fluctibus in tumidis: reditum negat ira deorum.
Ipfe autem gradiens hac illac, pinea folvat
Donec texta ratis, laxis compagibus, unda,
Opperior. jamque illa falo refoluta fatifcit,   450
Imaque pars fupereft tantum, cui fortia vincla
E corio haerebant mali retinentia truncum.
His fubito vinclis malumque, imamque carinam
Implicui, junctoque fedens in robore utroque
Et vento & pariter fluctu jactante ferebar.
Dein zephyrus nimbisque furens & turbine faevus
Defiit, adverfisque ruens notus ingruit alis,
Rurfus ut horrendae fubeam vada iniqua Charybdis.
Tota nocte feror; primoque micantibus ortu
Cum radiis Phoebi violento gurgite vectus   460
Scyllae inter fubii fcopulos atramque Charybdim.
Illa quidem in barathrum falfas demiferat undas
Faucibus abforbens patulis: ego corpus ab aeftu
In fublime levans caprificu adfixus inhaefi
Lucifugae fimilis volucri: veftigia nufquam
Figere, nec fummum potui contingere culmen.
Longe etenim ftirpes fuberant, ramique fub auras
In diverfa alto fundebant ftipite fefe
Ingentes, denfisque umbrantes frondibus antrum.
Heic me tunc tenui obnixus, dum robora navis 470
Redderet eructans iterum: nec vana fefellit
Spes cupidum; nam jura foro quum dicere judex
Definit ad caenam properans poft jurgia pubis,

Emer-

Emerſere atro barathri revomentis hiatu
Robora, demiſique pedes & brachia ſupra
Cum ſonitu, illapſus mediis, manibusque recurvis
Uda ſedens pulſi verrebam caerula Nerei.
Nec vero Scyllam divum pater atque hominum rex
Amplius eſt paſſus me dira e rupe videre
Innantem; neque enim fugiſſem triſtia fata. 480
Inde novem per ſtagna dies maris humida ventus
Errantem vexit: decima poſt numina nocte
Telluri Ogygiae appulerunt, ubi dia Calypſo
Inter Atlantiadas forma pulcherrima nymphas
Fluctibus ejectum facili me ſede recepit.
Sed quid ego haec autem nequidquam indigna recordor
Heſterno jam dicta die tibi, maxime regum,
Uxorique tuae? feſſum piget illa referre
Rurſus, & inſomnes noto ſermone morari.

HOMERI ODYSSEAE

LIBER TERTIUSDECIMUS.

Ixerat: atque alii per tecta filentia late
Dum gaudent mira capti dulcedine rerum,
Sic illum Alcinous dictis compellat amicis.
O Laërtiade, quando huc te fata tulere
Per varios cafus, per multa pericula vectum,
Incolumis divefque tuas remeabis ad oras.
Vos autem o, quicumque meos celebrare penates,
Gaudetifque una convivia ducere, Bacchi
Laetitiam cantufque inter, mea figite corde
Dicta, viri. Tyrio pictae jam murice veftes,   10
Caelatumque aurum, quaecumque & ditia dona
Attulerunt proceres Phaeacum, condita in arca
Omnia funt. folido nunc quifque ex aere lebeta,
Ac tripodem det quifque fuper, poft certa redibit
Pars pretii toto e populo; non omnia namque
Fas unum tribuiffe. haec poftquam maximus heros
Fatus erat, plaufu cuncti affenfere fecundo
Ad fua cedentes laeti penetralia reges.
Mox idem, ut rofeis Aurora evecta refulfit
Aequoribus, navimque parant atque aerea portant 20
Dona viro; quae rite locans curvata carinae
Alcinous ftipat fub tranftra, offenfa juventus
Ne doleat validis freta findens verfa lacertis.
His propere exactis adeunt regalia rurfum
Tecta fimul, menfafque parant, ubi fanguine facro

Victima caesa Jovi taurus fumabat ad aram.
Diripiunt costas, dapibusque fruuntur opimis
Vescentes; interque ipsos ciet aurea plectra
Demodocus simul ore canens. at fortis Ulysses
Suspiciens crebro caelum, solemque cadentem,   30
Pronus ut hesperias curru descendat in undas,
Optat, & impatiens studio jam gestit eundi.
Ac veluti impasto totâ cui luce jugales
Invertere gravi fecundas vomere glebas,
Occidit optanti prono sol igneus axe
Agricolae; fesso tum pectore gliscit edendi
Ardor, & exstimulat cupidum, trepidantia eunti
Genva labant titubantque pedes. sic aequora tandem
Sol Ithaco optanti fulsit, mediaque corona
Alcinoo atque aliis Phaeacibus infit ab ore.   40
Maxime rex, vosque o magni, capita inclita, patres,
Perfectis me rite sacris dimittite quaeso
Protinus incolumem; vos & valeatis amici.
Namque mihi jam parta, animus quaecumque volebat,
Muneraque auxiliumque viae, quae numine servent
Cuncta sub divi faciles, veteresque sodales
In patria visam cum salva conjuge, faxint.
Heic quoque vos maneant semper rata gaudia vestris
Cum nuptis gnatisque; dii vos omnibus auctos
Muneribus cumulent, procul absit publica clades.   50
Vix ea finierat; laeto clamore sequuntur
Phaeaces, ducique jubent tam digna profantem.
Atque heic Alcinous fido praecone vocato:
Pontonoë o, dixit, plenum cratera lyaeo
Huc age; caelicolum regi libemus ovantes,
Mittamusqne virum tanto sub numine laetum
Ad patriae fines. dixit: nec jussa moratur

F f

Pon-

Pontonous cratera ferens atque ordine miscens
Omnibus, hi taciti libant, divosque precantur
Per sedes late; quos inter solus Ulysses   60
Adstitit, ac multo spumantia pocula baccho
Tradidit Aretae sic ipsam affatus ab ore.
O salve regina mihi, dum tarda senectus,
Parcarumque sinant leges, ac debita fata.
En ego discedo, tu contra in sedibus hisce
Et populo & gnatis precor alma & rege fruare.
Sic fatus tendit gressum ad limina, & una
Alcinoi it missus celerans vestigia praeco,
Ad navim qui monstret iter litusque reductum.
Nec non Arete famulas jubet ire puellas,   70
Haec ferat ut chlamydem secum tunicamque nitentem,
Illa auctam donis pictam regalibus arcam,
Atque aliae cererem pariter, laticesque lyaeos.
Ut litus tetigere cavum, data munera nautae
Accipiuntque locantque alacres, tum mollia sternunt
Lina viro, pictosque super de more tapetas
Conjiciunt, queis molle cubet placiduisque quiescat
Velivola in puppi. jamque ipse ascenderat heros,
Compositusque toro languentia membra locarat,
Quum subito curva socii sedere carina   80
Ordine quisque suo, solvere & litore funem,
Incumbunt remis adnixi, & caerula verrunt
Spumea: sopitos Ithaci diffusa per artus
Dulcis & alma quies mortique simillima serpit.
At navis, rapidae veluti per plana quadrigae
Prata volant, quas viva rapit vis incita equorum
Verberibus crebris; jam jam in sublime videntur
Aëra per liquidum ferri, & contingere metam:
Sic celeri volat illa fuga, longoque sonantes

Limi-

Limite agit fluctus, canumque in gurgite fulcum 90
Deferit a tergo. non ipfam praepete penna
Accipiter levis alta fecans praevertere poffit
Labentemque undis, divifque heroa ferentem
Confiliis animoque parem; qui plurima quondam
Pertulerat longum bello jactatus & undis,
Tum placida oblitus curas in nocte quierat.
Jamque ubi purpureo procedens clarus ab ortu
Lucifer auroram Thitoni e fede vocabat,
Conftitit optata navis tellure potita,
Caerulei ftat portus ubi Phorcynis ad oras 100
Litoreas Ithacae: verfis duo frontibus altae
Oppofiti adfurgunt fcopuli, pelagique furorem
Cautibus objectis, ventorumque horrida frangunt
Flamina: fecurae tuta ftatione carinae
Intus habent fedem, nec vincla tenacia pofcunt.
Aft olea in fummo diffundit vertice ramos,
Defuper umbrofis complectens frondibus antrum,
Antrum horrendum, ingens, nympharum humentia tem-
        plo
Naiadum. folido excifi de marmore circum
Crateres, anfisque utrinque exftantibus urnae;
Mellaque apes ftipant, vivoque haerentia faxo
Stant juga, ubi refono percurrunt pectine nymphae
Puniceo tenues variatas murice telas.
Manant & liquidifontes, femperque recenti
Rore ftrepunt; geminaeque fores, quarum altera, fpectat
Quae borean, hominum patitur veftigia, at almos
Altera facra deos, nigrum quae vergit ad auftrum,
Excipit, haud tangenda viris, at pervia tantum
Caelicolis. huc fe tunc noto in litore navis
Condidit, ac media plus parte refedit arena 120

In fic-

In ficca; valido fic incita remige venit !
Emicat in terram pubes, etiamque cubantem
Mollibus in ftratis, etiam alto lumina fomno
Devinctum exponit gremio telluris Ulyffem.
Munera dein alii expediunt, quae virginis acti
Armifonae monitis dederant Phaeaces habenda,
Quum reditum fupplex orabat. cuncta fub ipfos
Conjiciunt oleae ramos, & devia ponunt
Parte in fecreta, ne quis fors ante viator
Praeteriens, heros quam fomno fufcitet artus,   130
Afpiciat, vifique petat fibi praemia furti.
Hinc fubito freta verfa legit, retroque juventus
Ad patrias dat vela domos; quum rector aquarum
Nondum Ithaci longo fatiatus pectora luctu,
Oblitusque minas fic eft affatus in arce
Siderea fratrem. quifquam & jam numen adoret
Neptuni, aut divûm jufto dignetur honore,
Juppiter? ipfi etiam nunc me, gens edita noftro
Sanguine, Phaeaces temnunt. quippe ipfe volebam
Ufque malis Ithacum luctantem tendere ad oras   140
Dulichias; non & reditu prohibere parabam,
Aeternumque arcere domo, tua magna voluntas
Ex quo certa mihi, promiffaque nota fuere.
Illi autem celeri fulcantes aequora navi
Securum adduxere mei, fomnoque revinctum
In patrio ftatuere folo. tam multa dedere
Dona fuper, veftemque, aerifque, aurique talenta,
Quam multa incolumis praedaque potitus opima
Haud fecum incenfa a Troja devecta tuliffet.
Juppiter huic contra: proh quae te cura remordet,   150
O germane potens? divûm te fpernere nemo
Audeat, expertus ni fors cognofcere malit,

Sit

Sit durum soli quam te contendere contra
Viribus atque aevo praeftantem. robore fretus
Quod fi hominum quifquam merito te fraudet honore,
Ut placitum fueritque magis, mentique fedebit,
Digna. luat: fic fatus erat regnator olympi;
Quum fic Neptunus: jampridem id, Juppiter, ultro
Ipfe etiam feciffem, inquit; tua fi mihi certa
Mens foret: irafci tecum & pugnare verebat.   160
Nunc autem pulcram Phaeacum perdere navim
Eft animus nigri reducem per caerula ponti;
Talibus abftineant pofthac ut tempus in omne
Auxiliis: urbique ipfisque opponere magnum
Stat montem. dixit; nec Juppiter abnuit olli
Haec referens: age jam, venientem ex aequore puppim,
Quum propius terris laetanti lumine cives
Afpicient, fubito mutato corpore rupem
Effice, quae falfa referat fub imagine navim
Omnibus attonitis monftro, magnumque repente   170
Montem ftare altas contra mirantibus arces
Ante urbem. quae dicta Jovis poftquam audiit, aftra
Deferuit, Scherianque petens maris arbiter alti
Conftitit invifus fcopulo. jamque impete magno
Ibat aquis, celeransque viam propiora tenebat
Laeta ratis; quum pone fubit Neptunus, & actam
Corripit, immotamque alto fub gurgite figens
Effe jubet rupem ingentem; fubitoque recedit.
At bona Phaeaces gens ponto affuetaque remis
Miranturque animo, feque inter plurima muffant.   180
Jamque aliquis focium refpectans: heu quis in alto
Vinxit, ait, puppim? tota ecce e fluctibus exftat
Haud labefacta falo. fic ille: at nefcia facti
Corda ftupent, donec trepidis rex farier infit.

                                        Me

Me veteris nunc certa premunt oracula patris,
Qui fore Neptunum nobis urbique canebat
Auxilia ob nostra infestum, quod navibus omnes
Scilicet incolumes vehimus per caerula Nerei.
Praeterea quondam praedixerat adfore tempus,
Quo validam nobis redeuntem ad litora puppim 196
Perderet in pelago, scopulumque opponeret urbi.
Haec senior, quae jam perfecta en cernitis ipfi.
Verum agite, ac juffis omnes parete volentes,
Nunc jubeam quaecumque viri: deducere ponto
Mittite, qui veniat nostras post hospes ad oras
Indigus auxilii: lectos at rite juvencos
Biffex Neptuno facras mactemus ad aras;
Si prece qua victus montem praetendere parcat
Moenibus, & magna portus circumdare mole.
Sic ait: atque illi trepida formidine capti 200
Expediuntque boves, fufique altaria circum
Neptuno pia vota ferunt. confurgit Ulyffes
Excitus interea fomno, nec litus amatum,
Nec patriae optatos longo post tempore fines
Afpiciens nofcit: circum Tritonia Pallas
Nam caelum nebula migranti offuderat, omnes
Falleret ut veniens, utque illum diva doceret;
Ne prius uxori neu caris vifus amicis
Ille foret, quam caede procos mulctaffet acerba.
Propterea facies late mutata locorum 210
Tota videbatur, diverfaque femita ad urbem
Portufque fcopulique atque ipfa virentia prata
Arboribus verfis: ftetit ille, ac lumina volvens
Profpectumque petens late omnem & litora luftrans
Flevit, & ingenti concuffus corda dolore
Percuffitque femur manibus vocemque profudit.

Heu

Heu mihi quas hominum terras, ignotaque rursus
Litora deveni? crudelibus effera coeptis,
An justi rectique tenax gens hospita degit?
Has ubi divitias condam? quonam ipse viarum 220
Ignarus ferar? o cur me Phaeacia tellus
Non habet? alterius vel saltem tecta petissem
Magnanimi regis, qui me juvisset amico
Hospitio exceptum, & patrias misisset ad arces.
Nunc autem haud novi, qua munera parte recondam,
Nec tamen heic aliis furtim tollenda relinquam.
Me miserum! non tuta satis Phaeacibus ergo,
Nec fuerat mens aequa? alias per caerula ad oras
Advexere, licet sponderent litora amatae
Cara Ithacae; promissa fides en irrita cessit. 230
Juppiter hospitibus miseris qui praesidet, ipsos
Ultor agat: vindex scrutatur pectora justus
Ille hominum, meritasque capit pro crimine poenas.
At nunc praestat opes, totamque invisere gazam,
Ne mihi quid secum abstulerint fugiente carina
Longe iter ingressi. dixit; rutilosque lebetas,
Ac tripodas, fulvumque aurum, vestesque recenset
Enumerans. quae salva videt quamquam omnia, tristes
Non tamen absistunt curae: perculsus amore
Ingemit heu patriae, & resonas procedit ad undas 240
Multa dolens, lacrimisque rigans humentibus ora.
Huic virgo tum nata Jovis tulit obvia sese
Omnia pastori similis, cui prima juventus
Spargit flore genas, quales regalia gnati
Germina formosi pubescunt oris honore.
Ex humeris nodo duplicem suspendit amictum,
Puniceisque alte suras evincta cothurnis
Tela manu crispat. quam primum ut vidit Ulysses

Ob-

Obvius aggreditur, laetoque ita pectore fatur:
O juvenis, primum te quando in litore solo   250
Aspicio, salve o facilis, meaque omnia, meque
Respice jam servaque: ego te ceu numen adoro
Aetherium, votisque vocans, genibusque volutans;
Fare etiam ignarumque doce, quae nomine tellus,
Quive habeant homines? medio circumflua ponto
Insulane, extremaene finus telluris in undas
Continuo heic tractu vergit, pelagoque residit?
At dea quaerenti: vel te dementia versat,
Hospes, ait, vel longa procul, si talia nescis,
Huc via te duxit. non haec ignobilis ora,   260
Aut adeo deserta: ipsam novere, quot almam
Auroramque vident gentes, solemque cadentem
Parte sub adversa, qua nox fert atra tenebras.
Terra quidem praerupta, citisque haud apta quadrigis,
Nec sterilis tamen est, aequato ingentia quamvis
Haud pateat per prata solo. fert ubere gleba
Et cererem & bacchi latices, ac semper abundans
Imbribus irriguis florentique uvida rore
Educat & silvas late, dumisque virescens
Optima caprigeno pecori est & bobus alendis.   270
Quin & Pergameas ingens pervenit ad arces,
Quas procul hinc perhibent distare ab Achaeide terra
Fama Ithacae. sic fata dea est: at pectus Ulyssei
Gaudia pertentant subito; nomenque volutans
Auditum ficto sic rursum exorsus ab ore est;
Nec sese prodit tamen ipse, in pectore vafro
Vera tegens, longaque ita rerum ambage reponit.
Audieram famamque Ithacae nomenque paterna
Trans pontum in Creta longe: nunc aequora mensus
Parte ego cum gazae veni, partemque reliqui   280
Effu-

Effugiens aliam gnatis, poſt caede peremptum
Idomenei genus Orſilochum, quo vincere curſu
Nullus erat melior juvenum Dyctaea per arva.
Me rabie infeſtus voluit nil tale merentem.
Exuere Iliaca praeda, quam propter acerba
Bella virum, multosque tuli per caerula caſus,
Quod non ſponte ſuo famularer ad alta parenti
Pergama, victriceſque agerem dux ipſe catervas.
Sed prior hunc magno confoſſum vulnere ſtravi
Inſidians, campis dum ſera nocte redibat   290
Obſcurum per iter. nox atra ingentibus umbris
Me circum fidumque una complexa ſodalem
Eripuit ſpectantum oculis; furtoque potitus
Delitui. poſtquam ferrum trans pectus adegi,
Phoenicum ad navem properans veſtigia torſi,
Oravique viros magna mercede paciſcens,
Ut ſecum ad Pylii veherent me litoris oram,
Elidave inſignem, cui gens dominatur Epaeûm.
Quum ſubito inſurgens validi vis aſpera venti
Abripuit longe miſeros, nec ſponte volentes   300
Fallere. ſic caeco per noctem errore viarum
Venimus huc acti, portuque ſubivimus alto
Praecipites. non cura dapes ſubit ulla parandi
Jejunis longum, ſed feſſi in litore corpus
Sternimus, ac ſomno laſſos componimus artus.
Heic me grata quies miſerum decepit; at illi
Interea eductis opibus, quaecumque fuere
Devectae, poſitiſque, ubi ſtratus membra fovebam,
Effugiunt, ventiſque petunt ſpirantibus arces
Sidonias: vacua moerens ego linquor in acta.   310
Dixerat: inſignis glauco dea lumine riſit,
Permulſitque manu nivea; tum virginis ora

G g   Ora

Ora habitumque gerens pulcrae, cultaeque per artes
Egregias, tali mutata eft voce loquuta.
Jam nimium vafer ille foret, qui vincere cumque
Speraret te poffe dolis, licet obvius adfit
Vel deus aetherio caeli delapfus ab axe.
Improbe! ficne adeo nequidquam fraudibus ufque
Indulgens ficta perges mendacia lingua
Redditus & patriis jam tandem fofpes in oris,   320
Texere, cara tibi primis quae femper ab annis?
Quin age mitte dolos: noftrum fcit fallere uterque
Vana ferens; homines inter tu maximus omnes
Confilio polles, contra dis omnibus ipfa
Ingenio praefto. nec tu me Pallada nofti
Horrifono Jove rege fatam, quae cafibus adfto
In duris tibi fida comes, praefensque periclis
Incolumem fervo? non & Phaeacibus effe
Te volui nuper carum? delapfa fereno
Nunc iterum caelo veni, ne munera quifquam   330
Surripiat, quae multa tibi mea juffa fequuti
Phaeaces dederunt. quin & quot fata dolores
Sedibus excepto patriis ftatuere ferendos,
Expediam dictis. omnes tu pectore ferto
Indomito; nullus vel mas vel confcia duri
Femina fit reditus: quaevis convicia preftat
Saeva virum, triftefque vices fuperare tacendo.
Huic Ithacus: quis te mortali femine cretus
Diva queat cognoffe, vafer fit quamlibet ufu,
Tot facies hominum mutas, tot vertis & ora?   340
Novi equidem expertus, quanto mihi faepe fuifti
Auxilio ad Trojam dura inter praelia Grajum.
At Priami poftquam celfam populavimus urbem,
Avectosque cavis ratibus disjecit Achivos

                                     Per

Per freta lata deus, numquam te maxima vidi
Adstantem puppi in celsa curasque levantem.
Heu quantum ignotis erravi in fluctibus acrem
Corde fovens luctum, donec solvere periclo
Me faciles tandem superi. Phaeaces adire
Tu, fateor, me diva tuo cum numine sancto   350
Jussisti, ac melius miseris confidere rebus.
Nunc te per genitorem oro (nam dulcia nondum
Regna Ithacae tetigisse reor, verum avius oris
Nescio queis jactor longe; tuque ipsa videris
Ludere deceptum, memoras dum talia fando)
Dic age, num patriae tetigi jam litora cara?
Talibus orabat; quum sic Tritonia virgo
Orsa loqui: idem animus semper tibi pectore vafro,
Mensque eadem perstat non ullis fracta periclis.
Nec potui idcirco tantis in casibus actum   360
Linquere, nec potero: nostro te numine dignum
Ingeniumque animusque facit visque aurea linguae.
Namque alius rediens per tot discrimina rerum
Arderet gnatosque domi nuptamque videre
Optatam: nil ipse petis, nec scire laboras
Scilicet ante, tuae veniens quam pectora coram
Conjugis experiare. illa abdita moeret in altis
Aedibus; ingratae totaeque ex ordine noctes
Dispereuntque dies suspiria crebra cienti.
Omnia certa mihi fuerant; sociisque sciebam   370
Amissis reditum dulcem tibi fata parare.
Non tamen & volui patruum contendere contra
Indomitos alto volventem corde furores,
Infestumque tibi rapto pro lumine nati.
Ac ne vana putes mea dicta, en aspice sedes
Jam patrias: ingens portus Phorcynis in illa

Cae-

Caerulei stat parte senis; viden ardua ramos
Explicat ut patulas mihi sacra in vertice oliva?
Subter Naïadum domus atro horrescit hiatu
In latere excisae rupis. latet undique septa   380
Arboribus spelunca, ubi tu sollemnia nymphis
Vota dabis lectas statuens de more bidentes:
Neriton en illic nemoroso vertice surgit.
Haec ubi fata, scidit nebulam; tum visa refulsit
Terra viro, patriique soli dulcedine motus
Exiluit, gaudensque suae dedit oscula terrae:
Extulit & vocem, tendens ad sidera palmas.
Nymphae Naïades, proles Jovis, o mihi nulla
Visere quas fuerat jam spes, nunc omnibus auctae
Laetitiis salvete deae, mea munera vobis   390
Semper erunt, virgo tantum sinat orta Tonante
Vivere me, natumque suo mihi numine firmet.
Talia fundebat supplex, quum caesia diva:
Fide, ait, haec tacitum nec pectus cura fatiget.
Ac primum advectas parte interiore sub antro
Umbroso condamus opes, ubi salva manebunt
Omnia; dein pacto quo sint videamus agenda
Cetera, uti recte cedant. nec plura loquuta
Antrum immane subit, latebrasque inquirit in antro,
Dum propius subvectat opes Laërtius heros,   400
Caelatumque aurum, fulgentique aere lebetas,
Et picturatas Phaeacum munera vestes.
Ordine cuncta locat, lapidemque ante ostia Pallas
Ingentem advolvit: tum se viridantis in umbra
Ambo oleae stravere sacra fatumque struentes
Perniciemque procis, & sic prior orsa Minerva est.
Laërta generate, deum certissima cura,
Quo juvenes leto, quibus aggrediere vel armis,

Con-

Confule. tres adeo totos in fedibus annos
Imperitant, fociamque tori pervertere tentant   410
Muneribus. manet illa quidem, teque anxia luget,
Dum redeas, vanaque fimul fpe pafcit amantes,
Verbaque dat miferis, aliudque in pectore verfat.
Heic Ithacus: proh diva, inquit, ceu major Atrides,
Nefcius heu noftri periiffem in limine tecti,
Ni me cuncta prius monuiffes. quin age dicas
Alma precor, fi qua poffim vi perdere fontes?
Adfis o lateri noftro comes, & mihi robur
Invictum da diva: tuo jam numine fretus
Non ego tercentos dubitem vel pofcere in arma   420
Saeva viros, nil non aufim tanta aufpice mecum.
Quae contra Pallas: tecum comes addita femper
Ipfa adero, trepidos nec me fine fortis in hoftes
Infilies, quum tempus erit. jam jamque cerebro
Spero equidem, & fparfo tincturum fanguine terram
Invifa de gente aliquem, poenafque daturum
Pro fcelere. ut vero venientem agnofcere nemo
Mortalis te poffit, ego fquallentia reddam
Membra prius formofa, & flavos vertice crines
Eripiam, circumque humeros fordentia ponam   430
Tegmina. tum pulcra radiantia lumina fronte
Suffundam tenebris, ne cui nofcare procorum
Sordidus, uxorive tuae gnatoque relicto.
Tu vero hinc fubito paftorem juffus adibis,
Nigrantes qui rure fues tibi fervat, & idem
Teque tuosque colit magno complexus amore
Jam fenior. celfa invenies fub rupe fedentem
Ad Corvi fcopulos, Arethufae dulcis & undas,
Iliceam frangunt ubi glandem & flumina potant
Nigra fues, multaque aucti pinguedine florent.   440

Illic

Illic tardatus vario fermone morare,
Ipfa procul celero dum pulcrae ad moenia Spartae
Telemachum ductura tuum genus, acer Ulyffeu,
Regia qui flavi Menelai ad tecta profectus
Te quaerens reditumque tuum Lacedaemone degit
In viridi. fic diva; refert cui protinus heros:
Cur non heu miferum docuifti haec omnia; an altis
Ferret ut ingentes curas in fluctibus errans
Ipfe etiam, dum tecta fero vaftantur ab hofte
Sola relicta procis? non hic dolor haereat imo,   450
Pallas ait, fub corde tibi; mea dicta fequutus
Eft ingreffus iter, referat fibi nomen ut ingens
Huc rediens. nil trifte timet, fed lentus Atridae
Affidet in tecto, & laetatur divite menfa.
Interea infidiis juvenes, quam litora tangat
Fida redux, tentant prius illum perdere leto;
Nec tamen & perdent: aliquis de gente nefanda
Ante cadet, moriensque folum premet ore cruento.
Haec dea fata, ipfum virga percuffit, & omnes
Reddidit arentes tenuati corporis artus,   460
Flaventemque comam capitis, lumenque juventae
Abftulit, inducens rugas habitumque fenilem,
Turpavitque oculos & diae lucis honorem.
Dein aliam tunicamque aliumque imponit amictum
Sordentem lacerumque & fumi uligine plenum;
Aptat & ingentis circum fpolia horrida cervae,
Nodofumque manu baculum; curvifque pudendam
Subligat ex humeris perfoffamque undique peram
Tortile cui pendet lorum. queis rite peractis
In diverfa abeunt: Pallas vifura relictum   470
Telemachum fublimis adit Lacedaemonis arces.

HO-

HOMERI ODYSSEAE

LIBER QUARTUSDECIMUS.

Digreditur portu, perque alta cacumina Ulysses
Carpit iter durum septumque horrentibus umbris,
Qua dea monstrarat; jussusque ad limina tendit.
Pastoris fidi ante alios, quoscumque pararat.
Vestibulo hunc reperit primo tum forte sedentem,
Gramineo in tumulo surgens ubi caula nitebat
Pulcraque, & ingenti circum spatiosa meatu,
Quam rege ignaro senior, nec tale jubente
Laërta, aut domina quidquam, perfecerat ipse
Sponte sua e saxo, lateque obduxerat omnem   10
Sepibus, hinc densos atque hinc ex ordine vallos
Infigens nigro diffectae e robore quercus.
Heic quoque setigero pecori discreverat intus
Proxima sese inter bissena cubilia: matrum
Quinquaginta aderant foetarum corpora septo.
Magna suum sub quoque; mares tellure cubabant
Haud totidem caulas extra. namque improba multos
Turba procum dapibus largis epulata vorarat;
Ipse quibus custos semper deducere in urbem
Jusserat ex omni numero, qui pinguior esset   20
Ante alios; soli tercentum ex agmine stabant
Ac decies seni. vicini ad tecta jacebant
Ore canes quatuor villoso, eduxerat acres
Quos sibi praesidio senior gregibusque futuros.
Tum laeves ocreas plantis aptabat acuto
Incidens ferro corium, diversaque vernae

Ad

Ad loca se tulerant: tres pascua in alta sequuti
Setigeros de more sues, at quartus in urbem
Iverat ille procis invitus munera portans
De grege, queis epulas properent largeque fruantur. 30
Continuo vis dira canum latratibus instat,
Ut Laërtiadem venientem aspexit: at ille
Sedit humi subiens astu, baculumque remisit.
Fors quoque & indigno sensisset vulnera morsu
Ante suum stabulum, celerans ni protinus ipsi
Adforet auxilio custos: huic secta ruenti
E corio disperfa huc atque huc vincla cadebant.
Jamque alto clamore canes simul increpat ardens,
Saxa simul torquet, visumque affatur Ulyssem:
O senior, te dente fero quam pene minaces   40
Invasere canes: indigno vulnere laesus
Heu misero nova cura fores! sat multa dedere
Dura mihi, luctusque alios di semper habendos.
Nam regis me torquet amor, quem moestus acerbis
Fletibus indulgens suspiro, armentaque servo
Haec aliis mactanda. procul regna invia lustrans
Exsul inops, mensae fors ille, atque indigus errat
Auxilii, si vivit adhuc & vescitur aura.
Quin sequere o, limenque subi progressus amicum,
Ut cereris post dona satur laticisque lyaei   50
Expedias, qua parte venis, quae saeva fatigat
Dein miserum fortuna? haec dicens intulit ultro
Accitum angusti subter fastigia tecti,
Effultumque toro molli, stratisque locavit
Frondibus, atque ferae villoso in tergore caprae,
Fessus ubi recubet placide. laetatus Ulysses
Hospitio tali: magnus tibi Juppiter, inquit,
Dique alii, quae vota foves in corde, secundent
                                    Omnia;

Omnia; fic alacer qui me nunc excipis hofpes.
Dixerat; Eumaeus contra: non fpernere quemquam 60
Fafque piumque finit, non fi quis limina ad ifta
Deterior veniat: Jovis alto numine gaudent
Errantesque inopefque omnes. funt munera noftra
Parva quidem, fed cara; timor famulantia corda
Pubere fub domino prohibet dare magna petenti.
Illum autem a patria longe vis faeva deorum
Diftinet, ingenti qui me complexus amore
Largus opefque mihi proprias, fedefque paraffet,
Ac ditem thalami fociam; quae munera fuetunt
Multa laboranti famulo concedere reges,   70
Cui facilis deus auctat opus, velut omnia nobis
Aucta fovet fervatque. idcirco multa tuliffem
Praemia, fi patriis idem fenuiffet in oris.
At periit: genus omne utinam de ftirpe revulfum
Sic Helenae Argivae pereat, quam propter Achivum
Millia tot leto cecidere. Agamemnonis arma
Ille etiam famamque fequens per caerula ponti
Laomedontaeae petiit certamina Trojae.
Sic ait, & nodo laxum fuccinctus amictum
In refonam contendit haram, geminofque reportans 80
In manibus foetus jugulum ferit acer utrique,
Imponitque igni, verubufque infigit acutis
Diffectos. jamque exta ferens fumantia flammis
Dat fubito transfixa duci, cerealiaque addit
Spargens dona fuper, tum dulci munere bacchi
Spumantem large folidum cratera coronans
Confidit contra, dictis ac talibus infit.
Utere nunc epulis, ipfi queis utimur, hofpes,
Paupere contenti victu: vorat improba pubes
Ingentes affufa fues impune, nec ullum   90

H h   Fas

Fas verita, oderunt sed enim facta effera divi,
Justitiam rectumque suo dignantur honore.
Certe etiam bello quum rura aliena domosque
Gens inimica rapit, praedamque ad litora vertens
Navibus imponit, cursum molita per undas
Effugit, atque eadem furti non immemor umquam
Ultrices metuit poenas dextramque sequentem.
At contra hi juvenes, moniti ceu voce deorum
Exitium regis noscant, nec jura verentur
Connubii, nec tecta volunt sua quisque redire; 100
Sed resident, certantque imo res perdere fundo.
Nam quotquot veniunt luces quotque ordine noctes
Ab Jove; caesa fero cadit illis victima ferro
Plurima; large epulis gaudent siccantque lyaeum.
Ingens gaza fuit quondam: nec ditior heros
Alter erat, quotquot vastas trans aequora terras,
Aut Ithacam coluere; opibus quin anteit amplis
Bisdenos censuque potens. jamque omnia fabor
Enumerans, si forte vacant sermonibus aures.
Olli trans fluctus bissena armenta vagantur,   110
Bissenique greges ovium, totidemque caprarum,
Atque suum: patria delecti e pube magistri
Omnibus, externique simul. pascuntur in oris
His etiam late pingues undena per agros
Agmina caprigeni pecoris: custodia fida
Advigilat, semperque procis ex agmine lectam
Quisque suo pecudem jussus fert pastor in urbem.
Ipse autem has pascoque sues & grandia servo
Haec stabula, invitusque isdem submittere cogor,
Optima quae pingui turgescit corpore, praedam. 120
Dixerat: ille autem tacitus fruiturque paratis
Raptim epulis, hauritque merum sub corde volutans
                                              Fata

Fata procis. at poſtquam animi ſatiata cupido
Jam dapibus fuerat largis, nova vina refundit
Ingentem in cyathum, ſocioque haud tardus Ulyſſes
Porrigit undantem gaudenti, atque ore profatur.
Eja age fare, precor, quis te ſic inclitus heros,
Ut memoras, diveſque ſibi rebuſque paravit
Ipſe ſuis pretio captum? quemque arma ſequutum
Atridae occubuiſſe putas? dic o mihi nomen 130
Illius: aetheria caeli ſcit Juppiter arce,
Dique alii, vidiſſe uſquam ſi nuncius adſim
Hinc procul errando, multaſque advectus ad urbes.
Talia quaerebat; ſtabuli quum talia cuſtos
Reddidit Eumaeus; non haec perſuadeat ullus
Uxorive ſuae, natove huc advena fatis
Adveniens; multi jampridem vana ferentes
Nuncia, fraude mala petierunt praemia ſontes.
Namque Ithacae quicumque vagus defertur ad arva,
Continuo alloquitur reginam & pectore ficto 140
Vana ſerens ludit cupidam, fovet illa receptos
Hoſpitio facili nequidquam, & multa requirens
Flet miſera, & longo tabeſcit perdita luctu,
Conjugis ut cari fato ſolet anxia conjux.
Tune etiam vano fingens mendacia corde
Talia nunc referas, ſi quis pro munere laenam
Praebeat, aut inopi tunicam? procul occidit ille;
Alitibuſque, feris canibuſque inhumata per agros
Praeda jacet; gelidos liquit jam ſpiritus artus:
Vel tumido merſum raptant ſub gurgite monſtra, 150
Oſſaque litus habet, cumuloque ingentis arenae
Preſſa tegit. duro ſic fato raptus amicos
Perdidit heu cunctos, & me miſerum ſuper unum
In primis: neque enim facili tam pectore regem

H h 2   Inve-

Inveniam, quocumque ibo; non tecta parentum
Dulcia si repetam, nascens ubi lumina vidi
Prima puer, teneroque fui nutritus in aevo.
Nec vero patriae tantum perculsus amore
Optatamque domum notosque revisere fines
Discupio, quantum longo post tempore Ulyssem 160
Anxius huc reducem, cujus vel dicere nomen
Vix ego sustineo veritus: sic semper amavit,
Scilicet ac toto complexum pectore fovit.
Quin ipsum dicam fratrem, dignandus & absens
Nomine nimirum tali est. tunc dius Ulysses:
Tu licet haec illum non umquam ad litora dicas
Venturum, fixumque animo stet credere nulli,
Hospes, ait; contra jam nunc tamen ipse futurum
Et reor, & superum testatus numina magna
Polliceor; nec dona moror. postquam ille penates 170
Redditus attigerit, tunc me tunicaque recenti
Laetus, & insigni meritum donabis amictu.
Nil prius accipiam quamquam indigus: acrius odi
Namque Erebi foribus, mendax qui vana profatur
Pauperiem metuens duram. nunc audiat ergo
Juppiter omnipotens primum, mensaeque verendae
Quas adii, sedesque Ithaci patriique Penates;
Evenient, quaecumque canam: Laertius heros
Hoc aderit labente anno; quin menstruus orbis
Hic simul occiderit, primoque refulserit ortu 180
Alter agens luces, ille alta in tecta redibit
Penelopen ultus natumque indigna ferentem.
Cui subito Eumaeus: non haec ego munera solvam
Debita, non Ithacus veniet: tu plena quietus
Pocula nunc hauri potius, nec talia fando
Commemora, o senior. tristi nam pectore luctus
Ingruit;

Ingruit heu mifero, quoties audita recurfat
Eximii regis pietas & cognita virtus.
Define teftari fuperos: at fortis Ulyffes
O veniat, mecum ipfa velut regina preatur,   190
Laërtefque fenex, & Telemachus fimilis dîs.
Nunc etiam carum genus alto e fanguine regis
Heu queror illacrimans juvenem; quem numina poftquam
Florentem eduxere ut pulcra ex arbore ramum,
Jamque fore heroas inter non oris honore
Non animis ipfo rebar genitore minorem;
Incautum fine mente egit feu laeva deorum,
Sive etiam vis dira hominum. nam ceffit in almam
Ipfe Pylon patriae fcitatum nuncia famae;
Et nunc faeva procum pubes in gurgite tentat 200
Excipere infidiis reducem, fine nomine ut omnis
Intereat multos Ithacae dominata per annos
Stirpibus ex imis evulfa Arcifia proles.
Quod dederit fôrs cumque, cadat; feu barbara captum
Vis rapiat juvenem, dextra feu Juppiter aequus
Ipfe fua potius fervet; jam fare viciffim
O fenior curafque tuas durumque laborem;
Sanguine quo ortetus, queis & devectus ab oris,
Quave rate, ac nautae qua fe de gente ferebant,
Expedias, oro; neque enim late undique ponto 210
Claufa loca haec peditem potuiffe attingere credo.
Haec ait; atque heros fuerint quaecumque, fatebor
Vera, inquit; longo modo copia tempore nobis
Sufficiat, bacchique liquor, menfifque paratae
His maneant epulae lentos, & cetera tectis
Digrediens, ceu fueta, petat fua munera pubes.
Namque ego (vera loquor) totum nec feffus in annum
Expediam fando, mifero quae triftia divi

Attulerunt, quantos ftatuere & volvere cafus.
Sum patria e Creta, diti genitore creatus,   220
Atque alii pueri tectorum in fedibus ifdem
Legitima prognati aderant e conjuge multi.
Me vero pellex genuit captiva, nec aequus
Abfimili genitor tenerum dilexit amore
Caftor Hylacides, qui noftri eft fanguinis auctor,
Ille deum quondam parili dignatus honore
Creffa per arva opibus florens gnatifque beatus
Magnanimis. ipfum fed poftquam fata tulere
In ftygias raptum tenebras, fua quaeque relicti
Divifere fibi, & partem cepere bonorum   230
Sortibus eductis nati: mihi pauca dedere
Ingenti de gaza, & folas infuper aedes.
Parta tamen virtute mihi ditiffima conjux.
Obtigerat; neque enim fueram vel futilis auctor
Confiliis habitus, nec bello fegnis, & armis.
Omnia nunc periere aevo dilapfa; fed ipfa
E ftipula qualis fueram cognofcere poffis
Olim in flore: ingens fractos fitus occupat artus.
Fecerat audacem Mavors cum Pallade, & ambo
Addebant animos, quoties delecta virorum   240
Robora ad infidias ducebam fata minatus
Hoftibus adverfis. numquam mors terruit atra
Hanc animam; antevolans longe fed primus in hoftem
Spicula torquebam, medioque ex agmine caefa
Corpora raptabam pedibufque & robore fretus.
Talis eram bello: placuit non arva tueri,
Non opera exercere, quibus laetata renidet
Aucta domus, clari & crefcentia germina gnati;
Sed celerefque mihi naves, & cara fuere
Praelia, ferrataeque haftae, laevefque fagittae   250

In

In manibus femper; quae dura atque afpera vulgo
Vifa aliis, horum nobis infevit amorem
Numen & ipfa trahens animo fua quemque voluptas.
Ante etiam Graji peterent quam moenia Trojae,
Lecta virum ratibus novies per caerula duxi
Agmina ad ignotas gentes; praedaque potius,
Quod libuit mihi cumque, prior fine forte ferebam,
Deinde fuper pars aequa aderat. fic copia rerum
Creverat; & late patrias mea fama per urbes.
Hoc iter invifum fed quum Saturnius acer   260
Indixit, quo multa virum data millia leto,
Tunc validi legere ducem me Cretes, &omnia
Idomeneum claffis venturae ad Pergama Atridis
Auxilio. via nulla aderat, qua juffa retrectans
Abnuere, & populi vim contra tendere poffem.
Ceffimus; atque novem bellando explevimus annos
Iliacos circa muros, decimoque profecti
Arcibus excifis Priami confcendimus aequor
In patriam; reduces disjecit numinis ira.
Aft aliud mifero exitium fatale parabat   270
Juppiter: optata vix namque in fede moratus
Per menfem expleram dulci me prolis amore,
Conjugis & carae donis, opibufque, domoque:
Quum fubito Aegypti ad fines malus impulit ardor
Vela dare, ac pelagi tentare pericula rurfum.
Jamque novem ftabant puppes, & multa ruebat
Undique vis juvenum. tum fex ex ordine luces
Incubuere epulis fufi per litora nautae;
Multa quibus capita ipfe boum mactanda pararam
Et fuperis ad dona fatis dapibufque futura.   280
Septima lux aderat, Cretaeaque protinus arva
Deferimus, borea claffem, velut amne fecundo,

                             Veli-

Velivolam raptim pelagi per plana ferente.
Nulla mihi periit navis, nec fracta labore
Ingemuit pubes; sed longa ad tranftra sedebat
Compofita, & rector curfum ventufque regebant,
Incolumis quinta claffis dum luce Canopum
Attigit, ac laeta fluvii ftatione refedit.
Heic ego continuo focios fubducere puppes,
Atque agere excubias moneo; confcendere partem 290
In fpeculas, finefque hortor luftrare patentes.
Illi autem elatique animis faftuque fuperbi
Niliacis latos vaftant cultoribus agros,
Captivafque trahunt matres puerofque gementes
Per mediam caedem: nec jam mora: rumor in urbem
Ocius advenit, populofque excivit ad arma.
Erumpunt rofeae fub lumina prima diei
Agmine conferti magno: tremit excita pulfu
Terra equitum peditumque gravi, galeaeque minaces
Solis inardefcunt radiis, atque aera corufcant. 300
Tum pater ipfe deûm molitus fulmina dextra
Immifitque fugam fociis, trepidofque coëgit
Terga dare: haud ullus firmato pectore contra
Stare valet, certamque intentant omnia cladem.
Pars ferro transfixa cadit, pars viva meorum
Abripitur captiva procul fubituraque trifte
Servitium; miferans me vero afpexit ab alto
Juppiter. o potius cecidiffem ftratus arenis
In Phariis, alia ex aliis nec fata fubiffem!
Tunc aliter vifum: galeam criftafque comantes 310
E capite, eque humeris clipei feptemplicis orbem
Projicio, dextraque haftam; tum regis ad ipfum
Obvius ingrediens currum, fupplexque prehenfis
Ofcula rite fero genibus. miferatus inermi

Dat

Dat veniam, flentemque fuas deducit ad aedes:
Ipfius invectum curru. volat aerea circum
Telorum interea nubes, affufaque turba
Ardet in arma ferox, odiifque immanibus inftat:
Ille vetat, cohibetque manu Jovis hofpitis iram
Refpiciens, fcelerum faevit qui maximus ultor. 320
Septem illic annos manfi, gazamque coëgi
Aegypto in diti multam, cunctique ferebant
Dona viri. octavus vero fimul adfuit annus
Menfibus exactis, jamdudum fallere fuetus
Aggreditur miferum Tyria vir gente profectus,
Ifque dolis atque arte vafer perfuadet ad oras
Sidonias, ubi tecta olli, patriique penates,
Ire fimul. ceffi victus, Niloque relicto
Hofpitio hoc alium fubfedi lentus in annum.
Sed poftquam expleti menfes labentibus horis 330
Invertere annum, fecum devexit ad urbes
Me Lybicas idem, fraudem molitus acerbam
Scilicet, atque auro fperans ibi vendere multo.
Confcendo, invitufque fequor mihi faeva parari
Damna timens. claro fluctus aquilone fecabat
Acta ratis Cretam fupra, mediamque tenebat
Lapfa viam; dirum contra Jovis ira parabat
Exitium miferis. nam Cretam ut liquimus, & jam
Nulla alia apparet tellus; caelum undique, & alta
Aequora, caeruleum fubito Saturnius imbrem 340
Defuper effudit, tenebris & inhorruit unda.
Intonuit fimul ipfe polo, fimul igne corufco
Contorfit telum navem fuper: illa fatifcens
Volvitur, atque gravi late omnis fulfure fumat.
Excutitur pubes, pelagoque effufa marinis
Affimilis corvis fertur, reditumque fugamque

I i   Fata

Fata negant, triftem me contra haud paffus obire
Juppiter eft, valido fed nanti e robore malum
Suppofuit: manibus cui circum amplexus inhaefi
Jactatus ventifque undifque: ita fluctibus errans 350
Ipfe novem exegi luces; vix denique nocte
Me decima advertit Thefprotum ad litora pontus.
Heic feffum ejectumque heros fufcepit, & ultro
Praebuit hofpitium Phidon. nam viderat unus
Ipfius e natis ut me fractumque labore
Atque hyeme horrentem, penetralia duxit ad alta
Ipfe regens dextra, patriaque in fede locatum
Coftituens duplicem per membra injecit amictum.
Heic Ithaci audivi famam; namque hofpes ad oras
Tendentem patrias illum excepiffe ferebat, 360
Et monftrabat opes, quas fecum advexerat heros,
Caelatumque aurum, ferrique, aerifque corufci
Munera, queis decimum large quis dives abundet
Poft genus: ufque adeo rerum vis magna jacebat!
Illum autem ajebat fcitatum oracula longe
Dodonam petiiffe, Jovifque loquentia quercu
Numina ab aeria, patriae quo litora pacto
Clamne palamne adiens, longo poft tempore vifat?
Addidit & fuperos teftes libamina fundens,
Deduxiffe ratem fefe, pubemque paraffe, 370
Quae reducem caras Ithacae comitetur ad arces.
Ipfe prior folvi: Thefprotum namque carina
Dulichium Cereri facrum tum forte petebat;
Magnanimo & miffum regi me juffit Acafto
Reddier incolumem. nautas at dira cupido
Continuo invafit fcelerata mente furentes,
Ut nova me faevo premeret fortuna labore.
Namque ubi, deferta tellure, per aequora fugit

Lapfa

Lapfa ratis, mihi trifte jugum captivaque collo
Vincla parant, laenaque meo de corpore rapta   380
Ac tunica, imponunt lacerum, quem cernis, amictum.
Poftquam autem tenuere Ithacam fub vefpere fero
Implicuere arcto nexu; fimul ocius ipfi
Certatim egreffi ftruxere in litore menfas.
Interea mihi fracta cadunt e corpore vincla
Vi fuperum: raptis caput ipfe & tempora circum
Veftibus obnubi, clavique per alta volutus
Robora caeruleas prono me pectore in undas
Demifi, fugique natans diverfa fequutus
Litora; tum nigra fubiens nemus ilice denfum   390
Delitui ftratus: trepidos hac tendere & illac
Vidi ego nequidquam nautas, fletufque ciere
Moerentes iramque inter magnumque dolorem.
Nec tamen ulterius profugum ftat quaerere: folvunt
Vela notis, altumque petunt. fic numine tutus
Praedonumque manus fugi, placidoque receptus
Hofpitio heic tantique viri fervatus amore.
Vivam equidem, neque adhuc mergar fatalibus umbris.
Dixerat; ac ftabuli cuftos: quis temperet, inquit,
A lacrimis, miferande hofpes, tam dura ferentem 400
Afpiciens, tantis fortunae fluctibus actum?
Dixifti quaecumque tamen male fidus Ulyffei
De reditu, fufpecta mihi; quid fingere talem
Heu juvat? optatos, video jam certus & ipfe,
Fata mei reditus prohibent crudelia regis,
Quem neque in Iliacis pugnantem occumbere campis,
Nec voluere fuos inter poft bella reverfum
Oppetere: exftincto pofuiffet Graecia buftum,
Manfiffetque loco nomenque & fama perennis,
Solamen gnato. fed non ea gloria fato   410

Contigit: harpyiae miferum fine nomine raptant.
Triftis ego heic fedeo cuftos, furgentiaque urbis
Moenia numquam adeo, prudens nifi forte vocatum
Penelope jubeat, fi quando nuncius olli
Advenit. extemplo circumftant undique vifum,
Scitarique ardent, veniendi & difcere cauffas;
Hi moerent, cafuque dolent abfentis Ulyffei;
Illi opibus gaudent graffari impune potiti.
Sed mihi nil animo carum jam quaerere ab illo
Tempore, quo vanum fugiens poft caede peracta 420
Aetola de gente fatus decepit, & ifdem
Sedibus his mecum, multis regionibus actus,
Conftitit hofpitio tandem laetatus amico:
Ille fibi in Creta vifum narrabat Ulyffem
Idomenei in tectis diffracta furentibus undis
Robora fupplentem claffi; primoque fub ortu
Autumni, aut etiam venturum aeftate ferebat
Cum fociis opibufque ingentibus: irrita fruftra
Dicta abiere vagas jamdudum fparfa per auras.
Ergo age tu fenior, quando huc te fata tulere 430
Define velle movens mea blandis pectora verbis
Fallere; non ideo merito dignabor honore,
Sed veritus magnumque Jovem, tuaque afpera rerum
Fata dolens. haec ille: at contra exorfus Ulyffes:
Sic adeo tibi nulla fides in pectore, dixit,
Certa fatis, potui nec duram inflectere mentem
Numina teftatus? quin dîs auctoribus ifdem
Haec age jam pactis maneant rata foedera nobis.
Contigerit fi forte tuum tibi vifere regem,
Pollicitus pulcrae decoratum munere veftis 440
Dulichium mittes, quo me rapit ardor abire;
Sin ille haud redeat, nec fint mea nuncia vera,

Nil

Nil moror, arreptum celsa de rupe jubeto
Dejicere, exemplo metuant ut fallere nostro
Huc alii advecti, sic heros fatus; at illa:
Egregiam vero laudem famamque referrem
Vivus, ait, serisque olim post funera seclis,
Ipse ego qui placida nuper te sede recepi,
Si contra dulci spoliarem lumine vitae?
Qua tunc mente Jovem supplex in vota vocarem 455
Conscius admissi sceleris? sed tempora caenam
Jam poscunt, sociique aderunt, jam nota petentes
Limina, qui mensas epulis florentibus ornent.
Illi inter sese jactant dum talia, passu
Interea rediere sues, quas fida juventus
Protinus inclusit stabulo: septa omnia circum
Pugnantumque sonant graviterque in nocte redeuntum.
Tum subito Eumaeus, qui pinguior omnibus, inquit,
O socii properate suem, lectumque sacrabo
Hospitis adventu mactans: epulabimur una 460
Nos etiam, longum quos cura exercet in annum
Sollicitos, nostroque alii sudore fruuntur.
Haec fatus, duro aggreditur resonantia ferro
Robora, quinquenni dum corpore ducitur ingens
Victima, procumbitque focis. super irruit ipse
Immemor haud divum (casta nam mente colebat
Justitiam), raptasque alto de vertice setas
Ignibus imposuit sacris libamina rege
Pro salvo superos omnes in vota precatus.
Dein feriit rapto dissectae fragmine quercus 470
Arduus assurgens: molli artus vita reliquit,
Itque cruor jugulo e secto, nidorque sub auras
Tollitur ambusti flammis ubi tergora costis
Deripuit pubes, senior decerpere partem

Artu-

Artubus e cunctis mixta pinguedine cepit,
Injecitque foco falfis cum frugibus una.
Atque alia in verubus fixere, ignique dedere
Secta minutatim ferro; detractaque rurfum
Omnia in ingenti pofuere ardentia menfa.
Haec inter medius rectos in pectore fenfus   480
Ufque gerens fenior confurgit, & omnia feptem
Dividit in partes: vobis o Najades unam,
Unam Mercurio prognato Atlantide Maja.
Ponit multa rogans; fociis dein ordine partem
Cuique fuam poftquam fuerat partitus, Ulyffem
Perpetui tergo fuis, & dignatur honore
Praecipuo. ille autem praeftanti munere laetus
Aggreditur meritum fic ore affatus amicum:
O utinam carus regi ftellantis olympi
Sic vigeas, Eumaee, viges dilectus ut ipfi   490
Huic animo, talem donis qui talibus auges!
Ille autem referens: dapibus nunc, optime, noftris
Utere, ait, rebufque fave non afper egenis;
Perficiet mihi vota, poteft namque omnia, numen,
Abnuet & quaecumque volet; fic vertitur ordo.
Dixit, & in menfa primos libavit honores
Caelicolis, pateramque dedit, confederat olli
Qui propior, magni Laertae e fanguine creto.
Interea Cereris fert dona Mefaulius acer,
Quem quondam Eumaeus fibi rege abfente pararat   500
Ignaroque Arcifiada, ipfa & Penelopea,
Eque fuo pretium Taphiis perfolverat aere.
Vefcitur una heros, paftorum & ruftica turba
Laeta epulis. ardor mox ut compreffus edendi
Jam fuerat, collecta Mefaulius abftulit almae
Frufta citus Cereris; reliqui petiere cubile

Fru-

Frugibus & faturi toftis, & pinguibus efcis.
Forte fuit nox atra horrenti frigore, & imber
Affiduus zephyris udo ferventibus axe
Ingruit; utque hyemem fenfit male tectus Ulyffes, 510
Voce fenem blanda, ftabuli cui credita cura,
Affatur, tentatque vafer, fi qua daret arte
Ille fibi laenam victus, vel cogeret ullum
E fociis: nimium miferis in rebus amicum
Senferat, atque animi fidens effatur ab ore.
Accipe nunc, Eumaee, & vos o cetera pubes;
Magna loquar de me. vefano in pectore Bacchus
Aeftuat ille etiam curis ingentibus actos
Et cantare viros, & mollem folvere rifum,
Incertoque adigens veftigia tollere faltu, 520
Edere & in tacito melius quod corde latebat.
Sed quoniam coepi fanda atque infanda profari,
Quo mens ipfa rapit, fequar ultro. o prima redirent
Tempora, & integro folidae mihi robore vires,
Quae fuerant quondam, Teucris quum Pergama circum
Struximus infidias Ithacufque & flavus Atrides,
Tertius atque una focios dux ipfe fequutus!
Moenia ubi celfae pervenimus ardua Trojae,
Circum urbem dumos inter ulvamque paluftrem
Sub dio longis armati corpora fcutis 530
Sedimus. interea borea bacchante rigebat
Horrida nox, gelidaeque nivis contecta pruina
Armaque, & aeratus clipei concreverat umbo.
Heic alii tunicis fepti laenaque per artus,
Et clipeis humeros protecti e pectore fomnos
Efflabant placida compofti in pace per umbras.
Solus ego, fociis laena procul inde relicta,
Scilicet haud animo tantum ratus adfore frigus,
                                            Indu-

Indutus tunicamque levem, parmaque superne
Conſtiteram tectus. jamque ut pars tertia noctis 540
Ceſſerat exactae, volventiaque aſtra cadebant,
Horreſcens Ithacum, propior qui forte jacebat,
Admonui excitum cubito; nec ſegnius ille
Audiit haec fantem. jam me jam vita relinquit
Heu glacie edomitum ſaeva graviterque rigentem:
Neſcio quis tenui male tutum huc egit amictu
Caelicolum iratus, nec ſpes ſuper ulla ſalutis:
Vix haec. ille autem ſe notas vertit ad artes,
Conſilioque valens pariter & fortibus armis,
Submiſſa ſic voce refert. o comprime queſtus, 550
Ne quis te Danaum nunc audiat. atque ita fatus
In cubitum nixa cervice aſſurgit; & o vos
Audite, inclamat, juvenes, quae certa deorum
Viſa monent: nimium longe proceſſimus undis
A pelagi, medios inter verſamur & hoſtes.
Nuncius ergo aliquis properans Agamemnona regem
Conveniat, plures velit huc ſi tendere greſſum
Auxilio. ſic ille: Thoas Andraemone cretus
Protinus exſiluit, rutilantem & murice laenam
Projiciens celeri petiit cava litora curſu. 560
Illius ipſe autem poſita tum veſte potitus
Molliter accubui, roſeoque effulſit Eoo
Alma diem referens ſtellis Aurora fugatis.
Talis ego ſi nunc florerem, & corpore vires
Incolumi ſtarent, aliquis me tegmine pulcro
Motus amicitia pariter laudemque ſequutus
Indueret. ſed nunc fruſtraque inglorius aevum,
Deſpectuſque agito ſordens in paupere cultu.
Deſiit. Eumaeus contra: laus magna feretur
Haec tua jam ſenior; nihil es, ni rite loquutus. 570
Nec

Nec merita jam veste, aliis nec rebus egebis,
Conveniunt quaecumque tibi. mox craftina reddet
Quum lux orta diem, rurfus mutata repones
Tegmina contectus propriis; non copia nobis
Quippe fubeft, duplicefque adfunt e vellere veftes:
Una viro data cuique. at poftquam natus Ulyffe
Huc aderit, tunicamque tibi chlamydemque nitentem
Ille dabit, mittetque alacrem, quo tendis abire.
Sic ait, ac furgens vicinum infternit ad ignem
Ipfe torum, pecudumque ferens molliffima ponit 580
Tergora, queis heros cubuit. tum feffa jacentis
Membra fuper magnam denfato vellere pallam
Injicit, ipfe olim qua fefe involvere fuerat,
Horrida fi quando tempeftas frigora ferret.
Heic Ithacus fomno jacuit, circumque juventus
Cetera; non fenior pariter, quem dura fatigat
Cura gregis, fedefque vetat placidumque cubile
Incolere. arma citus, dum furtim afpectat Ulyffes,
Miraturque fidem, tacitoque in pectore gaudet,
Ille rapit, primumque humeris accommodat enfem, 590
Dein chlamydem ventos contra munimen & imbres
Induit ingentem villofae terga retorquens
Longa caprae fupra. tum demum haftile lacerto
Adverfufque canes & furta inimica virorum
Corripiens tectis ceffit, cubiturus & ipfe
Curvata fub rupe, fues ubi frigore ab acri,
Et borea averfi, tranquilla in nocte jacebant

K k   HO-

HOMERI ODYSSEAE

LIBER QUINTUSDECIMUS.

NAta Jovis virgo vaftis Lacedaemona campis
Attigerat, magno patriae telluris amore
Telemachi jam diva parans incendere pectus,
Quem focio invenit cum gnato Neftoris una
Magnanimi Atridae celfa intra tecta cubantem
Veftibulo in primo, vinctum fopor altus habebat
Neftoriden; illum dulces non carpere fomnos
Cura finit: ftat fixa animo genitoris imago,
Sollicitoque dolor trifti fub nocte recurfat.
Cui dea tunc adftans propior fic voce loquuta eft: 10
Sedibus a patriis nimium jam tempore longo
Lentus abes, cui linquis opes ac tecta fuperbis
Plena procis? jam jam fundo ruet omnis ab imo
Vafta domus, multoque tibi via ftabit egenti.
Rumpe moras omnes, reditumque age fortis Atrides
Apparet, ut caram penetrali in fede parentem
Invenias, prius illa patris fratrumque fequuta
Imperia Eurymacho quam nubat: largior omnes
Muneribus fuperat, dotemque exaggerat auctu.
Heu vereor, ne furta parent, vacuofque penates 20
Diripiant fruftra invito, fcis, femina quale
Ingenium fub corde fovet; ditefcere curat
Illa domum, quam nupta fubit, natofque priores
Conjugis & rapti flammas oblita jugales.
Tu vero, fuerit quae vifa ex omnibus una
Apta magis, properans famulae fervanda repones

                                          Omnia,

Omnia, dum claro superum comitata hymenaeo
Nympha tibi veniat. nunc o tamen accipe & ista,
Dicta prius, vigilique memor sub pectore serva.
Faucibus, heu nescis! Ithacae confedit in ipsis 30
Pulvereaeque Sami juvenum manus impia letum
Insidiis tibi triste parans per caerula vecto.
Nil tamen efficiet: stratum quin ante nefanda,
Spero equidem, de gente aliquem premet aggere tellus.
Suspectis longe a scopulis averte carinam
Nocte viam celerans: a tergo mollia mittet
Flamina, te superum quisquis tutatur euntem.
Hinc patrii attigeris primam quum litoris oram,
Continuo navemque jube contendere ad urbem
Advectamque simul pubem; tu frondea contra 40
Rura petens noti stabulum pastoris adito,
Setigeros qui rite sues custodit in agro,
Teque amat in primis: illic requiescere amica
Nocte juvet, senior dum moenia missus ad alta
Penelopi reducem Pyliis te nunciet oris,
Incolumemque frui propius vitalibus auris.
Haec dea, & immensum petiit sublimis olympum.
At juvenis presso tetigit pede protinus artus
Nestoridae exciti somno, & sic infit ab ore:
Surge age, cornipedes, Pisistrate, jungere curru 50
Tempus equos, latosque viam celerare per agros.
Sic ille; at contra Neleo Nestore cretus:
Haud licet obscuram, quamvis iter urgeat, inquit,
Maturare fugam per noctem. en alma propinquat
Aurea lux: maneas, oro; Pelopeïus heros
Expediat dum pulcra ferens tibi munera, & ambos
Affatus placide verbis dimittat amicis.
Semper apud memores infixa in pectore vivit

K k 2   Fama

Fama viri, sese facilem qui praebuit hospes.
Vix ea Nestorides, roseo quum lumine fulgens   60
Extulit oceano bijugos Aurora nitentes;
Et jam se propius tectis Menelaus agebat
Auricomae linquens Helenae penetrale superbum.
Quem simul agnovit venientem natus Ulysse,
Continuo tunicam niveos super induit artus,
Purpureamque humeris pallam demisit ab altis
Heros; tum gradiens contra, foribusque sub ipsis
Obvius adsistens: genus alto o sanguine regum
Inclite dux Menelae, Jovis cura, inquit, ad oras
Me patrias dimitte, precor; namque ardet abire   70
Ultro animus cupido notasque revisere sedes.
Cui tunc Atrides: non te discedere aventem
Longius invitum retinens, dilecte, morabor,
Nec fas. quin etiam simul ipse irascerer olli,
Carum qui foveat nimis importunus amicum,
Negligat aut aeque durus: modus omnibus adsit
In rebus. non ille minus, qui sponte manenti
Invidet hospitium, peccat; quam forte redire
Optantem, qui tecta intra gravis usque moratur.
Gaudeat exceptus, donec velit, hospes; & idem   80
Discedat pariter, si fert ita corde voluptas.
Tu tantum concede morae, fulgentia curru
Munera dum properans tibi coram inspecta reponam,
Atque epulas jubeam celeres in sede puellas
Instruere. hinc & honor dignus, majorque sequetur
Utilitas, quam si longae telluris obires
Tot spatia impransus dapibusque haud ante refectus.
Vis etiam per Grajum urbes divertere, & Argos
Per medium? sequar ipse comes molitus habenas
Alipedum, lateque virûm subvectus in alta   90

Moenia

Moenia te curru ducam: fua munera ubique
Aut rutili tripodes, aut pulcri ex aere lebetes,
Aut bijuges ad frena, aut auro pocula ftabunt.
Dixerat; ille autem: quin, o fortiffime ductor,
Praeftat abire, inquit; neque enim cuftodia noftris
Fida fat in tectis, cui rerum cura relicta;
Et vereor, ne dum genitor mihi quaeritur abfens,
Ipfe cadam, fpoliifque alius laetetur opimis
Diripiens mea regna. haec ille ut fatus, Atrides
Reginam aggreditur celerans, famulafque parare 100
Praecipit extemplo laetis convivia menfis.
Jamque Boëthoedes Eteoneus obvius illi
Adftiterat ftrato furgens vicinaque linquens
Atria; qui fubito excitis imponere juffus
Ignibus exta boum, non fegnis dicta moratur.
Ipfe autem Atrides thalami penetralia in ima
Tendit odorati: Megapenthes pone fequutus
It comes, aligero & conjux generata Tonante.
Qui fimul advenere, ubi regia gaza jacebat,
Ingentem extemplo pateram capit impiger heros, 110
Argentoque jubet folido Megapenthea ferre
Perfectum cratera, alia dum candida parte
Nympha legit veftes, variis quas ipfa figuris
Neverat, ac tenui pingens difcreverat auro.
Quarum unam, ante alias quae fe pulcherrima vifu
Obtulerat, pallam fignis rutilantibus aptam
Accipit: ardenti collucens lumine fulfit
Sideris in morem, poftremaque venit ad auras
Ima in fede latens multoque infignis honore.
Poft hinc digreffi, fua quifque & dona ferentes 120
Telemachum petiere una; cui maximus ultro
Haec propior laeto fatur Menelaus ab ore:

Tu

Tu reditum ceu mente cupis, fic Juppiter aequus
Adnuat expediens facilem. jamque accipe munus
Ex opibus, quaecumque meis in fedibus adfunt,
Et pretio, & formae eximium praeftantis honore,
Hanc pateram fignis caelatam: argentea tota
Ardet, & in fummo circum micat aurea labro;
Vulcani follertis opus: quam clarus habendam
Sidoniûm rex ante mihi donaverat, urbem   130
Quum patriam peterem; tu nunc laetare potitus.
Sic dicens juvenem preftanti munere donat
Egregium fimul ille, fimul cratera corufcum
Succedens coram Megapenthes ponit. at alma
Tyndaris in manibus geftans velamina pulcra
Reftitit; ac fubito: puer o, mea magna voluptas,
Accipe & haec manuum, dixit, monumenta mearum,
Dona, quibus niteat felici tempore quondam
Nupta tibi: interea genitrix tua cara reponat
In thalamo fervanda. vale o mihi laetus, & oras 140
I patrias, rurfumque tuos invife penates.
Tantum effata dedit juveni: gavifus at ille
Dona capit, quae cuncta cavo Pififtratus axe
Condit, & infigni ftupefactus imagine luftrat.
Hinc alacres in tecta vocat Menelaus, & ultro
Ducit, ubi foliis circum affedere paratis
Inftratifque toris ambo. dat protinus aureo
E cyatho manibus lymphas, funditque lebetem.
In niveum argento e puro formofa puella,
Atque eadem fternit menfam; fert altera toftam 150
In calathis cererem, patulis & lancibus efcas
Expediens menfis large fua munera ftipat.
Parte Boëthoedes alia fumantia didit
Exta fecans; mifcetque merum generatus Atrida

Ad

Ad cyathum ftans ipfe puer: mora nulla, paratis
Accingunt epulis fefe, pariterque fruuntur.
Poft ubi potandique amor & compreffus edendi,
Surgens Telemachus, generofo & Neftore natus
Aeripedes jungunt bijugos, & corpora faltu
Dant facili, volucrique una fuper axe locati   160
Veftibulo excedunt, refonantiaque atria linquunt.
It fimul Atrides, plenamque nigrantis Iacchi
Fert dextra ex auro pateram, qua munera libent
Sacra diis, bijugifque adftans ita farier orfus;
Salvete, o juvenes, Nelidae & dicite cuncta
Faufta, precor: genitor veluti me femper amavit,
Donec apud durae certatum eft moenia Trojae.
Dixerat: huic contra referens prognatus Ulyffe:
Omnia, ne dubita, nos haec narrabimus, inquit,
Mox reduces tua dicta feni. fic redditus oris   170
Ipfe meis utinam genitori edicere falvo
Haec eadem poffem; quo me complexus amore
Scilicet, & quantis voluifti excellere rebus.
Talia dicenti dextra Jovis ales ab aura
Adftitit alta volans ingenti e fedibus imis
Anfere correpto;fugientem voce fequuntur
Raucifona matrefque virique. aft ille jugales
Emicat ante ipfos dextro per inania curfu.
Gaudent afpectu juvenes, & pectore motus
Concipiunt varios laeti; quos impiger inter   180
Neftorides regi: dic o, nofne omina divum,
An potius te certa petunt haec, maxime ductor?
Tantum effatus; & ille anceps dum corde volutat
Multa fuo, quae rite ferat refponfa petenti,
Occupat extemplo dubium pulcherrima Ledae
Progenies: adhibete aures; ego monftra docebo,

Ceu

Ceu superi mea corda monent, & fata recludam.
Ut subito e tectis praedam tulit unguibus uncis
Ales ab aërii descendens vertice montis,
Olli ubi stat nidus pullique; ita fortis Ulysses   190
Multa diu passus, multisque erroribus actus
In patriam veniet; fors & jam limine gressus
Intulit insanae molitus funera pubi.
Telemachus contra: sic o! sic Juppiter ille,
Horrisona qui nube sedet, tua dicta secundet;
Caelicolum meritas referam tibi vota per aras.
Dixit, & insonuit concusso verbere equorum
Terga super collumque: illi per strata viarum
Corripiunt volucres cursum, campoque potiti
Tota luce rotis agitant volventibus orbem   200
Pulveream rapido glomerantes impete nubem.
Sol ruit, atque viae tenebris densantur opacis;
Adveniunt Pheras, subeuntque in tecta Dioclis,
Quem satus Alphaeo superas emisit ad auras
Orsilochus. placidae per amica silentia noctis
Hospitio in molli dulcem cepere soporem.
Inde ubi purpureo conjux Tithonia ab ortu
Extulit os roseum, juga sub resonantia ducunt
Rursus equos, scanduntque leves post terga relictis
Postibus, & curru praeter longa atria vecti.   210
Instat equis auriga: volat properantibus ultro
Axis, & ad Pylias jam jam venit incitus arces.
Atque ibi Telemachus tum gnato Nestoris infit:
Pollicitusne dabis, quod te, Pisistrate, poscam,
Quidquid erit? veteri patrum jam foedere juncti
Dicimur, & viridi aequales pubescimus aevo,
Ipsaque concordi magis haec via pectore vinxit;
Ne precor averso ne tende a litore cursum,

                                        Heic

Heic potius me linque ratem prope. namque parentis
Tecta tui vereor contingere, ne mihi blandus   220
Tardet iter: celerare fugam res ardua cogit.
Vix ea: Neftorides huc atque huc fertur, & haeret
Mentis inops, quae digna ferat refponfa volutans;
Tandem certus equos ad navim & litora flectit
Proxima. ibi puppis curvata in mole reponit
Dona Mycenaeus dederat quae maxima ductor
Aurumque argentumque & pictas murice veftes.
Tum fic aggreditur cunctantem, ac talibus infit:
Vade age continuo properans, nautafque jubeto
Praecipitare moras, prius alti ad limina tecti   230
Quam veniens referam longaevo facta parenti.
Novi etenim, fenior quales in pectore fenfus
Impatiens volvat: non te dare vela per aequor
Ille finet, fed celfa trahens te in tecta vocabit;
Nec fugies, idem fubitas quin furgat in iras.
Haec ait, alipedumque comantia colla reflectens
Moenia nota petit, Pyliafque invectus in arces
Stat patrias citus ante domos: at litore in udo
Telemachus contra focios hortatur, & arma
Ferte agite, o juvenes, inquit, confcendite puppim; 240
Quamprimum aequoreas pelagi juvat ire per undas.
Dixerat: illi alacres parent, ac juffa faceffunt,
Ingreffique ratem fe tranftra per ardua fundunt.
At juveni haec eadem properanti, & vota ferenti
Palladis ante aram facris de more litatis,
Adftitit ex Argo fugiens vir caede peracta
Vates, a claro deducta Melampode origo
Cui fuerat. Pyliis hic quondam dives in oris
Ante alios pulcro tenuit penetralia cultu
Cefferat at longe fugiens patria arva, ferumque 250

         Nelea,

Nelea, qui multas olli fortiffimus heros
Eripuit praedatus opes, totumque per annum
Vi tenuit; vinclis dum contra & carcere faevo
Ipfe domo in Phylaci claufus miferanda luebat
Supplicia ob Nelei gnatam, clademque nefandam,
Qua gravis heu miferi praecordia torfit Erinnys.
Hinc tamen evafit, Pyliafque abduxit ad arces
E Phylaca ingentes tauros, ultufque fuperbi
Facta redux Nelei, germano ad limina nympham
Pulcram duxit agens. fubito mox inde profectus 260
Argos equis aptum venit; nam fata ferebant
Ingenti Argivos illum ditione tenere.
Conjugis heic auctus taedis immania ftruxit
Tecta fibi, natofque habuit, duo fortia corda,
Mantion Antiphatemque. hic vitae in lumina Oicleum
Magnanimum fudit; qui te clariffime deinde
Amphiaraë Jovi carum Phoeboque creavit
Auxilium populis ingens; fed raptus acerba
Morte cadis vano corruptae conjugis aftu
Miles Agenoream contendere juffus ad urbem, 270
Alcmaonque tibi Amphilochufque e ftirpe relicti.
Mantius at genuit Polyphideaque, Clitumque,
Aurea quem rapuit correpta cupidine formae
In fuperas Aurora domos, loca laeta deorum.
Egregium contra Polyphidea magnus Apollo
Gentibus effe dedit vatem, poftquam occidit actis
Amphiaraus equis vafto telluris hiatu;
Qui patri iratus fe longe Hyperefia ad arva
Contulerat, populofque illic ventura docebat.
Ergo Theoclymenus tanto genitore creatus   280
Telemacho obtulerat fefe, puppique fub ipfa
Libantem afpiciens divofque in vota vocantem

Sic

Sic prior aggreſſus verbis compellat amicis:
Hoc quoniam ſacris operantem in litore cerno,
Te per ego divoſque rogo, perque ipſa deorum
Sacra, tuumque caput pariter, comitumque tuorum,
Dic age quaerenti, nec vano pectore falle,
Quis genus, unde hominum, quo patre es cretus, & urbe?
Illi Telemachus: fabor vera omnia, dixit.
Sum patria ex Ithaca, genitor mihi fortis Ulyſſes, 290
Dum fuit heu quondam, triſti nunc funere ſtratus
Occubuit; celeri ſulcans vada ſalſa carina
Illius huc ergo veni, ſocioſque coëgi
Nequidquam, vix fatus erat, quum talibus heros
Excipit Argivus: ſic & patria arva reliqui
Exſul ego prae caede viri, cui plurima late
Turba viget fratrumque ſimul comitumque per Argos
Frugiferum; imperio magno dominantur Achivi
Horum permetuens ultricem in funera dextram
Nunc fugio, fatiſque feror procul actus iniquis. 300
Tu tecum me tolle precor, caedemque nefandam
Supplicis o prohibe: poſt me ruet excita pubes,
Credo equidem, poenam repetens. miſeratus at illum
Solatur juvenis: nec te conſcendere quiſquam,
Nec vetat optantem tutas inquirere terras.
Quin ſequere o; potiere, mihi quae copia cumque
Scilicet eſt, eademque ambos fortuna manebit.
Sic dicens ferro praefixum robur acuto
Suſcipit e manibus, curvaque in parte carinae
Collocat inſiliens alte, celſaque recumbit 310
Puppe ſuper, laterique una comes additur hoſpes.
Vincula tum ſocii laxant: ſimul ipſe parare
Arma jubet dictis acuens, ſimul ocius omnes
In medio attollunt procera ex abjete malum

Hinc

Hinc atque hinc validis utrinque rudentibus aptum,
Laxaque suspendunt intortis carbasa loris.
His virgo optato Tritonia flamine ventos
Aëra per liquidum resonantes misit, ut undas
Aequoreas volucri pinus ruat incita cursu,
Crunosque, & pulcrum praelabens Chalcidis amnem. 320
Sol cadit interea, & fuscis nox advolat alis
Inducens late tenebras; Jovis alite flatu
Acta ratis linquitque Pheras & praeterit almam
Elida, ubi fortes late dominantur Epaei.
Hinc angusta subit crebris freta consita saxis,
Spemque metumque inter dubius regit aequore cursum
Telemachus, mortemne parent, an fata salutem.
Parte alia stabuli custos, & dius Ulysses
Instabant epulis, circumque affusa sedebat
Vernatum bona turba simul; queis cessit opimis 330
Postquam exempta fames dapibus, vafer incipit ore
Sic Ithacus tentans animum senioris amici,
Longius hospitione velit gaudere potitum,
An jubeat celsam potius procedere ad urbem?
Accipe nunc Eumaee, & vos o cara sodales
Pectora, ait: roseo quum primum crastina surget
Lux exorta polo, vicinae ad moenia tendam
Urbis inops, curamque tibi sociisque levabo
Jam nimium gravis heic. sed tu mihi providus adsis
Consilio, comitemque pares, qui ductor in urbem 340
Monstret iter, quaeso: celsas ingressus in arces
Poculaque hac illac errans frugesque requiram,
Si miserum quis forte vocet. quin atria regis
Ipsius haud dubitem vi dura victus adire
Nuncia Penelopi portans; turbaque procorum
In media tenuem famulando exquirere victum,

Dum

Dum plenae recubant laeta inter munera mensae:
Quo me jussa volent, facilis sequar omnia: fabop
Namque tibi; (nostris tu dictis pectora & aures
Nunc adhibe;) haud alius nisi me numinis fretum 350
Mercurii, cunctis addit qui rebus honorem,
Vicerit, ingentem sive ignem attollere tempus,
Robora seu forti diffindere dura bipenni,
Aut etiam torrere dapes, aut fundere vina
Expediat, quaecumque obeunt & munera servi
Divite sub domino. quae postquam dixerat heros,
Illum, torva tuens senior, miseransque ruentem
In sua damna, infit; quisnam praecordia tantus
Error agit? saevone petas occumbere leto 360
Sic temere ad juvenes properans turbamque superbam,
Cujus ad aeratum venit vis improba caelum,
Sideraque implevit scelerati injuria facti?
Non illis famuli tales; at vivida pubes
Vestibus in puris flavos ornata capillos,
Formosisque genis adstat; mensaeque renident
Et cerere & semper plenae fumantibus extis.
Heic maneas, oro! non his te excedere tectis
Invisumque gravemque cupit vel perdere quisquam;
Non ego, non alius comitum. postquam alma redibit
Progenies Ithaci juvenis, tum vestibus ultro 370
Ille novis auctum, properas quo tendere, mittet.
Cui tum voce refert multum jactatus Ulysses:
Sic utinam carus vigeas, Eumaee, Tonanti,
Ut mihi, quem tristes errando quaerere curas,
Sponte vetas! gravior clades mortalia corda
Nulla domat, quam ferre pedes circum alta domorum
Ostia reptantem. docuit tamen omnia ventris
Aspera vis perferre, vagum quem durus adegit
                                                    In

In varios cafus error, variofque labores.
At quoniam retines, recumque in fede manere 380
Nil meritum me tale jubes, age pauca roganti
Fare Ithaci de matre, atque ipfo in limine duri
Quem fenii liquit cedens patre de Laërta:
Vivuntne aetherii claro fub lumine folis,
An periere ambo, ftygialque ivere fub umbras?
Talia quaeranti fenior: certa omnia reddam,
Hofpes, ait longaevus adhuc vitalibus auris
Laërtes fruitur, fed magnum in vota precatur
Ufque Jovem invifam cupiens abrumpere vitam,
Artubus edomitis quamprimum: fcilicet illum 390
Heu nimis amiffae prolis jam torquet amator,
Conjugis & carae luctus, quae funere rapta
Perdidit una magis miferum, triftemque fenectam
Effe dedit, faevis pro gnato exercita curis
Horrendum fubiens leti genus: o mihi tale
Dî prohibete malum, cafumque avertite amicis!
Illa quidem dum viva fuit, mihi plurima dulce
Quaerere, & alternis fuerat fermonibus horas
Fallere: me pulcra namque ipfa eduxerat una
Cum Crimena, extremam quam partu enixa creärat: 400
Huic ego nutribar focius, nec mater honore
Ipfa fuam prolem multo praeferre folebat.
At poftquam rofeo fimul ambo adolevimus aevo.
Illa Samum petiit claro deducta hymenaeo,
Congeffitque ingens pro dote parentibus aurum.
Me vero indutum pictae fubtegmine veftis
Evinctumque pedes ocreis fulgentibus agros
Incolere hos juffit miffum, complexaque femper
Sollicito carum fovit ceu mater amore.
Queis nunc indigeo infelix: pia numina tantum 410

Refp:-

Respiciunt curasque meas, & vota secundant
Omnia proventu magno; satis ipse, sat hospes
Hinc habuit, nostras quicumque accedit ad aedes.
Nulla mihi a domina spes est optanda salutis,
Auxiliumque malis: postquam scelerata procorum
Insedit pubes, dirum genus; omnibus omnes
Rebus egent famuli, sed coram dicere muffant,
Affarique timent reginam; ita poscere victum
Nec sibi, nec sociis audent submittere in arva,
Soletur captiva gravem quo turba laborem.   420
Haec ille; atque heros: quo fato, Eumaee, tuaque
A patria longe carisque parentibus aevo
In tenero has demum sedes jactatus adisti?
Dic age vera mihi referens: hostilibus armis
Urbsne fuit populata, ubi quondam tecta parentes
Incoluere tui; an sola te in valle relictum,
Servantemque greges pecudum niveosque juvencos
Praedonum avexit pelago manus effera, & oris
Vendidit his captum domino, pretiumque recepit?
At senior contra lacrimis ingressus obortis: 430
Si te tantus, ait, casus cognoscere nostros
Ardor habet, memori tacitus jam pectore dicta.
Accipe, & indulgens, laeta inter pocula, vino
Heic placidus reside. tardae nunc tempora longa
Noctis eunt, somnoque licet componere membra,
Jucundisque animos narrantum pascere dictis.
Cur properes in strata? gravis sopor ipse cubanti
Esse solet nimius. vos o, si corde cupido
Fert aliter, vos ite viri: dein candida primum
Quum radiis lux orta diem feret, ante refecti 440
Hirsutos nemorosa greges educite in arva.
Nos autem saturique epulis, dulcique lyaeo
                                        Gauden-

Gaudentes parvo ftructi fub cefpite tecti
Alter in alterius luctu haud ignara malorum
Pectora folemur. quaedam meminiffe voluptas
Eft homini, quam multa tulit rerum afpera quondam,
Jactatufque diu eft: & jam ad tua juffa revertor.
Infula ftat ponto, Syrien quam nomine dicunt,
Ortygiam fupra, verfos ubi flammeus orbes
Sol notat, & certis diftinguit tempora fignis,　450
Illa quidem non magna adeo, fed divite gleba
Lanigeras pafcit pecudes, armentaque laeta,
Et Cereri, & Baccho facilis: non finibus illis
Dura fames populos torquet, non ulla per aegras
Serpit atrox gentes trifti vis excita morbo:
Aft ubi felici fenuerunt corpora in urbe
Sedibus e fuperis delapfi Phoebus & una
Cafta foror jaculis figunt labentia membra.
Stant geminae heic urbes, divifaque partibus aequis
Omnia funt: genitor meus olim rexit utramque 460
Imperio magno divis par, inclitus heros,
Ctefius Ormenides. ergo illa ad litora navi
Phoenices venere vafrum genus, aurea fecum
Munera ducentes variique infignia cultus.
Juncta meo fuerat mulier Phoeniffa parenti
Pulcra genas habituque ingens, & culta per artes
Egregias. illam pubes externa fefellit
Muneribus captam; niveofque in fluctibus artus
Dum lavat, aggreffus juvenis cava robora propter
Accubuit furtim; dulcique potitus amore eft　470
Mollibus illecebris pervertens, queis proba fi qua eft
Femina, victa folet tandem fuccumbere culpae.
Haec inter petiitque genus patriamque; neque illa
Talia quaerentem refugit, fed protinus orfa:

Sido-

Sidoniis, inquit, sum nata in finibus olim
Progenies Arybantis ego, ditissimus agri
Qui fuit in Tyriis: at me per caerula vecti
Praedones Taphii venientem e rure tulerunt,
Captivamque viro heic pacta mercede dedere,
Tum juvenis furto gaudens: quin vecta per aequor 480
Nos sequere in patriam, dixit, vereresque penates
Post longum visura, tuorumque ora parentum;
Ambo etenim vivunt, gazaque fruuntur opima
Incolumes. mox illa refert: in me mora nulla,
Si modo certa fides vobis, jurataque testes
Numina pollicitis adsint, sine crimine nautas
Per freta ducturos patrias me rursus ad arces.
Dixerat: illi omnes jurant, & foedera firmant
Testati per vota deos. tunc ipsa peractis
Rite sacris dextraque data sic callida subdit.
Nunc taciti haec sinite, o nautae; nec strata per urbis 490
Ingrediens aliquis vestrum, nec fontis ad undas
Audeat affari visam, ne fraude retecta
Advolet, & famam referat senioris ad aures
Nuncius. iratus vinclis & carcere duro
Me petet in primis; vobis dein triste parabit
Exitium pariter. tacito sub pectore dicta
Condite, vosque viae quamprimum accingite rebus
Omnibus instructi. fuerit quum plena carina,
Ad me aliquis veniat missus: nam protinus aurum,
Atque aliud potero quodcumque e sedibus altis 500
Surripiam, mecumque feram. quin majus habendum
Haud invita paro pretium pro munere vobis.
Namque domi puer est regali sanguine cretus,
Ipsa viro nutrix quem servo: haud ille periclum
Sentiet; hac illac ludens discurrere gaudet.

M m   Semper,

Semper, & ante fores temere progreſſus oberrat.
Hunc ſimul adducam vobis: hic maxima reddet
Praemia in ignotis hinc longe venditus oris.
Haec effata domos petiit, nautaeque per annum
Litus apud noſtrum tuta ſtatione morantes　510
Mercibus implebant multis cava robora pinus.
Mox ubi preſſa ratis fuerat jam pondere magno,
Velaque poſcebant ventos, fit conſcia facti
Femina; jamque mei veniens ad limina patris
Nauta vafer flaventi electro auroque monile
Contextum geſtat, ſeſeque interritus infert.
Turba puellarum gaudet; famulaeque nitore,
Et pariter mea capta parens, dum lumine ſpectant,
Atque manus inter formoſaque brachia verſant
Pollicitae pretium; ſubito dat perfidus olli　520
Signa oculis, navimque petit veſtigia torquens.
Illa manu capiens me ſecum e poſtibus effert,
Poculaque in poſitis circum longa atria menſis
Invenit, aſſueti fuerant queis ducere vina
Convivae cum patre meo, ſed forte relictis
Tum dapibus, populo exierant dare jura vocati
Concilio in magno: raptim tria pocula tollit,
Abſconditque ſinu; ſequor ipſe heu ſtultus euntem.
Interea prono denſantur ſole tenebrae,
Perque vias nox atra horret: per opaca locorum 530
Tendimus in portum celeres, ubi conſcia pubes
Sidoniam tuto religarat litore puppim.
Conſcendunt nautae, ſecumque per humida regna
Nos procul avectos tollunt: dat Juppiter auras
Aëria caeli ſpirans regione ſecundus.
Sex adeo luces, totidemque ex ordine noctes
Effugimus pelago; ſed poſtquam ſeptima caelo

　　　　　　　　Fulſe-

Fulferat orta dies, jaculo confoffa Dianae.
Pro fcelere infando perfolvit femina poenas:
Volvitur affimilis fulicae, lapfoque fub ima   540
Corpore dat ftrepitum puppi. dein gurgitis illam
In medios jaciunt fluctus phocifque vorandam
Pifcibus atque feris efcam: circumftetit horror
Corda mihi, lacrimifque genae maduere volutis.
Hinc autem vento pariterque ferentibus undis
Venimus in portus Ithaces, ubi venditus auro
Laërtae ceffi imperiis. ita litora primum
Haec tenui, fixique meos hac fede penates.
Dixerat; huic heros divûm genus: heu mihi quantos,
O fenior, trifti movifti in corde dolores,   550
Talia dum memoras fatis agitatus iniquis.
Sed pater ille deûm cladem folatus acerbam
Scilicet eft, fedes qui te contingere tandem
Has voluit, regemque dedit tibi multa parantem
Commoda: nunc facilem vitam trahis; ipfe per urbes
Advenio multas, & multa per aequora vectus.
Talibus alterni lenibant pectora dictis;
Dein fomnum petiere brevem: nam lumina terris
In croceis invecta rotis Aurora ferebat.
At cita Telemachi pubes propiora tenebat   560
Litora jam curfu, demiffo & carbafa malo
Laxa legens portum remis advecta fubibat.
Anchora de prora jacitur, tortique rudentes
Impediunt pinum: juvenum manus exfilit arvis,
Inftituitque dapes, & vina ardentia mifcet.
Sed poftquam compreffa fames, pulfufque bibendi
Ardor erat, fic deinde viros affatur ovantes
Telemachus: navem vos hinc deducite ad urbem,
O focii; fervata meis paftoribus arva

Ipfe petam, vififque illis operumque labore   570
Vefpere mox referam celeres ad moenia greffus.
Mane autem reduces tecta intra regia mecum
Excipiam dapibus largis, & debita folvam
Munera, laetitiamque dei. cui talia fubdit
Voce Theoclymenus: quonam me tendere folum,
Care, jubes; cujus penetralia celfa fubibo,
Anne tuae fiftam recto me tramite matri?
At juvenis contra: te noftra ad limina primum
Ultro ego juffiffem veftigia ferre, neque ulla
Hofpitii tibi cura foret. fed triftior illic   580
Me fine folus eris, nec te mea cara videbit
Fors genitrix: neque enim fefe penetralibus effert
Saepe procis vifendam; in folo claufa receffu
Ufque fedet longum tela folata laborem.
Propterea fedes potius contendere ad altas
Eurymachi moneo, Polybo genitore creatus
Late qui colitur divis aequatus honore.
Quippe animis praeftat longe, praeque omnibus unus
Ipfe meae fperat genitricis amore potiri,
Atque Ithaci gaudere toro. fed rector olympi   590
Aftra fcit ille colens, an Parcae extrema minentur
Sontibus, ante fuos celebrent quam laeti himenaeos.
Vix ea, quum dextra venit de parte fuperne
Accipiter, citus ales Apollinis: ille columbam
Ungue tenens vellebat atrox, vulfafque carinam
Telemachumque inter fundebat ab aëre plumas.
Nec mora: fecretum a fociis, dextraque prehenfum
Subducit juvenem fatorum haud infcius heros,
Et prior alloquitur. non haec fine numine divum
Dextera venit avis volitans; nofco omina pennae   600
Praepetis. imperio fceptrifque potentius oris

                                        Haud

Haud genus his aliud veſtro eſt; immota manebunt
Regna tuae ſemper gentis. tum natus Ulyſſe
Accipiens omen: di talia vota ſecundent,
Hoſpes, ait; tantis a me donabere felix
Muneribus, ditem miretur ut obvia turba.
Dixit, Piraeumque vocat ſic deinde loquutus:
O Clytida Piraee, animo fidiſſime noſtro
Ante alios, quotquot Nelea ad regna ſequuti
Me pelago duxere, tuis penetralibus hoſpes   610
Gaudeat hic, meritoſque habeat dilectus honores,
Dum redeam campis. nec plura effatus; & ille
Continuo reddit: quantum vis tempore longo,
Telemache, hinc abeas; pro te mihi cura ſodalis
Semper erit, digniſque hoſpes celebrabitur ultro
Officiis. dixit; ſubitoque e litore nautas
Imperat, ingreſſus navem, laxare rudentes.
Certatim inſiliunt juſſi, validiſque locati
Conſidunt tranſtris; alia ſed parte coruſcas
Telemachus plantis ocreas aptavit, & aſtam   620
Accepit dextra, quam fixam cuſpide ahena
Extulerat puppi. jamque illi vincula ſolvunt,
Adnixique humeris ſpumantia caerula verrunt,
Inque urbem properant juſſi; jam tramite noto
Ipſe pedes celerat, ſequiturque per avia curſum
Ingrediens, ubi denſa ſuum ſtant agmina ſeptis
Clauſa olli, fiduſque ſenex ſtabula alta tuetur.

HO-

HOMERI ODYSSEAE

LIBER SEXTU SDECIMUS.

IMpiger Eumaeus, Trojaeque everfor Ulyffes
Ignibus excitis parvi fub culmine tecti
Aurora rutilante dapes de more parabant;
Paftorumque manus difcefferat avia in arva
Cum grege. Telemachum vigilans cognovit euntem
Turba canum, tenuitque feris latratibus ora
Adfiliens juvenem circa; Laërtius heros
Senfit adulantum voces, venientis & haufit
Pulfa pedum propius refonis veftigia tectis,
Et fubito: huc aliquis fe fert, Eumaee, propinquans 10
Aut comes, aut certe notus: non excita latrat,
Sed potius blandita canum cuftodia gaudet,
Vicinufque pedum patulas fonus incitat aures.
Necdum ea finierat, quum limine gnatus in ipfo
Adftitit. obftupuit fenior, tectifque repente
Profiluit, manibus labuntur pocula, & una
Vina fluunt effufa. ille obvia brachia regi
Tendit, & amplexus caris cervicibus haeret,
Infigitque oculis, ambabus & ofcula palmis,
Et capiti illacrimans. longis ceu finibus anno 20
Poft decimo reducem cupidus jam denique natum
Quum pater unigenam recipit, quem ferus in auras
Extulit aetherias fenio confectus, & aevo,
Multaque perpeffus: fic illum excepit amicus
Tum ftabuli cuftos, figensque ardentia faepe
Ofcula laetatur ceu dira e morte recepto.

Veni-

Venisti o tandem, hic cara! heu salvus ab urbe,
Quam timui, Pylia me non dilecte redires.
Ingredere o felix, longo post tempore visam
Ut reducem cupido pectus satiatus amore. 30
Haud etenim gaudes pastorum agrestia tecta
Incolere huc veniens creber: te scilicet urbis
Cura tenet, mixtusque procis facta effera spectas.
Dixerat, & juvenis contra: tibi redditus adsum
En, ait; has primum sedes te propter adivi
Praesentis cupiens jamdudum & cernere vultus,
Et voces audire tuas. penetralia servat
Carane jam genitrix longis exercita curis;
An taedas experta novas, aliumque sequuta
Nupta virum cessit, thalamoque absentis Ulyssei 40
In vacuo texit sublimis aranea telam?
Vix ea, quum senior referens: immota penates
Illa quidem tibi servat adhuc, & pectore contra
Stat casus obnixa omnes; nec luce dolores
Nec miserae absistunt sera sub nocte gementi.
Haec ait, & juvenem subito levat impiger, hastam
Accipiens. subit ille fores, cui protinus ultro
Ipse suam genitor sedem concessit Ulysses
Assurgens venienti. ille autem ingressus in aulam
Abnuit, & contra fatus: considere praestat 50
Te nunc, hospes, ait; jam strata sedilia nobis
Heic aderunt, propiorque venit, cui talia curae.
Nec plura his, genitor jussus confedit: at olli
Substravit virgulta senex, villosaque supra
Tergora conjecit: folio sic fultus agresti
Sedit Ulysfides inflectens corporis arcus.
Hinc senior properans curvis in lancibus effert
Servatosque armos, servataque pinguia tostae

Terga

Terga fuis; nec non calathis cerealia dona
Expedit, & dulci complet fpumantia vino   60
Pocula confidens divino adverfus Ulyffi.
Incumbunt epulis una: mox acta bibendo
Ut fitis eft, dapibufque fames compreffa receffit,
Sic bonus Eumaeum dictis affatur amicis
Telemachus. noftris unde ifte in fedibus hofpes,
Qui nautae advexere, ferunt quo nomine fefe
Caerula fpumanti findentes aequora pinu?
Dixerat, & dicta Eumaeus fic voce fequutus:
Nulla mora; expediam jam nunc tibi vera roganti,
Care, ait. e Creta memorat fe ducere ftirpem,   70
Et fpatia immenfae telluris obiffe vagatus
Per populos, ceu juffa ferunt fatalia divum.
Nunc autem e manibus Thefprotum elapfus adivit
Haec ftabula infelix; jamque eft tuus ille: quod optas,
Perfice tu mifero, fupplex te in vota precatur.
At juvenis: nimium faevis mea pectora curis
Figis, ait, fenior, quanam illum in fedibus arte
Accipiam teneamque meis? non vivida ab annis
Venit adhuc valido virtus, nec robore fretus,
Si prior inceffat quifquam, defendere poffim.   80
Contra animum genitrix nunc huc nunc dividit illuc,
In partefque rapit varias incerta; penates
An teneat mecum, faevae convicia famae
Permetuens, veteremque torum & connubia fervans;
An potius jam victa uni, qui maxima dona
Praebeat ante alios generofus, denique nubat?
Ergo illi, quoniam fupplex tua limina venit,
Intextamque dabo chlamydem, tunicamque recentem
Aeratumque enfem lateri, fulgentiaque addam
Vincla pedum, mittamque ultro, quo malit abire. 90
                                              Quod

Quod fi etiam in ftabulo tecum vis ipfe tenere,
Haud moror: huc equidem promiffaque tegmina mittam,
Atque epulas, veftro ut parcat jam vivere fumptu.
Non tamen & miferum patiar fuccedere turbam
In mediam juvenum. fcelerata haud crimine ab ullo
Temperet, aut probris ceffet; mihi faucia fruftra
Uret corda dolor: multos contendere contra
Forti etiam durum eft, numero vis incita crefcit.
Haec ubi dicta dedit juvenis, tunc acer Ulyffes:
Fas mihi, fas, credo, jam pauca effarier, inquit. 100
Heu pereo, multoque angor praecordia luctu,
Talia dum pubi memoras impune procaci
Crimina te invito coram tantoque licere.
Dic age, fponte jaces domitufne, an triftia divum
Supplicia expendis, faevique odia afpera vu gi?
An fratrum incufas animos, queis fretus ad arma
Profilit, atque audax vir dura pericula fpernit?
O ego tam juvenis mentem hanc in pectore haberem,
Vel fatus ex Ithaco, vel longo errore viarum
Functus & ipfe foret,(vota haec mihi numina fervent;) 110
Eripiat noftris caput a cervicibus hoftis,
Ni fubito clademque illis & trifte pararem
Omnibus exitium fubiens Laërtia tecta.
Quod fi etiam opprimeret pubes me plurima folum,
Sedibus in patriis mallem procumbere ftratus,
Cernere quam tales juvenum per tecta furores,
Hofpitibufque lares claufos, actafque nefandis
Flagitiis mifere famulas, exhauftaque menfis
Vina fuper frugefque meas, atque omnia demum
Nequidqam heu vafta temere collapfa ruina. 120
Ad quem Telemachus placido fic ore loquutus:
Jam tibi nil veritus cuncta, hofpes, certa fatebor;

N n

Nec

Nec fum odio populis, vulgique obnoxius irae,
Nec confanguineos culpo; queis fretus in arma
Profilit haud metuens duri vir praelia Martis.
Omnipotens noftri fecundum Juppiter effe
Sanguinis ipfe genus vetuit: Arcefius auras
In fuperas folum Laërtem eduxit; Ulyffem
Hic genuit contra magnum pater, ille creavit
Me pariter folum, nec longo expletus amore eft. 130
Stant autem affufi noftris in fedibus hoftes
Innumeri; quot finitimis per caerula regnis
Dulichioque Sameque altae viridique Zacyntho
Imperitant clari proceres; quotque afpera fceptris
Arva regunt Ithaces, noftrae connubia matris
Tot juvenes ambita petunt, vaftantque penates
Funditus. illa autem nec dedignata petentum
Vota fugit, nec victa modum fcit ponere curis;
Dum furit interea, fedes populata, juventus
Improba, jamque ipfi exitium mihi trifte minatur. 140
Sed tamen haec divum fatis incerta ferantur.
Interea dilecte fenex tu nuncius ito
Penelopi: incolumem dic olli ex urbe rediffe
Me Pylia. heic adero, referas veftigia donec
Fida redux: fciat una parens, & nullus Achivûm
Audiat haec; nam faeva parant mihi funera multi
Infidiis. haec fatus erat, quum protinus ille:
Accipio fapioque, infit, nec talia mandas
Ignaro: tantum Laërtae, an nuncius ibo
Una eademque via, dic o; qui triftibus olim 150
Curis heu graviter pro caro fixus Ulyffe
Spectabatque artes operum, mixtufque fedebat
Cum famulis vino gaudens dapibufque paratis;
Nunc autem Pylias ex quo tu remige ad oras

Ena-

Enafti, dapibufque expers & munere Bacchi
Haud opera invifit, fed flens atque aeger anhelat
Affiduo gemitu; duris cutis offibus aret.
Dixerat; at juvenis: durum eft, at juverit, inquit,
Nunc finere ingrato miferum tabefcere luctu.
Namque uti arbitrio fi qua ratione liceret   160
Omnibus in rebus, genitor mihi primus adeffet
Redditus optanti. tu vero, ut juffus, abito
Nuncius, atque iterum recto te tramite fifte
Protinus huc rediens, nec fit curfare per agros
Cura tibi. matri potius dic, ipfa miniftram
Clam fidam expediat mittens, quae laeta dolenti
Haec eadem celerans longaevo nuncia portet.
Sic fatus jubet ire fenem: qui juffa capeffens
Accepitque ocreas, pedibufque aptavit, ad urbis
Moenia corripiens greffum: non ille Minervam   170
E ftabulo egreffus latuit: namque ocius altae
Virginis os pulcraeque gerens operumque peritae
Venit, & affiftens foribus fe oftendit Ulyffi.
Non illam fenfit coramque adfpexit euntem
Telemachus; neque enim manifefto in lumine divi
Omnibus apparent. tantum Laërtius heros,
Et trepidi videre canes, nec faucibus acres
Raucifonis contra inftiterunt, fed murmure blando
Per ftabula hac illac profugi petiere latebras.
Jamque fupercilio dat fignum: agnovit Ulyffes   180
Nutantem, tectique agreftia fepta relinquens
Exfiluit, propiorque ftetit, cui diva loquuta
Haec prior: o Laërtiade certiffima magni
Cura Jovis, gnatum jam nunc affare, nec ultra
Decipe diffimulans; moliti funera ut ambo
Nigra procis celeri greffu properetis in urbem:

Ipfa

Ipſa diu haud abero a vobis, pugnare parata.
Dixit, & aurata ſubito dea contigit illum
Permulcens virga: niveas tum pectora circum
Impoſuit primum veſtes, humeriſque coruſcam   190
Pallam demiſit, lumenque & membra juventae
Reddidit: ambroſius fuſco color ardet in ore,
Depulſaeque genis rugae. ſtant vertice crines
Cyanei mentumque pari ſublucet honore.
Haec dea ubi fecit, ſublimis fugit: & heros
Tecta iterum ſubiit. juvenis miratus at illum
Obſtupet, avertitque oculos praeſtantia coram
Numinis ora timens, dubiuſque repente profatur.
Qualis eras nuper? quantum diverſus ab illo,
Hoſpes, ades, veſteſque alias, alia ora reportas: 200
Certe aliquis divum es caeli ſtellantis alumnus.
Sis bonus o placiduſque! tibi cadet hoſtia ad aras,
Muneraque ex auro ſtabunt, miſerere precantis.
Talia dicebat ſupplex; quum maximus heros:
Non tibi numen ego, quid me caeleſtibus aequas?
Sum genitor quin ipſe tuus, quem propter acerbo,
Nate, gemis luctu, vi dura oppreſſus & armis.
Sic dicens cupidus caro dedit oſcula gnato,
Effuditque genis lacrimas, complexus & haeſit
Neſcius a dulci longum divellier ore.   210
Telemachus vero (nondum namque ille parentem
Cernere credebat): non tu Laërtius, inquit,
Non Ithacus pater ille meus; ſed numina caeli
Hac magis heu miſerum vana ſub imagine ludunt.
Haud etenim poſſit mortalis talia quiſquam
Sic facile, aetheria caeli delapſus ab arce
Ni deus ipſe velit juvenis mutare figuram
Atque ſenis. tu nuper eras confectus ab aevo,

Indu-

Indutufque artus foede; nunc corpore verfo
Os humerofque geris fimilis caeleftibus ipfis.   220
Tum genitor: non fas ita visa in imagine patris
Attonitumque haerere diu, tacitumque ftupere,
Telemache: haud veniet tibi namque huc alter Ulyffes:
Ille ego fum, paffus mala dura, atque omnibus actus
Cafibus in patriam bis deno redditus anno.
Palladis hoc, quod cernis, opus Tritonidos; illa
Fecit me qualem voluit, fimilemque videri
Cuncta potens inopi juffit, rurfumque juventam.
Induit, & pulcro circum dea texit amictu.
Dîs facile eft, lati retinent qui culmen olympi,   230
Et rapere, & dignam mortalibus addere laudem.
Haec fatus propior confedit. at ille parentis
Affixus collo lacrimas fundebat, & ambo
Alter in alterius defixi lumina vultu
Triftius heu flebant, quam curvis unguibus acres
Vulturii aut aquilae; fetus queis durus ab antro,
Afpiciens nido implumes, detraxit arator:
Pulfa fonant nemora alta & queftu implentur acuto.
Haud aliter luctumque ipfi gemitufque ciebant:
Et fors occiduas Titan abiiffet in undas   340
Flentibus, affatus tali ni voce parentem
Rupiffet tandem fic longa filentia primus
Telemachus. qua te, genitor, duxere carina
In patriam nautae, fefe quo fanguine, quave
Gente ferunt; late pontus nos undique cingit.
Sufcipit heic Ithacus: tibi vera, o nate, roganti
Dicam equidem; pelago Phaeacum experta juventus
Sueta alios etiam, quicumque accefferit illuc
Indigus auxilii, facili deducere curfu,
Me tulit, ac placido fopitum in litore liquit   250
                                          Multa

Multa prius largita aerifque aurique talenta
Intextafque fuper veftes. haec rite repofta
Omnia nunc antro divûm ftant credita curae:
Ipfe autem huc veni juffu monitifque Minervae,
Hoftibus exitium fimul ut luctumque feramus.
Quare age & enumerans illos mihi, nate, recenfe,
Fortunafque, genufque virum, patriamque ftat una
Nofcere, dein certa rationem evolvere mente,
Num liceat nobis contra contendere folis
Ullius auxilio fine; an & focia arma roganda?   260
Filius haec contra: faepe eft mihi cognita famâ
Magna tua, o genitor, virtus; teque' effe timendum
Audieram dextra pariter ftructifque per artem
Confiliis. nimium ne fis at magna loquutus
Nunc vereor tua dicta ftupens: quid in agmine tanto
Nos duo, quid contra tot poffumus afpera corda?
Haud etenim vel dena procum bifdenave tantum
Corpora funt, multo fed plura; atque accipe porro,
Expediam numerum. duo fupra aetate virentes
Quinquaginta alios adfunt, qui moenia celfa   270
Dulichii liquere fimul, fenique fequuntur
Hos famuli: quatuor venere e divite lecti
Bifdenique Samo juvenes, viridique Zacyntho
Magnanimi pulcro viginti corpore Achivi.
Ex Ithaca vero biffeni viribus omnes
Egregii atque animis adfunt, quibus additus una
Ipfe Medon praeco eft, & dulci gutture vates,
Expertique epulas famuli duo rite parare.
Omnibus his congreffi adeo fi dura fequemur
Praelia, jam timeo, ne vana audacia cedat,   280
Et graviter commiffa luas. fed quaerere praeftat,
Si qua via auxilii, fi quem tua pectora verfans

Inve-

Invenias fidum comitem. tum laetus Ulysses:
Fabor, ait: mea dicta animo memor accipe; tecum
Et reputa, nobis dea num Tritonia magno
Cum Jove sufficiat, comes an quaerendus & alter?
Dixerat; at juvenis subito: non arguat ullus
Hos, ait, armorum socios, qui nubila caeli
Alta colunt, quorum supraque potentia magna
Est homines, supraque alios supera alta tenentes. 290
Atqui aberunt multo non illi tempore, Ulysses
Excipit, a pugna, stabunt quum fortia nobis
Atque procis una duri certamina martis.
Tu vero exorti primo sub lumine solis
I citus ad sedes, turbamque revise superbam;
Me stabuli custos cras alta ad moenia ducet
Assimilem miseroque inopique aevoque trementi.
Quod si dedecorent me turpiter atria circum,
Duratum obfirmans animum sine foeda parentem 300
Damna pati; pedibusque trahant me ad limina quamvis,
Emissisque petant jaculis, ferto omnia gnate,
Infanoque jube tantum cessare furore.
Mollibus affatus dictis. parere negabunt
Immemores, namque atra dies turbantibus instat.
Nunc aliud dicam; memori tu in mente repone:
Quum bona confiliis auctor mihi pectora Pallas
Concutiet, tacitus nutanti vertice signum
Sponte dabo, quod rite notans arma omnia tectis
Martia tu subito remove, collectaque in unum
Sub thalami obscuris alte penetralibus abde. 310
Tum juvenes, si forte petant ac tela reposcant,
Alloquere incautos, dic ficto & pectore fatus:
Surripui e fumo; neque enim nunc illa videntur
Quae pater ad Trojam properans fulgentia liquit,

Ignis

Ignis at horrefcunt fordenti afflata vapore.
Quin aliquid majus Saturnius ipfe cavere
Admonuit, ne forte in mutua vulnera vino
Edomitae armentur dextrae, fparfoque cruore
Triftis hymen menfaeque fluant: namque ipfa feroces
Arma trahunt animos, pugnamque laceffere fuadent. 320
Sic tu falle procos. geminos at linquere cura
Sit gladios, totidemque haftas, clipeofque finiftrae
Aptandos nobis divûm poft facra peracta:
Illos Pallas aget turbans & Juppiter hoftis.
Praeterea hoc etiam moneo fuper omnia primum:
Si mea tu foboles, noftro fi fanguine cretus,
Audiat haud Ithaci quifquam intra limina nomen.
Non id Laërtefve fciat, fidufque repertus
Eumaeus, famulûmquc alius, non cara vel ipfa
Penelope. nobis dabitur cognofcere mores   330
Femineos, hominumque etiam tentare licebit
Corda fimul, fi digna manet reverentia menti,
Vel ceffit mutata, tibi nec dantur honores
Promeriti fpreto. fic ille; at filius olli
Haec iterum fic pauca refert. mea pectora nofces,
Spero equidem, expertus; nec me vanum arguet error,
O genitor; fedenim non & reor utile nobis
Id fore, nec ftatues aliter tecum ipfe volutans;
Explorare tuum tamen eft, quid praeftet agendum.
Namque diu campos obiens, longoque labore   340
Singula vix tandem luftrans loca, nofcere poffis
Quam fpem quifque fecet; placidi dum fedibus hoftes
Interea in noftris vaftant fine more feruntque
Omnia. nunc tantum tibi fit muliebria corda
Veftigare labor: quae te fpernuntque, nec aequis
Refpiciunt animis, diro vel crimine flagrant.

                                           Aft

Aſt hominum nolim tentare obſcura morando
Nunc ſtudia: haec tutos olim nos cura manebit,
Signa tibi ſi certa deum, ſi nota voluntas.
Talia dum vario alterni ſermone loquuntur,   350
Jam ratis, ad Pylias quae longe advexerat oras
Telemachum ſocioſque, altam devenerat urbem.
Et nautae, poſtquam portu ſubiere profundo,
Continuo in ſiccum nigram traxere carinam,
Extuleruntque ipſis properi ſimul arma miniſtri,
Muneraque in Clytii vexere micantia ſedes.
Poſt etiam praeconem excelſa ad limina regis
Praemiſere, ferat qui laetae nuncia matri,
Telemachum manſiſſe agris, ipſumque carinam
Adnare in portus juſſiſſe; exterrita triſti   360
Pectore, ne lacrimas regina effundere pergat.
Jamque eadem praeco, atque eadem tum dicta reportans
Parte alia ſenior devenit miſſus ab arvis;
Qui ſimul ingreſſi quum celſa in ſede ſtetere,
Ipſe prior mediis coram famulantibus infit
Nil veritus praeco: rediit tibi, maxima, natus
O regina. alter ſubiens at cominus, illam
Edocuit, quaecumque ſibi mandata fuere;
Cunctaque ubi expoſuit jam functus munere, greſſus
Ad ſtabulum vertit properans, & moenia liquit. 370
Aſt animi cecidere procis maerentibus imo
Pectore, & egreſſi ſpatioſae e ſedibus aulae
Ante fores magna maeſti aſſedere corona:
Quos inter Polybi ſic proles martia fatur
Eurymachus. perfecta, viri, res maxima noſtram
Telemacho ſpem praeter; iter nunc ille peregit
Incolumis. quare o celeres deducite pinum,
Optima quae portu reſidet, nautaſque jubete

O o

Scandere, qui focios moneant dare carbafa retro
Huc reduces. nondum fari ceffarat, in altum   380
Quum fubito Amphinomus converfus lumine portum
Afpicit & navem, nautas & vela legentes,
Spumeaque adductis verrentes caerula remis.
Tum fic fubridens: jam parcite; nuncius, inquit,
Nullus eat, reduces adfunt: feu forte deorum
Admonuit quifquam, five ipfi in gurgite puppim
Adfpexere citam, fed non valuere tenere
Nequidquam adnixi. fic ille: at litora cuncti
Ima petunt curfu: ficca tellure carina
Sedit, & arma citi famuli cepere ferenda.   390
lpfi in concilium tendunt, properantque frequentes
Haud alium juvenumve fenumve accedere paffi
Cominus: Eupithei foboles dein talia coepit
Antinous. proh fata deûm contraria, ut illum
Caelicolae folvere malo! per tempora lucis
Aërii femper ventofo in vertice montis
Stabant excubiae vigiles; cum fole cadente
Haud umquam in ficco noctis tranfegimus umbras,
At pelago huc illuc vecti, rofeamque morantes
Auroram, infidiis captum tentavimus ufque   400
Decipere, invifumque caput demittere leto
Heu temere, heu fruftra! nunc en deus attulit ultro
In patrias fedes. ergo illi heic fata ftruamus,
Nec fugiat; neque enim vivo fperanda laborum
Praemia funt nobis: valet acri mentis. & ipfe
Confilio, & cives nos aequo haud lumine cernunt.
Ite agite, in coetum prius ille ingreffus Achivos
Quam vocet: haud etenim parcet, raptufque furore
In medios furget, caedemque hanc queftus & omnes
Deteget infidias, fato quas fugit iniquo.   410
                                       Illi

Illi autem ardefcent odiis haud facta probantes
Effera: fors aliquid contra quoque majus adorti
Finibus inftabunt noftris nos pellere longe,
Inque alias abigent gentes. quin perdere ferro
Urbe procul properemus agrefti in fede latentem,
Deprenfumve via: tum gaza opibufque potiti
Ipfius, aequemus nos juftis partibus inter
Omnem divifi praedam, matremque penates
Incolere, atque illi nubet quicumque, finamus,
Quod fi aliter placitum vobis, ipfumque jubetis 420
Vivere, & incolumem cenfus retinere paternos,
Huc fimul affufi fic omnia perdere rapto
Parcite, & optatum fua quifque in tecta profecti
Connubium donis ambite: hunc victa fequetur
Penelope, qui plura dabit, quem fata repofcent.
Poftquam fatus erat, fecere filentia cuncti;
Amphinomus donec furgens exorfus ab ore eft
Regis Aretiadae Nifi fortiffima proles,
Dulichii uberibus qui quondam advenerat agris
Magnanimis dux ipfe procis, & carus amantes 430
Reginae ante alios digno virtutis honore:
Hic ibi confurgens monuit fic voce fodales.
Non ego Telemachum jubeo vos perdere ferro,
O focii: indignum eft regali fanguine cretam
Sternere progeniem; fcitanda oracula nobis
Ante deûm. fi jura probent & Juppiter auctor,
Aggrediarque prior, vofque una audere jubebo;
Sin fuperi abnuerint, fatius defiftere coepto eft.
Sic ille: atque aliis eadem fententia fedit,
Surgentefque Ithaci rediere in regia tecta, 440
Ac foliis late fe compofuere corufcis.
Interea fefe violentae oftendere pubi

O o 2 Pene-

Penelope ftatuit, nato jam confcia letum
Trifte feri: namque omne Medon recluferat ipfi
Confilium fraudemque. ergo comitata puellis
Ingreditur, propiorque viris ut candida venit,
Conftitit ad poftes aulaï innixa fuperbos
Aurea praetendens rofeis velamina malis:
Tum fic Antinoum increpitans accenfa profatur.
O fcelerum inventor, furiofo pectore, tene   450
Antinoë in populo dicunt hoc mente valere
Eloquioque bonum? non tu, non, perfide, talis.
Demens, cur caedemque paras & triftia fata
Telemachó, fpernifque inopes, queis Juppiter ipfe
Teftis adeft; haud fas heu mutua quaerere damna.
Anne tuum huc quondam nefcis veniffe parentem
Vitantem vulgi furias, praedonibus actis
Quum Taphiis etiam Thefprotos percitus ira
Laeferat alterno nobifcum foedere junctos?
Illum autem exitio trifti letoque volebant   460
Sternere, & exftincti raptos populare penates:
Ardentes Ithacus tenuit, vetuitque furorem;
Cujus nunc inhias opibus, tentafque potiri
Conjuge praerepta, gnatumque ad funera pofcis
Improbe, me laefa graviter. fed define tantum
Jam furere, atque alios prohibe. cui talia queftae
Eurymachus proles Polybi clariffima reddit,
Solaturque aegram. fide o pulcherrima nata
Icarii, talis nec trifti in pectore cura
Infideat: non eft, nec erit, dum fpiritus artus   470
Hos alet in terris, dum folis lumina cernam,
Telemacho injiciat qui dextram faevus, & arma
Inferat. edico jam nunc, & dicta manebunt
Haud vana; illius noftram cruor imbuet haftam

Con-

Continuo effufus. murorum everfor Ulyffes
Impofitum genibus me faepe & fovit, & ultro
Fumantefque dapes vinique rubentia dona
Largitus puero eft. pro quo mihi munere vivit
Carior ante alios foboles tua: non gravis ergo
Sors manet a nobis, non illi hinc faeva timenda 485
Funera; quis caveat vero, quae numina fierunt?
His animum dictis firmans lenibat, & atram
Interea mortem juveni ferus ipfe parabat.
Illa autem celfae confcendit in aurea fedis
Limina, ubi gemitu & luctifono ululatu
Carum maefta virum flebat, languentia donec
Lumina compofuit placido Tritonia fomno.
Jamque adeo fenior fub vefpere venit ab urbe
Telemachum patremque petens, qui rite parabant
Una epulas caefo parvis in fedibus horno   490
Forte fue. aurata fubito percuffit Ulyffem
Stans propior virga Pallas, tactuque potenti
Et fenium, & rurfus foedos induxit amictus
Artubus attritis; ftabuli ne fcilicet ipfum
Nofceret afpiciens cuftos, & nuncius iret
Penelopi impatiens animi, vifumque referret.
Quem fic Telemachus prior eft affatus ab ore:
Exfpectate venis: quaenam altam fama per urbem?
Jam pelago rediere proci mihi fata minantes
Infidiis, an adhuc me fruftra in gurgite quaerunt? 500
Huic fenior: fuerat non has inquirere curas,
Nec propero mihi noffe animus, juffifque peractis
Moenia, quamprimum cupiens difcedere, liqui.
Adfuit ipfe tuis praeco fubmiffus eodem
Nuncius a fociis mecum, qui certa parenti
Dicta tuae retulit prior, & folatus amantem eft.

Hoc

Hoc tantum fuper unum habeo; fors cernere eunti
Obtulit ipfa oculis. quum jam veftigia ferrem,
Mercurii qua parte facrum nemus imminet urbi
Colle fuper viridi, labentem ex aequore pinum 510
Intrantemque cavos impulfo remige portus
Defuper afpexi. ftabat denfata juventus
Plurima, & ardebat clipeis jaculifque corufca.
Hanc pubem tunc effe procos rebar; neque quidquam
Praeterea novi. dixit, gnatufque parentem
Adfpiciens furtim laeto fubrifit ab ore,
Quin fenior tacitum videat. dein omnibus actis,
Expediunt epulas menfis, pariterque fruuntur
Appofitis: gaudent aequatis partibus omnes.
Poftquam autem fuerat compreffa fitifque famefque, 520
Accubuere toris, cepere & munera fomni.

HO-

HOMERI ODYSSEAE

LIBER DECIMUSSEPTIMUS.

Am roseo fulgens in nimbo Aurora rubebat,
Candida quum croceis evinxit crura cothurnis,
Corripuitque habilem dextra cessurus in urbem
Telemachus de more hastam; dein talia mandans
Fatur dicta seni. celerans ego moenia gressu
Alta petam, coram genitrix ut cara revisat
Incolumem; neque enim gemitus prius anxia ponet,
Credo equidem, lacrimisque madentia lumina terget,
Quam videat reducem: tibi vero haec jussa relinquo.
Hunc socium tu deinde sequens duc moenia ad alta, 10
Illic ut properet victum, si pocula quisquam
Frustaque det cereris misero: non omnibus unus
Sufficio hospitibus tanto jactatus in aestu.
Si ferat haec hospes non aequo pectore, magno
Illi erit exitio potius; me vera profari
Usque juvat. dixit, contraque exorsus Ulysses
Excipit. haud equidem retineri heic longius optem:
Urbe inopi satius, quam victum inquirere campis
Reptanti hac illac frustra. dabit ille, voluntas
Quem dare fors aliquid poscenti haud dura monebit. 20
Non etenim solidae stant vires robore tali,
Ut valeam in stabulo dictis parere jubentum
Jam senio domitus. tu vero i laetus; in urbem
Jussus aget me deinde senex, postquam igne resolvam
Frigus, & insinuans gelidis calor ossibus ibit,
Namque aliter cani male tectum frigidus humor

Con-

Conficiet roris, primo qui faevit in ortu
Plurimus; ipfa etiam procul hinc urbs fertur abeffe.
Vix ea: Telemachus ftabulumque & fepta relinquens
Ingreditur celeri paffu, tacitufque volutat   30
Secum fata procis. poftquam alta ad limina ventum,
Sufpenditque ferens ad longam haftile columnam,
Interiora domus fubiit penetralia. nutrix
Heic illum fida ante alios, ut forte tegebat
Pellibus inftratis ornata fedilia circum,
Euryclea prior fubeuntem adfpexit, & ipfi
Adftitit uda genas lacrimis, ac deinde frequentes
Advenere aliae, famulantia corda, puellae,
Complexaeque haerent humeris, dantque ofcula collo.
Ecce autem idaliam Venerem Phoebique fororem 40
Penelope referens thalamo proceffit ab aureo,
Brachiaque injecit nato, complexaque inhaefit
Multa oculis, multa & capiti dans ofcula caro;
Tum fic illacrimans: venifti o dulce parenti
Lumen, gnate, tuae! non te fpes ulla videndi
Jam fuerat, poftquam me invita ad Neftoris arces
Furtim ingreffus iter ceffifti e litore noftro.
Dic age, fi qua patris famae veftigia nofti,
Et quaecumque datum vidiffe. ac talia fata
Conticuit regina: ille imo e pectore rumpens   50
Dat gemitum, maeftifque haec vocibus infuper addit.
Ne lacrimas ne quaere meas: quid faucia figis
Corda mihi, fugi qui vix elapfus ab Orci
Faucibus, o genitrix? quin tu nunc flumine puro
Lota manus, niveaque artus circumdata vefte
In fuperas afcende domos comitata puellis,
Ferque diis jam rite preces, follemnia fpondens
Munera, fi placidus fors tandem rector olympi
                                                Adnuat,

Adnuat, ingratumque velit mutare laborem.
Contra ego nunc populi in coetum progreſſus abibo 60
Adducamque virum, qui me ſimul alta ſequutus
Per maria has tetigit ſedes, miſſuſque praeivit
Cum ſociis: illum juſſus Piraeus amico
Hoſpitio fovit, dum me procul arva tenebant.
Dixerat: illa autem volucri velut incita penna
Exſequitur mandata. manus jam flumine ſacro
Abluit, ac pura rutilans in veſte per aras
Vota facit divis, perfectaque munera ſpondet,
Auxilium ſi forte paret, ſi Juppiter adſit.
Contra Telemachus ſe fert e poſtibus haſtam 70
Concutiens, greſſumque canes comitantur herilem;
Ac Pallas dios oculis afflavit honores
Lumine perfundens claro. miratur euntem
Vulgus, & agglomerat ſe turba affuſa procorum
Laetitiam vultu ſimulans, dirumque furorem
Corde premens. quorum paullatim ex agmine ceſſit,
Et qua Mentor erat, quaque Antiphus, atque Alitherſes
Cum patre jam longo conjuncti temporis uſu,
Parte ſtetit. varios dumque illi ex ordine caſus
A juvene exquirunt, comitatus ab hoſpite fortis 80
Ibat Piraeus, mediiſque ingreſſus Achivis
Telemachum adverſa cernentem e ſede petebat.
Tum ſic adſtanti loquitur: ſate ſanguine Uliſſei
Magnanimo, jam dona meis tibi ferre jubeto
E laribus famulas, abeunti flavus Atrides
Ipſe dedit quae multa heros. nec plura loquuto
Telemachus reddit: dubio fortuna periclo
Pendet adhuc incerta; procûm namque effera pubes
Si patrias populata domos me funere perdat,
Te potius, Piraee, velim gaudere potitum 90

P p   Mune-

Muneribus; fin & nobis victoria laudem
Adnuat, atque hoftes poenam cum fanguine folvant,
Tunc eadem fervata mihi in penetralia ferto.
Sic dicens, dextraque virum, qui pulfus ab Argis
Venerat, accipiens fecum alta ad limina ducit.
Quo fimul advenere, toris rutilantia ponunt
Tegmina, & exutos luftrant in fontibus artus
Marmoreo ingreffi labro. dein flumine lotos,
Atque oleo ut nitidos rurfum de more miniftrae
Veftibus induerunt pictis tunicaque recenti,   100
E folio egreffi fe circum ad ftrata reclinant.
Dat manibus rores, urnaque effundit ab aurea·
In niveam argento choncam formofa puella,
Infternitque eadem menfam. fert altera puris
In calathis Cererem, patulis & lancibus efcas
Expediens, fua dona ultro fervata, miniftrat.
At genitrix adverfa ftetit, foribufque fub ipfis
Nixa toro eft, tereti molliffima pollice verfans
Stamina, dum gaudent epulis vinoque fruuntur.
Inde ubi pulfa fames, ita voce exorfa profatur: 110
Telemache, infelixne iterum confcendere triftem
Cogar ego in thalamum, lacrimifque cubile rigatum
Ufque meis, geminos ex quo comitatus Atridas
Dardanias Ithacus ceffit bellator ad arces?
Nec tamen, heu diri quam fefe in tecta reportent
Noftra proci, referes certo prius ore loquutus,
Audifti fi forte tuum qua parte parentem
Vivere? finierat genitrix, cui talia natus
Orfa refert: equidem, fuerint quaecumque, fatebor,
Mater, vera tibi: Pylias advenimus oras,   120
Contigimufque manus Nelidae Neftoris. ille
Hofpitio exceptum diti me ad regia duxit
                                          Limi-

Limina laetatus; gnatumque ut tempore longo
Accipit abfentem genitor, fruiturque recepto
Obvius exfiliens, fic me complexus amore
Excoluit feniorque fimul, generofaque nati
Progenies. fedenim miferandi ignarus Ulyffei,
Incertufque heros five ipfum vivere, five
Paffum extrema putet, Menelai ad moenia juffit
In bijugo vectum longe contendere curru.   130
Illic Tyndarida afpexi, quam propter Achivi
Pergameique duces multos haufere labores
Caelicolum fato. poftquam me vidit Atrides,
Continuo, quae vis, quae me fortuna tuliffet
In Spartam, pofcit. mox illi ut certa roganti
Expofui, contra mihi talia reddidit heros.
Proh fuperi! qua mente viro, quo robore claro
Eripere imbelles adeo voluere cubile!
Cerva velut magni fi quando in luftra leonis
Ingreditur, parvofque locans necdum ubere pulfos 140
Hinnuleos campis it late herbofaque quaerens
Pafcua per faltus & valles errat: at ille
Improvifus adeft, notoque receptus in antro
Saevus utrique inhians laceros depafcitur artus,
Vifceribufque haerens fpumas agit ore cruentas:
Sic Laertiades feret illis horrida fata.
Juppiter o faciat, Phoebufque, & bellica virgo,
Talem fe referat, qualem videre Pelafgi
Luctantem in Lesbo, quum furgens arduus ictu
Stravit humi Philomelidem, gavifaque cafu   150
Ingenti eft omnis Danaum mirata corona.
Talem o! fe referat, turbamque aggreffus inertem
Eripiat vitamque brevem, & connubia rumpat
Nequidquam fperata horrendo funere merfis.

P p 2   Illa

Illa autem, quae poſcis, ego haud mendacia fingens
Omnia nunc referam, nec te quoque certa latebunt,
Quae docuit quondam ſenior me gurgite vaſto
Caeruleus Proteus fatorum haud inſcius augur.
Namque tuum vates vidiſſe in litore patrem
Ogygio flentem dicebat, ubi alma Calypſo   160
Sedibus in vitreis invitum detinet. omnis
Clauſa via eſt; ſocii deſunt, & curva carina,
Qua freta devectus pelagi ſpumantia tentet.
Haec Atrei ſoboles, bello Mavortius heros,
Edidit, hiſque actis relegens iter omne redivi
In patriam, dederuntque auras dî pone ſequentes.
Sic ait, & luctu matris praecordia fixit
Telemachus. quos inter ab Argis advena fatus
Cuncta Theoclymenus ſuperis par: o bona Ulyſſei
Magnanimi conjux, non haec tibi vulneret aures 170
Fama incerta viri; quin huc advertere mentem
Ne dubita, tibi namque canens ego vera profabor.
Audiat haec divûm genitor, menſaeque ſacratae,
Quas adii, ſedeſque Ithaci, ſanctique penates:
In patria ſalvus certe Laërtius heros
Seu graditur, ſeu forte ſedet, ſcelériſque nefandi
Conſcius exitium, pubi molitur acerbum.
Augurium e puppi nam nuper in aethere vidi
Certum ego, nec tacui monſtrans felicia ſigna
Telemacho. dixit vates; atque omine laeta   180
Penelope: haec utinam ſuperi rata vota ſecundent,
Hoſpes, ait; magnis a me cumulabere donis,
Scilicet ac ditem mirabitur obvia turba.
Talibus illi inter ſeſe; dum regia circum
Tecta proci jacto gaudent contendere diſco,
Et jaculo, fas omne obliti ubi ludere fuerant.

                              Queis,

Queis, fimul ac menfae tempus jam venit, & agris
Undique paftores lectas de more bidentes
Adduxere, Medon fubito, qui carior unus
Ante alios pubi convivia laetus obibat: 190
O juvenes, inquit, fat ludo infiftere juvit;
Ite domum, ac vofmet plenis accingite menfis;
Dulcius haud epulis quidquam, quum tempora pofcunt.
Dixerat: illi alacres furgunt, parentque vocati.
Jamque introgreffi finuofa per atria ponunt,
Exutafque toris veftes rutilantibus aptant
Mactantes oviumque greges, & pinguia circum
Corpora caprigeni pecoris, taurumque nitentem
Praeterea, hirfutofque fues, dumque omnia fervent
Heic dapibus, parte ex alia petere alta parabant 200
Moenia jam ftabuli cuftos, atque impiger una
Priamidum ac Trojae domitor; cui talia fatur
Sic prior Eumaeus, non te difcedere fponte
Hinc patior, potiufque optem (fic juffa tuliffent)
Tecum partiri curas operumque laborem
Hoc fimul in ftabulo, fedenim contraria regis
Juffa vetant; vereorque, gravi ne concitus ira
Increpet audentem: dominorum haud mollia glifcunt
Jurgia, feftinemus iter; proceffit olympo
Alma dies, feroque riget fub vefpere frigus,   210
Ille autem: mecum praecepi atque ante peregi
Haec animo; properemus, ait, tu dirige greffus
Ignotum per iter, baculumque, trementia firmem
Quo genua innixus, fi quem fors offerat aptum,
Da precor, haud facili quoniam via tramite fertur.
Continuo haec dicens humeris exftantibus addit
Sordentem peram, retinet quam tortile lorum,
Et multis perfoffa locis hiat: haud minùs olli

                                                Dat

Dat cupido Eumaeus feltam de robore virgam.
Tandem abeunt: ftabulum catulique & ruftica pubes 220
Interea fervant. hic celfa ad moenia regem
Infcius affimilemque inopi, fenioque trementem
Ducit, foedumque & veftigia tarda regentem.
Sic adeo propius greffi per fcabra viarum
Succeffere urbi, venere & fontis ad undam
Irrigui, foliti cives quo femper aquari,
Quemque olim ftruxere Ithaco cum fratre Polyctor
Neritus atque ingens. filvis ftat fcaena corufcis
Curvata in gyrum, ramifque virentibus alni
Undique pubefcunt; tum vivo e marmore circo 230
In medio falit unda, & nymphis alta verendis
Eminet ara fuper, florentia ferta viator
Ponit ubi, meritoque deas veneratur honore.
Heic Dolii occurrit proles vefana Melantheus
Agmen agens pecudum fecum, totoque capellas
E numero lectas avidis in munera menfae
Sueta procis: juvenes ibant duo pone fequuti.
Ergo ut confpexit venientes, dira minatus
Increpuit, movitque duci fub pectore bilem 240
Vociferans temere, fafque omne oblitus: & heus quam
Ecce malum malus ipfe, inquit, comitatur euntem!
Caelicolae ut fimilem gaudent fubmittere femper
Ad fimilem! quonam morofum hunc ducis, inepte,
Mendicum, cladem menfarum ac trifte venenum
Laetitiae? multis humeros jam poftibus adftans
Adteret, haud ullo victor certamine pofcens
Captivamque fibi nympham, rutilofque lebetas;
Frufta fed adrofae cereris. quin fi mihi dones,
Ut noftra affiduus verrat praefepia cuftos,
Arbuteafque ferat frondes balantibus hoedis; 250
Ille

Ille fero pingui paftus protenderet artus
Magnos, laxaretque femur. fed tempore longo
Nequitiae addictus non ullum ferre laborem,
Non opera exercere valet: tantum improbus atram
Ingluviem quaerens aliena pafcere menfa.
In populo hac illac tremulo male corpore reptat.
Nunc tamen edico, res & mea dicta fequetur:
Si tecum ingreffus Laërtia tecta fubibit,
Multa caput circum dextris jaculata procorum
Scamna humeris laterique adtrito illifa fonabunt. 260
Dixerat, elatoque femur malefanus Ulyffei
Calce petit, turbatque via conatus. at heros
Reftitit immotus, fecumque in pectore verfat
Inter utrumque anceps, an ftricto robore vitam
Eripiat fonti infiliens, an turbidus alte
Sublatum illidat diffracto ad faxa cerebro?
Fert tamen, obduratque animum: tum protinus illum
Torva tuens, dictifque minans Eumaeus amaris
Increpitat, tollitque manus, & voce precatur.
Nymphae Naïades, gnatae Jovis, o bonus umquam 270
Si qua tulit vobis Ithacus pia munera, & aris
Pinguia fi pecudum fumantia praebuit exta,
Hoc mihi vos contra faciles perfolvite votum:
Jam redeat dux ille meus, patriofque penates
Invifat ducente deo. tibi corpore faftum
Detereret bene compto urbis per ftrata vaganti
Affidue, elatoque animis, nitidoque juventa,
Improbe: paftorum vitio pecus omne pertaefum
Interea languet. fic ille, & dicta Melantheus
Irridens: proh quanta canis, quam mira loquutus 280
Edidit! hunc equidem mecum per caerula quondam
Longe Ithaca avectum ducam, multoque carebit

Nec

Nec via mi pretio. nunc o! fic perdat Apollo
Telemachum jaculis hodie, vel faeva juventus
Sedibus in propriis violento funere fternat,
Jampridem ut periit; quem fruftra pofcis, Ulyffes.
Haec ait, & placido gradientes tramite linquit
Urbis iter celerans, regifque in limina tendens.
Nec mora longa; adiit poftes, fefeque locavit   290
Eurymachum contra, namque hunc ex omnibus unum
Eximie coluit: famuli dein torrida ponunt
Exta viro, cereremque ferens dat fida miniftra.
Jamque adeo Eumaeus gradiens, atque acer Ulyffes
Adftiterunt propius, cytharaeque impulfus in aura
Infremuit fonitus circum, dum carmina nervis
Phemius aptabat, jamque ipfis dulce canebat.
Reftitit, Eumaeumque tenens: pulcherrima, dixit,
Regi tecta tuo furgunt educta fub auras,
Aedibus & magno reliquis difcrimine praeftant.
Ordine fe vario tollunt: heic atria celfis   300
Porticibufque nitent, feptifque, aptaeque corufcant
Arte laboratae bifores ad limina valvae,
Quas non ulla virum valeat perfringere virtus.
Intro etiam juvenes multi convivia ducunt,
Et genio indulgent: it nidor in aethera cantu
Cum citharae, fociam dapibus quam numina fervant.
Ille autem reddit: non te fententia fallit
Haud rerum ignarum; fed qua ratione, quod inftat,
Confieri poffit, prius heic ftatuamus, oportet.
Si celfas tu forte velis invadere fedes ,   310
Atque procis conferre gradum prior, en age limen
Ingredere; ipfe fequar mox te poft terga relictus.
Sin aliter, paullum fubfifte; ego limine greffus
Anteferam, longo nec tempore deinde moratus

                                                Tu

Tu sequere, heic aliquis ne te speculatus inermem
Dedecoret, plagisque fuget; juvat ante videre
Scilicet, atque animo varios expendere casus.
Illi heros: ne plura, inquit; satis omnia novi.
Tu prior ingrediare licet, celsisque manebo.
Heic ego pro foribus; didici jam doctus ab usu 320
Et foedas ignominias & verbera ferre.
Id quoque nunc veniat: non hoc in pectore frustra
Stat patiens animus multis jam casibus actus
Et pelagi & belli, longumque expertus utrumque.
At vis nulla valet rabiem compescere ventris
Luctificam, quae corda hominum perferre labores
Edocuit multos agitans; quam propter & armis
Horrentes volitant instructo & remige classes
Indomiti per stagna maris, clademque minantur
Hostibus, & latos vastant incursibus agros. 330
Talia dicebant; quum collum arrexit, & ambas
Excitus audito sonitu canis ilicet aures
Argus amor Laertiadae, quem paverat olim
Ipse fovens, multaque heros eduxerat arte,
Praemia nec retulit; nam curva in classe profectus
Ante sacrae petiit surgentia Pergama Trojae.
Saepe tamen juvenes crebris venatibus illum
In capras egere feras, damasque fugaces,
Et lepores. nudo tum forte sub axe jacebat
Neglectus caeno immundo, foedataque turpi 340
Membra fimo stratus, quem longe efferre solebant
Agricolae, ac magnos Ithaci jactare per agros.
Heic recubans ricinis exesus turpiter artus
Argus ut agnovit dominum, caudamque remulcens,
Et motans utrinque aures spectabat euntem;
Nec tamen & cupiens potuit vestigia ferre

Cominus. illum autem longe miseratus Ulysses
Demisit lacrimas, & furtim lumina tersit
Sic fatus: turpine canem procumbere caeno
Hunc sinere? ingentes artus, formamque decoram 350
Pulcher habet; non & video, num cursibus acer
Exstiterit pariter, formaeque aequarit honorem;
An secus? ignavi quales soloque nitore
Eximii regum mensis pascuntur opimis,
Luxuriantque domo. sic ille, atque orsa vicissim
Excipit Eumaeus, gemitumque e pectore ducens:
Hic fuerat regi carus, quem flemus acerbo
Funere nequidquam mersum, canis, inquit, at ipsum,
Qualis erat forma quondam, & praestantibus ausis,
Trojam quum ductor petiit, si forte valentem 360
Vidisses, cursuque pedum miratus & acri
Robore florentem, nosses quid praestitit olim
Impiger. haud illi nemora inter inhospita dumis
Effugit fera visa umquam, vestigia late
Scrutanti, notasque auras per lustra sequenti.
Nunc domitus jacet ipse malo; mors abstulit atra
Hinc procul heu misero regem, nec cura relicti
Femineo est generi, dominisque absentibus ultro
Ignavi cessant famuli, spernuntque laborem.
Altitonans pater ipse hominem, quem ferre subegit 370
Servitium, media virtutis parte carentem.
Quippe facit. nec plura his tunc effatus in altas
Corripuit sedes gressum, seseque procorum
Intulit in coetum. contra autem aspexit ut Argus
Bisdenos reducem post annos laetus Ulyssem,
Procubuit nigra fati caligine pressus.
Eumaeum interea venientem in limine primus
Telemachus cernens ad se vocat ocius: ille

Adpro-

Adproperat, vacuamque videns, qua membra folebat
Ponere, qui laetis diffecta & vifcera & armos   380
Portabatque procis, numerumque aequabat in omnem,
Telemacho propior fedem locat, atque ibi feffus
Confidit juvenem contra. fimul impiger olli
Fumantefque dapes praeco cereremque miniftrat.
Illum pone fequens fua tandem ingreffus Ulyffes
Tecta fubit, baculoque regens veftigia fertur.
Os habitumque feni fimilis, quem turpis egeftas
Multa domat: circum membris horrefcit amictus
Sordidus, inque folo non aufus adire fub aulam
Fraxineo fternit fefe, tergumque reclinat   390
Poftibus innixus, quos multa ornaverat olim
Arte faber cedroque & odorifera cypariffo.
Heic fubito Eumaeum jubet una affurgere, & almae
Vim cereris multam capiens fumantiaque exta,
Quae fors cumque tulit manibus: ferto omnia, dixit
Telemachus, donifque novus fac gaudeat hofpes:
Dic etiam, propius veniens ac munera pofcens
Quemque adeat juvenum: non eft pudor aptus egenti.
Sic ille: Eumaeus paret, tum proximus adftans:
Haec Ithaci tibi gnatus, ait, dat munera, & ultro 400
Admonet, ut juvenes adiens ex ordine, quemque
Sollicites: neque enim bonus eft pudor, inquit, egenti.
Cui referens Ithacus: faxit jam magnus olympi
Ille pater, femper felici gaudeat aevo
Telemachus, voto & numquam fruftretur inani
Omnibus in rebus. fimul haec, fimul accipit ulnis
Ambabus data dona, fuofque aggefta reponit
Ante pedes lacerae fupra fordentia perae
Vellera. jamque epulis gaudet, dum carmine vates
Perfonat arguto fedes; quum defiit heros   410

Vefcier, & vates modulari defiit una.
Interea magno fonuerunt tecta tumultu,
Plauferuntque proci; quum lapfa ex aethere virgo
Armipotens regem movet ultro, ut quemque procorum
Circum adeat, cereremque petat, vifurus aperto
Indicio, cui recta fedet cuique improba diri
Vis animi, nullum quamquam non poena manebat.
Surgit, & incepit dextra, velut ante petiffet
Saepe ftipem, tendit fupplex ad munera palmas
Undique. dant juvenes miferati, unaque requirunt 420
Mirati, quis & unde venit? queis pauca Melantheus
Caprigeni pecoris cuftos mirantibus infit.
Audite o juvenes, clarum genus; hunc ego nuper
Vidi ferre gradus, illumque Eumaeus agebat,
Non tamen & quali fit cretus origine, novi.
Dixerat. Antinous tum contra iratus acerbis
Increpat Eumaeum dictis: cur, improbe, in urbem
Hunc etiam duxti? pauci verfantur in hifce
Sedibus errones nimirum, & cogere peftes
Huc juvat accitas unde undique, trifte futuras   430
Excidium regi? fuper hunc accedere jufti,
Nefcio ubi inventum, quem tali voce fequutus
Excipit Eumaeus: quaenam te indigna profantem
Mens agitat? cui tantus amor praecordia verfat
Ad menfas accire alium, nifi plurima dignum
Fecerit hunc virtus claras agitata per artes?
Fatidici vates, aut carmina grata canentes,
Infignefque fabri, doctique expellere morbos
Paeonia de gente viri; qua maximus orbis
Tenditur, hi tantum quaefiti in tecta vocantur: 440
Non inopes, non dura animos queis urget egeftas.
Tu vero ante alios unus magis afper Ulyffei

                                        Incre-

Increpitas famulos; meque ipfum laedere gaudes
In primis, at nulla tui mihi cura minantis,
Penelope dum vivit adhuc, & numina fervant
Telemachum. dixit fenior: tum gnatus Ulyffe:
Comprime jam vocem, neu contra plura reponas;
Antinous dirae femper convicia linguae
Laevus amat, cogitque alios affurgere in iras.
Dixit, & Antinoum cernens: tu me, inquit, amatum 450
Ut genitor natum curas, qui cedere noftro
Hunc ferus hofpitio cogis. dî talia caelo
Facta vetent; cape dona manu, largire precanti,
Haud quidquam invideo; jubeo magis: eja age, matrem
Nec metuas, nec quemquam alium pro talibus aufis.
At non ifte animus tibi faevo in pectore: mavis
Ipfe vorare inhians, ulli quam ponere partem.
Huic autem Antinous: quid fruftra talia jactas
Impatiens, dictifque tonans heu crimen acerbas,
Telemache? illi adeo fi nunc & cetera tantum 460
Turba daret, longe tres hinc ex ordine menfes
Exigeret tacitus. dixit, fulcrumque repente
Corripiens, quo forte pedes innixus habebat,
Oftentat menfa fubter; contraque frequentes
Dant alii cereremque ultro, dapibufque refertam
Aggeftis onerant peram, quo laetus Ulyffes
Munere rurfus adit poftes in limine, & adftans
Antinoo adverfus placido fic fatur ab ore.
Da, bone: namque mihi non ultimus inter Achivos,
At potius longe princeps, magnoque videris 470
Affimilis regi: quare te largius aequum eft
Ferre mihi, vaftumque ibit tua fama per orbem.
Ipfe etiam tenui quondam regalia dives
Atria, & errantem, noftrum qui limen adiret

Indi-

Indigus auxilii, quisquis foret advena, juvi.
Multi aderant famuli, rerum vis multa jacebat,
Queis facile vivuntque homines, ditesque vocantur.
Invidit fortuna tamen: sic quippe Tonanti
Visum, cum rapidis qui me praedonibus ire
Impulit heu comitem, longeque Aegyptia cursu 480
Regna sequi, ignotis caderem procul exsul ut oris.
Attigimus portum, placidoque in flumine classis
Jam steterat. socios moneo subducere puppes,
Atque agere excubias; partem conscendere celsas
In speculas, finesque hortor lustrare patentes.
Illi autem elatique animis fastuque superbi
Niliacos subito vastant late undique campos,
Captivasque trahunt matres, puerosque gementes
Per mediam caedem. nec jam mora: rumor in urbem
Ocius advenit, populosque excivit ad arma. 490
Erumpunt roseae sub lumina prima diei
Agmine conferti magno; tremit excita pulsu
Terra equitum peditumque gravi, galeaeque minaces
Solis inardescunt radiis, atque aera coruscant.
Tum pater ipse deûm molitus fulmina dextra
Immisitque fugam sociis, trepidosque coëgit
Terga dare: haud ullus firmato pectore contra
Stare valet, certamque intentant omnia cladem.
Pars ferro transfixa cadit, pars viva meorum
Abripitur captiva procul subituraque triste 500
Servitium. Cyprias me vero abducere in oras
Dmetori Iasidae tradunt, qui sceptra tenebat
Regia, & ingenti Cyprum ditione premebat:
Illinc advenio sortem perpessus iniquam.
Talia dicentem jam pridem turbidus ira
Antinous cernens: quinam huc malus attulit istam

Per-

Perniciem deus, exclamat? jam corripe greſſum,
Et menſa had abſiſte procul, ne rurſus amaram
Aegyptum experiare tibi, Cyprumque profeſtus
Adſpicias; tanta eſt veſanae audacia mentis 510
Convivis adſtat malus ecce ex ordine cunctis;
Hi temere effundunt, alienaque perdere nulla
Aut pietas aut cura vetat: nempe omnibus adſunt
Omnia ſat. Ivano quae poſtquam effudit ab ore
Antinous; retro referens veſtigia ductor:
Haud, ait, eſt etiam tibi pulcro in corpore virtus,
Nec facie mens digna tuis e ſedibus hoſpes;
Credo equidem, nec pauca ſalis vel grana referret,
Nunc mihi quum reſidens aliena ad pabula ſumptae
Fruſta negas cereris plenae inter munera menſae. 520
Dixerat: aſt olli violento in pectore ſaevit
Ira magis, torvumque tuens: jam ſedibus, inquit,
Jam reor ex iſtis actutum pulſus abibis
Turpiter; ipſa etiam pergis convicia factis
Addere. ſic dicens ſcamnumque intorſit, & alte
Impulit averſi in tergum, dextrique ſupremam
Partem humeri ſtrinxit. manet imperterritus heros
In medio, ceu dura ſilex; nec voce movetur
Impiger Antinoi, nec jacti roboris ictu;
Sed tacitus quaſſat caput, & mala corde volutat. 530
Mox repetit poſtes verſus, plenamque reponens
Peram, ſtratus humi, juvenes, ſic orſus ab ore,
Alloquitur. vos o pulcrae connubia nymphae
Qui petitis, clari juvenes audite loquentem,
Quae fert cumque animus. nullus praecordia maeror
Sollicitat, nulluſque dolor, cui vulnus adactum,
Dum proprias tutatur oves, armentaque pugnans
Protegit. id vero indignum, quod vulnere laeſit

Anti-

Antinous, quem saeva fames, infausta malorum
Caussa, jubet casus animum submittere ad omnes. 540
At si inopum ultores dî sunt, & Erinnyes ullae,
Antinoum mors ante premat, quam gaudia noscat
Conjugii: sic ille orans dicebat; at acer
Eupithei natus: quin vocem comprime, & istheic
Vel fruere o placidus partis, vel limine cede
Longius absistens, ne longa per atria turbet
Talia jactantem jamdudum exosa juventus,
Correptique omnes discerpat protinus artus.
Sic ait; inque imo contra furor omnibus arsit
Pectore, jamque aliquis: quae te dementia versat 550
Perdite, qui miserum telo petis, inquit, acerbo?
Quid si quis magno missus deus adsit olympo?
Nescine, hospitibus similes errantibus ora
In varia, atque habitum versos se ferre per urbes,
Atque hominum fas atque nefas exquirere divos?
Talia dicebant juvenes, nec talibus ille
Turbatur, metuitque scelus. furit anxius icto
Telemachus sub corde, nec udo lumina fletu
Spargit; at ingenti curarum fluctuat aestu,
Demittitque caput quassans, tacitusque minatur. 560
Interea famam perculsi accepit ut alto
Penelope in thalamo fidis stipata puellis:
O utinam sic ipse arcu jaculatus Apollo
Illum perdat, ait. quin si nunc pondus haberent,
Excipit Eurynome subito, mea vota, precesque,
Crastina nulli horum vivo consurgeret Eos.
Cui rursum regina: mea o fidissima nutrix,
Haec invisa omnis turba est, assueta nefandis,
Flagitiis, inquit; nigro sed acerbior Orco est
Antinous. subter lustrans ex ordine mensas   570
                                        Nescio

Nescio qui vagus hospes, eum namque urget egestas,
Dona petit: dant multa omnes; hic solus at illum
Perculit ad dextrum jaculato robore tergus.
Haec dum formosas inter regina puellas
Maesta sedens queritur, ductor Laërtius altis
Postibus acclinis curabat corpora victu.
Et jam Penelope propius succedere jussum
Eumaeum alloquitur, coramque haec protinus infit:
Vade age, dic hospes veniat: stat quaerere Ulysse
De misero, si qua est fama olli audita, vel ipsum 580
Viderit errando, multas jactatus ad oras.
Ille etiam, credo, ni vanam ludit imago.
Cui reddit senior: nunc o paullisper Achivi
Si placidi sinerent, per tecta atque alta silerent,
Quae non ille tibi referens narraret, & o qua
Pectora mulceret longum dulcedine fando!
Tres illum noctes, totidemque in paupere luces
Detinui stabulo, (nam primum advenerat illuc
Elapsus pelago;) neque adhuc percurrere coeptos
Expediens casus potuit. miratus ut olim 590
Quis videt afflatum divino numine vatem,
Attonitusque stupet vulgo miranda canentem
Carmina, inexhausta semper manantia vena;
Sic ego pendebam cupidus narrantis ab ore.
Sese Ithaci veterem primaque ab origine patrum
Fert socium, Cretamque colit, Minoïa regna,
Finibus ex illis haec vectum ad litora duxit
Sors miseranda ferens: Thesprotum vivere ditis
In populo haud longe salvum testatur Ulyssem,
Immensamque simul gazam deferre parantem. 600
Penelope contra: duc o, duc ocius, inquit,
Vade voca: coram juvat illum audire loquentem.

R r   At

At juvenes variis traducant otia ludis
Ante fores, mediave aula: ftant omnia cuique
Tuta domo frugefque, & dulcia munera bacchi,
Queis famuli gaudent: ipfi autem aliena frequentes
Semper tecta colunt, pecudefque armentaque caedunt
Lecta boum, noftrifque epulis, vinoque fruentes
Nequidquam. dilapfa perit res funditus omnis, 610
Nec prohibet quifquam; neque enim eft, qui triftia damna
Arceat à domibus. quod fi remearet Ulyffes
In patriam, notafque redux contingeret oras,
Ilicet ille fuo cum gnato averteret hoftes.
Vix ea; Telemachus fubito cum murmure magno
Sternuit: infonuit fremitu domus ardua circum,
Laetaque Penelope rurfum fic voce loquuta eft.
I propera, coramque hofpes fuccedat amicus;
Nonne vides quae faufta mihi dedit omina gnatus?
Haud incerta loquor: non irrita fata minatur
Parca procis; nullus de caede elapfus abibit. 620
Praeterea fciat ille, mihi fi vera reportet
Nuncia, pro meritis a me jam digna parari
Praemia, formofas picto fubtegmine veftes.
Nec plura: ille citus reginae dicta verendae
Exfequitur, propiorque adftans: te candida, dixit,
Telemachi vocat ecce parens, tot triftia paffae
Quaerere mens olli quiddam de conjuge coram.
Quod fi etiam haud vanum, videat fed certa ferentem,
Pulcra dabit cupido pictae fibi munera veftis,
Qua tantum nunc triftis eges, rotamque per urbem 630
Haud ingrata petes vacuo folatia ventri,
Quifque volent, impune dabunt. cui talia fanti
Heros orfa refert: actutum certa referrem
Omnia, nec tegerem cupidae, quippe afpera novi

Fata

Fata viri, simili fortuna agitatus, & ipfe
Sed metuo rabiem, violentaque facta procorum,
Quorum etiam tetigit ferratum injuria caelum.
Et nunc ille malus, quum me nil tale merentem
Peroubit, ac duro jaculatus vulnere laefit,
Nec mihi Telemachus quidquam, nec profuit alter 644
Exitium aventens ergo fua limina fervet
Penelope opperiens, dum fol petat aequora curru
Occiduo, tunc ultro adero, nec reddere coram
Abnuero, quaecumque almo de conjuge quaeret,
Ante focum refidens, lacero fcis tegmine amictus
Quam pereo, fupplex tua primum limina adivi.
Dixerat, & dicto parens Eumaeus abibat.
Atque illum, ut vidit greffus per tecta ferentem,
Penelope, affata eft: cur fic tu folus, & hofpes
Haud fequitur tua juffa; quid ille in pectore verfat? 650
Anne aliquem nimium metuit, refugitque pudore
Scilicet indigno captus? male dedecet ifte
Errantemque vagumque pudor. nec plura loquutam
Excipit Eumaeus: non ille haud aequa profatur,
Sed prudens quae quifque, cavet qui trifte periclum,
Ac timet audaces fcelerata in crimina dextras.
Expectare jubet, fe dum fol mergat in amne
Hefperio: melius tibi longa per otia foli
Tunc dabitur placitas audire & reddere voces.
Finierat referens; breviterque haec addidit olli 660
Penelope: non ille mihi fine mente putandus,
Quifquis hic eft; neque enim mortali fanguine creti
Ufquam homines adeo crudelia facta minantur.
Hactenus illa: retro fenior veftigia vertens
In medios venit juvenes rite omnibus actis;
Atque ita Telemacho, ne quifquam exaudiat alter,

Adfi-

Adfistens propior fidam dein fatus ad aurem eft.
O juvenis dilecte, ego jam vifurus abibo,
Si quod opus rebufque meis nunc inftet agendum
Atque meis pariter: tibi fint heic cetera curae, 670
Teque ipfum ferva primum, tibi confule, quidquam
Ne patiare mali. proceres meditantur Achivi
Dira tibi, quos ô! prius ille hominumque deumque
Perdat agens domitor, quàm nos vis occuper ulla.
Telemachus contra: fic Juppiter adnuat, oro
Interea tu ferus abi, primifque redito
Cum radiis tecum ducens mactanda per aras
Corpora lecta fuum: curabunt cetera divi,
Atque ego. fatus erat juvenis, fenioeque locatus
In folio dapibus gaudet, rurfumque refectus 680
Maturatque viam, fedefque & plena relinquit
Atria convivis laeto refonantia cantu
Et choreis; pronus nam fol vergebat ad undas.

HOMERI ODYSSEAE

LIBER DECIMUSOCTAVUS.

Necrea stetit ante fores conquirere victum
Undique suetus homo: vastaque voragine ventris
Notus inexpleti, cui nullae in corpore vires,
Nullum & robur inerant: immani se mole ferebat,
Arduus ingenti: primis hunc mater ab annis
Dixerat Arnaeum; post illum nomine cives,
Nuncia quod referens ibant dixere vocantes.
Is Laertiadem proprio de limine recepto
Pellere conatus sic ultro incessit acerbis
Voribus: eja ultro discede, aut calcibus isthinc
Abripiere senex pulsus; non ora monentum
Aspicis en juvenum, plaususque audere jubentum?
Sed misereat me quippe tui nimis: ergo age surge,
Ne fera nos inter manibus discordia gliscat.
Talia jactantem sic contra affatur Ulysses
Torva tuens: neque te facto, neque voce lacesso;
Nil etiam invideo, licet uni plurima donent.
Haec ambos capiet sedes: quid tollere partem
Invidus alterius certas, oppressus eodem,
Quo premor ipse, gravi casu? aut forsitan olim
Respicient utrumque, dabunt & ditia dona;
At manibus parcas moneo, nec turbidus iram
Sollicites, aliter, quamquam sim fessus ab aevo,
Pectoraque, & sparso foedabo fracta cruore,
Labra tibi: sic orta mihi lux crastina surget
Tuta magis; neque enim pulsus Laertia rursum,

Credo

Credo equidem, poteris minitando in tecta reverti.
Haec Ithacus, contraque haec ardens reddidit Irus:
Proh superi! ut gurges hic verba fonantia volvit
Adfimilis vetulae, fractas quae torret ariftas   30
Garrula: jam faxo, mea brachia fentiat ictu
Saucius, atque omnes vomat atro in fanguine dentes
Sus veluti, flavo fegetem quùm raptat in agro.
Aggredere: hi pugnam fpectent, quid tandem fenectus
Hanc viridem contra valeat fperare juventam?
Sic odiis animifque adverfi limine in ipfo
Certabant, quos vidit rubin fibe more furentes
Antinous, ridens fubito eft affatus amicos.
O focii, nova pugna oritur, dua muserb divum
Gratior his numquam vifa eft penetralibus ante.   40
Ecce hofpes, pariterque Irus pugnantia jactant
Brachia congreffi: juvat hanc incendere pugnam.
Dixerat, & magno cum rifu protinus omnes
Poftibus exfiliunt altis, circumque frequentes
Agglomerant fefe pugnantibus; atque ibi fatus.
Eupithei Antinous proles haec infit ab ore.
O pubes generofa proci, torrentur in igne
Vifcera caprigeni pecoris, quae fanguine plena
Et pingui nobis in ferae tempora caenae
Servantur. partem victor fibi praemia pugnae,   50
Quam velit, exfortem capiat, femperque fub ifdem
Aedibus affideat nobis conviva, neque ullum
Has inopum menfas alium turbare finamus.
Sic monuit, cunctifque eadem fententia fedit.
Tunc Ithacus fubiens aftu, contraque lequutus:
Haud fas, haud juveni tanto componier aequum
Me fenio feffum longo, curifque gravatum;
Saeva tamen ventris rabies defcendere cogit

                                                   Has

Has etiam ad plagas miferum: fed vos ego magnos
Per divos teftor, validis vos parcite dextris, 68
Neu fbriat quifquam faevo me vulnere furtim
Auxilians Iro: veftro perculfus ab ictu
Conciderem extremum: dixit, jurataque cuncti
Dicta viri fpondent, atque haec fuper adjicit heros
Telemachus dicens: virtus in pectore folum
Hunc tibi fit praefens contra; non ullus Achivûm,
Quem metuas, heic, hofpes, adeft: nam laedere fi quis
Audeat, haud uni folvet pro crimine poenas:
En adfum prior ipfe tibi, nec juffa retrectant
Eupitheo Polyboque fati praeftantibus orfis 7d
Egregii heroës. haec ille, eademque probarunt
Haud dubio affenfu juvenes. tunc fortis Ulyffes
Protinus ima fibi circumdedit inguina pannis,
Exeruitque femur magnum: lata offa fuperne
Stant humeris, pectufque altum, nodofaque circum
Brachia dura toris; fuper ipfa valentia regi
Praefens membra fuo Tritonia numine firmat
At pubes mirata ftupet, muffatque viciffim
Refpiciens: jam non Irum, gravis exitus Irum
Accipiet; tam plena feni femora hirta patefcunt 88
Haec pubes: fimul afpectu conterritus haeret
Irus, & invitus famulis cogentibus aptat
Tegmina nequidquam circum, ac totos tremit artus
Quem tunc Antinous minitans ita turbidus ore
Increpuit: tibi nulla fubeft, vaniffime rerum,
Vis animo, hunc adeo fi firma aetate vigefcens
Tu metuas fractumque annis domitumque labore.
Haec tamen edico, quae mox rata cuncta manebunt:
Si potior te forte fenex hic vicerit, ire
Protinus Epirum freta per fpumantia cogam 90
Ad

Ad regis muros Echeti, qui faevus & aures
Amputet, & truncas inhonesto vulnere nares,
Atque exseta super canibus det cruda voranda
Inguina dedecorem turpans. sic fatus, & olli
Hoc magis incubuit trepidis malus artubus horror,
In medioque stetit propulsus: brachia tollunt
Ardua, & elatis assurgunt ictibus ambo.
Heic heros dubia secum sub mente volutat,
Sicne manu feriat, collapsum ut vita relinquat
Protinus ad manes fugiens, an temperet iras,   100
Prosternatque solo tantum? sententia visa
Haec melior, ne forte secus noscatur Achivis.
Continuo surgunt: dextro super imminet Irus
Ingeminans ictus humero; furit alter, & aures
Cervicemique domat: sonuerunt vulnere fracta
Ossa, & purpureus defluxit sanguis ab ore.
Jamque solo cadit ille, omnesque in pulvere dentes
Illiditque gemens nequidquam, & calcibus arva
Verberat, excipiunt plausu, risuque sequuntur
Ingenti juvenes tollentes brachia: at illum   110
Vestibulo ex alto rapiens pede traxit Ulysses,
Porticibusque cavis properans perque atria longa
Ante fores statuit subnixum ad septa domorum;
Tum baculum dat ferre manu sic deinde loquutus.
Isthic nunc metuende, sede, catulosque suesque
Hirsutos arce foribus; neu dicere leges
Hospitibus miseris ita nullo praeditus ausis
Robore, ne fontem gravior te poena sequatur.
Sic ait, atque humeris sordentem injecit amictum,
Demisitque iterum corroso tergore peram   120
Ex humero, limenque adiens, consedit. at omnis
Stat circum pubes, atque implens atria risu

                                        Laeti-

Laetifico dictis victorem extollit amicis:
Juppiter o, superique tibi dent maxima divi
Munera, qui tantam potuisti avertere pestem
A populo! Epirum jam jam petet ille per undas
Supplicia expendens, nullis mortalibus aequi
Effera ubi surgunt Echeti penetralia regis.
Talia dicebant juvenes, laetatus & heros
Omine gaudebat. rapiens dein pinguia flammis 130
Viscera tosta, intus commixto plena cruore,
Expedit Antinous; nec non duo magna canistris
Frusta laboratae Cereris correpta dat ultro
Amphinomus, pateramque ardenti nectare plenam
Tendit ita affatus: salve o! pater hospes, & alma
Copia te laetum post tristia damna revisat.
Cui Laertiades: magni non laude videris
Degener, & clara, dixit, virtute parentis,
Amphinome. eximio Nisus celebratur honore
Dulichio in pingui, cujus de sanguine cretum 140
Te perhibent, justique tenax, & rebus abundans.
Multa tibi cultae super & facundia linguae
Suppetit: huc aures idcirco adverte, profabor.
Nil hominum fato miserum magis alma creavit
Terra parens genere ex omni, quod vescitur aura
Aetheria, reptatque solo. nam tristia sese
Passuros haud ulla putant, dum numina robur
Sufficiunt, solidaeque virent in corpore vires.
Post ubi versa malis divum est mutata voluntas,
Dura quoque invito coguntur pectore ferre: 150
Quippe animi motus varii vertuntur, ut ille
Rex hominum divumque pater sua tempora vertit.
Ipse etiam felix quondam florentibus annis
Sic vigui, laetusque opibus, fretusque juventa,

S s

Fra-

Fratribus & caris, & magni nomine patris,
Saepe nefas immane aufus, jura omnia fprevi.
Nunc aliter vifum fuperis: a crimine quifque
Abftineat, tacitufque deûm data munera fervet,
Quae data cumque; procos non ut male fervere cerno,
Aggreffos infanda animis, nec parcere rebus,   160
Nec thalamo regis, quem non reor abfore terra
A patria longum; quin & venit ecce. penates,
Gnate, tuos pete, gnate, deo ducente, nec olli
Obvius i reduci, nota quum fede potitus
Adftiterit. neque enim credo fine fanguine multo
Ipfum inter fociofque tuos difcordia ftabit.
Haec ait, ac libans nigro fe flore lyaei
Proluit extemplo, ficcataque pocula reddit.
Amphinomus turbatus abit, curafque volutans
It triftis, motatque caput; nam trifte canebat   170
Jam fibi mens praefaga mali; nec funera demens
Fugit. eum validis domuit Tritonia virgo
Telemachi manibus transfixum cufpide ahena:
Sed tum, quo ceffit, folio confedit eodem.
Penelopem interea glauco dea lumine pulcra
Sollicitat, coramque monet fe oftendere pubi,
Altius ut fedeant flammae, gnatique virique
Non minus eximio laudum celebretur honore.
Illa invita quidem rifit, converfaque tali
Affata Eurynomen voce eft. infueta cupido   180
Nefcio quae furgens trepido mihi pectore glifcit:
Suadet adire procos dirum genus, infuper ipfi
Confulere & nato, fefe ne credat Achivis
Infidias veritus, vafri qui mollia femper
Dicta ferunt, tacitoque agitant in corde furorem.
Eurynome contra: fic o, fic numina pofcunt;

                                        Vade,

Vade, ait, & gnatum prudens affare vocatum
Formosos abluta artus atque unguine odoro
Sparsa genas: neque enim fletu lacrimisque madentem
Ire decet. longo quin & tabescere luctu   190
Indignum est, cui talis adest jam munere divum
Progenies, qualem tu natum optare solebas
Purpureas molli sparsum lanugine malas.
Vix ea; quum rursum regina: haud talia curae,
Ornarique genas, puroque in fonte lavari:
Jamdudum superi mihi pulcro in corpore formam
Abstulerunt, ex quo cessit meus ille per altum
Infelix conjux invisa ad Pergama miles.
Verum age, & Autonoë veniat fac candida, & una
Hippodamia comes, gressus quae pone sequantur; 200
Nam prohibet pudor ire & solam accedere coram.
Dixerat; & studio nutrix celerabat anili
Jussa ferens, geminasque vocans per tecta puellas.
Heic aliud subito Pallas molita per artem,
Icarii natae dulcem per membra soporem
Irrigat. acclinis jacuit, resolutaque totis
Artubus incubuit stratis: at maxima diva
Immortale decus, diosque afflavit honores,
Capta quibus stupeat visis turba omnis amantum.
Ambrosio primum suffudit lumine vultus   210
Rore levi lustrans, quo vittis tempora cincta
Ungitur alma Venus; properat quum tendere laetos
In Charitum formosa choros, & ludere gestit.
Exin majoremque habitu, succoque recenti
Florentem magis esse dedit, sectique elephanti
Vincere candorem, matutinamque pruinam.
Queis ita perfectis abiit dea magna per auras;
Atque aderant contra famulae per tecta ferentes

Cum strepitu arguto gressus: excussa sopore
Nympha manu tensisque genas, subitoque profata est. 220
O quae sollicitae curis mihi pectora pressit
Blanda quies! utinam ferat & Latonia mortem.
Tam facilem nunc diva, inter ne carpere fletus
Assiduos aevum cogar, dum conjugis ardens
Egregii ante alios, quotquot celebrantur Achivi,
Optatumque decus frustra famamque requiro.
Haec ubi dicta dedit, thalamo descendit ab alto
Haud sola: una etenim famulae comitantur euntem.
Ut vero formosa tulit sese obvia pubi
Cominus, aurasae stetit aulae innixa sub ipsis. 230
Postibus, ac tenuem malis demisit amictum,
Hinc atque hinc geminis, media ipsa excepta, puellis.
At juvenes genibusque labant, ac pectore toto
Concipiunt flammas: idem furit omnibus ardor,
Omnes quamprimum optatos cupiunt hymenaeos.
Illa autem carum spectans his vocibus ultro
Telemachum alloquitur: quonam tua, gnate, parenti
Vis abiit sperata? tibi praestantior olim
Mens aderat puero, melioraque vota fovebas.
Nunc adeo jam grandis, & acri in flore juventae 240
Dum vernas, claroque satus de sanguine regum
Obvius appares habitumque atque ora tuenti;
Non pulcro tibi digna tamen stat corpore virtus.
Heu! quam triste nefas praesens impune tulisti,
Passus & hospitii violari es vulnere jura.
Quid? scelere an careas, nostris in sedibus hospes
Si jaceat tam dura pati fastidia jussus?
Nulla dies hoc tantum abolebit dedecus annis,
Ignavusque ibis, turpisque per ora virorum.
Talia dicebat, contra quum talia gnatus: 250
Haud

Haud invitus, ait, patior tua jurgia, & iram
O genitrix. fas atque nefas difcernere novi
Nunc equidem melius, quam quondam mollior aevo
Dum fueram; fed non licitum tamen omnia poffe.
Terrent namque metu miferum auxilioque carentem
Hi circum affufi juvenes dirumque minantes,
Nec tamen haec Irique atque hofpitis afpera pugna,
Ut cupiere, procis ceffit: nam victor abivit
Viribus hic potior. fic o! fic Pallas, & altus
Juppiter; ac Phoebus nutantem hanc vertice fracto 260
Disjiciant pubem finuofa per atria partim,
Partim intra fedes, & membra labantia folvant;
Ut nunc ecce caput motans jacet Irus, & artus
Ante fores, multo domitus ceu pectora baccho,
Intremit, ipfe quidem nec rectus ftare, nec ufquam
Ire valens, retroque domum veftigia ferre.
Hactenus illi inter fefe; quum victus amore
Reginam Eurymachus fic voce affatus amica eft:
Penelope Icarii o foboles: fi Graja per Argos
Iafium pubes omnis te laeta videret, 270
Pluribus heic primo ftreperent convivia mane
Structa procis. nymphis nam praeftas omnibus una
Et fpecie, & forma, follerti & mentis honore.
Cui tum Penelope reddit: mihi numina caeli,
Eurymache, abftulerunt mutato corpore formam,
Quum Danai Iliacos curvis petiere carinis
Marte lares, ceffitque una mihi fidus Ulyffes.
Nunc etiam rediens fi mecum heic falvus adeffet,
Haec quaecumque mei floreret gratia vultus
Perdita jam luctu: tot enim male numen amicum 286
Cafibus implicitam domuit, ftravitque jacentem.
Ille quidem cedens patrio quum litore abibat,

Ample-

Amplexus dextram flenti haec suprema reliquit
Jussa mihi. haud equidem redituros scilicet omnes
Innocuos credo Danaos Simoëntis ab unda,
O mulier; nam dura ferunt ad praelia Troas
Acres. esse viros, jaculo & fallente sagitta
Egregios, saltuque altum conscendere tergum
Fortis equi, ac magna solitos vi cernere Martem.
Incertum est, reditumne parent, an tristia fata   290
Di mihi apud Trojam longe: quare omnia curae
Sint tibi, longaevusque parens, genitrixque relicta
Sola domo sine me; nunc his te impensius aequum est
Consulere. at puerum simul ac flavescere malas
Aspicies, tu nube quidem tua limina linquens,
Cui fuerit placitum. properans haec ille monebat,
Quae nunc certa ferunt perfecto tempore Parcae.
Adveniet nox illa ingrati vincula portans
Conjugii taedasque mihi, cui Juppiter omnem
Laetitiam rapuit; sed me haec tamen una remordet   300
Cura magis vellitque animum. quae barbara tellus,
Quae patria haec usquam vidit? non jura procorum
Haec fuerant quondam, non mos, quum ducere nympham
Ingenuaque domo ac diti genitore creatam
Ambirent studiis sese certantibus inter.
Ipsi ultro e stabulis tauros accire paternis,
Lanigerumque pecus laeta in convivia sponsae
Cognatis sociisque, & splendida ferre solebant
Munera; non impune aliena vivere mensa.
Talia Penelope dicebat; laetus & heros   310
Conjugis ingenio gaudet, quod scilicet una
Donaque captabat juvenum, simulansque per artem
Mollibus incensos dictis mulcebat amantes.
Atque heic Antinous subdit: pulcherrima magni

                                   O nym-

O nympha Icarii proles, age munera Achivum
Accipe, quotquot erunt; neque enim data spernere
   dignum.
Nos autem nulla hinc avellet cura, neque ante
Ibimus, uni eadem cedas quam nupta procorum.
Sic ille, & sociis vox circum haec omnibus una est,
Continuoque jubent famulos sua munera ferre   320
Pro se quisque viri; celerant & jussa ministri.
Armiger Antinoo peplum tulit: undique multo
Lumine versicolor fulget; tum fibulae auro
Ingentem e puro bissenae torquibus ornant.
Eurymacho, flaventi electro auroque monile
Arte laboratum multa, lateque jubar ceu
Solis inardescens. geminas accepit inaures
Eurydamas sua dona; illis tres ordine gemmae
Parte ab utraque micant pendentes, claraque jactant
Fulgura daedaleo commissae rite labore.   330
Deinde Polyctorides Pisander protulit heros
Ornatus collo, visu admirabile textum;
Atque alia extulerunt alii, pariterque dedere
Munera certantes. nec longum exinde morata
Penelope in thalamum sese formosa recepit,
Cesseruntque una famulae data dona ferentes.
Illi autem in choreas & dulcia carmina versi
Ludo exercebant sese, dum vesper olympo
Surgeret. occiduis qui postquam apparuit undis,
Tres medio accensas nocturna in lumina tecto   340
Lampadas apposuere; atque has arentia circum
Ligna dedere foco valida diffissa bipenni,
Miscueruntque faces: stant infelicis Ulyssei,
Alternantque vices famulae, lucemque ministrant.
Quas ita compellat dictis Laërtius heros:
                  O Itha.

O Ithaci absentis famulantia corda puellae:
Ire agite in sedes, & fusis volvite pensa,
Casta ubi jam regina sedet. lenite dolorem
Vel circum affusae, manibus vel fila trahentes.
Heic vero residens ego fundam lumina: ad ipsum 350
Ludere si cupiant roseae Titanidos ortum,
Haud vigilem vincant: patiens sum quippe laborum.
Dixerat: illum autem pariter risere procaces,
Seque inter vertere oculos. tum pulcra Melantho
Talibus increpuit dictis, quam protulit auras
In superas Dolius, tenerisque eduxit ab annis
Penelope, ut natam jucundo matris amore;
Nec tamen ingratam dominae fata ulla movebant
Tristia, at Eurymachum furtim complexa fovebat.
Haec Laertiadem tunc misso affata pudore est: 360
Quae tam dira, senex, te mens, miserande, fatigat,
Ut neque in aerato placeat requiescere tecto,
Nec coetus celebrare alios? infanda loquentem
Hos juvenes inter tantum juvat usque morari,
Nil etiam veritum terret. vel corda Lyaeo
Vincta geris, vel certe animus tibi pectore semper
Talis inest, vano nequidquam murmure gaudens.
Fallit te incautum fastus: si forte superbis,
Indignum pugna nuper quod viceris Irum,
Jam vereor, ne quis potior certamine surgens 370
Ad cava te feriat correptum tempora, & altis
Postibus ejiciat foedatum sanguine multo.
Illam immane tuens contra Laertius heros:
Jam jam, inquit, faxo sciat, o canis improba, dicta
Haec tua Telemachus; jam te ille in frusta secabit.
Nec plura effatus trepidantes voce puellas
Terruit. effugiunt omnes, captisque timore

Genva

Genva labant: neque enim minitari falfa putabant.
Ille autem ad pingues ardenti lumine taedas
Reftitit afpectans circum, volvitque fub imo   380
Multa agitans animo, quae mox haud vana fuere.
Nec minus & juvenes furiofa in jurgia Pallas
Sollicitat ftimulis acuens, ut durus Ulyffei
Pervadat magis ima dolor penetralia cordis.
Quos inter prior Eurymachus fic farier infit
Illum ultro dictis carpens, atque omnia rifu
Incendens: adhibete aures, o quotquot Achivi
Magnanimi adftatis, meaque haec in pectore dicta
Figite. non equidem fine divûm numine credo
Hunc fubiiffe virum Laërtae regia tecta;   390
Pro taedis en ipfe fuo de vertice fundit
Lumina, decifis nudata in fronte capillis.
Haec ait, atque Ithacum fic rurfus voce fequutus
Alloquitur: vin' forte meos, non parva laborum
Praemia laturus, famulari verna per agros,
Arboribufque folum tegere, & praetendere fepes?
Illic non cereris largae tibi munera defint,
Non ocreae pedibus, nec denfo e vellere veftes.
Tu tamen ignavo fuetus torpere veterno,
Inftructufque malas artes, haud talia curas   400
Improbe: ftat potius reptanti errare per urbem
Scilicet, ingluviemque immenfi pafcere ventris.
Huic Laërtiades heros: o fi mihi tecum,
Eurymache, in verno foret ufquam tempore, dixit,
Certandum, quum jam longae mefforibus ire
Incipiunt luces; fumptis tum falcibus una
Experiare velim, quid noftrum poffit uterque
Jejunus primo exercens a fole laborem
Ad tenebras, horrent ubi fpiffo gramine campi.

T t   Si

Si vero & pulcros praeftanti corpore tauros   410
Ingentefque acrefque & paftos mollibus herbis
Sub juga ferre pares libeat, glebafque movere
Indomita cervice, licet fe jugera tendant
Quattuor, ac preffum terra fubfidat aratrum;
Me tamen effofo mirabere limite rectum
Ducere agro fulcum. fin & Mavortia bella
Adnuerint fuperi, clipeumque & bina corufcans
Tela manu, galeamque geram cava tempora circum;
Ante alios longe progreffum ex agmine cernes
Caedem ferre viris, nec ventris talia pofthac   420
Objicies mihi probra, at nunc in jurgia faevus
Turpia nequidquam dementi pectore furgis,
Teque aliquid fors effe putas, quod mixtus inerti
In turba potior focia virtute fuperbis.
Quod fi Ithacus patria tellure potitus adeffet,
Hi tibi nunc lato furgentes limine poftes
Protinus angufti fierent, portifque negarent
Effugium trepido perque atria curva ruenti.
Sic ille; Eurymacho confurgunt altius irae,
Horrendumque tuens contra fic turbidus infit: 430
Ah mifer! exitium tibi fata extrema tulere
Talia jactanti temere nullumque verenti
Hoc juvenum e coetu: vino tua pectora fervent,
Praecipiti aut femper turbantur vana furore.
Anne adeo exfultas domitum tumefactus ob Irum?
Haec fatus capit ipfe manu grave robur; & ille
Ad genua Amphinomi fupplex procumbit ab ictu
Effugiens valido, volat actum turbine telum
Altius, adverfique manu praeconis adhaeret
Infixum: dextra fimul olli excuffus acutum   440
Infonuit crater, fimul ipfe in pulvere foedo

Pro-

Procidit in vultum, gemitumque e pectore traxit.
Fit strepitus, turbantque horrentia tecta tumultu
Continuo juvenes, seque inter talia jactant:
O prius hic longe fatum vagus hospes obisset
Finibus ignotis errans; non regia tanto
Instreperet motu. nunc unius exsulis ergo
Rixamur mensasque obliti & gaudia laeta,
Sic adeo in pejus vertentibus omnia fatis.
Atque his Telemachus turbatis farier orsus: 450
Quis furor, o miseri, tantus? cur vina perosi
Temnitis, atque epulas? certe vos laeva deorum
Vis agitat: celebrate dapes, saturique penates
Ite agite ad proprios, si fert ita corde vuluptas;
Non ego nam quemquam pello. sic ore loquutus
Conticuit: pressis fremuerunt dentibus omnes,
Labraque strinxerunt, animos ac verba monentis
Mirati. surgens tum Nisi Martia proles
Amphinomus medios sic interfatur amicos:
O socii, nemo contra haud indigna loquuto   460
Saeviat irascens. violentas hospite ab ipso
Et cohibete manus, famulis & parcite cunctis,
Aurea Laërtae quotquot penetralia fervant.
Jamque agite, & celeres ad pocula ferre ministros
Vina jubete: diis meritum libemus honorem,
Libatoque domos properemus; at hospes Ulyssei
Sub laribus maneat; curam gerat ipsius omnem
Telemachus, cujus supplex ad limina venit.
Haec ait, atque eadem placuit sententia cunctis;
Implevitque mero crateras Mulius heros   470
Praeco Dulichius, solitus famularier usque
Amphinomo. fert ille obiens ex ordine circum,
Infunditque nigros latices, ipsique deorum

Et libant in honore, & dulcia pocula ſiccant.
Inde ubi libarunt, ſaturi petiere per umbras
Quiſque ſuos, tarda digreſſi nocte, penates.

HO-

HOMERI ODYSSEAE

LIBER DECIMUSNONUS.

Ipfe fuo dius fub tecto reftitit heros
Trifte procis magna verfans cum Pallade letum.
Nec mora; Telemacho fatus: Mavortia, gnate,
Jam nunc tempus adeft claufis arma omnia tectis
Occulere; ac juvenes, eadem fi forte repofcant,
Alloquere incautos, his mulcens pectora dictis.
Surripui e fumo, neque enim nunc illa videntur,
Quae pater ad Trojam properans fulgentia liquit;
Igne adeo fordent nigroque afflata vapore.
Quin aliquid majus prudens deus ipfe cavere   16
Scilicet admonuit, ne dira in vulnera vino
Edomiti armetis dextras, fparfoque cruore
Triftis hymen, menfaeque fluant: namque ipfa ferotes
Arma trahunt animos, pugnamque laceffere fuadent.
Dixerat: ille fui celerat mandata parentis,
Nutricemque vocans ita fidas inquit ad aures.
O femper mihi cara, aliis in fedibus omnes
Nunc retine famulas, fecreta in parte reponam
Dum thalamo neglecta diu nigrantiaque igne
Arma patris. teneto non id mens ante ferebat.   ad
Cauta parum; contra tandem fubducere certum
Omnia, qua nimii nullus vapor aeftuet ignis.
Haec ait: at nutrix: utinam prudentia rerum
Te capiat, fervefque tuos jam rite penates.
At quis, nate, tibi properanti lumina fundet,
Si famulas arcere jubes, claufafque teneri?

Hofpes

Hospes hic ipse, inquit: neque enim fine parte laboris
Jam patiar quemquam, nostras qui vectus ad aedes
Indigus hospitii veniat. sic dixit; & illa
Paruit, ac versos emuniit objice postes.   30
At genitor gnatusque instant galeasque comantes,
Aeratasque hastas, clipeosque umbone coruscos
Subvectare citi: juxta Tritonia virgo
Fundit ab aurato rutilantia lumina lychno.
Atque hac affatus juvenis tum voce parentem:
Quae nova lux oculis, inquit, diffusa repente,
O genitor? jam summa mihi laquearia tecti,
Fraxineaeque trabes, murique, altaeque columnae
Undique inardescunt flammis, et fulgura volvunt;
Certe aliquis divum caelo delapsus ab alto est.   40
Cui referens genitor: ne quaere, o gnate, doceri,
Sed tacitus monstrata tuo sub pectore conde
Visa deum; morem hunc caelestia numina servant.
Tuque adeo nunc strata petens in nocte recumbe,
Solus ego ut maneam, famulasque, ipsamque parentem
Experiar coram, quae me flens anxia frustra
Multa diu quaeret. nec plura effatus Ulysses,
Quum juvenis cessit, taedis lucentibus, aula
E media, notoque locans sua membra cubili
Accubuit gaudens quamprimum cernere solem.   50
Ille autem caedemque procis & fata parabat
Pallade cum socia penetrali in sede relictus.
Penelope interea, pulcrae non illa Dianae,
Non Veneri absimilis, thalamo veniebat ab aureo
Candida cui sellam clavis fulgentibus aptam
Ex ebore & laevi argento posuere ministrae
Ante focum, multa quam fecerat arte peritus
Icmalius fulcrumque pedes, quo sistere posset

                                            Addi-

Addiderat stratum maculosae tegmine pellis.

Heic se composuit regina, atque undique circum 60
Turba puellarum venit, semesaque canae
Frusta simul Cereris, siccataque pocula mensis.
Sustulit, inde focis calidam de more favillam
Excussere aliae, rursumque in lumina taedas
Suffecere novas aliae, flammisque dedere.
Quarum saeva iterum tali tunc voce Melantho
Increpuit regem: quid adhuc vagus undique oberras,
Sera etiam sub nocte gravis, lustrasque puellas
Improbus? aut foribus discede, & munere gaude
Jam satur, aut rapto torre hoc expulsus abibis. 70
Illam torva tuens contra Laërtius heros
Excipit: infelix! in me cur pectore saevo
Nequidquam assurgis, miserumque haud carpere cessas?
An quod & informis, turpique indutus amictu
Aeger inops (vis namque premit) circum ostia repto
Per populum, rebus quod solum restat in arctis.
Ipse etiam felix quondam, laetusque vigebam
Divitiis, ultroque dabam, quocumque profectus,
Quisquis & esset, opis nostrae qui tecta subiret
Indigus, innumeri stabant ad jussa ministri, 80
Multaque vis aderat rerum, queis dives habetur
Vita hominum, nunc me contra pater ille deorum,
Quippe aliter visum, miserum sine honore reliquit.
Quare etiam tu docta cave, decus excidat oris
Ne tibi, quo socias inter formosa renides;
Neve gravis regina malas assurgat in iras,
Aut veniat, necdum spes namque haec cessit, Ulysses;
Quod si ille heu dulci reditu fraudatus obivit,
At viget egregius Phoebi sub numine sancto
Telemachus, quem nulla scelus molita puella 90

Igna-

Ignarūm per tecta latet: jam firmior aevo
Ipse valet. sic fatus erat, quum pulcra loquentem
Audiit, & dictis famulam dein talibus ultro
Penelope incessit: non me, canis improba, tantum
Ausa scelus fugies, in te quod numina vertant.
Inque tuum malesana caput. jam nota voluntas
Nostra tibi fuerat, praesens & saepius ipsa
Audieras, me velle senem de conjuge multa
Poscere, si tristes valeam deponere curas.
Dixit, & Eurynomen subito vocat, atque ita fatur: 100
Huc age fer sedem, & pictam super injice pellem,
Carus ubi residens audire & reddere voces
Hospes amet: coram namque est mihi multa rogandus.
Jusserat: illa autem celerans sedemque nitentem
Extulit, injecitque super mollissima villis
Tegmina, queis alte fultus confedit Ulysses.
Cui sic Penelope: mihi primum edissere verax,
Quisve, vel unde genus, qua sunt tibi in urbe parentes?
Huic Ithacus reddit: non te pulcherrima quisquam
Arguat o mulier, qua late maxima tellus   110
Funditur: aetherias caeli tua contigit arces
Fama ingens veluti regis, qui numina divum
Magna colit populosque regit ditione potenti
Justitiae rectique tenax. fert ubere tellus
Hordea, triticeasque dapes, ramique gravantur
Arborei pomis, tenerosque animantia foetus
Progenerant; fert pontus item sub gurgite pisces
Squamigeros, curisque acuit mortalia corda:
His juvet in rebus vario sermone morari,
Non sedes patrias, non prima ab origine gentem 120
Quaere meam, gravior ne cura in pectore gliscat
Heu nimium memori. fortuna oppressus iniqua

                                        Exsul

Exful agor, vitamque traho; fed queftubus aeger
Abftineo, & lacrimis aliena in fede receptus.
Quippe etiam fine fine nefas lugere; puellas.
Ne qua inter dicat, mea cogere lumina Bacchum
Fletibus uberrim largis tabefcere, tuque
Fors eadem credas. haec ille; & regia conjux
Subjicit: heu periit virtufque, & priftina forma
Membrorumque mihi fpecies, quo tempore Graji 130
Dardanias petiere domos, unaque fequutus
Vir meus ipfe abiit, proles Laërtia, Ulyffes:
Quem reducem fi fata ferent, majorque videri
Incipiam, pulcroque iterum formofior ore.
Nunc doleo infelix, adverfi numinis ira,
Preffa malis. quotquot nam late prima virorum
Dulichiumque Samenque tenent, viridemque Zacynthum
Atque Ithacam; tot noftra petunt connubia, & urgent
Invitam longo vaftantes omnia luxu.   140
Hinc mihi & hofpitibus non ullam impendere curam,
Supplicibufque datur, praeconum aut jura tueri
Publica; fed trifti tabefcens anxia fletu
Irrita pro caro fufpiria conjuge fundo.
At juvenes votis inftant, dum pectore verfo
Ipfa dolos, monitufque fequens ac juffa deorum
Tenvia in immenfam difponere licia telam
Aggredior, juvenefque moror fic fata fuperbos.
Magnanimi, mea cura, proci, jam functus Ulyffes
Quandoquidem fato eft, fpatii ad connubia tantum
Noftra peto, donec textum properante labore   150
Perficiam (pereant ne fila exorfa,) quod urgens
Laërtae in funus celero, quum triftia fata
Ipfius aeterna velabunt lumina nocte.
Namque pudor me faepe & cura haec faeva fatigat;

Ne qua mihi in populo mulier convicia jactans
Objiciat nudum, fuerant cui multa, jacere.
Sic ego, & incautae pubi res credita; sed quid
Demoror? arguto percurrens pectine telam
Luce operi inftabam, mox fera ad lumina texta
Stamina folvebam tres furto laeta per annos.   160
Verum ubi jam quartus venit, labentibus horis,
Annus, & infidae fraudem retulere puellae,
Ingreffi juvenes juffere abrumpere coeptum.
Quid facerem? juffum perfeci haud fponte laborem
Victa minis. fors nulla mihi fe oftendit amica,
Nec valeo quidquam moliri pectore, taedas
Quo fugiam has mifera, & deteftatos hymenaeos.
Ipfi etiam pofcunt connubia noftra parentes,
Iratufque fuper gnatus furit, omnia rapto   170
Vafta videns. jam quippe valet Jovis auctus honore
Confilioque domum regere, & curare penates.
Sed mihi fare tuum contra genus, & quibus oris
Vectus ades: non te quercus celebrata poëtis
Protulit, aut gelidis in montibus afpera cautes?
Talibus inftabat, quum fic exorfus Ulyffes:
O magni Laërtiadae pulcherrima conjux
Necdum oblita meam ceffas inquirere gentem?
Dicam equidem, quamvis pervellet pectora luctus
Acrior haec fanti. neque enim fibi temperet ullus,
Tempore qui tanto patria procul actus ab urbe 180
Erret inops, quanto jactatus tempore gentes
Per varias feror ipfe, immenfa pericula paffus.
Nec tamen abnuero parere, nec ulla doloris
Tanti damna fuant, quin protinus omnia pandam.
Stat medio tellus ponto cognomine Creta
Infula dives agri, populifque opibufque fuperbas

Nona-

Nonaginta urbes gremio complectitur una.
Omnibus haud eadem lingua est: sunt intus Achivi,
Sunt & magnanimi Cretes, mixtique Cydones,
Et triplici Dores populo, fortesque Pelasgi.   190
Cnossus ibi magna se tollit ad aethera mole
Urbs omni ditione novem regnata per annos
Minoi, ante alios quem Juppiter aequus amavit,
Quoque meus genitor claro genitore superbit
Heros Deucalion. hic me suscepit, & acrem
Idomenea ducem, qui Pergama ad alta sequutus
Atridas classe est; Aethon ego dicor, & armis,
Et natu inferior; me fortior ille, priorque est.
Heic Ithacum vidi tum primum, atque hospite digna
Dona dedi: vis namque illum violenta coëgit   200
Ventorum insurgens ad Cnossia litora cursum
Tendere, quum Trojam peteret, diversa per aequor
Ad loca correptus Maleae spumantibus undis.
Constitit Amniso in viridi, Lucinae ubi sacrum
Antrum horret, dubia statione elapsus ab atro
Vix pelago. e portu subito progressus in urbem
Idomeneum petiit, cui sese foedere sacro
Hospitii junctum magnoque ferebat amore.
At fratrem decimo jam tunc aurora vel ortu
Viderat undecimo sulcantem caerula ad altam   210
Ilion. ipse autem tecta intra regia ducens
Suscepique virum, fovique amplexus honore
Ingenti; sociisque super cerealia jussi
Dona dari a populo, ferrique liquentia vina,
Mactandosque boves sollemni munere duci.
Illic bissenos epulati in littore nautae
Consedere dies; praeceps nam turbine vasto
Irruerat ponto boreas, camposque per omnes

Paftorefque domofque altas lucofque fonantes,
Straverat infefti violenta numinis ira.　　　　220
Tertia fed decimam fupra quum fulfit Eoo
Orta dies, ventus pofuit, folvitque juventus.
Dixerat, ac multa fingit dum callidus ante
Vera tegens, regina gravi perculfa dolore
Tabebat, lacrimifque finum liquefacta rigabat.
Ac veluti primo fummis quum montibus aeftu
Liquitur, atque Euri tepido nix icta vapore,
Quam zephiri effudere, fluit: rura omnia manant
Undique, & implentur rivis ferventibus amnes.
Sic pectus, fic illa genas perfufa nitentes　　　230
Solvitur in lacrimas, lugetque ante ora mariti,
Nequidquam adftantis. luctum miferatur inanem,
Ille dolens contra tacitus, nec fronte moventur
Dura tamen, cornu ceu ftent aut lumina ferro:
Diffimulat, preffoque obnixus temperat imbre.
Ipfa autem ut primum fletu fatiata quievit,
Rurfus ait fic orfa: equidem vera omnia duco,
Sed melius cognoffe juvat, num fedibus olim
In patriis Ithacum focia comitante caterva
Videris exceptum, ceu jactas. quare age fare,　240
Ne dubitem; quonam per membra indutus amictu,
Qualis erat dux ipfe, fui & vis fida fodales?
Ille refert: heu dura petis, poft tempore tanto
Vix potero meminiffe viri: nam volvitur annus
Menfibus exactis vicefimus, appulit illuc
Quum primum veniens, rurfumque iter egit in altum.
Sed tamen, ut memini, dicam, fulgentibus olli
Purpurea ex humeris late chlamys apta fluebat,
Pulcra, duplex; geminis inerat cui fibula bullis
Aurea, daedaleo fupra variata labore.　　　250

Pri-

Prima pedum ornabat patulo canis ore trementem
Hinnuleum raptans: omnes stupor altus habebat
Cernentes: auro e rigido squallebat uterque,
Et tamen hic jugulum rapidus super angit, & haeret
Dente vorans; pedibus nitens illa ardet abire,
Subsultatque pavens, & pulsibus ilia tendit.
At tunica indutos artus miranda tegebat
Instar membranaeve croci tenuisve papyri:
Sic adeo mollis, claroque simillima soli
Luce renidebat pura lateque coruscans 160
Ad sua femineos vertebat fulgura vultus.
Num tamen hos tuledit cultus, num vestibus hisce
In patriis etiam rectis assueverit utique
Aut aliquis socium secum per caerula vectus
Navibus in curvis, aut & donaverit hospes,
Haud equidem novi: multas namque ille per urbes
Clarus iit, paucique olli seu laudibus aequent
Ipse autem aeratumque ensem, lachamque libentes
Formosamque dedi tunicam pro munere ferre
Litus ad extremum cedentem rite sequuntur
Ibat & aequaevus praeco comes additus usque
Pone ducem servans; fuerit jam qualis habebat
Curvi humeri exstabant; fusco cutis atra colore
In facie horrebat, densique in vertice comes
Eurybates nomen: sociis ex omnibus idem
Praecipuo hunc heros caput servabat honore
Consiliisque habilem fidis animoque valentem
Vix ea; quum miserae strinxit praecordia luctus
Rite recordanti, nimium sibi cognita, signa,
Atque ubi vix tandem voci via facta dolore 180
Uda genas lacrimis iterum sic voce profatur.
Nunc ego te, licet ante tuas miserata dolerem

Sae-

Saepe vices, toto meritum complectar amore,
Officioque colam. thalami in penetralibus olim
Illa ego, quae memoras, velamina nota plicavi,
Et manibus fuit ille meis superadditus auro
Circulus e fulvo rutilans, decus inter Achivos
Esset ut ornato, sed non miseranda revisam,
Amplectarque virum reducem, laevo ille profectus
Omine, & infestis petiit dis Pergama, credo, 290
Pergama, & infandae semper mihi moenia Trojae.
Cui referens Ithacus: parce o pulcherrima, dixit;
Neve adeo niveosque sinus patiare, nec ipsum
Sic animum assiduis tristem tabescere curis.
Usque virum lacrimans, te certe caussa doloris
Justa premic, fletuque tuo haud irascier ausim;
Quippe etiam si jure gemit sibi funere raptum
Nupta virum quemcumque, tori cui foedere mixta
Progenuit dulces, communia pignora, gnatos;
Quanto Ithacum fas flere magis, caelestibus esse 300
Quem similem perhibent? paullum sed desine, & ipsa
Parce tibi, nostrisque adhibe sermonibus aures.
Nunc etenim haud mendax, de vivo quidquid Ulysse
Thesprotum in populo audivi reditumque parante,
Expediam dictis. ingens argentumque aurumque
Ille refert donis auctus, sed perdidit omnes
Cum navi socios procul hinc in gurgite vasto
Trinacria excedens, namque illi rector olympi
Saevierat cum Sole gravis, cui forte juvencos
Sacrilegi leto dederant in litore nautae. 310
Ergo omnes periere undanti in marmore: at ipsum
Applicuit tetris haerentem ad fracta carinae
Robora fluctus agens, ubi pingues ubere glebas
Securi Phaeaces habent, gens proxima divis.

Ex-

Exceptum hi magno fovere ut numen amore,
Multaque donarunt, patriafque reducere ad oras
Continuo voluere. & jam nota arva teneret
Redditus huc, animo fatius ni forte fubiffet
Hinc terras luftrare alias atque undique gazam
Congerere. ufque adeo vincit mortalia corda   320
Arte vafer, fruftraque olli contendere certet.
Confilio quifquam. Thefprotum haec ipfe loquutus
Me rex edocuit Phidon, Mavortius heros.
Quin & juratus libanfque in honore deorum
Addidit, inftructamque ratem, fociofque paratos
Effe viro, reducem patrio qui litore fiftant.
At prior ipfe abii, properantem nactus ad alta
Moenia Dulichii, Cereri loca facra, carinam
Munera praeterea, quaecumque aggeffit Ulyffes,
Omnia monftravit: fat multa nepotibus effent   330
Poft decimum, reor, illa genus; vis tanta jacebat
Ipfius in magni penetralibus abdita regis!
Illum Dodonae in lucos abiiffe ferebat
Ab Jovis aëria fcitatum oracula quercu
Incertum, patrias quo pacto attingeret oras
Clamne, palamne, abfens nimium jam tempore longo.
Omnia tuta vides: vivit, falvufque redibit,
Jamque dies properata brevi complexibus illum
Reddet amicorum. neu dicta haec irrita credas,
Per tibi ego magnumque Jovem, Veftamque potentem,
Perque Ithaci juro menfas, quas hofpes adivi,   340
Dicta oculis perfecta tuis haec omnia cernes,
Advenietque heros ipfo hoc Laërtius anno,
Hujus in occafu menfis, primique fub ortum.
Ad quem Penelope: haec utinam rata dicta manerent,
Et vellem & cuperem: jam jam fi nuncia verax

Cer-

Certa mones, virtus quid grato in pectore possit,
Experiere auctus donis, populumque per omnem
Divitiis magnaque vigens celebrabere fama.
Cuncta tamen reor esse meis contraria votis, 350
Hactenus ut fuerunt: veniet nec salvus Ulysses;
Nec tu iter expedies; ducibus quippe orba relicta
Tecta carent; velut ille fuit (nunc o foret usquam!)
Gnarus & excipere, & pariter dimittere amicos.
Sed vos, o famulae, puro hunc in fonte lavate,
Instratoque super mollissima ponite lecto
Tegminaque & laenas, tepidos queis mulceat artus
Usque sub Aurorae roseum Titanidis ortum.
Prima autem sub luce oleo perfundite lotum,
Ut comes assideat laetae inter pocula mensae 360
Telemacho. quod si juvenum quis laedere posthac
Audeat hunc, mala damna feret; nec flectere mentem
Speret posse meam, licet acri exaestuet ira.
Anne ego femineum vulgi genus una videbor
Vincere consilio, patiar si veste carentem
Sedibus in nostris talem te accumbere? vitae
Terminus haud longae miseris mortalibus instat;
Quisquis & implacido crudelia pectore facta
Saevus amat, vivensque odiis communibus ardet,
Infestisque agitur diris post funeris ignem. 370
At bona quisquis amat bonus ipse, hunc praepete penna
Didita per gentes late ingens gloria tollit,
Multorumque ferunt laudes ad sidera dignum.
Dixerat; atque heros: jamdudum, ait, optima nympha,
Invisaeque mihi sunt denso vellere laenae
Tegminaque, infelix postquam maria alta sequutus
Classe cita Cretae nivibus juga consita liqui.
Nunc quoque, ut ante cubans, somni sine munere noctes

Spre-

Spretus agam; foedi jam faepe in limine tecti
Compoftus vidi croceam confurgere lucem. 380
Nec mihi nunc placitum menti eft perfundere molli
Rore pedes, nec noftra, reor, veftigia tanget
Ulla tibi famulans harum per tecta puella;
Ni qua domo fit anus longaeva, & confcia recti;
Totque malis jactata, quot ipfe exhaufta peregi:
Nil veritus tantum hanc patiar contingere tandem
Crura mihi. fic fatus erat, mirataque fantem
Penelope: haud umquam noftra haec ad limina venit
Hofpes, ait, tales qui docto in pectore fenfus
Gefferit, ac fapiens pariter fervaverit aequum. 390
Omnia recta mones: eft heic tamen, eft mihi nutrix
Ante alias & fida, & multo grandior aevo,
Illum etiam regem quae quondam excepit in ulnas
Ipfa fuas, tenerumque aluit; quum lucis in oras
Edidit heu laevo nafcentem numine mater:
Haec aderit quamquam aegra manus tardante fenecta.
Surge agefis; regique tuo ne cara morare
Abluere aequaevum nutrix; fors talis Ulyffes
Illotofque pedes illotaque brachia geftat
Squallidus heu longoque fitu duroque labore; 400
Ocior anguftis homines nam foeda fenectus
Occupat in rebus. quae poftquam edixerat, illa
Suftulit in vultum palmas, lacrimifque volutis:
Heu miferanda, inquit, fine te fum, gnate, relicta;
Te fuperum pater ille odiis crudelibus urget
Immeritum, tantafque pio tibi fufcitat iras
Nequidquam contra fas omne infeftior uni:
Nam quis lecta boum tot mactans corpora ftravit,
Incenditque Jovi fumantia vifcera ad aras;
Quot tu olim, feniumque tibi non trifte precari 410

r   X x   Sue-

Suetus, & eximio florentia tempora nato;
Fruftra: nulla viam facilem tibi vota, dedere.
Et nunc illudunt aliena in fede moranti
Sic mifero famulae, dirum genus; ut tibi coram
Infultant, venerande fenex; quarum afpera probra
Permetuens nullam, me praeter, adeffe lavanti
Nempe finis. fed non ego contra invita jubentis
Imperio dominae. & praelato munere fungar,
Ablueroque pedes merito, jam parce vereri,
Penelopen propter teque ipfum exercita luctu   420
Corda gravi. nullum, quamvis haec limina multi
Attigerint errando homines, ego corpore Ulyffi
Tam fimilem vidi, quam te vocemque coloremque
Atque pedes olli fimilem. tum maximus heros:
Sic alii, nec vana fides, qui lumine cumque.
Afpexere ambos, multum nos corpore toto
Adfimiles perhibent, velut ipfa haud infcia reris.
Nec plura his; rutilum fubito longaeva lebetem
Extulit, ac gelidos haufto de fonte liquores
Rore fimul calido mifcens infudit aheno.   430
Aft heros, propior ceu forte affederat igni,
Continuo averfum fefe deflexit in umbram,
Scilicet id metuens, ne clara in luce revifens
Vulneris antiqui noffet veftigia nutrix,
Ambagefque dolique retecta fraude paterent.
Nec minus interea, regem dum proxima circum
Illa fuum non fegnis obit, turgentia figna
Vulneris agnovit, quod canis dentibus olli
Fulmineus jam fecit aper, quum frondea celfi
Culmina Parnaffi peteret vifurus & acrem   440
Autolycum, Autolyci & gnatos, quo cara parente
Orta fua eft quondam genitrix. praeftantior illo
                                        Non

Non erat aut jurare, aut furto intexere fraudem
Mercurii dono gaudens, cui pinguia femper
Exta dabat mactans teneros ab ovilibus agnos,
Haedorumque greges: aderat deus usque vocanti.
Ergo Ithacae hic quondam veniens ad divitis urbem
Invenit tum forte fuae de fanguine natae
Aetherias puerum fubmiffum lucis in oras,
Quem parvum Euryclaea ferens poft munera menfae 450
Ipfius impofuit genibus; dein talia fata eft.
Nomine quo dici gaudes, age fare, nepotem
Autolyce; ille etenim ante alios tibi carior aura
Vefcitur? huic heros: vos, o mea fola voluptas,
Filia, & alme gener, puero fuperaddite nomen,
Quod fabor: multis ego veni huc cauffa doloris
Invifus pariterque viris pariterque puellis
Per terras late; quare olli femper Ulyffi
Ex re nomen erit. poft ipfum in regia tecta,
Maternas quum vifet opes ad noftra profectus 460
Moenia Parnaffi jam vernans flore juventae,
Excipiam donis pariter, laetumque remittam.
Munera quae fperans, patria tellure relicta,
Contulerat fefe juvenis Laërtius illuc
Invifurus avum. venientem amplexibus omnes
Excepere, hilari teftantes gaudia vultu,
Autolycus gnatique fimul; tum laeta nepotem
Amphithea amplectens capiti dedit ofcula caro,
Ambobufque oculis, colloque affufa pependit.
Inftruere hinc epulas fenior, menfamque parare 470
Imperat; ac juvenes non lenti ad juffa parentis
Quinquennem ducunt praeftanti corpore taurum.
Tergora deripiunt coftis, diffectaque membra
Rite in fruftra trahunt, verubufque trementia figunt,

Advol-

Advolvuntque igni fubjecto, ac munera menfis
Tofta ferunt: dapibus fic tota luce cadentem
Ad folem indulgent, aequata forte potiti.
Inde ubi fol ceffit, tenebrafque induxit olympo
Per thalamos placida compofti pace cubarunt.
At fimul aurato fuffudit lumine terras   480
Suave rubens Aurora, toris excita juventus
Venatum parat ire, canefque hortatur ovantes
Ingrediens, ultroque Ithacus comes additur una.
Jamque alti fuperant rapido frondentia greffu
Culmina Parnaffi, penetrantque furentia ventis
In loca. vix autem radiis fulgentibus arva
Contigit, oceani linquens fol aureus undas,
Quum vallem fubiere duces. it odora canum vis
Ante pedes patulis latebrofa cubilia luftrans
Naribus; Autolyci foboles quos pone fequuta   490
Incedit, propiorque Ithacus praeit agmen, & altum
Ante alios quaffat ferrata cufpide telum.
Heic aper abdiderat fefe ingens frondibus atris
In nemore horrenti, quo nec vis humida venti,
Nec rutili poterant penetrare ardentia phoebi
Spicula, non imber fublapfus: ita undique tectum
Arboribus ftabat denfis, cumuloque nigrantem
Subter humum late foliorum oppefferat agger.
Ille autem ftrepituque canum ftrepituque virorum
Excitus, ut propius turbantes fenfit, ab atra   500
Profiluit filva; rectifque in vertice fetis
Horridus, atque oculis volvens ardentibus ignem
Conftitit adverfus. juvenis, Laërtia proles,
Primus ibi valido torquens haftile lacerto
Emicat, horrentemque ardet transfigere ferro
Impatiens animi. dumque it, pernicior illum

                                                    Prae-

Praeveniens aper ecce genu super occupat ictu
Fulmineo, obliquusque ruens late haurit apertum
Dente femur, non & morsu tamen ossa refringit.
At rabidum juvenis dextro nil territus armo 510
Perculit insurgens: pertransiit aerea cuspis
Per medium, ceciditque nigra resupinus arena:
Volvitur, atque artus cum sanguine vita relinquit.
Advolat Autolyci proles; pars tollere praedam,
Pars Ithaci vulnus properant constringere vittis
Molliter; utque cruor cantu manare potenti
Desiit, ad patrios una rediere penates.
Heic aegrum auxilio, sollerti atque arte juvare
Insistit Autolycus juvenem; rursusque valentem,
Muneribusque auctum largis dimisit ad oras 520
Dulichias. magna reducem accepere parentes
Laetitia, natique ardent dum noscere casus,
Vulneris & caussam quaerunt; ille omnia contra
Edocet, ac narrat, venantem ut frondea celsi
Per juga Parnassi, sociis comitantibus ipsum
Autolyci gnatis, aper acri perculit ore.
Haec eadem tum signa memor post tempore longo
Agnovit tactu nutrix, stupefactaque monstro
Liquit opus, manibusque pedem demisit: at imo
Pes stetit in labro, tynnitumque aera dedere. 530
Vertitur, excussoque liquor defluxit aheno
Fusus humi; magno simul aegrae pectora luctu,
Laetitiaque simul trepidant, oculique volutis
Implentur lacrimis, voxque ipsa in faucibus haeret.
Ut tandem in sese rediit, vitamque recepit,
Ipsa manu leviter mentum permulsit Ulyssei
Sic memorans: tune ille Ithacus, carum genus? haud te,
Nate, prius novi, tetigi quam corporis artus

Fon-

Fonte rigans. dixit, fubitoque averfa retorfit
Lumina, Penelopi cupiens oftendere falvum,   540
Praefentemque virum. fed non huic cernere contra
Fas erat: haud quidquam fenfit; Tritonia mentem
Verterat, atque alio fenfus abduxerat omnes.
Ille autem dextra compreffit guttur hiantis,
Ac laeva ad fofe traxit fic ore loquutus:
Perdere quid tantum properas, quem cara fovebas
Ipfa olim teneris immulgens ubera labris;
Quemque eadem, poftquam bifdenos multa per annos
Dura tulit, patria vix tandem cernis in urbe?
Et quoniam tibi res nota eft, ac numina mentem 550
Hanc dederunt, fileas oro, neu refciat alter
Ifta, veto. fuperi nam fi mihi fternere diram
Adnuerint pubem, nutrice iratus ab ipfa
Supplicia expofcam, nec fallo; ubi trifte piabo
Caede nefas, famulafque alias fub Tartara mittam.
Haec ubi fatus erat minitans: quidnam excidit ore
Gnate, tibi, nutrix fubdit? fcis pectore in ifto   ,
Qualis ineft vis dura, animum quam robore forti
Septa feror; ceu muta filex ferrumque tenebo
Omnia. quin aliud dicam, tu mente repone   560
Dicta memor: fi forte procos demiferis orco
Aufpicio facili divum, tete ipfa docebo,
Dedecorant quaecumque malae tua tecta puellae
Flagitiis, verfaeque domus fcelus omne recludam.
Contra heros: cur tu doceas me talia, nutrix?
Non opus his; vano mitte hanc de pectore curam:
Omnia difpiciam mecum ipfe, atque omnia nofcam,
Tu modo diffimula: curae fint cetera divis.
Tantum effatus; & in verbo veftigia tectis
Torfit anus de fonte novos hauftura liquores,   570

Nam

Nam prior effufus defluxerat. ergo ubi rore
Laverat, & nitidos oleo perduxerat artus,
Ille iterum folio propius confedit ad ignem
Membra fovens, fefeque obtento involvit amictu,
Ne pateat qua parte oculis fignata cicatrix.
Huic tum Penelope: breviter te pauca requiram,
Ni pigeat, nunc rurfus, ait; nam dulcia fomni
Tempus erit tunc dona fequi, quum cepefit aegrum
Sponte quies affufa; at me fine more furentem
Infando voluere dii tabefcere luctu.   580
Quippe dies flendo duco, defeffa labore
Ipfa fimul, famulafque urgens data penfa trahentes
Sedibus in maeftis. at nox ubi nigra tenebris
Irruit, accepitque fopor penetralibus omnes,
Sola toro jaceo, triftique in nocte recurfant,
Pervelluntque acri morfu praecordia curae
Flentis, & heu fruftra crudelia fata querentis.
Ceu fata Pandareo primi per tempora veris
Quum viridis denfa queritur Philomela fub umbra;
Illa fedet, ramoque iterat miferabile carmen,   590
Triftibus & refonas implet concentibus auras
Maefta gemens natum, furiis quem percita ferro
Perdidit eripiens patri folatia Zetho:
Non aliter queror ipfa gravi perculfa dolore
Huc animum atque illuc verfans, utrum anxia caro
Cum gnato vivamque parens, bonaque omnia fervem,
Captivafque regam famulas, magnofque penates
Permetuens vulgi famam thalamumque jugalem;
An fociata fequar, tot lectos inter Achivos,
Qui meliorque viget factis, majoraque fpondet   600
Praemia? natus adhuc fuerat dum debilis aevo,
Non me has linquentem fedes eft nubere paffus;
                                            Gran-

Grandior at factus plenoque in flore juventae
Ultro etiam invitam suadet properare hymenaeos
Externasque sequi taedas, mihi propter Achivûm
Flagitia infensus vastataque tecta rapinis.
Jamque age, & ista, meam quae mentem insomnia turbant,
Accipe. ludebat vacuis mihi plurimus anser
Porticibus, totoque aderant bis agmine deni
Assueti roftris puro cerealia fonte   610
Munera rimari, mea sola & magna voluptas.
Adveniens autem pedibus Jovis ales aduncis
Vertice ab aërio, fractis cervicibus, omnes
Perdidit; exanimes fusi per tecta jacebant
Undique, at ille altum sublimis in aethera fugit.
Ipsa dolens & flere & vocem attollere coepi
Per noctem infomnis: circum venere frequentes
Queftubus excitae late undique Achaeides almae.
Ecce autem rediens ftetit idem in culmine tecti
Ales, & haec hominum vero superaddidit ore, 620
Solatus miferam. fide o clariffima proles
Icarii, vanae non falsa insomnia noctis,
Fata vides sed certa: haec omnis strata volucrum
Turba, proci; qui vifus ego tibi nuper adesse
Praepetibus pennis Jovis ales, vir tuus adsum
Redditus ipse procis letum crudele daturus.
Haec ille, inceptusque sopor me sponte reliquit.
In cubitum subnixa, atque auribus aëra captans
Laetantes paffim sensi prope gurgitis alveum
Frangere triticeam meffem, velut ante, volucres. 630
Talia narranti: non haec, ait ille, per artem
Fas alio regina inflectere somnia: vifus
Ipse tibi Laërtiades jam fata reclufit:
Inftat certa procis clades, nec funera quifquam

                                             Effu-

Effugiet numero ex omni. fic dixit; & ipfum
Penelope aggreditur rurfus, metuenfque profatur.
Haud facile eft nigrae volitantia fomnia noctis
Nofcere, nec femper portendunt omina certa.
Sunt etenim geminae fomni portae; altera fertur
Cornea, perfecto collucens altera contra   640
Ex ebore: hac veniunt quaecumque effufa, feruntur
Irrita, & incertis ludunt fallacia formis.
At volitant quae miffa foras per cornea fepta,
Vera monent homines, fi quando in nocte videntur.
Sed non hinc miferae dederunt mihi fomnia manes,
Credo equidem: nimium foret haec fors laeta parenti
Scilicet & gnato. cedent fecus omnia, tuque
Senfibus haec imis, quae dicam verba, reconde.
Adveniet lux illa cito, quae faeva revellet
Invitam ex Ithaci tectis; certamen Achivis   650
Quippe paro: ftatuam fulgenti ex aere fecures,
In domibus quas ille meus vir ponere quondam
Biffenas numero, velut orbes ordine longo
Orbibus adverfos; refonum dein eminus arcum
Intorquens ictu numquam fallente folebat
Per medias volucrem tranfmittere faepe fagittam.
Hoc ftatuam certamen ego: qui tendere ferrum
Ante alios poterit melius, teloque fecures
Trajiciet miffo talem fortitus honorem,
Illum certa fequar veteris penetralia linquens   660
Conjugis heu quondam mihi cara, opibufque fuperba,
Quaeque etiam memori per fomnum noctis imago
Saepe feret. cui tunc volventi talia Ulyffes:
Jam jam, inquit, regina, jube contendere; nulla
Sit mora. namque heros aderit Laërtius ante,
Quam poterit quifquam nervofque aptare fonantes
                    Y y   Mul-

Multa movens fruſtra, metamque adtingere ferro.
Penelope contra gaudens: o! ducere noctem
Si juvet his mecum dictis, non ulla quietis
Cura foret, feſſoſve ſopor mihi ſolveret artus. 670
Haud tamen inſomnes miſeris mortalibus horas
Degere fas; late terram namque ire per omnem
Alternas voluere vices & tempora divi.
Jamque altum penetrale petam, ſtratoque locabo
Membra toro, gemitus audit qui ſemper acerbos,
Humeſcitque mihi lacrimis, ex quo acer Ulyſſes
Pergama, & infandae petiit mala moenia Trojae.
Heic ego: tu vero tectorum in parte cubato,
Qua placeat; ſtrata vel fors tellure, vel alte
Feſſa ſuper ſtructo componens membra cubili. 680
Haec ubi dicta dedit, ſociis comitata puellis
Alta petit ſcandens thalami penetralia, & intro
Ut ſtetit, optati nequidquam perdita flevit
Fata viri, donec Pallas miſerata gementem
Uda tegens dulci perfudit lumina ſomno.

HOMERI ODYSSEAE
LIBER VICESIMUS.

Eſtibulo in primo tecti fortiſſimus heros
    Accubuit: ſubter magni bovis horrida ſtravit
Tergora, & injecit florenti vellere multas
Caeſarum pelles ovium ſuper; ipſaque laenam
Praeterea Eurynome poſuit per membra cubanti.
Heic vigilans & triſte procis in corde volutans
Exitium ſtetit ille. alia de parte puellae
Interea tectis ibant, juvenumque petebant
Gaudia, nocturnis aſſuetae fraudibus omnes
Laeta ſequi alterno veneris ſolatia riſu.   10
Exarſere ignes animo, tacituſque repente
Multa putat ſecum, praeſtetne inſurgere contra,
An ſinere extremum votoque auſoque potitas
Miſceri per tecta procis? fremit ira ſub imo
Pectore, & inſanis acuit praecordia curis.
Ac veluti, catuli cui parvi ex ubere pendent,
Si qua ignota viri facies ſeſe offerat ultro,
Saevit acerba tuens rabidiſque latratibus inſtat
Mater, & adverſo jam ſe fert cominus hoſti
Dentibus infrendens contra & concurrere tentans. 20
Sic olli infremuitque animus tam dira tuenti
Flagitia, impellenſque ambabus pectora palmis
Haec ſecum: tacitus quin tu contra omnia perſta,
O anime; his etiam quondam graviora tuliſti,
Quum tibi magnanimos Cyclops immanis in antro

Corripuit focios, faxoque illifa voravit
Membra ferox. tantum quifti perferre dolorem
Impavidus, donec te limine mortis ab ipfo
Eripuit, virtufque viam molita per artem eft.
His dictis animum increpitat, nec cedere victus   30
Ille negat. curis ipfe autem ingentibus actus
Aeftuat, ac ftratis hac illac volvitur heros
Sollicitus. flammis ceu quando vifcera torret
Pinguiaque & multo turgentia fanguine pubes,
In partefque omnes verfat, celeratque laborem
Ocius impleri cupiens: fic vertitur heros,
Et volucrem nunc huc mentem nunc dividit illuc
Secum agitans, quanam faevis congreffus Achivis
Arte queat multos unus demittere leto?
Talia volventi delapfa ex aethere Pallas   40
Venit femineos habitus induta, fupraque
Adftitit, ac tali compellans voce loquuta eft.
O duris homines vincis qui cafibus omnes,
Cur vigilas? jam parta domus tibi, partaque conjux,
Gnatus & ipfe tibi partus, quem vellet habere
Quifque fibi. fic fata dea eft; atque ille viciffim
Pauca refert: haec, diva, quidem non vana profaris;
Cura fed illa gravis refidens praecordia torquet,
Solus ego juvenes tot contra infurgere fortes
Qui valeam? femper conferti haec limina fervant. 50
Id quoque praeterea reputo, fi perdere turbam
Auxilioque Jovis detur mihi, diva, tuoque,
Quo fugiam? cafus omnes juvat ante videre
Scilicet, atque animo varias expendere fortes.
Dixerat; huic autem virgo fic caefia reddit:
Improbe, nonne alii fidunt mortalibus armis,
Ac fociis, quibus eft haud par follertia menti?

Me

Me diva duce tu, per tanta pericula vectum
Per varias pelagi infidias quae numine noftro
Incolumem duxi, metues? haec accipe porro   60
Dicta prius, penitufque alta fub mente recoade.
Quinquaginta etiam fi denfis obvia telis
Agmina confiftant contra, mortemque minentur,
Nil mecum tibi trifte foret; quin omnia vaftans
Lanigerofque greges armentaque victor haberes.
Nunc fomni cape dona: eft durum in nocte tueri
Pervigilem tota; mox afpera fata fubibis,
Haec ait, & feffo placidam per membra quietem
Irrigat, inque altum fefe dea tollit Olympum
Nubiferos fuperans per opaca filentia tractus.   70
Aft ubi diffolvit curas huic fufa per artus
Blanda quies; contra depulfo excita fopore
Penelope in thalamo maerens affedit, & ambas
Sparfa genas fletu fic eft affata Dianam.
Diva, Jovis proles, magnum Latonia numen,
O utinam perdas transfixo pectore telis
Hanc animam nunc ipfa tuis; vel turbine nimbus
Praecipiti involvat, nigrumque per aëra vectam
Oceani refluo jaciens me in gurgite mergat;
Ceu quando immeritas faevae abripuere procellae 80
Pandaridas. ollis divum vis dura parentes
Abftulerat, folaque orbas in fede relictas
Lacte Venus miferata & melle & nectare bacchi
Pafcebat. Juno formae praeftantis honorem,
Confiliique decus teneris afflarat: at alti
Corporis ingentes Latonia fecerat artus,
Addideratque fuas operum Tritonia laudes.
Vix autem Cytherea poli fublimis ad arces
Cefferat optatos nymphis latura hymenaeos

                              Abs

Abs Jove fulmineo; (genitor quippe omnia novit 90
Fortunafque hominum laetas, & triftia facta;)
Quum fubito harpyiae miferas rapuere puellas
Horrificae, Eumenidumque jugo preffere fuperbo.
Sic o! me fuperi tollant; vel compta capillos
Tranfadigat cupidam Dyctinna, ut per loca nigro
Senta metu vifura abeam fub Tartara Ulyffem,
Nec me deterior conjux laetetur adepta.
Trifte quidem, fateor; tamen eft utcumque ferendum
Nempe malum, cui luce urit praecordia luctus,
Dein placidus fub nocte venit fopor, ille malorum, 100
Laetitiaeque ferens jucunda oblivia menti;
At me etiam terrent ipfi per fomnia manes.
Namque mihi talis per noctem accumbere vifus
In thalamo nuper, qualis, quum Pergama primum
Claffe cita peteret, fuerat meus ille vir ipfe
Infelix: laetum tentabant dulcia pectus
Gaudia; rem veram, non fomnia vana putabam.
Vix ea Penelope; rofeoque inceperat ortu
Aurea procedens Tithoni effulgere conjux;
Nec latuere Ithacum gemitus & verba loquentis: 110
Haefit, & occultae ceu jam bene confcia fraudis
Ipfa foret, trepido vifa eft fuccedere coram,
Atque adftare caput fupra, vocemque ciere.
Profilit, ac laenam villofaque tegmina furgens
In folio ponit, celfifque e fedibus effert
Exuvias tauri; tum fupplex voce precatur
Caelicolum regem tollens ad fidera palmas.
Juppiter o genitor, veftro fi numine vectum
Per terramque fretumque hanc me voluiftis adire
Jam patriam, poftquam tam longa exercuit ira; 120
Nunc o! nunc aliquis vigil in penetralibus omen,

Det

Det precor, atque ipfo veniat mihi ab aethere fignum.
Talibus orabat dictis; & rector olympi
Audiit orantem, tonuitque! in nocte corufca
Defuper e nebulis, fignum patet aethere ab alto
Oftentans: vifu fubito laetatur Ulyffes.
Nec minus & vocem mulier captiva repente
Suftulit inclamans penetrali in fede, ubi ftabant
Marmoreae moles tundendis frugibus aptae,
Quas famulae urgebant biffenae, frangere femper 130
Et cererem juffae, baccas & pinguis olivi.
Jamque aliae penfis defunctae corpora fomno
Feffa dabant; fociis tantum haec ex omnibus una
Aegra magis, necdum ceffans, revolubile faxum
Continuit, laetumque omen fic edidit ore.
O regis aeterno qui res hominumque deumque
Imperio, infonuit cur tanto murmure caelum
Stelliferum fine nube? aliquem felicia certe,
Signa petunt: jam jam, quod pofco munus & ipfa,
Da pater. extremum heic epulis operata juventus 140
Affideat, longo exercens quae membra labore
Perdidit, ac vires mihi fracto in corpore folvit
Dona laboranti Cereris: lux ultima vifat
Ifta procos laetis celebrantes munera menfis.
Tantum effata: heros tali fimul omine gaudet,
Terrificoque Jovis fonitu fimul; ac ferus ultro
Sontibus exitium jam certo in corde minatur.
Interea complet famulantum turba penates,
Sopitumque focis ferventibus excitat ignem.
Surgit & ipfe toro fulgentem indutus amictum 150
Telemachus, laterique ardentem accommodat enfem,
Et formofa pedum circumdat vincula plantis:
Tum capiens ferro praefixum robur acuto

Limen adit, foribufque adftans ita fatur ab altis.
Dic age, cara mihi nutrix, quem dignus honorem
Nactus habet; thalamone hofpes, dapibufque potitus,
An jacuit neglectus humi? non infcia recti
Saepe alios genitrix meritis & laude minores
Noftra viros large coluit; cur immemor unum
Scilicet hunc folito meritum fine honore reliquit? 160
Dixerat, atque olli prudens ita pauca viciffim
Euryclaea refert: ne vero, o gnate, parentem
Incufa: quantum libuit, fe munere bacchi
Proluit heic longum refidens nocturnus ad ignem;
Exftinctaque fiti nihil ultra faepe rogatus
Pofcere fe dixit. jamque ut nox prona quietis
Dona tulit, juffitque toros, intextaque poni
Strata parens, queis ipfe altus recubaret; at ille
Heu nimium maerens molli requiefcere lecto
Abnuit; & cruda nudati in pelle juvenci,   170
Caefarumque ovium male tectus vellere ad ipfum
Veftibulum accubuit; nos laenam injecimus ultro.
Haec ubi; Telemachus crifpans haftile corufcum
Limine procedit; gemini quem pone fequuti
Nota canes fido fervant veftigia greffu.
Ille abit in coetu fortes vifurus Achivos;
At Pifenoridae creta Opis fanguine claro
Continuo hortatur famulas. mora tarda faceffat,
O fociae; fordes tectorum everrite, & undam
Spargite, purpureafque toris infternite veftes,   180
Atque aulaea. undis properet pars tergere menfas,
Craterafque fimul caelataque pocula luftret:
Pars adeat fontem celerans, atque ocius adfit.
Haud aberunt longum; quin primo ad limina ftabunt
Mane proci, feftae celebrent ut gaudia lucis,

Sacra

Sacra redit laetis quae civibus orbe peracto.
Dixerat, & juſſae properant mandata puellae:
Bis denae fontem petiere, aliaeque frequentes
Rite ſuos obeunt paſſim per tecta labores.
Haec inter venere proci, ſubitoque per artem   190
Inſtiterunt valida diffindere ligna bipenni.
Nec minus & reduces aderant de fonte miniſtrae,
Atque una Eumaeus magnorum horrentia ducens
Corpora terna ſuum. quos intra ſepta relinquens
His Ithacum ſenior dictis compellat amicis:
Mollitûs aſpiciunt tene o, mala peſtis, Achivi,
Turpibus an probris velut ante inceſſere pergunt?
Talia quaerenti ſuſpirans reddidit heros:
Supplicia o! divis utinam pro talibus auſis
Expendant fontes, aliena in ſede nefandum   200
Dedecus aggreſſi; jam jam eſt pudor omnis abactus.
Alterni haec memorant dum voce, Melanthius ollis
Adſtitit ille malus cuſtos ex agmine toto
Munus agens pubi lectas de more capellas;
Paſtoreſque ibant gemini ſimul. ipſe ubi circum
Atria curva gregem vinclis religavit olentem,
His ultro regem dictis incuſat acerbis:
Pergis adhuc gravis eſſe, avidus nec poſcere ceſſas
Quemque virum, necdum tete his penetralibus effers?
Haud prius abſiſtes, credo, quam ſaucius haſce   210
Experiere manus; tanta eſt injuria, demens,
Qua furis heic, alii ceu nuſquam epulentur Achivi.
Dixerat: ille nihil contra, ſed turbidus ira
Quaſſat utrinque caput, graviterque in corde minatur.
Tertius ecce alia ſe parte Philetius infert,
Caprigenumque pecus, ſterilemque a litore vaccam
Ducit: (eum ſoliti pelago tranſmittere, quotquot

Z z   Huc

Huc veniunt, curva nautae advexere carina).

Ifque ubi porticibus longis armenta revinxit,

Sic prior Eumaeo: dic o, quis fedibus hofpes   220

Hic novus in noftris? qua fe de gente profectus,

Qua patria, & clara qua fefe ab origine jactat?

Infelix! praefert regalem corpore formam;

At fuperi duro curatum turbine mergunt

Magnanimos etiam reges, quos cafibus actos,

Errantefque diu cogunt ferre afpera fata.

Haec ait, & fubito dextram complexus inhaefit,

Compellanfque fenem: falve o pater optime, dixit,

Dique tibi meliora ferant, licet horrida luctu

Te nunc exagitans multo fortuna fatiget.   230

Juppiter, heu divum quis te crudelior alter,

Nil homines miferere, tuum genus: ut femel oras

Hauferunt vitae, gravibus tabefcere curis

Sponte finis. gelidus mihi dura per offa cucurrit

Sudor, ut hunc miferum vidi; lacrimaeque volutae,

Dum memorem domini pietas, dum ftrinxit imago.

Ille etiam pariter, caeli fi vefcitur aura,

Phoebeamque haurit lucem, male tectus, & exful

Scilicet a patria, faevis procul errat in oris.

Sin periit fato, nigrumque abreptus in Orcum eft, 240

Heu mihi quid mifero reftat? me laeta per agros

Ille Cephallenum teneris armenta fub annis

Pafcere, me validos voluit fubmittere tauros.

Nec labor ingratus ceffit: ftabula alta juvencis

Innumeris jam plena fonant, foeturaque votis

Haud ufquam melius domini refpondet avari.

Nunc alii ducique boves menfifque parari

Dona jubent, patria gnatum nec fede relictum,

Ultorefque deos metuunt: quippe omnia certant

Di-

Diripere, atque opibus fine rege impune potiri. 250
At mihi curarum vario mens fluctuat aeftu
Multa volutanti mecum: difcedere longe
Scilicet, atque alias armenta abducere in oras
Indignum eft, falvo juveni dum vita fuperfit,
Durius heic etiam, nequidquam aliena fedentem
Ad ftabula infandos longum perferre dolores.
Atque equidem regem, hinc jampridem elapfus, adiffem
Ipfe alium (neque enim fcelerum vis tanta ferenda);
Ni tenuiffet amor miferi; ni certa fubiffet
Spes animum, reducem vaftata in fede videndi, 260
Caedentemque armis pubem, crimenque piantem.
Cui referens heros: non te rationis egentem,
Quifquis es, aut animi arguerim; fat pectoris acre
Confilium admirans video: quare accipe contra,
Quae tibi nunc caeli teftatus numina dicam.
Audiat haec fuperum genitor, fociique penates,
Atque arae, menfaeque Ithaci, quas nuper adivi;
Te coram huc veniet proles Laërtia Ulyffes,
Afpiciefque illum; feret id fi corde voluntas,
Sternentemque procos, multaque in caede cruentum. 270
Tantum effatus; at ille: o! jam Saturnius, inquit,
Adnuat, ac nutu firmet tua dicta potenti;
Quid mea vis animi poffit, quid dextera, nofces.
Haec eadem Eumaeus, divos per vota precatus,
Orabat, cupiens quamprimum vifere regem.
Atque illi inter fe congreffi talia dictis
Dum jactant, juvenes fatum crudele ftruebant
Telemacho; utque Jovis venit laeva ales ab aethra
Altivolans, trepidamque tenens fub nube columbam,
His tunc Amphinomus, cunctis mirantibus, infit. 280
O focii, haud dabitur votis & caede potiri

Sperata: praeftat nunc tandem dulcia menfae
Dona fequi. vix fatus erat, quum laeta juventus
Paruit, ac celeri fubiit penetralia greffu.
Omnes jamque toros atque alta fedilia circum
Purpureas ponunt chlamydes, maſtantque bidentes,
Et pingues de more capras, feriuntque rudentum
Colla fuum, ingentique addunt his corpore taurum.
Vifcera divifi torrent fumantia, & implent
Crateras baccho: tum pocula laeta miniftrans   290
Circum obit Eumaeus, cereremque Philetius ultro
Dat calatho e pulcro, vinumque Melanthius haurit.
Incumbunt epulis alacres; nec fecius ipfum,
Verfans arte dolos, Ithacum confidere juffit
Telemachus celfo bene ſtruſtae in limine fedis,
Vilis ubi fpreto ftat fella & menfa parata.
Mox etiam dedit exta viro, laticemque lyaeum
Mifcuit aurato in cyatho fic voce loquutus:
Eja age nil metuas; fruere una heic munere bacchi:
Ipfe manus rapidas arcebo, & foeda minantum   300
Diſta procum: non haec certe funt atria vulgi
Publica, verum Ithaci multo mihi parta labore.
Ergo omnes cohibete manus, & jurgia linguae,
Ne qua fuat magno nobis difcordia motu.
Haec ille: infremuit pubes, labrumque momordit
Admirans pariterque animum vocemque loquentis;
Ac fubito Antinous fic interfatus amicos:
Dura licet fint diſta, tamen ferte omnia fortes
O focii; nimis ille minaci peſtore fatur.
Monftra Jovis vetuere; aliter jam magna fonantem   310
Sedibus in tacitis merfiffet funere Parca.
Dixerat Antinous; nec talibus ille movetur.
Et jam praecones follemnia facra per urbem

Ibant

Ibant ducentes, populumque ad festa ciebant
Munera; conveniunt Phoebi jaculantis opacum
In nemus, & molli sternunt se in gramine cives.
Postquam autem pubes tostos detraxerat armos,
Partibus aequatis gaudens convivia curat,
Indulgetque epulis, nec non sua dona ministri
Aequa ferunt regi pariter, ceu jusserat ante   320
Telemachus magno proles dilecta parenti.
At non passa diu est juvenes Tritonia foedis
Parcere flagitiis, major quo luctus in imo
Corde furens Ithaci saevas accenderet iras.
Forte aderat mediis, scelus omne audere paratus,
(Ctesippum dixere; Samos patria alta superbum
Ediderat) fretus qui gaza opibusque paternis
Penelopen alios inter poscebat amantes;
Atque is tunc fari socium sic coepit ad agmen.
Accipite haec animis comites, generosa juventus, 330
Quae dicam: ut meruit, jampridem sorte potitus
Aequali est senior; neque enim fas spernere quemquam,
Telemachi ad sedes quicumque adcesserit hospes.
Hoc super ipse dabo, nostrum testatus amorem
Scilicet; ille autem pro magno munere contra,
Cui libitum toto famulantum ex agmine, donet.
Sic fatus validis intorsit viribus actum
Corripiens de lance pedem bovis, ocius heros
Submisitque caput pronus, torvusque repente
Sardoum in morem risit: super evolat alte   340
Missile, & adverso vires in pariete frangit.
Tum vero alloquitur Ctesippum, atque increpat ultro
Telemachus: salvum te fors inopina tuetur;
Haud feriisse datum, avertit sese hospes ab ictu.
Namque aliter ferro medium per pectus adacto
Con-

Concideres, maeftufque tibi pro optato hymenaeo
Heic genitor funus, buftumque informe pararet.
Parcite, neu diro fefe quis crimine jactet
Me coram; fas omne animo difcernere quippe
Atque nefas didici: fueram puer infcius olim. 350
Nunc quoque balantumque greges, armentaque caedi,
Et cererem paffim raptari & munera vini
Afpiciens utcumque fero, vi preffius acerba,
Auxilioque carens; tot enim compefcere folus
Haud valeo: hoftilem at faltem prohibete furorem.
Quod fi ardor vos tantus habet me fternere ferro,
Sternite, nil renuo; multoque occumbere praeftat,
Cernere quam femper fcelerofa atque impia facta,
Hofpitiumque fero violatum vulnere, & ipfas
Vexatas fine more mea intra tecta puellas. 360
Vix haec fatus erat, cunctifque filentia facta
Per tacitas late fedes; ftupor altus ubique.
Inde Damaftorides Agelaus ita incipit ore:
Ne vero veftrum ne quifquam jufta monenti
Audeat irafci, dictis aut obvius ire.
Jam faevas cohibete manus, & parcite quemquam
Laedere, contemptos veriti per tecta penates.
Telemacho vero matrique haec dicta profabor
Haud ingrata ferens, audire invitus uterque
Ni renuat. donec fuerat fpes ulla videndi 370
Sedibus in patriis praefentem rurfus Ulyffem;
Nil vetuit traxiffe moras, & ducere longa
Spe juvenes (fatius tibi multo id namque fuiffet,
Si patrias genitor falvus remeaffet ad oras);
Nunc aliter manifefta fides jam credere cogit.
Quare age & incertam precibus tu vince parentem;
Illa fibi jungat, fuerit cui plurima virtus,

Et

Et majora dabit qui dona: ita laetus avita
Tu potiere domo, patriifque epulabere menfis;
Ipfa novos thalamos, alienaque tecta fequetur. 380
Haec ubi finierat, contra fic natus Ulyffe
Pauca refert: non matris ego connubia carae
Perque Jovem, cafufque mei genitoris acerbos,
Quo procul hinc periit, longis aut errat in oris,
Non, Agelaë, veto: jubeo quin faepe morantem
Nubere, cui malit, cui dent fua praemia laudem.
Sed pudet invitam noftris expellere tectis
Vi dura; vos o! dî talem avertite culpam.
Conticuit vix ille; procis Tritonia rifum
Excitat infuetum, mentefque erroribus implet. 390
Ingeminant omnes alienis gaudia malis,
Sanguineafque vorant epulas, turgentiaque una
Lumina ftant lacrimis, glifcitque in pectore luctus.
Quos inter magno circum refonante tumultu
Dia Theoclymenus fic fatis ora refolvit;
Ac fubito: heu miferi, quae tanta infania turbat?
En veftrum nox atra caput circumvolat umbris,
Per vultufque affufa horret trepidantiaque infra
Genva metu. querulis aër ululatibus ardet,
Volvunturque imbres oculis, jam fanguine muros, 400
Atque trabes, atque alta fuper laquearia cerno
Sparfa novo. formis fimulacra volantia miris
Veftibulumque aulamque implent, ac pallida Ditis
Regna petunt, Erebo loca fubdita: purpureo fol
Axe fugit; nigris denfantur cuncta tenebris.
Talia dicebat: vafto magis omnia rifu
Infonuere. atque heic Polybo genitore fuperbus
Eurymachus: fine mente furit novus advena; vanum
Ducite continuo e foribus, mediaque locate

Urbe

Urbe citi o juvenes, quando olli heic noctis imago eft. 410
Cui vates: mitte hanc pro me de pectore curam,
Ac ducibus jam parce iftis. & lumina, & aures,
Incolumefque pedes ambo mihi; ftat quoque menti
Vis eadem; his fugiam fretus. vos afpera clades,
Exitiumque manet, quod nulli evadere falvo
Mox dabitur, quotquot juvat his in fedibus ultro
Vimque inferre viris, molirique impia vota.
Haec dicens alto fubito de limine ceffit,
Piraeumque adiit; laetus qui excepit amicum
Protinus, & multo fovit folatus amore.   420
At juvenes circumfpiciunt, rifuque furentes
Telemacho magis atque magis fuccendere pectus
Inftant, multa fuper fociis indigna loquuti.
Atque aliquis: dic o, quis te pejoribus, inquit,
Hofpitibus gaudet, fate Ulyffe? hunc dira fatigat
Errantem ingluvies ventris, vinique dapumque
Perniciem. non ars olli, non pectore virtus
Ulla fubeft; tantum ftat pondus inutile terrae:
Ille furit vates, ac fata horrentia fingit
In mediis furgens, ac divum nunciat iras.   430
Verum age, fi qua fides, non te ceffiffe pigebit
Jam facilem, ac fero quamvis mea dicta fequentem;
Navibus impofitum curvis mittamus utrumque
Trinacrium ad litus; pretium nec vile redibit.
Talibus inftabant dictis: nihil ille movetur,
Sed tacitus patrem obfervat, cupidufque precatur,
Incipiat conferre manus, & furgat ad arma.
Venit & Icarii proles, pulcherrima nympha,
Penelope, ac folio contra fubnixa refedit
Gaudens illa quidem juvenum cognofcere dicta. 440
Nec minus hi lautis agitant convivia menfis,

                                        Ve-

Vefcunturque epulis, quarum vis ftrata jacebat
Plurima. non illa potuit fed caena parari
Grata minus, ftructuris erat quanq maximus heros,
Divaque bellipotens morituris: quippe priores
Sunt fcelere atque odiis atque certare nefandis.

HOMERI ODYSSEAE

LIBER VICES. PRIMUS.

Enelopi haec inter Pallas Tritonia mentem
    Subdidit, in mediis Ithaci penetralibus arcum
    Ponere, & arma procis, dirum certaminis omen,
Principiumque simul caedis, tum protinus altis
Nixa pedes gradibus conscendit limina nota,
Accepitque manu bene flexam ex aere nitenti,
Artis opus rarae, clavem, cui parte sub ima
Lucet ebur, manibus qua se tractata revolvit.
Hinc subit extremum, sociis comitata puellis,
In thalamum secreta petens, ubi regia stabat   10
Gaza, aurique labor, ferrique, atque acre micans aes.
Letifer heic laxis pendebat cornibus arcus,
Et pharetra, inque ipsa clades horrenda sagittae,
Congressus quae dona viro Lacedaemone quondam
Iphitus Eurytides dederat, caelestibus heros
Assimilis. varia Messenam e parte profecti
Devenere duces una, tectisque sub iisdem
Hospitio Hortilochus gaudens exceperat ambos.
Venerat huc Ithacus pretium mulctamque reposcens
A populo: pecudes tercentum averterat olli   20
Nam patrio e regno pastoresque insuper ipsos
Effugiens ratibus curvis Messenia pubes.
Haec repetens heros longinqua per aequora venit
Tunc etiam impubes: genitor nam jusserat ire,
Atque alii proceres, magni capita alta senatus.
Iphitus at contra bissex quaerebat abactas

Acer

Acer equas, totidemque notho de fanguine pullos,
Exitii heu cauffam; Jovis almo e femine poftquam
Magnanimum Alciden adiit, fuper aethera notum
Indomita pariter virtute & grandibus aufis;   36
Qui miferum dulci fpoliavit lumine vitae
Improbus, haud fuperos veritus, menfamque facratam,
Quam pofuit venienti, ipfoque in Tartara miffo
Cornipedes violentus equas impune fubegit,
Detinuitque diu claufas praefepibus altis.
Ille has tum quaerens domibufque exceptus eifdem
Ferre Ithaco dederat lunatis frontibus arcum
Ingentem, genitor magnus quem gefferat olim
Eurytus, & moriens nato poft fata reliquit.
Cui Laërtiades enfemque haftamque viciffim   40
Fulmineam dederat, praefenti munere firmans
Hofpitium. fed non fociis accumbere menfis
Poft umquam potuere: prius nam proditus heros
Iphitus Alcidae dextra jura omnia contra
Occubuit. cujus donum Laërtia proles
Haud fecum extulerat properans Mavortis ad arma;
Sed cari cupiens monumentum ut femper amici
Adforet in domibus, fufpenfum in fede reliquit
Multas inter opes: folum tellure gerebat
In patria ornatus quondam juvenilibus annis.   50
Ergo ubi Penelope tetigit penetrale repoftum,
Confcenditque altum querno de robore limen,
Quod faber extuderat, multaque poliverat olim
Arte regens parili furgentes limite poftes,
Aeratoque addens rutilas in cardine valvas;
Protinus adftrictis haerentia vincula nodis
Solvit, & obftantes immiffa clave removit
In foribus vectes agitans. tum murmure acuto,

A a a 2   Ceu

Ceu quum luxurians mugit per prata juvencus,
Infonuere ictae patefacto in limine valvae.   60
Illa fubit, fuperatque alte tabulata, ubi claufae
Intus odoratae ftabant fua munera veftes;
Pendentem e celfo capit arcum & parjete dextra
Indutum vagina, ipfum quae lucida obibat.
Nec mora: curvatis genibus reclinat, & acri
Icta gemens luctu fulgentem e tegmine ducit.
Ut vero trifti fletu fatiata quievit,
Egrediens thalamo, celerat veftigia tectis,
Invifitque procos portans arcumque pharetramque
In manibus jaculis horrentem. pone fequuntur   70
Et famulae in calathis perfecta ex aere ferentes
Arma, quibus certans olim fe exercuit heros.
Quum juvenum propior regina advenit in agmen
Conftitit auratae folidis fub poftibus aulae
Mollia demittens niveis redimicula malis
Hinc atque hinc fidas inter media ipfa miniftras.
Tum fubito fic fata: animos advertite veftros
His dictis, juvenes, clarum genus, heic male quotquot
Ducitis affufi nimio convivia luxu,
Rege abfente diu; vobis praetexere cauffam,   80
Conjugium optatum praeter taedafque jugales,
Haud aliam tanti fceleris licet. ergo agite omnes,
Veftra habeant finem demum hoc certamine vota.
En arcum: melior quicumque intenderit ipfum,
Biffenofque idem miffo per inania telo,
Sortitus fortunam oculis, trajecerit orbes;
Hunc fequar antiqui tandem penetralia linquens
Conjugis heu! fruftra mihi cara, opibufque fuperba,
Saepius ingratae referet quae noctis imago.
Dixerat, Eumaeumque vocans jubet ocius arcum 90
                                              Fer-

Ferre procis, orbesque simul, quo spicula reddant.
Ille capit; largoque humectans lumina rore
Flet simul ipse, simul diversa in parte bubulcus
Arma videns miseri nimium sibi cognita regis.
Quos subito Antinous vesana turbidus ira
Increpuit dicens: o longum nata labore
Exercere diem gens stulta, agrestia corda,
Quid miseri fletis, vestroque incendere luctu
Pergitis heu multis reginae saucia curis,
Pectora, dilectum rapuit cui Parca maritum?
Vel taciti heic epulis considite, vel procul ambo
Ite domo, si flere juvat, si nuper questus
Ponite at arma prius dura in certamina publi
Haud facile, hunc nostris intendi viribus arcum
Posse reor: neque enim quisquam nos inter, Ulyssi
Magnanimo aequandus, quotquot sumus, illum ego primo
Sat memini, vidi puer admiratus in aevo.
Talia dicebat, simulans, tacitoque fovebat
Spem tamen adversam dictis in pectore, jam jam
Ipse sibi visus trajecto praemia ferro
Tollere. nequidquam: nam vulnere stratus Ulyssi
Debuerat sceleri poenas prior, omnibus idem
Saevior, atque ultro socios incendere suetus.
Queis ibi Telemachus subito: mihi Juppiter omnes
Eripuit sensus animi sine morte furenti,
Credo equidem: genitrix claro comitata hymenaeo
Ire parat, nostrisque procul discedere tectis;
Lentus ego heic autem falsi inter gaudia risus
Assideo. o vos felices, queis femina pugnae
Stat pretium, qualem nec vidit Achaica tellus, 120
Nec Pylos, ac fortes Argi, ditesque Mycenae,
Non Ithaca, Epirusque ferax late ubere gleba:

Haud

Haud ignota loquor; coram vos cernitis ipsi.
Sed quid ego matrem laudo? quin ocius arcum
Accipite experti pariter, nec tarda morantes
Impediat vis ulla metu, segnesque fatiget.
Et me etiam tentare juvat: si tendere nervos
Contigerit, missoque orbes transmittere telo;
Haud miserum penitus me deseret optima mater
Connubio sociata novo. solabor acerbum   130
Discidium reputans, vacua quod sede relinquor.
Jam potis egregii contendere dona parentis.
Dixit, puniceumque humeris rejecit amictum,
Ac subito ardenti laevum latus exuit ense.
Profiliens foribus. primum dein ordine ponit
Quamque suis scrobibus, fossa in tellure, bipennes
Limite agens longo sulcum per recta viarum,
Aggestoque solo firmans. stupet inscia pubes,
Miraturque artem novitatis imagine capta.
Ille autem ingressus stetit alto in limine, & arcum 140
Ter valido conatus ibi subtendere nisu
Cornibus adductis; ter nisu elusus inani
Destitit, ipse quidem sperans restantia fila
Vincere, & intorto metam contingere ferro.
Et jam instans quarto conamine victor abisset,
Ni vafer ardentem nutu vetuisset Ulysses
Ulterius tentare. ergo his tum vocibus usus
Stans medio in coetu: proh, dixit, semper ad arma
Aut ignavus ero, aut nondum vis addita ab annis
Firma viget, duram qua possim avertere cladem, 150
Si prior aggressum quis forte incesserit hostis!
At vos, queis solido potior stat corpore virtus,
Vos certare decet, finemque imponere ludo.
Sic fatus posuitque arcum connexa supinans

                                    Ad

Ad vabulata folo, fupraque volatile telum
Addidit, ac folita cedens fe in fede locavit.
Tum fatus Eupitheo: dextera confurgite parte
Pro fe quifque viri nunc vos, ait, ordine eodem,
Nobis quo famuli mifcent in pocula vinum.
Nec plura Antinous dixit; fremituque fecundo 160
Affenfere omnes, & laeti dicta probarunt.
Surgit ibi ante alios Liodes Oenope cretus
Fatidicus vates, menfis confidere femper
Interior folitus propter cratera nitentem,
Iratufque procis, totoque ex agmine folus
Flagitia exofus. volucrem tunc ille fagittam
Accipiens arcumque prior proceffit ad alta
Limina, & obnixus multa vi dura trahebat
Cornua. nec potuit pervincere: quippe laborum
Infcius, indoluitque manus & mollia fractus 170
Brachia; dein medios ita voce affatus amantes.
Non ego non tantum valeo: fuccedat & alter
Fortunam experiens; capite arcum: & robur & ipfam
Ille animam rapiet multis occumbere praeftat
Scilicet, elufos voto quam vivere noftro,
Degimus heic una quod propter tempore in omni
Solliciti, ac magno correpti pectus amore.
Sperat nunc aliquis fruftra fecurus, & ardet
Ducere Penelopen; fed quum tractaverit arcum
Nequidquam expertus, fibi quaeret Acheidas inter 180
Auricomas aliam florenti corpore: at illa
Nubet, cui meritam fua dona & fata jugabunt.
Haec ubi dicta dedit vates, in robore laevi
Ante pedes ponitque arcum curvatus & una
Infelix telum, folioque refidit eodem,
Unde abiit furgens. quem tunc his excipit acer
                                        Mae-

Maerentem Antinous dictis, atque increpat ultro.
Quae tibi, Liode, vano haec vox excidit ore
Stulta, inimica: fubit jamque altius ira medullas.
Quid? dabit exitio multos, fortiffima corda,   195
Arcus an ifte, tibi quod nunc male reftitit uni?
At non te genuit talem pulcherrima mater,
Tendere uti valeas nervo ftridente fagittas.
Impiger: haec alias pofcunt certamina vires,
Quas facilis nunc palma vocat. fic fatus; & ignem
Ocius, o dixit, fopitum accende, Melantheu;
Admotifque foco foliis villofa fuperne
Tergora fterne ferens ingentem huc protinus orbem
Arvina e pingui, qua cedere difcat inunctus
Arcus, & incepta trepidos formidine folvat.   200
Talia mandabat; juffumque Melanthius ignem
Excitat, ac denfis admota fedilia fternit
Velleribus portans ingentem protinus orbem
Squallenti arvina. juvenum manus ungere coeptat,
Mollitoque arcum pingui diftendere: at omnis
Conatus perit, & tentantum plurima fruftra
Deficiunt vanae defeffo in corpore vires.
Antinous numero ex omni reftabat, & acer
Eurymachus, nondum experti: praeftantibus ambo
Viribus, & multa ante alios virtute fuperbi.   210
Interea Eumaeus fociufque Philetius olli
Additus exivere domo; quos pone fequutus
Extulit ipfe altis Ithacus veftigia tectis.
Hinc ubi digreffi, foribus poft terga relictis,
Conftiterunt, medius fic illos inter Ulyffes
Incipit, ac dictis animos pertentat amicis.
Eloquar, an fileam? fed cur morer? ipfa profari
Me jubet impatiens arrecta in corde cupido.

                                        Ecqua

Ecqua fides vobis? Ithacus quid fidere possit,
Si veniat subito, si quis deus afferat ipsum? 210
Auxilione procis, an contra stabitis olli,
Dicite, & arcanos animi recludite sensus?
Talia quaerenti sic deinde Philetius inquit:
O pater, o rector superum tu maxime votum
Perfice; jam redeat dux ille, atque afferat ipsum
Huc deus, expertus credes, quid dextera possit,
Quid mea vis, nil non pro rege audere parata.
Haec eadem Eumaeus caeli conversus ad auras
Spondet, & optato dis supplicat omnibus ardens
Pro reditu. aft heros, postquam fraus omnis abacta, 220
Amborumque videt sensus & pectora fida,
Certus ait. votis quem vos n poscitis, adsum
En ego. per varios casus, atque aspera rerum
In patriam veni, bis denis exsul ab annis,
Jam video vobis famulantum ex agmine toto
Solis optatus rediisse: haud vota precantis
Ullius audivi meque in mea regna vocantis.
Accipite ergo animis, quae nunc ego vera profabor.
Pollicitus, domuisse mihi genus atre procorum,
Si deus adnuerit, vobis ego dulce parabo. 240
Conjugium, multamque dabo pro munere gazam.
Tecta meis ponens vicina, ambosque fovebo,
Telemachi ut socios, cognato aut sanguine fratres.
Atque adeo quo certa magis manifestaque vestris
Sint animis mea dicta, haec illa est scilicet ipsa,
Quam mihi venanti Parnassi in vertice quondam
Autolyci cum prole, ruens obliquus in ictum
Liquit saevus aper, signata in pelle cicatrix.
Haec dicens lacerosque genu divisit amictus,
Ostenditque manu vestigia vulneris alti 250

Bbb   Nota

Nota nimis coram quae postquam agnovit uterque,
Miratusque oculis hausit, suffusus oborto.
Imbre genas collo regis dat brachia circum,
Alternosque inter complexus oscula libat
Affusus capiti atque humeris; nec secius heros
Ora manusque fovet amborum amplexus & haeret.
Ac fors occiduas sol flentibus isset in undas,
Ni prior ille moras vetuisset ducere flendo
Affatus socios! jam nunc o parcite luctu;
Egressus ne quis foribus vos cernat; & intro   260
Nunciet. ite domum sejuncti: limina scandam.
Primus ego, vos deinde; atque haec advertite jussa:
Adsunt heic juvenes quotquot per tecta, nec arcum,
Nec pharetram mihi ferre sinent certare volenti;
Tu tamen o Eumaee huc atque huc dexter oberrans
In manibus mihi pone arcum, famulasque puellas
Ipse jube thalami versas occludere valvas.
Tum si quis gemitus circum, si quo atria pulsa
Luctifico resonent strepitu, dic, nulla cubili
Prospiciat, tacitaeque intus data pensa revolvant.270
Sit vero forium tibi cura Philetie: claude
Vectibus, & vinclis late ostia cuncta per aulam.
Haec ubi sic mandata dedit, vestigia tectis
Intulit, ad sese consueta in sede locavit,
Mentis dolum versans. mox illum pone sequuti
Pastores gemini surgentia limina scandunt.
Interea Eurymachus rapidum tentabat ad ignem
Hinc atque hinc arcum versans, inflectere dextra
Si queat edomitum quem tandem ut cedere nulla,
Arte videt, gemitum dedit altum pectore ab imo,   280
Et super haec graviter suspirans addidit ore.
Nunc equidem casuque meo turbatus acerbo

Indo-

Indoleo, vestroque, proci; nec, credite, tantum
Connubii me damna movent; licet haec quoque maestum
Cura premat; (sedenim sunt & Achaëides ipsam
Perque Ithacen aliae multae perque extera regna)
Quantum adeo me luctus habet, quod robore Ulyssi
Cedimus heu multo, sumptos nec possumus arcus
Tractare: haec etiam seclis audita futuris
Arguet indecores fama, aeternumque manebit. 290
Dixerat Eurymachus, subito cui talia contra
Antinous reddit: non haec ita semper abibunt,
Tuque etiam scis ipse. deum sollemnia sacra
Vulgus agit, Phoebumque vocat de more per aras,
Quis domito fidens nunc praemia speret ab arcu?
Definite: infixae maneant ex aere bipennes;
Haud erit, heic positas temere qui tollere furto
Audeat. interea fundant nunc vina ministri,
Libemusque alacres divis certamine misso.
Crastina ubi surget lux alma, Melanthius orto 300
Jussus agat lectas primo cum sole capellas
Mactandas Phoebo; sacris ut rite peractis
Arcitenens tandem placidus certantibus adsit.
Haec ait, & cunctis eadem sententia sedit.
Praecones manibus dant rorem; at vina coronant,
Craterasque implent pueri, circumque frequentes
Omnibus invergunt ardentem in pocula bacchum.
Post ubi libarunt mensis, haustoque lyaeo
Explevere sitim, sic fraudem in pectore versans
Incipit incautis heros. vos o manus, inquit, 310
Inclita, magnanimi juvenes advertite dictis
Nunc animos, fabor, quae fert in corde voluptas.
Eurymachum in primis, teque, o precor, optime ductor
Antinoë, ingratos arcus cui ponere primo,

Bbb 2   Et

Et placuit votis nunc divum expofcere pacem,
Mane autem tentare, deus cui laudis honorem
Fortunamque ferat; fit fas mihi munere veftro
Difcere, certanti coram, quid robore poffim,
Quid manibus? folido num perftat corpore virtus,
Quae fuerat quondam membris, an pulfa receffit 320
Jactatoque vagoque & duris cafibus acto?
Talibus orabat fupplex: illi ocius ira
Infremuere gravi, veriti ne tenderet arcum
Victor, & infigni geftiret laude fuperbus.
Ac prior Antinous fic olli eft voce minatus:
Jam tibi nulla adeo pars eft, miferande, relicta
Mentis, ait. nec fat noftris confidere menfis,
Nec dapibus gaudere tibi; quin infuper audis
Confilia & voces omnes, quas auribus haufit
Non alius te praeter inops huc advena vectus. 330
Jampridem infanum te melle hic dulcior humor
Verfat agens, alios etiam fic laedere fuetus,
Ultro avidi haud ceffant latum qui pandere guttur.
Eurytiona metum domuit quoque, venit in alta
Pirithoi quum tecta olim, mixtufque refedit
Cum Lapithis Centaurus. ibi acri ut pectora baccho
Percitus incaluit, foedavit crimine menfas
Haud impune. manus namque indignata repente
Heroum infurgens inhonefto vulnere nares
Abfcidit, atque ambas, pulfo e penetralibus, aures. 340
Ille dolens captufque animi difceffit: at ingens
Continuo exarfit magno difcordia motu
Centauros Lapithafque inter, folvitque nefandi
Ipfe prior fceleris turpi cum fanguine poenas.
Sic tibi, fi vanus certaveris, affore magnum
Exitium edico: nam fando avertere nemo

In

In populo hoc valeat cladem, quin regis ad oras
Hinc Echeti, faevit quo non crudelior alter,
Miffus eas; illic fcelerum dabis improbe poenas.
Quare age, plena tibi tacito fint pocula curae,   350
Dum licet; at juvenes inter contendere noli.
Atque heic Penelope: diris inceffere probris,
Antinoë, haud equum eft, quifquis dignatus amore
Telemachi his ultro fuccedat fedibus hofpes.
An metuis, ne forte abeat certamine victor
Ille manu fidens, & me fibi praemia pofcat
In patriam abducens claro comitatam hymenaeo?
Non ea vis mifero, non haec fiducia menti
Addita; nec quemquam veftrum metus ifte fatiget,
Sollicitum turbans; indigna eft cauffa timoris.   360
Dixerat; Eurymachus contra fic farier infit:
Penelope Icarii pulcro fata fanguine nympha,
Non ea mens terret, ne fpem fibi conjugis ille
Spondeat, ac taedas; abfit: fed fama remordet,
Foedaque follicitant vulgi convicia mentem.
Namque erit, infultans aliquis quum dicet Achivum:
En quibus eft ambita procis, quae nupta marito
Egregio fuerat: miferi! non vincere nervos
Imbelli valuere manu, quos forte tetendit
Nefcio qui veniens ignotis advena terris!   370
Haec aliquis dicet, noftrumque infamia nomen
Dira premet. fic fatus erat, quum talia rurfus
Icario fata voce refert: jam gloria, & omnis
Fama prior vobis inftantibus omnia luxu
Perdere, & infontis domini foedare penates,
Eurymache, interiit; cur fera haec jurgia terrent?
Hofpes hic ipfe quidem magnoque eft corpore, & apta
Mole valens claro fefe fert fanguine cretum

Arma

Arma viro jam forte; juvat spectare corona
Certantem in media. praefens haud irrita dicta 380
Haec habeat: si victor erit, si mitis Apollo
Adnuet huic laudem, tunica donatus abibit,
Et chlamyde infigni, validumque haftile lacerto,
Quo fe homines contraque canes defendat; & enfem
Adjungam lateri, pedibufque haerentia vincla;
Poft laetum auxilio, cupiet quo pergere, mittam.
Sic ea: tum breviter contra fic filius orfus:
Non alius potior meme eft, feu tollere cuiquam
Sive dare hos arcus placeat: mea prima poteftas
Heic eft, o genitrix. quin & quot fceptra per amplam 390
Aut Ithacam, aut alias etiam late Elida propter
Cycladas, in manibus geftant, me poffe vetare
Invitum haud fperent, jubeat si certa voluntas,
Quominus huic arcum donem, propriumque relinquam.
Tu vero abfcedens opera intermiffa revife
Telamque oblongamque colum; tecumque puellae
Penfa trahant: nobis curae fint arma, mihique
Ante alios uni, cui fumma heic tradita rerum eft.
Obftupuit genitrix, vocemque animumque loquentis
Admirata retro torfit veftigia, & altum   400
In thalamum fubiens, fidis comitata miniftris,
Solvitur in lacrimas Ithaci memor; humida fparfit
Lumina dum miferae dulci Tritonia fomno.
Interea Eumaeus pharetramque arcumque jacentem
Suftulerat, regemque adiens properabat: euntem
Increpitant juvenes magno turbante tumultu,
Et contra: quo ferre paras, o fuete vagari,
Improbe? mox canibus data praeda fuilia propter
Hinc procul ipfe feris raptabere, lenis Apollo
Si faveat noftris, si cetera numina, votis.   410
Tali-

Talibus insurgunt. ille acri voce minantum
Territus ac magno concursu, ponit eodem
Arma loco referens. alia sed parte minatur
Telemachus contra inclamans: quin ocius olli
Ferto arcum; non te parere heic omnibus aequum est?
Ni facias; dura saxorum grandine pulsum
Ejiciam minor ipse aevo, sed robore firmo
Acrior. atque utinam, quot sunt, fera corda procorum,
Viribus & forti sperem sic vincere dextra;
Nunc ego nunc aliquem foedatum turpiter ora 420
Sedibus e patriis turbarem, haud semper inultus
Scilicet: insana versant scelera impia mente.
Haec tum Telemachus: juvenes risere furentem
Nequidquam, & vanos fundentem pectore questus.
Utque furor posuit primus, clamorque resedit;
Arma capit subito, regemque in limine stantem
Certus adit gressu properante Eumaeus, & olli
Porrigit. inde rapit sese, thalamoque propinquans
Continuo Eurycleam ad se vocat, atque ita fatur:
Interiora domus occludi limina, nutrix, 430
Telemachus jubet ipse; & si quo murmure pulsa
Atria, si gemitu dura sub morte cadentum
Luctifico resonent haec septa, haud ulla puella
Prospiciat; tacitaeque intus data pensa revolvant.
Vix ea jussa dedit senior; nihil illa morata
Postibus inversis clausit penetralia tecti.
Nec minus & gressu tacito sese extulit acer
Prosiliens diversa e parte Philetius, omnesque
Aulaï occlusos emuniit objice postes.
Tum circum Pharium, mediis qui forte jacebat 440
Porticibus quondam nautarum cura, rudentem
Implicuit, retroque ferens vestigia venit,

Ac

Ac folio innixus, quo cefferat ante, refedit
Obfervans regem. laetus tractabat at ille
Huc illuc arcum explorans atque undique verfans,
Ne defueta diu tineifque adrofa fatifcant
Cornua. refpiciunt diverfi, ac protinus inquit
Sic aliquis: viden, ille ut fumpto captus ab arcu
Haeret miranti fimilis furtumque paranti?
Aut ipfi tales fuerant in fedibus olim,   450
Aut facere & molitur; ita huc atque improbus illuc
Verfat agens torquetque dolis inftructus & aftu.
Contra alius juvenum: femper fibi talia pofthac
Praemia conatus referat, ceu flectere duro
Robora nunc poterit certans immania nervo.
Haec inter fefe dum jactant; impiger heros
Omnia luftravit poftquam tacitufque notavit,
Quam facile, expertus modulari carmina vates
Ad citharam, fumpta renovat teftudine chordas
Hinc atque hinc aptans clavo refonantia fila;   460
Ille arcum immanem nifu fallente tetendit.
Impulit hinc dextra tentans; at nervus acutum
Infonuit, fugiens ceu garrula ftridet hirundo.
Indoluere proci graviter, mutataque vertit
Pallens ora color. tum caeli e parte corufca
Intonuit pater ipfe deum; quo laetus Ulyffes
Omine fe firmat, Jovis alto & numine gaudet.
Jamque capit volucrem vicina e fede fagittam,
Coram aderat quae nuda; alias curvata tegebat
Nam pharetra haec furas mox diro in corpore Achivum. 470
Hanc parte extrema cepit; nervumque fonantem
Ante trahens pronus, recto per inania curfu
Intorfit; fubito fugit pennata fagitta,
Tranfiit atque omnes penitus trajecta fecures

                                              Aere

Aere gravis, poftquam primum eft ingreffa per orbem.
Atque heic Telemachum fucceffu laetus amico
Alloquitur ductor: non hic te in fedibus hofpes
Dedecorat fruftra ceffans; nec meta fefellit,
Brachia nec longo ceciderunt fracta labore.
Integrum ftat robur adhuc, nec pubis Achivae 480
Vera reor, contra miferum quae jurgia jactat.
Nunc epulas properare juvat, dum fulgida caelo
Lux finit; arguto dein praeftat gaudia cantu
Certa fequi, citharaque: haec funt folatia menfae,
Haec eadem dignis hilarant convivia ludis.
Dixit, & inverfo connivens lumine gnato
Signa dedit. fubito latus acri accingitur enfe
Telemachus, longamque manu capit impiger haftam,
Et ftetit adverfo propior late aere corufcus.

C c c   HO-

HOMERI ODYSSEAE
LIBER VICES-SECUNDUS.

AT vafer ingentes artus nudavit Ulysses,
Insiluitque altum limen gravidamque pharetram
Atque arcum manibus retinens; dein aspera tela
Ante pedes fudit medium sic fatus ad agmen.
Ardua res perfecta, viri: nunc altera major
Pugna vocat nulli tentata. hanc tangere metam
Experiar, si possim, adsitque vocatus Apollo.
Dixit, & Antinoum contra jaculatus ab arcu
Intorsit telum. pateram tum forte tenebat
Ille gravem, signis caelatam, auroquo nitentem;   10
Jamque parans explere sitim tollebat & atri
Exitii & jaculi ignarus volitantis ab aura.
Nam quis tot comitum sperasset in agmine solum,
Quamquam animo indomito, magnis & viribus esset,
Molirique sibi caedem, letumque parare?
Ast illum in medio fixit Laërtius heros
Gutture, & aversa fugit cervice sagitta.
Volvitur extemplo pronus, pateramque remisit
Saucius excussam manibus: tum naribus ater
It cruor undanti rivo, revolutaque mensa   20
Calcibus impressis, epulaeque ante ora paratae,
Exta simul, foedoque Ceres stat pulvere. at omnes
Continuo trepidi, postquam videre cadentem,
Assurgunt juvenes, atque implent tecta tumultu,
Luminibusque obeunt tacitis latus omne per aulam.
Non usquam clipeus, non septis hasta relucet,
                                      Quam

Quam capiant; folis irati vocibus inftant.
Tela viros contra quo fic male dirigis, hofpes?
Nulla dehinc cernes vivus certamina; nunc te
Pernicies infanda manet; nam vulnere ftratus
Qui fuit in patriis Ithacae praeftantior oris,
Ecce jacet juvenis; jam jam tua membra vorabunt
Vulturii. his terrent dictis; nec credere ceffant
Effugiffe manu jaculum nil tale volenti,
Ignari commune necis jam tempus adeffe.
Quos ibi torva tuens rupifque incenfus Ulyffes
Alloquitur: fera turba, canes, me limina numquam
Ad mea venturum reducem fperaftis ab urbe
Dardania, aggreffi res omnes vertere fundo,
Moliríque nefas, famulafque in nocte fovere,
Ipfius & vivi thalamos invadere furto
Conjuge praerepta? tenuit non ulla deorum,
Non hominum vos ira fequens; nunc denique venit
Omnibus atra dies & ineluctabile fatum.
Dixerat; atque illos trepida formidine pallor
Occupat, exitiíque fugam, qua quifque fequatur;
Refpiciunt: folus contra eft fic fari orfus
Eurymachus. fi verus ades, Laërtia proles,
Ille Ithacus, merito quereris, nec dicta refello
Multa domi a nobis, multa & male facta per agros.
At jacet ille quidem, fuerat qui cauffa malorum,
Antinous; nos tale hic fcilicet impulit auctor
In fcelus, haud cupiens animo conubia tantum,
Aft alium verfans, vetuit quem Juppiter aequus,
Mente dolum; quo regnum Ithaces averteret ipfe
Ad fefe, natumque tuum demitteret Orco
Infidians. nunc jam Parcarum ferrea fenfit
Jura cadens. tu parce tuis: placabimus ultro

30

40

46

50

56

Muneribus laesum, quaecumque & perdita luxu
In domibus periere tibi, pensabimus aequo
Omnia solventes pretio, mulctamque ferentes
Pro se quisque boum viginti: ingentiaque aeris
Pondera praeterea dabimus, rutilantis & auri,
Dum fuerit mens laeta: nefas irasci antea.
Talibus ardentem dictis lenibat. at heros
Reddit acerba: mens: non si vel desirat omnes
Rem patriam vestrum mihi quisque, & quae bona cumque
Nunc habet, & quondam sperat sibi forte futura,
Abstineam manibus furibunda a caede, priusquam
Flagitia ultrici dextra & scelus omne piaro.
Sors reliqua haec nobis vel me contendere coram,
Vel celerare fugam, si cui det Parca salutem:
Sed non effugiet, credo, fata aspera quisquam.
Haec ille: intremuere artus; turbataque mens est
Omnibus extemplo, rursusque ita voce loquutus
Eurymachus. crepidis insociis fidissima corda,
O socii, nobis ille gravi jam temperet ira,
Indomitasque manus teneat; sed limine ab alto
Spicula torquebit pharetraque arcuque potitus
Dum dabit exitio heic omnes, ergo arma paremus
Nos etiam pugnae memores; educite ferrum,
Ac jaculis una fortes opponite mensas:
Deinque contra valido conserti Marte ruamus;
Si foribus pulsis, si qua vi limine cedat,
Exitus & pateat nobis, circumque repiamus
Fama volans totam rumoribus impleat urbem,
Quo nunc extremum calamos in funera spargat
Sic dicens fortem vagina extraxit acutum
Utrinque, & stricto contra ruit obvius ense
Horrendum inclamans: ille autem emisit ab arcu

Missile, &i adversa percussa cuspide ...
In jecore. ...
Lapsus humi ... manibus, ...
Dant neadum ... mensam curvata corporeo ... ambos
Effuditque ... scatinii pocula ...
Fronte folum ferit ipfe, ... fedilia ...
Verberat ... oculis ... inguine ...
Heic fubit Amphinomus ... feque ... fervidus infeſt
Obvius, aeratumque alte confurgit ... enfe ...
Pellere ſi foribus valeat ... ut illum ...
Occupat a tergo ferrata cominus haſtâ
Telemachus, figitque humeris trans pectus adacta
Decidit ingenti ſtrepitu, totaque recumbit
Fronte folo adliſus. celeri fe gnatus Ulyſſe
Proripuit faltu, telumque in vulnere liquit
Permetuens, ne quis cunctantem haſtamque trahentem
Tranfadigat, prono feriat vel defuper ictu.
Jamque citus referens greſſum ſtetit ante parentem,
Ac propior fic voce infit, jam jam tibi fcutum
Et duo magna feram praefixo haſtilia ferro,
O genitor, galeamque habilem ſimul induar armis.
Hinc elapſus ego, fimul ipfe Philetius attus
Eumaeufque tegent armari corpora praeſtat.
Cui genitor fer, nate, inquit, dum fpicula in hoſtes
Sufficiunt fpargenda mihi, ne cedere motum
A foribus tandem rogant ... folus ...
Vix ea; Telemachus genitori paret ...
In thalamum confcendit, ubi arma inclufa jacebant.
Inde capis quatuor clipeos, haſtiliaque octo
Et galeas quatuor criſtaque atque aere corufcos
Infignes, celeratque ferens ante ora parentis.
Primus ibi ante alios circum ipfe cingitur aeris,

Paſtoreſque dein ambo; tum fortibus armis

Agglomerant regi ſeſe, propiuſque reſiſtunt.

Ille autem, donec volucres pugnas ſagittae

Dant nondum inſumptae; nunc hos nunc dejicit illos

Tela manu vibrans; nam initar plurima turba

Strata jacet, foedatque effuſo in ſanguine oculos.

At poſtquam curro jaculantem ſpicula nervo

Defecere, altis acclinem poſtibus arcum   130

Marmorei tecti ſuſpendit; nec mora, ſeſe

Armat & ipſe litus, humeriſque ingentibus aptat

Bis duplicis clipei textum, galeamque comantem

Induit, horrendum nutant in vertice criſtae;

Binaque rapta manu quatit acri haſtilia ferro.

Limen erat ſecretum extrema in parte domorum

Veſtibulum a tergo poſt ipſum, & pervius uſus

Tectorum inter ſe viciſque, at robora dura

Firmabant ſeptum, juſſuſque adſtare ſub armis

Eumaeus propior fauces ſervabat, ubi arcta   140

Sola per anguſtum ducebat ſemita tallem.

Ergo illuc ſocios jubet ire Agelaus, & ultro

Hortatus; nemon veſtrum perrumpere limen

Audeat illud, ait, populoque edicere cladem

Indignam? glifcet ſubito vox miſſa per urbem,

Atque hic poſtremum nunc ſpicula tendet ab arcu

Perditus: hortanti ſic pauca Melanthius olli

Voce refert: via nulla datur; ſtant proxima tecti

Limina, & anguſtis arctantur faucibus ora,

Sufficit unus ubi fortis bellator in omnes.   150

Sed vobis nunc arma feram: namque omnia credo

Haud aliam in partem furtim ſubduxit Ulyſſes

Impiger, atque una proles fortiſſima gnatus,

Ni thalami in latebras, ſic fatus in ardua greſſum,

Scalarum exsuperans flexus, penetralia tendit;
Bissenosque rapit clipeos, bissenaque tela;
Ac galeas totidem setis horrentibus aptas.
Hinc properans dat habere procis: quos maximus heros
Vidit ubi armari ferro, dextraque minaci
Ingentes crispare hastas, turbatus & aeger   160
Obstupuit, tremuitque artus. tam magna repente
Objicitur species, ac nato talia fatur.
Aut aliqua heic famulantum, aut ipse Melanthius adstans,
Telemache, in domibus nos contra haec aspera bella
Suscitat. huic natus referens sic orsa vicissim:
O genitor, mea culpa omnis; nec criminis alter
Auctor, ait: thalami versos ego cardine postes
Immemor haud clausi. quos nunc speculatus apertos
Horum aliquis sensit, non furta ad talia lentus.
I properans Eumaee, fores atque objice firma   170
Observans, si qua haec mulier facta improba versat,
Anne satus Dolio, potius quem suspicor ausum?
Haec illi inter se jactant, dum rursus adibat
Caprigeni custos pecoris penetrale repostum
Arma procis celerans. quem postquam Eumaeus euntem
Viderat, his propior dictis affatus Ulyssem est.
O Laërtiade sate claro e sanguine divum,
Ille malus rursum, quem nos jam duximus ipsi,
In thalamum scandit. tua sit mihi nota voluntas:
Exstinguine jubes, melior si robore vincam,   180
An vivum adduci coram, quae plurima fecit,
Supplicio ut longo tandem scelera omnia solvat?
Tantum ille; atque heros quaerenti talia reddit:
Heic ego Telemachusque feros cohibebimus hostes
Nequidquam urgentes: vos illum brachia captum
Innexumque pedes thalami in penetralibus alti
                              Clau-

Claudite, ibi celfa pendentem e mole columnae
Haerentemque ad vincla trabes educite ad ipfas,
Vivus uti longum meritas det corpore poenas.
Dixerat: illi alacres parent, & juffa faceffunt　190
Tendentes notum per iter: latuere morantem
Intus, fubvecti tacito fub culmina greffu.
Ille quidem latis quaerebat in aedibus arma,
Hi tecti adftiterunt hinc atque hinc poftibus ambo.
Jamque pedem referens ibat, dextraque ferebat
Ornatam criftis galeam, clipeumque finiftra
Squallentemque fitu, veteremque; infigne decorum
Laërtae quondam juvenis; tunc pulvere ftabat
In medio exefis horrefcens undique loris.
Heic illum infidiis exceptum limine in ipfo　200
Corripiunt gemini paftores, altaque retro
Luctantem fub tecta trahunt, maeftumque fupinant
Suppofita in tellure: pedes dein nexibus arctis
Averfafque manus cohibent; ceu jufferat acer
Multa diu paffus, proles Laërtia, ductor.
Sic vinctum e celfa fufpenduut mole columnae,
Inque trabes fubvectum alte per vincula tollunt.
Ac fubito infultans dictis Eumaeus acerbis:
Nunc, ait, in molli ftrato jam nocte, Melantheu,
Excubias tota perages, nec pulcra latebit　210
Oceani e rofeis veniens te fluctibus Eos,
Quum duces ad laeta procis convivia capras.
Sic ibi fublimem denfa inter vincula linquunt,
Armatique iterum forium ftridentia firmant
Robora, & ingreffi, qua parte ardebat Ulyffes
Fulmineus, redeunt alacres: ftant limine in alto
Quattuor hi, numero exigui, fed vivida bello
Pectora, fpirantes robqr: illi agmine denfo

Oppo-

Oppositi fedes intra glomerantur in aula.
Interea facro Jovis orta e vertice Pallas   220
Adftitit hos inter, vocemque & Mentoris artus
Diva gerens. quam vidit ubi Laërtius heros,
Continuo laetus: fer opem, haud oblitus amici
Dilecti quondam; nunc & benefacta referre,
Et juvet aequaevo, Mentor, fuccurrere regi!
Sic orat ratus effe deam. fed turba procorum
Parte alia ingenti ftrepitu per tecta minatur,
Increpitatque furens, primufque Damaftore ortus
Vociferans: fruftra te fuadeat, inquit, Ulyffes
Auxilium fibi ferre, & nos infurgere contra   230
Namque aliter, poftquam leto gnatumque patremque
Victores dabimus, diro tu funere Mentor
Stratus & ipfe cades moliri talia nobis
Haud veritus, culpamque tuo cum fanguine folves.
Quin & rapta tibi per nos quum vita recedet
Fortunafque domofque & fervas quotquot ubique,
Largus opes, nullo difcrimine habebimus ipfis
Permixtas Ithaci rebus. non vivere natos
Sedibus in patriis, tenerafque aetate puellas,
Degere nec thalami fociam patiemur in urbe.   240
His magis exarfit dictis violentia divae,
Et ftimulos regi fubdens fic ore loquuta eft:
Nec tibi vis eadem, nec idem ftat robur, Ulyffeu,
Quod fuerat quondam, quum Dardana Pergama circum
Pugnabas magno repetens genitore creatam
Tyndariden, totofque novem bellator in annos
Durando ingentes tollebas caedis acervos;
Confiliis jacet ipfa tuis Priami eruta fedes.
Nunc tua devectus jam tandem ad limina victor
Abnuis ignavus pugnam, nec inertia contra   250

D d d   Cor-

Corda ruis. mora nulla in me; quin cominus adstans
Adspicies quanto tibi munera foenore Mentor
Alcimides duro juvenum in certamine reddat.
Sic fatur, necdum plenam Tritonia laudem
Adnuit illa ducem gaudens extrema sequentem
Cernere, & egregiam gnati tentare juventam;
Jamque alte sublapsa solo; mutataque Prognes
In faciem celsa tecti trabe diva resedit.
Parte alia socios Agelaus ad arma ciebat,   260
Eurynomusque, atque Amphimedon, Demoptolemusque,
Pisanderque Polyctorides, expertus & armis
Una ingens Polybus, soli praestante relicti
Ante omnes longe virtute, ipsaque furentes
Certabant de vita: alios nam letifer arcus
Straverat, ac missae glomerata in caede sagittae.
Inter quos Agelaus ibi: dabit, inquit, amici,
Indomitas dabit ille manus; jam Mentor & ipse
Discessit vano laudis conatus amore
Nequidquam miserum succendere. cernite maestos
Pro foribus stantes, vacuoque in limine solos.   270
Haud omnes remere vos una effundite tela,
Sed primum seni tantum. si forte vocatus
Juppiter ipsum adeo nobis det sternere regem,
Adnueritque decus, nullo socia arma labore
Fracta cadent, illo crudeli funere caeso.
Dixerat: hi validis contortas viribus hastas,
Non secus ac jussi fuerant, jecere; sed omnes
Bellipotens flexit vanas a corpore virgo.
Ergo abeunt diversae; hic altos cuspide postes
Perculit, ille fores; gravis aere huic fraxinus haesit 280
Parjete in adverso nequidquam emissa lacertis.
At postquam cecidisse procum tela irrita vidit,

                                                  Inco-

Incolumesque fuos Ithacos: jam fpicula, dixit,
Scilicet & nobis emittere tempus in hoftes,
Crimina prifca novo qui crimine caedis acerbant,
Atque ipfam noftro pofcunt cum fanguine vitam.
Vix ea fatus erat breviter: cunctique repente
Interfere fimul tenues librata per auras
Telamma. Demoptolemum jam fortis Ulyffes
Dejicit, Euryadem ingenti vulnere ignarus, 260
Eumaeufque Elatum, pariterque Philetius aerem
Pifandrum volvuntur humi morientibus una
Artubus, illiduntque admorfo in marmore dentes.
Abfceffere alii retro, caecofque receffus
Praecipites fubiere inftant fugientibus illi,
Infixafque haftas morientum e corpore vellunt.
Nec minus, in media quanquam jam morte tenentur,
Rurfus in arma proci tendunt, aerataeque dextris
Robora in adverfos jactant; fed plurima Pallas
Irrita deflexit, fparfitque aut fixa fub altis 300
Poftibus, aut aptis refonanti cardine valvis,
Aut etiam, adverfo percuffa in pariete fregit.
Telemachi tamen aere manum perftrinxit acuto
Amphimedon, fummamque levi de vulnere pellem
Hafta furens haufit nec non exftantia terga
Eumaei Crefippus iter molitus ad ictus
Extremas clipei, terfit fuper evolat actum
Miffile, & ingenti demum ferit impete terram.
Hi circa regem denfantur, & ordine facto,
Fraxineas jaciunt haftas cadit ictus Ulyffei 310
Euryadmas magni telo cadit Amphimedonque
Vulnere Telemachi, Polybufque acerrimus armis
Volvitur Eumaei dextra confoffus, & ipfe
Pectora Crefippi ferit ecce Philetius, illique

Ddd 2   Haec

Haec super insultans inimico satur ab ore.
O Polytherside, fuerant cui semper amica
Jurgia, vesano tandem jam parce furori
Magna loquens, potiusque diis monitantia cede.
Dicta ferox, homines quorum vis praestat in omnes.
Hoc tibi taurino, dederas quem perfide regi,   320
Pro pede nunc munus refero. sic ille nefandum
Ultus caede viri facinus dicebat; at heros
Cominus interea longa Laërtius hasta
Fata Damastoridi properat, sternitque superbum.
Mox Evenoridem Leocriton impiger ictu
Telemachus figit, medioque per ilia ventre
Transadigit ferrum: penitus fera cuspis adacta
Haesit, & ille ruens prono sola perculit ore.
Tunc Dea bellipotens tecti de culmine summo
Aegida terrificam concussit: frigidus horror   330
Insinuans turbata procum per pectora gliscit,
Praecipitesque fugam tentant; ceu territa quondam
Diffugiunt armenta boum, queis tempore verno,
Incipiunt longi quum jam procedere soles,
Aspero acerba sonans furias immisit asilus.
Contra bis gemini heroës palantibus instant
A tergo, attonitosque metu late omnibus urgent
Sedibus. ac veluci quum rostro atque unguibus uncis
Vulturii insiliunt celsis de montibus agmen
In volucrum, campis hae sese ad nubila tollunt   340
Praecipites, illi trepidas laniantque premuntque
Immensam aggressi caedem, via nulla salutis,
Nulla fuga est, vulsis labuntur ab aethere pennis
Condensae, praeda gaudet venator opima.
Sic illi per tecta procos agitantque tenentque
Et caedunt passim, monitum tristis ad auras

It

gemitus, sparsoque exundant sanguine sedes.
Atque heic Liodes astu subit, imaque Ulyssei
Genva manu amplectens effatur talia supplex:
Dux o magne, sine hanc animam, & miserere precantis, 350
Non ego vel dictis incessi turbidus umquam,
Vel turpi famulas violavi crimine; quin &
Saepe alios vetui vim talem inferre parantes.
Haud tenuere manus moniti; nunc foeda luentes
Supplicia expendunt scelerum, caesique recumbunt;
Quos super ipse quidem, meritus nil tale, iacebo
Infelix, vatem neque gratia digna sequetur.
Illum immane tuens contra sic excipit heros:
His vates si fata olim haud ingrata canebas,
Credo equidem longum exsilium & crudelia saepe 360
Funera pro reditu mihi fueras poscere, & idem
Uxoremque tibi ac dulces promittere gnatos:
Proin morere, & socios socius ne desere vates.
Sic fatus dextra correptum sustulit ensem
Ille solo, qui pridem Agelao in caede ruenti
Exciderat, mediaque actum cervice recondit.
Arduus assurgens, cadit ille, & fracta loquentis
Immundo cervix commixta in pulvere sedit.
Terpiades vero letum exitiale tremiscens
Phemius, ille procos cantu mulcere coactus, 370
Stabat adhuc, citharamque manu retinebat eburnam
Limine secreto latitans, cunctatur, & aestu
In vario nunc huc animum nunc dividit illuc
Anceps, Ercaeine Jovis progressus ad aram
Marmore de solido structam confidat, ubi exta
Multa boum soliti fuerant incendere flammis,
Laertesque olim natusque; an cominus adstans,
Ac genua amplexus precibus pervincere tentet.

Haec

Haec potior dubio visa est sententia; jamque
Ponit humi soliumque, inter rutilantibus aptum 380
Argento e puro clavis, crateraque magnum,
Argutam acclinis citharam, dein ipse volutus
Ante pedes Ithaci supplex ita voce profatur
Haec per ego tua, te genua voto, maxime ductor,
Insontis miserere, atque hoc te crimine solve;
An non ipse tuo tristis cruciabere corde,
Si dabis exitio celebrantem facta deorum
Atque hominum vatem? captus, via insita ad omnes,
Non ars me instituit, sensusque in pectore fingens
Versat agitque meos numen, perque omnia ducit. 390
Tu quoque non impar divis celebrabere nostro
Carmine, me tantum stricto ne dejice ferro,
Et jam Telemachus tua cata & sola voluptas
Me non sponte tuos dicet subiisse penates;
Nec pretio aut epulis captum cecinisse, sed una
Instantumque minis juvenum numeroque coactum.
Vix ea in Telemachus flentemque & multa precantem
Audiit, atque adstans genitori parce, nec hasta
Hunc, ait, insontem Stygias detrude sub umbras.
Quin & praeconem libeat servare Medonta, 400
Cura mei fuerat primo cui plurima in aevo,
Ni fors Eumaeusve, acerve Philetius illum
Perdidit, baut ipsi tibi dira in caede furenti
Obvius advenit. sic ille: at callidus hausit
Dicta Medon; folio subter nam tergore tauri
Abdiderat sese rectus, pavitansque latebat.
Sed tunc prosiluit, densumque exutus amictum
Telemachi genibus propior stetit; atque ita supplex:
Ille ego sum, quem poscis, ait, tu parce, tuoque
Dic patri, ne me ferro transfigat acuto 410

Ob

Ob scelera iratus juvenum, qui vertere tecta
Ipsius institerant, teque heic sprevere furentes.
Olli subridens pacato pectore Ulysses:
Fide, ait, incolumem quando hic te a funere servat;
Jamque animo monitus tu disce; aliisque memento
Dicere, quam longe virtus a crimine distat.
Verum agite, egressi foribus confidite foeda
Ambo a caede procul, tuque & clarissimus una
Phemius, expediam donec, quod restat agendum.
Finierat dicens: illi tecta alta relinquunt,   42p
Vicinamque Jovis magni funduntur ad aram
Omnia lustrantes circum letumque paventes.
At contra, fato ne quis subductus Achivum
Deliteat vivus, tecti latus omne pererrat
Luminibus tacitis Ithacus. videt undique stratos
Procubuisse omnes nigranti in sanguine & atro
Pulvere confertos. ceu quando in litore curvo
Humida lina trahens vitreis piscator ab undis
Squamigeros fundit pisces; illi aequora frustra
Optantes late sicca glomerantur arena,   430
Jamque animam rapuit miseris lux aurea Phoebi.
Haud aliter per tecta proci spatiosa jacebant
Alter in alterius mactati sanguine. & heros:
Vade age, nate, voca nutricem, dixit, ut adstans
Audiat extemplo, quae fert mihi corde voluntas.
Nec plura: ille quidem celerans mandata parentis
Emovitque fores, talique est voce loquutus.
Huc ades Euryclaea, uni cui tradita cura
In domibus vigili studio servare puellas,
Exi agedum, genitor te coram affarier optat.   44p
Tantum effatus, & in verbo vestigia movit
Egrediens foribus referato limine nutrix,

Tele-

Telemachus qua monſtrat iter, ducitque ſequentem.
Cernit ibi medium ſtrata inter corpora regem
Pulvere ſordentem taboque, ut forte leonem
Digreſſum de caede boum; cui pectora late
Sanguinea horreſcunt, malaeque utriſque madentes
Stant ſanie immani; metuendus lumine terret.
Sic Ithacus tunc ipſe pedes, ſic foeda ſuperne
Brachia terribilis viſu monſtrabat. at illa   450
Funeraque ut vidit glomerata, altumque cruorem,
Tollere clamorem ac laeto geſtire ululatu
Viſu improviſo perculſa. haud talia paſſus
Continuit ſubito, atque audentem voce represſit
Heros haec fatus: tacito ſub pectore gaude,
Ac voci nunc parce. nefas in morte virorum
Bacchari, quos fata deum quoſque impia facta
Abſtulerunt; nullum veriti nec honore colente
Terrigenum, indignus, dignuſve accederet hoſpes,
Spernebant omnes pariter; quae propter acerbo   460
Exitio domiti cladem ſubiere nefandam.
Sed tu, femineo famulantum ex agmine quotquot,
Dic age, me temnunt, ſceleroſaque furta ſequuntur?
Cui nutrix: equidem dicam vera omnia, gnate;
Quinquaginta intus famulae, haud ignara Minervae
Pectora, ſtant niveas aſſuetae carpere lanas,
Et duram longo vitam tolerare labore.
Quarum biſſenae ſanctum violare pudorem
Aggreſſae nec me dignantur honore neque ipſam
Penelopen. vixdum natus pubeſcit, & ante   470
Haud paſſa impubem eſt genitrix dare jura puellis.
Jamque feram ſcandens penetrale haec nuncia ad aures
Conjugis optatae, cui ſomnos numen amicum
Exciit irrorans per membra. haec illa; ſed heros:

                                         Ne

Ne placidam turbes dominam: tibi cogere tantum
Cura sit huc diro pollutas crimine servas.
Haec dederat vix ore, & jam mandata facessens
Ibat anus, famulasque vocans per tecta ciebat.
Ipse autem gnatum affatus geminosque ministros
Ad sese accitos: ite, inquit, corpora caesa   480
Tollite jam celeres pariter; subeantque puellae
Triste ministerium: dein pulcra sedilia circum,
Et patulas lustrate undis & tergite mensas.
Post ubi compositis steterint rite omnia tectis,
Sedibus ex altis famulas educite, & inter
Surgentemque tholum medias inclusaque septa
Perdite caedentes ferro, dum spiritus artus
Deserat oblitos venerem, quam saepe solebant
Exercere, procis nocturna per otia mixtae.
Dixerat: illae autem coram venere frequentes,   490
Ac primum institerunt vectare cadavera & una
Aggerere, aulai qua porticus ampla patebat,
Sese inter connixae humeris: ferus instat Ulysses
Ipse operi; hae properant, quamvis non sponte, laborem.
Mox etiam mensas varioque sedilia cultu
Rore superfuso lustrant, purgataque tergunt
Nec non Telemachus sociique has inter alternis
Stringebantque solum rastris, aspersaque tabo
Limina verrebant: raptas illae undique sordes
Subvehere, atque extra sedes effundere cerpant.   500
Tota renidenti postquam luce aula refulsit,
Femineam educunt turbam, mediisque trementem
Porticibus subterque tholi testudine cogunt
Angustum in spatium, nulla unde exire potestas:
Atque ibi Telemachus: turpi jam funere, dixit,
Eripiam his animam, capiti quae probra, malaque

    I   E e e   Dira

Dira meo, matrifque, procis accumbere quondam
Affuetae furtim per opaca filentia noctis.
Dixit, & ex alta pendentia vincla columna,
Summa tholi jaciens fupra faftigia, nectit;   510
Ne terram fufpenfa pedum veftigia tangant.
Ac veluti turdi molles variaeque palumbes
Infiliunt denfos inter quum ftantia dumos
Retia, ubi repetunt confueta cubilia fero
Vefpere; dura quies omnes latitantibus intro
Excipit infidiis. fic tum cervicibus illae
Pendebant longo pronis ex ordine; circum
Colla premunt laquei mifero luctantia fato;
Jam pedibus tremuere, & vita receffit in auras.
Poft etiam vinctum traxere Melanthion altis   510
E foribus; truncas cui foedo vulnere nares
Enfe metunt, populantque aures; tum cruda voranda
Objiciunt canibus diffectis inguina nervis,
Inciduntque pedes irati & brachia ferro
Et jam tecta petunt abluti a caede recenti,
Agglomeranque duci fefe, poftquam ultima coepto
Impofita eft operi manus, & deferbuit ira.
Ergo ille affatus nutricem: huc ocius affer
Sulfur, ait, caedis confueta piacula, & Ignem,
Queis valdam fuffire domos: mox ipfa vocata   530
Penelope huc adfit fidis comitata miniftris;
Accedantque omnes, tua cetera cura, puellae,
Cui fubito Euryclaea refert: certe omnia, nate,
Digna mones, nec tanta fequi me juffa pigebit.
Unum addas, oro: fine me tunicamque nitentem,
Et chlamydem tibi ferre novam; fordentiaque ifthaec
Projice texta, precor, functus jam caede procorum:
Talem haud effe decet. fic illa orabat; at heros:

                                            I pro-

I properans, ignemque feras ante omnia primum,
Edico. vix fatus erat; nec dicta retardans   540
Sulfuraque atque ignem nutrix tulit.. haud mora, totam
Rite domum sanctosque Ithacus adolere penates
Institit; at celeri rursum penetralia gressu
Scandit anus, famulasque jubet succedere coram.
Conveniunt jussae, manibusque ardentia quassant
Lumina; tum circum fusae regemque salutant
Osculaque infigunt capitique humerisque decoris,
Amplexaeque manus prensant. ille ictus amore
Aestuat, ac gemitus inter lacrimasque volutas
Ora recognoscit cunctarum & nomina signat.   550

HOMERI ODYSSEAE

LIBER VICES:TERTIUS.

Ibat anus refono complens penetralia rifu
Reginae dictura, Ithacum fervare penates
Incolumem. properae genua aegra ipfique vigebant
Laetitia ftudioque pedes; jamque illius adftans
Ad caput: o! furgas, inquit, vifura, quod optas
Noctes atque dies; tuus ille advenit Ulyffes,
Defertafque adiit longo poft tempore fedes
Ultus caede procos, aufos vaftare nefandis
Omnia flagitiis, atque ipfi haud parcere nato.
Excita Penelope cui tum fic ore viciffim   10
Orfa refert: di te vefano errore fatigant,
O nutrix, curis etiam qui pectora ftultis
Fallere gnara valent, fanofque avertere fenfus
Ducentes trepidae fubito deliria menti.
Illi te laefere: fuit non haec tibi quondam
Vis animi: longo quid luctu faucia corda
Ludis vana ferens? quid dulcem abrumpere fomnum,
Sopierat miferae feffos qui molliter artus,
Heu properas? numquam placide fic ipfa quievi,
Ex quo Dardanias Ithacus difceffit ad arces.   20
Verum age nunc defcende, atque ifthinc eripe greffum
Ima petens: mulier fi qua haec mihi dicta tuliffet
Altera, & optatae turbaffet munera noctis,
Multatam graviter retro veftigia ferre
Juffiffem properata; tibi autem incana fenectus
Auxilio eft. fic illa: at non deterrita nutrix

Exci-

Excipit, ac tales ultro dat pectore voces.
Haud equidem fallax illudo: verus Ulysses
Jam rediit, servatque domos. ille omnibus hospes
Despectus per tecta, ille est; jam noverat ipsum 30
Telemachus, sed fida patris sub corde tegebat
Confilia, immanes ut perderet ultor Achivos.
Vix ea; quum subito laeta inter gaudia stratis
Profiluit regina furens, amplexaque collum
Longaevae, lacrimifque genas suffusa decentes:
Ergo age, cara mihi verax fare omnia, dixit;
Ille domi si certus adest, qua vincere pubem
Arte malam valuit, densos & solus in hostes,
Irruere, aggressus violento praelia Marte?
Cui referens longaeva: haud fas aut cernere quidquam 40
Aut audire, inquit, fuerat; tantum auribus hausi
Ingentem luctum gemitusque in morte cadentum.
Ipfa quidem trepidis penetrali in sede latebam,
Cum sociis; intus cohibebant robore firmo
Ostia, claufa prius, quam me tua cara propago
Telemachus, magno missus genitore, vocavit.
Adstantem heic regem conspexi caede virorum
In media: strati circum tellure jacebant
Complexu in misero juvenes; tu laeta cruore
Horrentem, taboque atro, ceu forte leonem, 50
Foedatum totis vidisses undique membris.
Elati vero nunc extra limina prima
Illi porticibus longis glomerantur; at ipse
Instat agens suffire domos caedemque piare
Accensis late flammis; utque excita coram
Ipsa adeas, huc me primam tibi misit ab aula.
Quin sequere, amborum suavi ut dulcedine pectus
Gaudia perfundant post multos laeta labores.

Parta

Parta quidem defiderii jam praemia longi;
Ille domum rediit falvus, teque infuper ipfam   60
Incolumem invenit, gnatumque; ultufque nefandum
Dedecus exegit fcelerato e fanguine poenas.
Contra Penelope: ne vero elata fuperbi
Laetitia heu nimia, dixit, rifuque foluto;
Scis nutrix fcis ipfa, domi quod carus adeffet
Omnibus; at nulli quam nato carior, & mi
Praecipue, fi vera forent quae nuncia portas.
Sed non certa fides: aliquis delapfus olympo
Caelicolum ftravit juvenes indigna perofus
Flagitia, ac triftes, immania facta, rapinas.   70
Namque hominum nulli parcebant, omnibus aeque,
Qui fe cumque dabant coram, mortalibus idem
Infefti; idcirco fontes periere nefando
Supplicio. ille autem reditu fraudatus amico
Hinc procul occubuit, patriam nec Achaeida vidit.
Talia cui fanti nutrix: heu quae, mea, dixit,
Gnata, tibi incauto fugiens vox excidit ore;
Numquamne ad patrios venturum dura penates
Ufque virum dices, qui jam tibi redditus adftat
Ante focum; femper mens haec infida refiftet?   80
Verum age, ne dubites, jam certa & figna docebo?
Namque ipfa ablutum puro dum fonte rigabam,
Fulminei vidi dentis veftigia, & ipfi
Vifa tibi volui narrare; fed ille prehenfam
Continuit vafer, & clamantis guttura preffit.
Jamque veni: quod fi mendax atque improba fallam,
Haud renuo, infando fontem quin funere perdas.
Haec nutrix ubi fata; haud pronum arcana deorum eft,
Penelope excepit, quamvis tibi plurima virtus,
Confilia ac caecos rerum cognofcere cafus.   90
Sed

Sed praeftat tamen ire, meumque invifere natum,
Occifofque procos, tantae quis caedis & auctor,
Nofcere. fic dicens tandem defcendit ab altis
Aedibus, & vario curarum fluctuat aeftu
Multa putans animo; dulcemne aggreffa maritum
Eminus inclamet, capiti ferat ofcula caro
An potius coram niveos amplexa lacertos?
Poftquam autem venit, dubiofque in limine greffus
Marmoreo pofuit, diverfa in parte refedit
Parjetis alterius flammarum expofta nitori   100
Contra Ithacum, longa fubnixus at ille columna
Dejecitque oculos, vultuque immobilis haefit
Exfpectans, qua voce prior, quibus excita dictis
Incipiat vifum jam tandem affarier uxor.
Ipfa diu fine voce ftetit, turbataque pectus
Obftupuit; noti modo gaudet imagine vultus
Luminibus luftrans tacitis; modo tegmina foeda
Sordentefque videns artus ignara moratur.
Cui tum Telemachus cunctanti turbidus infit:
O genitrix, mala jam genitrix & robore fepta   110
Indomito, refugis quid patrem averfa, neque inftas
Heu propior notas audire & reddere voces?
At non fic duro mulier foret, altera corde,
Conjugis aut fugeret vultus, qui plurima paffus
Bis decimo tandem patriam contingeret anno.
Durius eft gelido femper tibi marmore pectus.
Illa autem: ftupor altus habet me, nate; nec ullas
Aut valeo cupido voces expromere ab ore,
Aut petere; ipfum etiam nec poffum cernere contra.
Quod fi verus adeft Ithacus, poft noffe licebit,   120
Scilicet id melius nos inter; namque tenemus
Nobis certa unis, alios fugientia, figna.

Haec

Haec illa. extemplo dius fubrifit Ulyfles,
Atque ita Telemacho fatus: me me fine mater
Experiatur, ait; jam victa fatebitur ultro:
Nofcere nunc lacerum & fordentem turpiter artus
Abnegat, ac fpretum nullo dignatur honore;
Danda illi venia eft. fed quae peragenda fuperfunt,
Una confulere, atque animo juvat ante videre
Omnia, uti recte cedant. namque unius acta   130
Saepe etiam quis caede viri, cui fanguinis ultor
Rarus, & auxilio vix eft manus ulla relicta,
Exfilio patriam mutat, fedefque relinquit,
Cognatafque animas; quid nos? qui lumina prima,
Totius atque urbis columen demifimus Orco,
Magnanimos juvenes. cui natus talia fanti:
Haec tuus explorare labor, quem maxima tollit
Confiliis habilem virtus mortalia fupra
Pectora; non ullus tecum contendere certet
O genitor. jam fponte fequar, quocumque vocabis, 140
Haud virtutis egens, quanta vi tendere poffim.
Tum pater: ergo, inquit, dicam fententia furgit
Quae melior: puro vos primum in fonte lavate,
Induite & niveas veftes, pariterque jubete
In domibus pulcro famulas incedere cultu.
Dein etiam citharae digitis refonantia vates
Fila ciens, laetos invitet carmine faltus.
Quo ftrepitu audito credat celebrari hymenaeum,
Seu quis forte via tranfit, feu proxima noftris
Tecta colit; ne fama prius vulgata per urbem   150
Incipiat foedae juvenum crebrefcere caedis,
Confita quam denfis nos una hinc noftra petamus
Arboribus produl arva. illic ea deinde fequemur;
Profore quae divum rector monftrabit olympo.

Dixe-

Dixerat haec: parent omnes, ac juffa faceffunt,
Ablutique artus se quifque recentibus ornant
Veftibus: affulgent famulae; cava pectine pulfat
Texta lyrae vates, magnumque incendit amorem
Omnibus ad choreas & dulcia munera cantus
Infonuit domus alta, pedum date excita pulfu 160
Ludentumque virum pariter, zonifque micantum
Suave puellarum ftrepitu, quo percitus inquit
Sic aliquis longe auditor regina fuperbis
Illa ambita procis cupido jam ceffit amanti
Perfida! nec primi clarum fervare mariti
Suftinuit patiens thalamum, fi forte rediffet
Talia quis jactans fine pondere dicta volabant
Irrita nequidquam rapidis ludibria cauris.
Nec minus interea lavit manantibus undis
Eurynome regem luftrans nitidofque per artus 170
Totum Palladii fucco perduxit olivi
Purpuream injiciens chlamydem tunicamque fuperne.
Atque olli virgo Jove nata in vertice honorem
Addidit ambrofium formae; majorque videri
Plenior & folito coepit; tum crifpa nigrantis
Aut foliis violae aut ferruginei hyacinthi
Caefaries pulcra fimilis cervice refulfit.
Ceu quis ubi argento fulvum variaverit aurum
Arte faber multa, docuit quem Pallas, & ipfe
Ignipotens varias praeftantem effingere formas, 180
Jamque opera admiranda facit: fic plurima venit
Gratia, feu humeris capitique affufa juventus.
Ille autem se folio proceffit lotus aheno
Membra deo fimilis, fefeque ante ora locavit
Conjugis adverfae refidens, atque infit ab ore
Indomitum fuperi tibi olympia tecta colentes

Prae cunctis, mulier, dederunt cor non ita certe
Duraque & obfirmans animum sese ulla teneret
Conjuge conspecto, passus qui plurima ponto
Bis decimo in patriam salvus pervenerit anno. 196
Tu nutrix mihi sterne torum, quo languida ponam
Corpora; stant illi rigido praecordia ferro.
Penelope contra sedato pectore reddit:
Non equidem nimium jactor, corâmque tuendo
Aut doleo, aut laetor; tantum sat sida recordor,
Qualis eras, patrio quum licore vectus abires
Puppibus in longis: tu vero i, sterne cubile,
Euryclaea, extra thalami penetralia celsi;
Instratoque toro supra mollissima pone
Velleraque laenasque & pictae tegmina vestis.
Vix simulans ea dicta dedit; quum pectore ab imo
Ille trahens gemitum: cur me tam tristibus, inquit,
Exanimas miserum verbis? quis tollere lectum,
Atque alio transferre ausus mihi? callidus arte
Quisquis erat, durum credo tentasse laborem.
Vix etiam aetheria caeli delapsus ab arce
Ipse deus facile diversa in parte locasset;
Ast hominum nullus florenti robore & acer
Viribus amoto sese jactasset: ibi exstat
Signum ingens thalamo in structo, visendaque moles, 213
Ipse meae quondam feci quam munere dextrae.
Aedibus in mediis oleae succreverat arbos
Vivida, praelongos effundens ardua ramos,
Lataque, ceu solida stat rupe excisa columna.
Hanc circa secto thalamum de marmore struxi,
Intexique super, posuique in limine postes;
Et jam frondentesque comas ramosaque ferro
Brachia ubi secui; tum truncum aggressus & ipsum

Ab

Ab radice inftans, rutilo circum aere polivi,
Laevavique aptans hinc atque hinc, undique rectum 226
Surgeret ut penitus terebrato robore fulcrum.
Hinc mihi prima tori fuerunt fundamina; dein
Auroque argentoque renidentique elephanto
Omnia diftinxi, taurinaque vellera ftravi,
Quae circum tyrio fulgebat purpura fuco.
Talia figna inerant quondam; nec dicere poffum
Certus, an haec eadem maneant, anne arbore quifquam
Funditus excifa, mutata in fede locavit.
Haec ait illi artus fubito tremuere labantes
Attonitae mentem; dum nulli obnoxia fraudi 230
Signa recognofcit, fecumque audita volutat.
Non fefe tenet illacrimans; ruit obvia collo
Brachia circumdans, atque ofcula dulcia figens
Haeret inexpletum capiti, & fic ore profatur.
Non miferae irafcare o rebus in omnibus omnes
Ante homines follers; molitos triftia nobis
Invidiffe deos credo, ne laeta juventae
Dona fimul magnumque exerceremus amorem.
Parce precor, jam parce mihi, facilifque remitte,
Quod fubito, ut primum vidi, complexibus aegra 240
Abftinui. femper metuens horrenfque cavebam,
Ne veniens aliquis blando me falleret ore
Infidians; nam vota fovent immania multi.
Haud Helena aligero Jove nata Argiva puella
Scilicet externo ceffiffet rapta marito,
Agmina fi Danaum metuiffet rurfus ab oris
Avectam Iliacis latum ductura per aequor.
Illam aliquis fuperum decepit, trifte nec ante
Flagitium admifit, quo nobis prima malorum
Incubuit clades, & faeviit afpera luctu. 250

Nunc

Nunc quoniam manifesta fides, thalamique retexta
Noftri arcana patent, hominum quae nullus adivit,
Luftravitque oculis folos nos praeter & unam
Actorida (huc famulam genitor quam mifit habendam,
Affuetam claufo fervare in limine poftes);
Fruftra animo obnixam cogis jam cedere victor
His dictis lacrimae commotae, atque aeftuat heros
Jam magis atque magis virtutis imagine tanta
Attonitus, fidaeque ftupens in conjugis ore.
Illa autem, miferis ceu quando litora nautis   260
Apparent optata procul, queis gurgite in alto
Fluctibus & valido contortam flamine navim
Caerulei domitor fregit maris; afpera pauci
Per vada nituntur, terrifque adnare laborant;
Et jam tabentes artus afpergine ponunt
In ficco, ac tuta falvi laetantur arena:
Sic adeo reduci gaudebat laeta marito
Haud ora, haud removens a dulci brachia collo.
Fors & fic flendo rofeum jubar aurea terris
Puniceo curru fubvecta Aurora tuliffet,   270
Ni Jove nata aliter ftatuiffet numine virgo.
Continuit longam caelefti in limine noctem,
Inque mari Auroram prohibens adjungere curru
Alipedes lucis flammantia tela ferentes
Fulgentem Phaetonta & Lampum, queis dea caelo
Invehitur croceos inter pulcherrima nimbos.
Atque heic fufpirans iterum compellat amatam
Penelopen Ithacus: mala multa exhaufta peregi,
O conjux; necdum difcrimina vincere cuncta,
Supremamque datum tamen eft contingere metam. 280
Reftat adhuc duri fuperanda immenfa laboris
Vis alia, ut vates fatorum arcana recludens

Tire-

Tirefias quondam monuit, nigrantia Ditis
Atria quum fubii quaefitum oracula noftro
Pro reditu, fociumque. at nunc age ftrata petamus
Dulcia tranquilli carpentes munera fomni.
Tum reginae tibi penetrali in fede paratus
Jam thalamus patet ecce, inquit, modo certa voluntas
Sic ferat, ad patrii poftquam te limina tecti
Incolumem faciles voluere advertere divi.   290
Sed quoniam memori deus hanc tibi pectore curam
Subdidit, edicas, oro, quae te afpera rerum
Sors agitat, quae fata manent? non illa latebunt
Quondam audita reor, nec vero triftius urent
Cognita nunc eadem. tum fic exorfus Ulyffes:
Quid mifera heu duros cogis vulgare dolores?
Dicam equidem; laeta fed nec tu gaudia mente
Ulla feres, nec laetor ego. namque ire per urbes
Ille hominum multas, habilemque attollere dextra
Admonuit remum, gentes dum vectus adibo,   300
Quae mare, quae dulcem fugiunt falis ore faporem,
Nec videre rates, minio hec perlita roftra,
Nec remos patulas cymbis volitantibus alas.
Haec & figna dedit, qnae te quoque certa docebo.
Obvius adverfo veniens quum forte viator
Dixerit alta humeris me ferre valentibus arma,
Ventilat ad zephyrum jactas queis meffor ariftas,
Heic fubito juffit terra defigere remum,
Neptunumque fue tauroque atque arjete caefo
Placare ad patrii cedentem litoris oras,   310
Multaque caelicolis ex ordine facra litare.
Omnibus. aequoreis lentum mihi funus ab undis
Adveniens fors atra feret, quum longa fenectus
Excipiet feffum, & placidae felicia gentes
                                                    Otia

Otia agent circum: sic omnia volvere Parcas,
Ac stabili dixit fatorum numine ferri.
Haec ubi fatus erat ductor Laërtius, olli
Sic breviter conjux: imo o! meliora senectae:
Tempora si spondent superi; confidere praestat,
Hos etiam te posse dehinc evadere casus.   320
Hac vice sermonum dum se inter talia miscent,
Eurynome interea nutrixque insternere molli
Veste torum, taedis late jactantibus ignem,
Instabant. postquam solitum stravere cubile,
Laeta suas petiit sedes anus, Eurynomeque
Lampada praeportans ollis venientibus intro
Fida praeit, thalamoque ambos inducit aperto.
Ipsa retro celerans torquet vestigia; at illi
Desueto placiti potiuntur foedere lecti.
Et jam Telemachus pariter sociique ministri   330
Plaudere destiterant choreas, famulaeque quierant
Hac illac sub nocte; sopor suus occupat artus.
Ast ubi Penelope, magnorum & ductor Achivum
Optata explerunt avidum dulcedine pectus,
Inter se vario laeti sermone fruuntur.
Illa quidem memorat, quantos experta dolores
Quondam pertulerit, quae viderit impia tectis
Facta procum magno turbantum cuncta tumultu;
Et sese propter tot stratos caede juvencos,
Caprigenumque pecus vastatum, effusaque vina.   340
Ille autem quotquot mortalibus aspera rerum
Intulerit, quotquot perpessus & ipse periela,
Cuncta refert. pendet conjux narrantis ab ore,
Nec prius ingrato declinat lumina somno,
Accipiat quam laeta omnes ex ordine casus.
Principio domitos Cicones, & pinguia narrat

Lo-

Lotophagum visu arva, ferique indigna Cyclopis
Flagitia, & sumptas sociorum ob funera poenas,
Nil veritus quos ille suo laniarat in antro
Cruda, volans vivo manantia membra cruore
Aeolias adiit sedes, utque Aeolus ipsum
Ceperit hospitio facili, laetusque remisit
Incolumem, necdum patrios contingere fines
Fata dabant, magno sed fervens turbine nimbus
Lugentemque vagumque irata per aequora vertit.
Tum Laestrygonibus mediocrem caesosque sodales,
Oppressasque rates foedum grandine, sequae
Vix una exitiis tanto fugisse carina.
Nec minus insidias, & monstra horrentia Circes,
Nigrantesque domos Erebi, quas tristis adiuit,
Classe cita, manes certae & responsa petitum
Tiresiae Thebani, utque omnes viderit Orci
Sedibus in tacitis socios, caramque parentem,
Quae tenero niveis immulserat ubera labris,
Addit & auditas Sirenum ex aequore voces,
Errantesque docet scopulos, diramque Charybdim,
Scyllamque innocuis numquam mortalibus aequam,
Solis & infanda violatos caede juvencos,
A sociis narrat, quos propter fulmine navem
Perculit ardenti nimborum saevus ab arce
Juppiter: illi omnes periere in gurgite mersi,
Solus at ipse gravi Parcarum effugit ab ira,
Vectus ad Ogygias cautes, ubi nympha Calypso
Protinus exarsit viso, glaucoque sub antro
Detinuit dapibusque fovens, atque insuper
Pollicita expertem senii deique juventam
Nec tamen & duros inflexit pectore sensus,
Post hinc digressus Phaeacum ut litora venit

Multa

Multa mari passus, divumque ut cultus honore
His ducibus tandem tranquilla per aequora Nerei 380
Contigerit patrias sedes data munera portans
Ingens aes aurumque & pictas tegmina vestes.
Talia narranti vox haec fuit ultima: namque
Irruit extemplo fessos illapsa per artus
Alma quies, animumque simul curasque resolvit.
Ast illum postquam placido Tritonia somno
Credidit, ac dulci satiatum conjugis igne,
Jussit ab oceani diversicoloribus undis
Auroram proferre jubar mortalibus aegris:
Illa deae monitis paret: simul excitus Heros 390
Emicat e thalamo surgens, ac talia fatur.
Plurima durando conjux mala sensimus ambo,
Pertulimusque vices, tu nostros anxia plorans
Heic reditus, contra violento numine divum
A patria longe duris ego casibus actus:
Nunc vero ambobus quoniam data copia rursum
Connubii optati, vigil o penetralia serva,
Divmasque omnes, quae sunt mihi cumque relictae.
Mox pecora immani juvenum consumpta rapina
Multa ego praedabor, multa & pro munere Achivi 400
Sponte dabunt; plenis ludent in ovilibus agni.
En ego longaevum patrem luctuque dolentem
Assiduo, virides ibo visurus in agros:
Haec porro tibi mando haud corda ignara gerenti.
Alta novo cum sole ibit nam fama per urbem,
Vulgabitque necem juvenum; tu limina celsae
Interiora domus conscendens parce morando
Aspicere aut quemquam, caussas aut quaerere fandi.
Dixerat, ac rutilis humeros circumdatus armis
Telemachum hortatur subito geminosque ministros 410

Arma

Arma manu capere & fumptis procedere telis.
Nulla mora eft; parent alacres, atque aere corufci
Impulfas liquere fores; dux anteit, heros,
Et jam pulcra novo fpargebat lumine terras
Orta dies, illos quum celfa eduxit ab urbe
Pallas, & obfcuro gradientes aëre fepfit.

HOMERI ODYSSEAE

LIBER VICES. QUARTUS.

Parte alia genitus Maja Cyllenius ales
Caeforum juvenum fimulacra excita vocabat:
Aurea virga manu rutilat, qua lumina mulcet,
Quum vult, atque adimit fomnos. hac fretus agebat
Ille levem turbam magno ftridore fequentem.
Ac veluti volucres, queis vefper nomina fecit,
Lucifugae ingentis latebrofo rupis in antro
Hac illac ftridunt; fi qua vi protinus actae
Exceffere, cavi connexae ad limina faxi,
Haerentes fefeque inter: fic illa per umbras   10
Stridebat glomerata volans magno agmine turba,
Mercurius qua monftrat iter per opaca locorum.
Jamque ubi & oceani fluxus, & Leucada rupem,
Ac folis liquere fores, & fomnia nigra,
Continuo fubiere virentia gramine prata,
Queis volitant manes fimulacra carentia vita.
Heic tenuem folido formam fine corpore Achillei
Inveniunt, carique etiam poft fata Patrocli,
Antilochi, Ajacifque, omnes qui magnus Achivos,
Pelida excepto, formae fuperabat honore.   20
Ibant affufi circum: queis cominus ingens
Atridae veniens Agamemnonis adftitit umbra
Trifte dolens. fremitu denfo comitantur euntem
Quotquot in Aegifthi perierunt fedibus una.
Cui prior Aeacides: Atrida o maxime regum,
Heroas quondam ante alios magis effe putabam

Te

Te fuperum regi, gaudet qui fulmine, carum,
Imperiis quod multa tuis fortiffima bello
Agmina parebant Xanthum Simoëntaque propter
Dardanium, duros paffa eft ubi Graecia cafus.   30
Tene etiam faevo Parcarum ferrea leto
Vis domuit, nullus valuit quam fallere in oras
Editus aetherias? o primo infignis honore
Stratus apud validae cecidiffes moenia Trojae!
Ingens ftaret ibi moles aggefta fepulcri
Omnibus a Danais, natumque ea fama maneret
Inclita: nunc triftis fors funere merfit acerbo.
Dixerat. Attides contra: ipfis o fuperis par,
Felix forte tua, Pelei fate fanguine, Achilleu,
Cui procul a patria tellure fub Ilio alto   40
Oppetiiffe datum. de te late undique magni
Certantes Danaique fimul Troëfque cadebant;
Dum tu ingens fpatio ingenti fub nube jacebas
Pulverea ftratus volucrumque oblitus equorum.
Totam per lucem ftetit afpera pugna, nec ante
Martius armorum cecidit furor, horrida nigro
Ab Jove tempeftas acies quam terruit ambas.
Poft ubi digreffi bello te ad litora nota
Detulimus, pofitum ftratis et rore tepenti
Corpus et unguentis luftravimus. agmine denfo   50
Maerentes circum Danai calida ora rigabant
Fletibus, et longos tondebant vertice crines.
Venit & aequoreis mater comitata deabus,
Ut vitreo fenfit famam fub gurgite: pontus
Infonuit clamore alto, fubitoque Pelafgi
Intremuere metu concuffi. & jam cava greffu
Robora fcandebant; longo quum doctus ab aevo
Plurima, continuit trepidos Neleïus heros

Confiliis habitus femper fidiffimus auctor.
Qui tum follicitos fic interfatus amicos: 60
State viri, nec terga fugae convertite, dixit;
Caeruleo e pelago nymphis fociata marinis
Mater adeft gnati funus vifura fupremum.
Haec ille, & pulfa ceffit formidine terror.
At circum adftiterunt glauco genitore creatae
Nereïdes maeftum flentes ac veftibus artus
Ambrofiis niveos cinctae; quas inter & ipfae
Alternos tum voce novem coepere forores
Dulcifona queftus. trifti rorantia Achivum,
Quotquot erant circum, vidiffes lumina fletu: 70
Tale deae querulo fundebant carmen ab ore!
Bis feptem trinafque fuper noctefque diefque
Flevimus immixti divis: octava ubi fulfit
Poft decimam lux orta, rogo fupponere flammas,
Lanigerumque gregem & nigros mactare juvencos
Inftitimus. tu pulcro humeros velatus amictu
Ardebas dulci in melle & beneolenti unguento.
Flammantem circa heroës, Argiva juventus,
Decurrere pyram cincti fulgentibus armis.
Certatim peditefque equitefque: ululatus ad auras 80
Ibat, & ingenti refonabant cuncta fragore.
At poftquam in cinerem vis te Vulcania vertit,
Mane novo puro candentia legimus offa
Sparfa mero & pingui fucco. portaverat urnam
Ipfa tibi ex auro genitrix; praeftantia Bacchi
Munera, quae multa caelarat Mulciber arte.
Hac tua, Pelide, recubant, immixtaque cari
Offa Menetiadae Patrocli: diftincta peremptum
Antilochum tegit urna, aliis magis omnibus unum
Quem Patrocli poft fata tuo dignatus honore es. 90

Lito-

Litore in aërio, qua panditur Hellefpontus,
Aggefta tellure Argivum exercitus omnis
Heic tumulum late magnum, molemque fuperbam
Struximus eductam caelo, quam navita longe
Adveniens pelago femper miretur ab alto.
Tum genitrix in vota deos ubi blanda vocavit,
In medio Graiis pofuit certamina circo
Maxima. vidi equidem multorum funera praefens
Heroum, exftincto quondam quum rege juventus
Cingitur, ac variis exercet corpora ludis;   100
Sed non ulla magis miratus dona palaeftrae
Obftupui, quam quae niveis argentea plantis
Alma Thetis pofuit; magno dilectus amore
Quippe deis fueras. exftincti gloria, & ingens
Haud periit nomen, quin fama aeterna manebit.
At mihi quid prodeft geffiffe horrentia bella,
Juppiter exitium reduci quum trifte parabat
Aegifthi manibus, fcelerato & conjugis aufo?
Talibus inter fe dictis curifque morantur,
Quum propius caefi domitor deus adftitit Argi   110
Agmen agens juvenum, quos funere ftravit Ulyffes.
Ut videre illos, fubito venientibus ardent
Mirati conferre gradum, primufque Melanhteo
Amphimedonta fatum cernens agnovit Atrides,
Hofpes erat namque olli Ithacae dilectus in oris.
Quem fic Atrides prior eft affatus ab ore:
Quae vos, Amphimedon, fors dira fubire coëgit
Haec nigro loca fenta fitu? par omnibus aetas,
Lectaque vis: claram fortiffima pectora pubem
Non aliam plena quifquam legiffet in urbe.
Obruit an pelago Neptunus, flamina faeva
Ventorum longofque ciens ad litora fluctus?

An

An domuere viri vos arva aliena prementes
Vaftantefque armenta boum raptafque bidentes?
Saevane pro patria pugnando vulnera paffi,
Conjugibufque? age fare; tibi fum foedere junctus
Hofpitii, fervafque memor, me fedibus olim
Succeffiffe tuis flavo cum fratre vocantem,
Iliacas Ithacum pelagi per caerula ad arces.
Aequoreum permenfus iter femel orbe peracto   130
Fulgentis lunae veni, vix ad mea vota
Impulfo Laërtiada. fic dixit Atrides;
Atque olli Amphimedon referens: o ductor Achivum
Optime, ait, memori cuncta haec in pectore fervo
Scilicet, & duri cauffam nunc funeris addam.
Connubio Icarii natae, thalamoque potiri
Inftitimus longum nequidquam abfentis Ulyffei
Nos omnes, quos cernis acerbo turbine ftratos.
Illa quidem invifos nec dedignata hymenaeos,
Noftra fequens nec vota, horrentia fata parabat 140
Omnibus, ac talem meditata eft pectore fraudem.
Tenvia fubnectens immenfae licia telae
Inftitit ordiri, fimulata & mente loquuta:
O juvenes mea cura proci, jam vir meus, inquit,
Quandoquidem periit, fpatii ad connubia tantum
Certa peto, donec valeam pertexere textum
Nempe meum, (pereant ne fila exorfa) quod aegro
Laërtae in funus propero. quum triftia fata
Ipfius urgebunt aeterna lumina nocte,
Ne qua mihi in populo mulier convicia dicat   150
Increpitans, nudum, vivus qui divite gaza
Floruit, abjectum terra ac fine honore jacere.
Sic illa, & facile ignaris res credita nobis.
Interea arguto percurrens pectine telam

Luce

Luce operi inſtabat; mox ſera ad lumina noſte
Stamina diſſolvens totos tres vafra per annos
Diſtulit in longum ſperatae gaudia taedae.
Verum ubi jam quartus venit labentibus horis
Annus, & ignaros mulier bene conſcia fraudis
Admonuit, nos & demum deprendimus ipſi   160
Texta retexentem, juſſa eſt invita laborem
Perficere, oſtenditque palam. manus ultima poſtquam
Impoſita eſt, puroque abluta in gurgite palla
Splenduit aſſimilis Triviae Soliſque nitori,
Tunc Ithacum in patriam duxit male numen amicum
Diſſita ad arva procul, ſenior quae fidus habebat
Setigeri pecoris cuſtos. deveſtus eodem
Contulerat ſeſe Nelea natus ab urbe.
Heic ubi perniciem nobis, clademque pararunt,
Compoſito ſubeunt urbem: tardatus Ulyſſes   170
Poſterior, gnatuſque prior ſe moenibus infert.
Illum autem lacero ſordentem corpus amiſtu
Ipſe ſuum cuſtos inopi ſecliſque gravato
Aſſimilem, ac baculo veſtigia tarda regentem
Duxit agens. miſeros foedatum turpiter artus
Non juvenis potuit venientem agnoſcere quiſquam,
Non ſenior: coram ſic ſeſe ante ora repente
Obtulit, & curam ſpeſtantum eluſit inanem.
Nos caeci inſtamus diſtis inceſſere ſpretum,
Et jaculis pariter; nullis contra ille movetur   180
Vulneribus patiens, aut verba minacia curat.
At ſimul ac tacitum monuit pater ipſe deorum,
Telemachi auxilio fulgentia ſuſtulit arma
In thalamum, verſoſque emuniit objice poſtes.
Mox etiam juſſit teſti e penetralibus arcum
Penelopen efferre; & leti ponere cauſſam,

                                        Prin-

Principiumque necis, duri certamina ferri.
Haud ullus valuit forti contendere nervo
Spicula; deficiunt vano conamine vires
Infractae, voti longe dum meta recedit.   190
Heic Ithacus juvenum cupiens tractare laborem
Cepit & ipfe arcum: nos contra infurgere dictis,
Et prohibere omnes optantem & multa rogantem;
Nequidquam: namque ipfe animos ultro addidit olli
Telemachus fumpta hortatus certare fagitta.
Ergo habilem dextra rapiens multo fine nifu
Intenditque arcum, mifitque volatile ferrum
Per medias ictu nufquam fallente fecures.
Tum ftetit adverfo fublimis limine, & omnes
E pharetra effudit calamos ardentia volvens   200
Lumina, & Antinoum jaculatus vulnere ftravit.
Hinc alios contra fpargit volitantia certa
Tela manu, figitque ardens: cadit icta juventus
Plurima, & aggefta denfantur funera caede.
Nec dubium, major quin vis excita deorum
Auxilio fteterit: namque omnibus undique tectis,
Qua ducit furor intus agens, trepidantia paffim
Corpora procumbunt. morientum it luctus ad auras
Excitus, & fractis cervicibus alta refultant
Atria, tum fparfo natat omnis fanguine tellus.   310
Haec nos fata neci dederunt, inhumataque longe
Membra jacent Ithaci in domibus fine honore relicta.
Necdum etenim luctus fidis auditus amicis,
Qui fanie ac trifti nigrantia vulnera tabo
Rore lavent lacrimas inter, decorentque fupremis
Muneribus, qui dignus honos Acheronte fub imo eft.
Talia finierat referens. miratus Atrides
Exclamat, gemitumque imo de pectore ducens:

                                             For-

Fortunate, inquit, proles Laërtia, Ulyſſeu,
Maɛe tuae magna virtute o conjugis! uni   220
Di dederunt talem diro ſine crimine mentem
Penelopi, in ſolo flagrans quae ſemper Ulyſſe
Certa fidem tenuit. dignae virtutis imago
Numquam tanta cadet, nec fama oblita peribit
Dis etiam celebranda ipſis, qui carmina condent
Illius in laudem tardos manſura nepotes.
Non ita Tyndaridi placitum: ſcelus auſa nefandum
Ipſa virum exſtinxit, letoque in Tartara miſit
Inſontem. tanti ſemper monumenta vigebunt
Flagitii, quin & nomen muliebre per omne   230
Fama eadem indignae labis contagia ſparget,
Si qua etiam exſtiterit ſtudiis praeſtantibus apta.
Talia jaɛabant nigris in ſedibus Orci
Suppoſiti tellure alta; per moenia greſſu
Dum celeres illi properant. jamque arva tenebant
Laërtae, multo ſenior quae culta labore
Ipſe ſibi, preſſus curarum a mole, pararat.
In medio domus alta fuit, circumque patebant
Atria, queis epulas celebrare & carpere ſomnos
Per noɛem aſſuerat famulantum operoſa juventus. 240
Heic etiam, quae fida ſenem curabat in agris
Urbe procul, ſtabat Siculis anus edita terris.
Atque ibi tum ſociis natoque ita fatus Ulyſſes:
Ite, ait, o properi in ſedes, epulaſque parate
Maɛantes de more ſuem, qui pinguior errat:
Experiar; memori perculſus imagine noſcat
Mene pater, ſubito cernens adſiſtere coram;
An multo abſentis jam tempore neſciat ora?
Sic dixit, famuliſque dedit ferre arma vocatis
Martia: jamque illi properant ad limina; at heros 250
H h h   Si

Si quos inveniat, viridem defcendit in hortum.
Non Dolium reperit loca late confita luftrans
Non gnatos Dolii, vernafque: una avia longe
Vellebant dumeta omnes veprefque futuris
Sepibus, ipfe fuum fenior dux egerat agmen.
Solum ibi Laërten aerata falce prementem
Arboris eductae ramos invenit. amictus
Sordidus ex humeris pendet, taurinaque furis
Vincula dant ocreas & fentes tegmina in afpros
Hinc apta atque illinc manibus, ne vulnera laefus 260
Accipiat; capitis tum fummo in vertice fquallet
Horridus heu miferi caprina e pelle galerus.
Sic ubi cognovit fenio curifque gravatum
Ingenti fubito perculfus corda dolore
Sub celfa ftetit ille piro lacrimafque profudit.
Dein tacita fecum defixus mente volutat,
Amplexufne petat, circumfufufque repente
Expediat cafufque fuos reditumque parenti?
An prius exploret fenfus, ac fingula tentet
Ingreffus vario fermone? haec exigit heros 270
Dum fecum, fatius vifum eft illudere primum,
Paullatimque fenem gnati fuccendere amore.
Jamque illum fic certus adit, dum vertice prono
Curvatus fenior ftirpes tegit arboris altae
Effoffa telluro; & fic effatur ab ore
Stans propior. te nulla fugit follertia foetus
Vitigenos curare, fenex; heic omnia late
Culta nitent. non ftirps, non dulci ficus abundans
Nectare, non Bacchi vites, non Palladis arbos,
Non pirus, ulla tibi non eft neglecta per hortum 280
Areola. hoc tantum dicam, tu parce moveri:
Te cultus non ifte decet; fimul aegra fenectus

Sol-

Sollicitat feſſam, ſimul homres turpiter artus
Nudus iñopſq. nec te ceſſantem duras, opinor,
Spernit heras, nec forma tuoꝗ ſervilis in ore,
Inque habitu membrorum habitu: par omnia regi es;
Et jam tardas ſenem lotumque epuliſque refectum
Ad placidos poſcunt tranquilla per otia ſomnos
Tempora, defunctum duris, operumque labore.
Quin age, fare mihi cuinam famularis in agro, 290
Florenteſque hortos curas? dein inſuper adde,
Haecne Ithacae tellus, venienti ut cominus adſtans
Neſcio quis, nuper dixit, nec pectore fido,
Nec ſat mente valens, neque enim mihi certa ferebat,
Audibatque meas voces, dum plurima quaero
Hoſpite de caro ſuperis num veſcitur auris,
An leto domitus crudelibus occubat umbris?
Quondam, fabor enim (tu corde audita repone
Dicta memor) patriae devectum ad limina ſedis
Excepiſſe virum memini, quum finibus illis 300
Nondum alius noſtris ſucceſſerat advena tectis
Seſe Ithaca e patria multa cum laude ferebat
Laërtiſque Arciſiadae de ſtirpe creatum.
Illum ego ſuſcepique volens, blandoque receptum
Hoſpitio fovi, diveſque & rebus abundans
Dona dedi, noſtri monumentum ac pignus amoris,
Ex auro ſeptem caelato ferre talenta,
Argentoque gravem & ſignis cratera coruſcum,
Biſſenaſque ſuper laenas, totidemque tapetas,
Ac totidem chlamydas, tunicaſque auro intertextas. 310
Praeterea quatuor praeſtanti corpore ſervas
Haud operum ignaras, ſibi quas delegerat omni
E numero exſortes. vix haec tum fatus Ulyſſes
Quum genitor lacrimans Ithacam quam poſcis, adiſti,

Hoſpes,

Hofpes, ait, gentes habitant, immania corda.
Quae vero memoras data quondam, heu perdita fruftra
Dona abiere tibi. namque ille heic vivus adeffet
Si patrio in regno, meritis dimitteret auctum
Muneribus, ceu jura petunt, nec parva maneret
Gratia apud memorem. nunc autem effabe viciffim, 320
Quot magni revoluti orbes labentibus annis;
Ex quo initum hofpitium, ac primum tibi dextera amico
Juncta tuo eft, caro quondam, fed non mihi vivo
Nunc etiam gnato, patrio quem litore longe
Heu miferum faevi raptant aut gurgite pifces,
Aut lanianda feris latos data praeda per agros,
Alitibufque jacet non mater flevit ademptum
Vefte tegens, non ipfe pater, non optima conjux
Penelope in viduo ploravit funera lecto;
Exftinctique manu languentia lumina claufit 330
Jufta ferens de more atro folatia leto.
Verum age fis, verax etiam haec ne mitte docere;
Quifve, vel unde hominum, qua te genuere parentes
Urbe fatum, qua parte ratis fidique fodales
Conftiterunt? puppine aliena advectus adifti
Haec loca, teque procul nautae ceffere relicto?
Talia Laertes; at contra filius orfus.
Sum patria ex Alybante, ubi tecta ingentia fervo,
Regis Aphidantis Polypemonidae genus altum
Egregii, fed nomen Eperitus appulit oris 340
His deus invitum Lylibeïa regna petentem;
Stat ratis averfi procul urbe in litoris acta.
Aft Ithacus, fugiens jam quintus volvitur annus,
Ex quo nos adiit, noftrifque abfceffit ab arvis
Infelix. dextrae fpondebant faufta volucres
Omina, queis firmans animos folabar euntem,

Laetus

Laetus & ipse ibat: spes ingens ceperat ambos
Hospitio misceri iterum, donisque potiri.
Dixerat: ast illi nigra caligine luctus
Incubuit, sparsamque ardenti pulvere foedans 350
Canitiem gemitu mixto suspiria traxit.
Non tulit hanc heros speciem, naresque per ipsas
Vis animi prorupit, iter molita sub auras
Affususque interque amplexus dulcia libans
Oscula sic dictis genitorem affatur amidis.
En quem poscis, ego post annos denique veni
Bisdenos patrias, genitor, tibi salvus ad arces; vos
Parce pio fletu, tristemque heu comprime luctum.
Magna fero, celerare juvat: jacet aedibus altis
Strata omnis jam turba procum, clademque piavi 360
Luctificam, exstinxique nefas crudele domorum.
Cui genitor: si sanguis ades meus, inquit, Ulysses
Redditus huc, da signa, quibus confidere tuto
Ac valeam certam dictis adjungere mentem.
Tantum effatus, & ille haec vulneris aspice primum
Nota tibi, dixit, vestigia, quae ferus olim
Saevo dente ruens in verticibus Parnassi
Liquit aper. tua jussa sequens caraeque parentis
Autolycum visurus avum, promissaque dona
Capturus juvenis quondam hoc de litore cessi. 370
Quin age & enumerans nunc dicam ex ordine plantas,
Quas mihi tu puero dederas, ego nomina quaeque
Parvulus ardebam tua post vestigia reptans
Discere; tu vero gradiens per amoena vireta
Singula monstrabas, & me tua dona docebas.
Bissenas mihi sponte piros unamque dedisti
Praeterea, malosque decem, ficosque feraces
Quadraginta, aequo plures tum limite sulcos.

Quin-

Quinquaginta ipsi, si rite recordor, & omnes
Frugiferi: varioque illic in palmite turgent,   386
Quum Jovis incumbit tempestas laeta, racemi.
Vix ea. Laertae, dum certa in mente volutans,
Signa recognoscit, collapsi protinus artus
Diriguere omnes trepido, resolutaque virtus,
Ac nati collo circum dat brachia: at ille
Excipit exanimem, labentemque erigit ultro.
Ut voci via facta, animusque in pectore venit,
Continuo has rupit voces: o Juppiter alme,
Et vos caelicolae magni regnatis in arce
Siderea; jamjam credo, cogorque fateri,   390
Si meritas tandem poenas dedit effera pubes.
Id vero graviter metuo, ne concita contra
Irruat huc Ithacae manus omnis, & improba longe
Fama Cephallenum rumoribus impleat urbes.
At natus, fide, o genitor, nec talibus, inquit,
Sollicites curis animum: quin tecta petamus,
Telemachus praemissus ubi geminique sequuti
Pastores properant jussis convivia mensis.
Talia ubi dixit, gressus ad limina torquent,
Atque introgressi penetrali in parte domorum   400
Telemachum sociosque vident in frusta secantes
Ingentes armos, miscentesque humida vina.
Magnanimum interea Laertem in sedibus altis
Lavit anus Sicula, & pingui perduxit oliva
Injiciens chlamydem fulgentem. at candida Pallas
Adveniens propior tersit squallentia regis
Membra auctans, pulcrumque magis magnumque videri
Jussit, & ambrosios cervici afflavit honores.
Nec mora, processit solio: miratur Ulysses
Aspiciens pulcro similem caelestibus ore,   410

                                                            Et

Et fubito: o genitor, quis te deus aethere lapfus
Mutat, & eximiis clarum decus artubus addit?
Cui tum Laërtes palmas ad fidera tollens
Voce refert: o rerum hominumque aeterna poteftas,
O Jove nata, o Phoebe, utinam jam munere veftro
Qualis eram quondam, cepi quum Nericon altum
Litore in adverfo ducens victricia bello
Signa Cephallenûm, noftris hefternus adeffem
Talis ego in domibus, pugnamque aggreffus Achivûm
Iffem per medios cinctus fulgentibus armis.   420
Multorum haec ardens ftraviffet corpora leto
Dextera; tuque tua fenfiffes gaudia mente
Miratus tum, nate, ingentem caedis acervum.
Haec illi alternis dum jactant vocibus; omnis
Perfectufque labor, menfaeque ante ora paratae
Jam dapibus ftabant: ergo difcumbere pictis
Feftinantque toris omnes, epulifque parant fe.
Nec minus & fenior Dolius ftipante corona
Gnatorum advenit, multo defeffa labore
Membra trahens, illum properans exciverat agro 430
Sueta anus & vernas curare & fida fovere
Omnibus officiis longaevum in fede parentem.
Hi fimul ac Ithacum menfa videre cubantem,
Attoniti ftupuere animo, quos mollibus heros
Compellat dictis, atque haec mirantibus infit.
O fenior, vofque o juvenes accumbite mecum
Una omnes jamnunc, mirari & parcite namque
Heic nos jampridem cupidos habet ardor edendi
Ceffamufque tamen, reduces dum tecta petatis.
Dixerat; ac Dolius palmas utrafque tetendit   440
Ad regem, amplexufque manus & dulcia libans
Ofcula conclamat. fpes o fidiffima noftrum,
                                                 Veni-

Venisti tandem, tuaque exoptata tueri
Ecce datur, nobis nil tale putantibus, ora.
Incolumis quando, dîs te huc ducentibus, adstas,
O salve, aeternumque mihi, rex optime, gaude,
Multa tibi superi faustae dent praemia vitae.
Quin & fare precor, num laetae conscia sortis
Penelope sensit reducem te numine divum;
Nuncius anne jubes, ferat haec praemissus ad aures? 450
Cui Laërtiades: quidnam haec te cura fatigat,
O senior?. jam nota, inquit, sunt omnia, meque
Adspexit regina. haec tantum effatus, & ille
Paruit haud quidquam referens solioque resedit.
Heic etiam proles Dolio generata salutat
Circumfusa ducem, dextramque attingere gaudet
Laeta animis. omnes quo tandem munere functi
Hinc atque hinc patrem circa de more recumbunt.
Interea hi celebrant structis dum gaudia mensis,
Nuncia fama volans totam rumoribus urbem   460
Excierat spargens horrentia fata procorum.
Queis dictis cives turbati huc protinus atque huc
Cum gemitu strepituque ruunt ad limina Ulissei,
Corporaque exportant tectis, & fleta suorum
Pro se quisque viri condunt frigentia membra:
Ast alios alias properant deducere ad oras
In patriam celeri vectos per caerula cursu
Luctum infelicem lacrimasque parentibus orbis.
Ipsi in concilium perculsi pectora curis
Processere; ingens stimulat dolor ossibus ardens, 470
Praecipitatque moras. postquam venere frequentes
Surgit ibi Eupithes; namque huic praecordia luctus
Acrior intus habet dilecti ob funera gnati
Antinoi, primum quem vulnere stravit Ulysses:
                                        Isque

Ifque ibi tum lacrimans ita voce filentia rupit.
Horrendum exitium, cives, & funus acerbum
Unius a furiis tulimus, qui Dardana primum
Claffe cita juvenum multos ad Pergama duxit,
Amifitque rates, fociofque in gurgite merfit;
Dein alios rapuit veniens, & lumina faevus   480
Prima Cephallenûm Stygias detrufit ad umbras.
Ergo agite, atque prius Pylias quam tendat in oras,
Elidis aut urbes, regnataque litora Epaeis,
Feftinemus. an & triftes & femper inertes
Sic erimus? quae fama, viri, nos deinde fequetur,
Natorum fratrumque ulti ni dira piemus
Funera? jam caeli fuperis haud vefcier auris
Dulce mihi; praeftat manes defcendere ad imos.
Sed celerare juvat, ne quam fortuna falutem
Ocius oftendat fugientibus. atque ita fatus   490
Demifit lacrimas, luctuque incendit Achivos.
Hos inter motus, medio flagrante tumultu,
Ecce fuper linquunt Ithaci penetralia celfa
Servatufque Medon, & clarus carmine vates.
Succedunt ambo propius: ftupor omnibus ora
Occupat, ut denfa ftantes videre corona.
Queis prudens haec voce Medon tum farier orfus:
Magnanimi audite, o cives: non ifta vel aufus
Vel potuit, fancto divum fine numine, Ulyffes.
Ipfe ego Mentorea vidi fub imagine juxta   500
Stare deum, regis nunc faevo in pectore robur
Ultro incendentem, nunc tecta per alta cientem,
Turbantemque procos. infelix luctus ubique
Infuetufque pavor, confertaque turba cadebat.
Haec dederat vix dicta Medon; exterrita pallor
Omnibus extemplo trepidantibus ora notavit.

Atque his tum senior pavidis heros Halitherses
Maſtorides, unus ſollerti pectore gnarus
Cernere, quae fuerunt, quae mox ventura ſubibant,
Incipit, ac verbis animos permulcet amicis,   510
Haec fatus. dictis adhibete oppectora, cives;
Omnia contigerunt vitio haec & crimine veſtro,
Vos cauſſa exitii; vos olim multa monentem
Mentora non paſſi meque ipſum audire jubentem,
Actutum inſanos juvenum conpeſcere motus,
Qui ſcelus aggreſſi dirum res verrere fundo
Inſtiterant omnes, thalamoque abducere ſponſam
Ipſius heu regis ſperabant: funere raptum
Scilicet haud umquam rediturum in tecta putabant
At contra evenere; ergo parete volentes;   520
Nec properate viri, ne quis det ſanguine poenas
Sponte ruens. vix fatus erat; pars maxima vulgi
Exſiluit magnas tollens ad ſidere voces
Atque alii e populo manſere in ſedibus iſdem
Condenſi. neque enim ſub pectore dicta probabant,
Eupithei ſed juſſa timent, parentque coacti.
Saevit amor ferri ſubito; capit arma juventus
Impia, & ardeſcens inimica in praelia fertur.
Atque ubi fulgenti ſe quiſque incluſerat aere,
Una omnes campo ante urbem coïere patenti   530
Agmine conferto. dux ipſe hortatur ovantes
Eupithes, gnati funus qui triſte minatus
Ulciſci demens, reditu cariturus abibat
Jam Stygiae aeternum nocti damnatus et Orco.
Haec cernens tali affatur Tritonia virgo
Voce Jovem: ſummis o qui regis omnia ſolus
Imperiis, genitor, quae nunc ſententia ſurgit?
Num patiere prius duro concurrere Marte

Hos

Hos atque hos placido quam jungas foedere dextras?
Cui tum nimborum rector sic ore viciſſim   540
Orſa refert: quid, nata, iterum me talia poſcis?
Non tibi jamdudum nota haec mea certa voluntas
Scilicet eſt, Ithacus rediens ut triſte rependat
Caede nefas? quidquid placitum ſuper, ipſa ſequare
Sola licet: dicam tantum quae fata manebunt.
Quandoquidem diros juvenes eſt ultus Ulyſſes,
Ille diu patria laetus dominetur in urbe
Pace regens ſtabili populos; nos numine noſtro,
Ne qua fuat rurſum trepido diſcordia motu,
Natorum fratrumque peractae oblivia caedis   550
Ducamus. ceſſent illi velut ante quieti
Legibus inter ſe juſtis, tum copia ſemper
Fundat opes, roſeoque adſit pax candida vultu.
Sic fatus ſtimulos accenſo in corde Minervae
Subdidit. illa volat rapido per inania lapſu
Vertice deſcendens niveo ſtellantis olympi.
Aſt heros, poſtquam menſarum expleta voluptas,
Hortatus ſocios: jam nunc e ſedibus, inquit,
Proſiliens aliquis videat, ne cominus hoſtes
Improviſi adſint. nec plura his dixerat, unus   560
Natorum Dolii ſurgens mandata capeſſit.
Iſque ubi contigerat limen, venientia cernit
Agmina, & inclamans fatur dein talia regi:
Arma manu, capite arma omnes, jam jamque propinquant.
Dixerat: aſſurgunt celeres, atque aere coruſcant
Induti fidi quatuor cum rege ſodales,
Ac ſeni juvenes Dolii genus; ipſe ſenecta
Jam gravis heu multa, quando vis ultima cogit,
Cum Dolio ſumptis Laërtes ardet in armis.
Hinc ubi cinxerunt rutilanti corpora ferro,   570

Poſti-

Poſtibus emotis procedunt: agmen Ulyſſes
Ducit agens, laterique Jovis de vertice nata
Mentoris os vocemque gerens ſtat bellica virgo.
Quam ſimul adſtantem vidit Laërtius heros,
Telemacho ſic laetus ait: nunc vivida bello
Pectora, nunc vires, o gnate, oſtendere tempus,
Spectat ubi Mars quemque virum. neu magna tuorum
Facta genuſque patrum, quos ingens gloria tollit
Per terras late claros praeſtantibus orſis
Degener heu patiare tua ſordeſcere culpa.   580
Tum natus: jam tu genitor, tu maximus ipſe
Teſtis eris, generi ſi tanto hoc dedecus addam,
Quod metuis, patiarque tuum vileſcere nomen.
Vix ea; quum ſenior tollens ad ſidera palmas:
Di magni, exclamat laetus, quae candida fulget
Lux haec orta mihi, quae mentem gaudia tanta
Sollicitant? una certant natuſque nepoſque
Succenſi alterno pulcrae virtutis honore.
Talia Laërtes, Tritonia cominus adſtans:
O Arciſiade, ſociis magis omnibus, inquit,   590
Care mihi, fer vota Jovi, innuptaeque Minervae
Protinus, ac validis intorque haſtile lacertis.
Haec dea, & inſpirat magnum acri in pectore robur.
Ille Jovem natamque Jovis per vota precatus
Ingentem totis contorquet viribus haſtam,
Ac ferit Eupithen galeae per ahenea texta.
Diffiluere ictu perfoſſa; & cuſpis adacta
Tranſiit adverſi per tempora: volvitur ille
Frigidus, horrendumque ſuper dant arma fragorem.
Contra autem primis pugnantibus incidit heros 600
Cum gnato immixtus, teliſque atque enſibus ambo
Obvia utrinque metunt, & late corpora ſternunt.

                                                   Et

Et jam omnes trifti domuiffent funere merfos,
Armipotens ni diva inclamans voce per auras
Juffiffet fubito totum confiftere vulgus.
Quo miferi ruitis cives? jam ponite bellum,
Et properate fugam, duraque abfcedite pugna
Sanguinis expertes. haec diva; & pallida tinxit
Omnibus ora metus, trepidifque excuffa repente
Arma fluunt manibus, tellure & cuncta refidunt, 610
Horrendum clamante dea; tum moenia curfu
Fida petunt, gaudentque fuga reperire falutem.
Terrifico clamore Ithacus fugientibus inftat,
Attollitque leves faltus, ceu praepete penna
Infequitur caelo praedam Jovis ales aperto.
At pater omnipotens contorfit fulmen ab arce
Flammata, ceciditque deae Tritonidis ipfos
Ante pedes, regem quae tunc affata furentem eft.
O Laërtiade fate clara e ftirpe deorum,
Define; neu faevas procedere longius iras   620
Indomito fic Marte finas, ne rector olympi
Saeviat horrifica molitus fulmina dextra.
Dixerat. ille deae paret jam victor, & imo
Pectore laetatur gaudens: tum foedera certa
Inter utrofque ferit Jove nata ipfa inclita Pallas
Mentoream referens & voce & corpore formam.

FINIS.

I LIBER; ATQUE SACRO DIGNUM QUI NOMINE FECIT,
AUSTRIADES UTINAM PLACIDO TE PERLEGAT ORE.

INDEX RERUM
MAXIME MEMORABILIUM.

Prior numerus librum, posterior ejus libri verfum indicat.

X

Z

F I N I S.

ERRATA	SIC	CORRIGE
Pag. XXIV. lin. 27.	inquit	inquis
Lib. 5. v. 345.	adverſo	adverſa
Lib. 6. v. 366.	verberae	verbere
Lib. 7. v. 177. & 8. 429.	Phaeacas	Phaeaces
Lib. 8. v. 183.	capere	carpere
Lib. 8. v. 242.	ſtat valet	valet, ſtat
Lib. 9. v. 271.	ora	oras
Lib. 10. v. 197.	reſonant	reſonent
Lib. 12. v. 107.	potulis	patulis
Lib. 13. v. 349.	Phaeaces	Phaeacas
Lib. 13. v. 478.	patulas	patulos

Si quae ſunt alia, Typographus te, humane Lector, ut ignoſcas ſibi, ac tute facile emendes, orat.